Gerhard Schweizer

Pilgerorte der Weltreligionen

topos premium
Eine Produktion des Matthias Grünewald Verlags

Für Brigitte

Gerhard Schweizer

Pilgerorte der Weltreligionen

Auf Entdeckungsreise zwischen Tradition und Moderne

topos premium

Verlagsgemeinschaft topos plus
Butzon & Bercker, Kevelaer
Don Bosco, München
Echter, Würzburg
Matthias Grünewald Verlag, Ostfildern
Paulusverlag, Freiburg (Schweiz)
Verlag Friedrich Pustet, Regensburg
Tyrolia, Innsbruck

Eine Initiative der
Verlagsgruppe engagement

www.topos-taschenbuecher.de

Bibliografische Information der Deutschen Nationalbibliothek
Die Deutsche Nationalbibliothek verzeichnet diese Publikation in der Deutschen Nationalbibliografie; detaillierte bibliografische Daten sind im Internet über http://dnb.d-nb.de abrufbar.

ISBN 978-3-8367-0034-4

Einband- und Reihengestaltung | Finken & Bumiller, Stuttgart
Herstellung | Friedrich Pustet, Regensburg
Printed in Germany

Inhalt

Vorwort von Karl-Josef Kuschel ... 9

Einleitung
Pilgern in Okzident und Orient ... 15

CHRISTENTUM – JUDENTUM – ISLAM
Die *westlichen* Religionen

Rom
Das sakrale Zentrum der katholischen Christen ... 18
»Ewige Stadt« – und doch in ständiger Verwandlung ... 18
Petrus und der Petersdom. Offene Fragen ... 20
Die Paulus-Basilika im Kontrast zum Petersdom ... 26
Die Lateran-Basilika in Konkurrenz zum Petersdom ... 30
Die Heilige Treppe, auf der Jesus ging ... 34
Wie das Kreuz Jesu nach Rom kam ... 39
Der Ursprung der Marienwallfahrt ... 41
Kontraste: das Katakomben-Christentum ... 47
Der Konflikt mit Konstantinopel – und die erste Kirchenspaltung ... 52
Martin Luther, der enttäuschte Rompilger – und eine weitere Kirchenspaltung ... 57
Pilgern im Zeichen der Gegenreformation ... 63
Religion und säkularer Staat. Moderne Umbrüche ... 65

Santiago de Compostela
Das »Zweite Jerusalem« und der Jakobsweg ... 72
Eine alte Pilgerstadt mit neuer Vitalität ... 72
Wie der Apostel Jakobus nach Spanien kam ... 77
Der Aufstieg zu einem der wichtigsten Wallfahrtszentren ... 79
Der Jakobsweg traditionell ... 82
Der Jakobsweg heute: überkonfessionell, interreligiös ... 86

Mekka
Das exklusive Pilgerzentrum des Islam 93
Unterwegs mit Mekkapilgern 93
Mohammed und die »Religionen Abrahams« 98
Von Mekka nach Medina, der »Stadt des Propheten« 101
Was den Islam vom Christentum und Judentum trennt 102
Abraham in Mekka – und die Botschaft an Christen und Juden 105
Adam und Eva, die »ersten Menschen«, in Mekka 108
Die Pilgerrituale der Hadj 109
Konflikte zwischen Sunniten und Schiiten 114
Mekkas Zukunft unter wahhabitischer Herrschaft 119
Wieso Mekka und nicht Jerusalem zur heiligsten Stadt des Islam wurde 121

Jerusalem
Heilig für Juden, Christen, Muslime 123
Religiöse Vielfalt über drei Jahrtausende 123
Religiös-politische Spannungen um den Tempelberg 126
Der Tempelberg – unterschiedliche Bedeutung für Juden, Christen, Muslime 128
Das umstrittene »Goldene Tor« und der Tempelberg 132
Felsendom und Kaaba, die spirituelle Verbindung 135
Die Klagemauer, zentrales Pilgerziel der Juden 138
Der wachsende Einfluss streng orthodoxer Juden in Jerusalem 143
Die islamische »Al-Buraq-Revolution« und die Klagemauer 144
Der Berg Zion, heilig für jüdische und christliche Pilger 147
Juden, Christen, Muslime: das Kidron-Tal in seiner interreligiösen Bedeutung 152
Vom Ölberg zur Grabeskirche. Der christliche Weg der Passion 155
Streit der Konfessionen in der Grabeskirche 162

Konstantinopel und Istanbul
Für Christen genauso heilig wie für Muslime 166
Konstantinopel: Als die Stadt noch christlich war 166
Istanbul: Als die Stadt islamisch wurde 171
Die berühmteste Reliquiensammlung des Islam 175

Eyüp, Istanbuls heiligster Ort für Muslime ... 177
Gemeinsame Pilgerwege für Christen und Muslime ... 181

HINDUISMUS – BUDDHISMUS
Und andere *östliche* Religionen

Madurai
Die größte hinduistische Pilgerstadt im Süden Indiens ... 186
Jenseits des westlichen Horizonts ... 186
Die »universale Offenheit« zu anderen Religionen ... 189
Was Hindus unter »Gott« verstehen ... 191
Ein Pilgerzentrum für Niederkastige und Unberührbare ... 195
Kaste, Karma, Dharma. Die unlösbare Verbindung ... 199

Varanasi und Allahabad
Die meistbesuchten Pilgerzentren der Hindus ... 203
Gottheiten, nicht Menschen als »Begründer« der Pilgerzentren ... 203
Varanasi: Pilgerrituale zu Ehren von Shiva, Vishnu, Rama ... 205
Heiliges und Unheiliges im Widerstreit ... 210
Allahabad: Kumbh Mela und Magh Mela, die bedeutendsten Pilgerfeste der Hindus ... 212
Die rituelle »Reinheit« des Ganges – und die Probleme von heute ... 216
Die Erblast islamischer Herrschaft ... 220
Hindus und Muslime: Konflikte bis heute ... 222

Sarnath und Bodh Gaya
Die wichtigsten spirituellen Zentren der Buddhisten ... 227
Das Neue des Religionsstifters Buddha ... 227
Eine Religion »ohne Gott« – aber die Vielfalt gottähnlicher Nothelfer ... 231
Sarnath: Wo Buddha seine erste Predigt hielt ... 233
Bodh Gaya: Wo Buddha zur Erleuchtung fand ... 236
Gaya und Bodh Gaya: Die Konflikte zwischen zwei Pilgerorten ... 240

Der Dharma des Buddhismus – und der tiefste Gegensatz zum Hinduismus 243
Wo der »Hindu-Dharma« im Buddhismus weiterlebt 245

Tai Shan
Der heiligste Berg Chinas 248
Heilig für Daoisten, Konfuzianer, Buddhisten 248
Die Daoisten und das Dao 253
Konfuzianismus – ist das eine Religion? 258
Der Buddhismus in seinen chinesischen Verwandlungen 263
Die Pilger – an keine Religion gebunden 267

Kyoto
Das religiös-kulturelle Herz Japans 270
Zu welchen Religionen bekennen sich Japaner? 270
Weshalb *westliche* Religionen es in Japan schwer haben 274
Shinto, der »Weg der Götter«. Aber was ist »Gott«? 277
Amitabha, Zen, Shingon. Der Buddhismus in seinen japanischen Verwandlungen 280

Epilog
Die moderne Herausforderung für das Pilgerwesen 287

Anmerkungen 297
Ausgewählte Literatur 291
Register der Pilgerorte 300
Personenregister 301

Vorwort

Gerhard Schweizer lesen! Darf man seine Leseerfahrungen so spontan, so »ungeschützt« äußern, obwohl man Gefahr läuft, der mangelnden Distanz gescholten zu werden? Man darf, wenn man gute Gründe namhaft machen kann. Und einige dieser Gründe will ich diesem Buch vorausschicken und damit die potenziellen Leserinnen und Leser herausfordern, sie zu überprüfen und sich ein eigenes Urteil zu bilden. Was ist das Besondere dieses Buches?

Das Buch fällt in eine Zeit, in der »Pilgerschaft« wie seit dem Mittelalter nicht mehr wieder zu einem Massenphänomen auch im Westen geworden zu sein scheint. Reformation und Aufklärung hatten Pilgerfahrten und Wallfahrtswesen als »Werkgerechtigkeit« verurteilt oder als »Aberglauben« abgetan. Wo sie überlebten wie in Fatima oder Lourdes, waren es Reste von Volksfrömmigkeit, die sich der rationalistischen Religionskritik verweigerten. Religiöse Biotope gewissermaßen mit einem weltfremden Eigenleben. Aber spätestens gegen Ende des 20. Jahrhunderts – so Schweizer – nimmt das Pilgerwesen einen starken Aufschwung und zwar ausgerechnet in angeblich völlig säkularisierten Industriestaaten Westeuropas.

Dabei zeigen repräsentative empirische Untersuchungen, dass europaweit gerade noch 53 Prozent der Menschen sich an offizielle Glaubenslehren gebunden fühlen. Das kirchliche Leben in den Staaten der europäischen Union erodiert. Religiöse Energien aber bleiben vorhanden. Sie suchen sich neue Formen. Und diese Formen haben oft uralte Wurzeln. Massen von Menschen gehen mittlerweile Jahr für Jahr auf den Jakobsweg. Schon 2004 werden 12 Millionen Pilger aus allen Ländern Europas registriert. Was immer sie für Motive haben mögen: Wer aus seinem Alltag aufbricht, wird zum homo viator, zum Menschen auf dem Weg: ob zu sich selbst, seinem »Schicksal« oder zu »Gott«. Leben als Wanderung, als Pilgerschaft! Das scheint adäquater Ausdruck einer Gesellschaft wie der unsrigen geworden zu sein, die von Mobilität lebt, aber der oft ziellosen und betriebsamen Mobilität eine Seele geben will. Wer aufbricht, ist nicht simpel »einfach mal weg«, der hofft darauf, dass Pilger sich auf ihrer Reise wandeln und als Andere nach Hause zurückkehren.

Doch dieses Buch will weit mehr als zeitdiagnostisch einen neuesten Trend im Westen beschreiben. Es zeigt vor allem, dass Pilgerschaft ein universalreligiöses Phänomen ist. Das Panorama ist buchstäblich global, reicht von Europa über Indien und China bis nach Japan, reicht vom Christentum und vom Islam über Hinduismus und Buddhismus bis zum Daoismus und Shintoismus. Das Judentum nicht zu vergessen mit Jerusalem als Zentrum. Überall Wallfahrtsorte. Gepilgert wird von Juden, Christen und Muslimen genauso wie von Hindus und Buddhisten. Dabei geht es Schweizer nicht um das Abseitige und Verborgene in der Welt dieser Religionen. Sein Ehrgeiz ist nicht, Pilgerstätte zu entdecken, wo noch niemand war. Er beschreibt die klassischen Orte, wo Millionen von Menschen hinzuströmen pflegen, die vielen von uns aber völlig unbekannt geblieben sind.

Wer weiß schon, wie es in Madurai zugeht, der größten Pilgerstadt der Hindus im Süden Indiens; täglich kommen hier mehr als zehntausend Besucher in die Stadt. Wer hat eine Ahnung bei uns, was sich in Allahabad abspielt, der »Stadt Gottes«, wo die »heiligsten Flüsse« Indiens, Ganges und Yamuna, zusammenströmen, und wo alle zwölf Jahre die Kumbh Mela gefeiert wird: das größte religiöse Fest der Welt. 60–70 Millionen Menschen kamen allein im Jahre 2007 nach Allahabad, um hier ein rituell reinigendes Bad im Fluss zu nehmen. Und wer noch nie auf dem Tai Shan war, demjenigen Berg in China, der Konfuzianern, Daoisten und Buddhisten gleichermaßen heilig ist, wird froh sein, durch dieses Buch eine lebendige Anschauung zu bekommen. Oder Kyoto, das »religiös-kulturelle Herz Japans«, über ein Jahrtausend Residenz der japanischen Kaiser mit überwältigend schönen Garten- und Tempelanlagen. Man verlernt hier als westlicher Besucher sehr rasch, in Kategorien des Entweder-Oder zu denken, in Exklusivitäten und Unvereinbarkeiten. Denn mit westlichen Begriffen wird man der japanischen Religiosität nicht gerecht. Sie sucht eher das Sowohl-als-auch, das Gleichzeitige und Vereinbare. Christentum tut sich denn auch nach wie vor schwer im japanischen »Beziehungsgeflecht von Shintoismus und Buddhismus«.

Denn das ist nun in der Tat das Entscheidende an diesem Buch. Religionsgeschichtliche Abhandlungen über die Weltreligionen gibt es genügend, Reiseliteratur für alle möglichen Ziele dieser Erde sind wohlfeil. Schweizer liefert etwas Eigenes: eine ungewöhnliche Mischung aus Erfahrungsberichten und religionsgeschichtlichen Fakten, aus Pilgerreport und Sachinformationen, aus Erzählungen und »historisch-kritischen« Analysen. Hier schreibt ein Mann, der die Religionen nicht nur aus Büchern kennt. Er ist weit gereist, ist Augenzeuge gewesen, war an all den Orten oft mehrfach in seinem Leben. Authentizität des Erfahrenen mischt sich hier mit Lust an der Aufklärung, Erlebnis mit Reflexion, Momentaufnahme mit Einordnung in größere Zusammenhänge.

»Unvergesslich ist die Fahrt mit der Fähre auf dem Goldenen Horn«: In diesem Stil beginnen die meisten Kapitel. Ich nehme es exemplarisch, um dem Erzähler Schweizer auf die Spur zu kommen. Und er ist ein glänzender Erzähler. Nie kreist er um sich selbst, nie wird er weitschweifig, anekdotenverliebt. Das Erlebte steht immer im Dienst der Sache. Der Stil ist erfreulich knapp, manchmal erfrischend lapidar, jedenfalls aufs Wesentliche konzentriert. Stets hält dieser Erzähler die prekäre Balance zwischen Unterhaltung und Unterweisung. Der zitierte Satz bildet den Auftakt zur Beschreibung einer Fahrt zur Eyüp Sultan-Moschee im Kapitel »Konstantinopel und Istanbul«. Kaum jemand im Westen dürfte der Name etwas sagen. Schweizer klärt sofort auf. Der türkische Name Eyüp steht für den arabischen Muslim Abu Ayub al-Ansari. Als Bannerträger des Propheten Mohammed war er beim ersten Angriff der Muslime auf das damalige Konstantinopel im Jahre 674 gefallen. Nach der Eroberung der Stadt 1453 unter dem Osmanen-Sultan Mehmet II. findet man – o Wunder – den Leichnam Ayubs im Boden unversehrt und nimmt das als Zeichen Gottes. Über dem Grab wird die genannte Moschee errichtet und damit hatte man eine Zeitbrücke geschaffen von Istanbul nach Mekka, von der Türkei nach Arabien, von der Welt des Sultans zu der des Propheten. Kein Zufall, dass die Sultan Eyüp-Moschee zu einer der bedeutendsten Wallfahrtsstätten der islamischen Welt wird. Während Schiiten zu ihren Heiligtümern in Kerbela, Najaf und Mashad pilgern, pilgern sunnitische Muslime nach Mekka, Medina, Jerusalem oder eben hierhin: in diese Moschee in Istanbul. Über die Jahrhunderte hat sich hier auch ein gewaltiger Friedhof angelagert. Der Ort ist immerhin »das viertheiligste Pilgerziel des Islam«. Jeden Freitag versammeln sich hier nahezu zweitausend Menschen und erbitten den Segen Gottes für sich und ihre Familien.

»Ich war schon am Vormittag dort«, so geht es weiter bei Schweizer. Das verbürgt Glaubwürdigkeit und Verlässlichkeit. Und vor allem: Es verschafft seiner Erzählung Sinnlichkeit und Spannung zugleich. Man sieht die Menschen buchstäblich vor sich, die sich an diesem Tag zu einer Warteschlange formieren, um Stunden vor dem Freitagsgebet noch ausgiebig Zeit für Gebete am Heiligengrab zu haben. Man spürt mit dem Erzähler, wie plötzlich vor dem Schrein der Menschenstrom ins Stocken gerät, die Pilger sich zum vergoldeten Gitter vordrängen, um dort im Anblick des Sarkophags den Heiligen um seinen Segen zu bitten, um »Baraka«, um »wundertätige Kraft«.

Gewiss, die strenge sunnitische Orthodoxie lehnt einen solchen Gräber- und Heiligenkult ab. Wundererwartungen werden als Götzendienst verworfen. Sie stehen im Widerspruch zum strengen Monotheismus des Islam. Aber Schweizer zeigt durchgängig in seinem Buch: Ob Hinduismus, Buddhismus oder Islam – die real gelebte Welt der Religionen ist etwas anderes als die Welt strenger Observanz. Gerade die Pilgerstätten (Ausnahme Mekka!) sind nicht Orte der Trennungen und Spaltungen, sondern der Mischungen und Verbindungen. Ob in Madurai, Varanasi oder Bodh Gaya: Hindus und Buddhisten können Jesus Christus oder den Propheten Mohammed als weitere Inkarnationen des Göttlichen verehren, Buddhisten Geistern ihre Opfer darbringen, deren Herkunft aus dem hinduistischen Pantheon unverkennbar ist. Buddhisten und Daoisten in China sowie Shintoisten und Buddhisten in Japan besuchen ohne Bedenken die Kultstätten anderer Religionen und verrichten dort genauso ihre Rituale. Das ist in der Welt östlicher Religionen leichter als in der Welt, die von Judentum, Christentum und Islam geprägt ist.

Doch Schweizer zeigt auch, dass es in der Welt der prophetischen Religionen längst nicht nur Trennendes und Exklusives, sondern auch Verbindendes und Integratives gibt. Der Jakobsweg? Früher ein antiislamisches (Jakobus der »Maurentöter«!), heute ein interkonfessionelles, interreligiöses Projekt! Schweizer will wissen, welches religiöse Bekenntnis Mitpilger haben. Einige der Fußwanderer erklären ihm, sie seien evangelisch, man müsse nicht katholisch sein, um den Jakobsweg in seiner spirituellen Dimension zu erleben. Andere erklären, sie seien »eigentlich« eher Buddhisten als Christen oder seien von islamischer Mystik, vom Sufismus, fasziniert. Hier hat sich gemischt, was früher getrennt war. Nicht nur Christen besuchen die Grabkammer des Heiligen Jakobus, wenn sie in Santiago ankommen. Erstaunt notiert der Erzähler: »Die Überraschung war, dass solche Antworten teilweise auch jene gaben, die große Sympathien für den Buddhismus und sonstige östliche Religionen äußerten. Deklarierte Buddhisten betonen, sie würden in buddhistischen wie christlichen Heiligtümern gleichermaßen ihre Gebete verrichten.«

Noch einmal zurück nach Istanbul. Schweizer kommt im Anschluss an das Freitagsgebet in der Sultan Eyüp-Moschee mit einem türkischen Muslim ins Gespräch. Dieser hat in Deutschland gelebt, spricht gut Deutsch. Wie er als Muslim mit den Christen zurechtgekommen sei, will der Besucher wissen und bekommt zur Antwort: Er habe keine Probleme mit der christlichen Religion. Muslime und Christen hätten denselben Gott. Ein guter Christ sei ihm lieber als ein schlechter Muslim. Es komme auf das Herz des Menschen an, nicht auf die Unterschiede im Glauben. – Ob er schon in einer Kirche gewesen sei? – Ja, er gehe immer wieder in den Kölner Dom. Und er gehe dorthin nicht nur zum Besichtigen, sondern auch zum Gebet. – Zum Gebet? – Warum nicht? Der Kölner Dom sei rein wie eine Moschee. – Rein? – Rein im rituellen Sinn! Schweizer erzählt solche Episoden um einer besonderen Pointe willen. Welche?

Um sie vorzubereiten, erinnert sich Schweizer plötzlich, dass es in der Türkei Orte gibt, zu denen Christen und Muslime gleichermaßen pilgern. Wer kennt sie schon bei uns? Wer kennt beispielsweise das griechisch-orthodoxe St. Georgs-Kloster auf einer kleinen Insel im Marmara-Meer, nur zwei Schiffsstunden von Istanbul entfernt? Ein schon landschaftlich verzaubernder Ort. Christen pilgern hierher, aber auch Muslime. Sie bilden sogar die Mehrheit der Pilger; so viele Christen gibt es in der modernen Türkei nicht mehr. Die Verkaufsstände vor dem Kloster bieten denn auch christliche und muslimische Objekte gleichermaßen an: Ikonen neben Bildern des Kalifen Ali, Bibeln neben Koranen, Bilder von christlichen Heiligen neben Holztäfelchen mit arabischen Schriftzeichen, die auf Koranverse verweisen. Eine Vielzahl weißer Bänder an Bäumen und Büschen. Muslime? Weshalb kommen sie hierher? Ein Mönch erklärt das dem erstaunten Besucher. Natürlich nehmen Muslime nicht an christlichen Gottesdiensten teil, aber außerhalb der offiziellen Gebetszeiten bäten viele Muslime im Kirchenraum um Gottes Segen. Die weißen Bänder? Sie verbinden alle Gläubigen, welcher Religion auch immer. Muslime ebenso wie Christen binden sie an Zweige, um damit eine Bitte an Gott zu senden. Eine auffällige Parallele zur Praxis rund um das »Haus Marias« in der Nähe des antiken Ephesus, heute im Großraum der türkischen Hafenmetropole Izmir gelegen. Schweizer verweist auch darauf. Christen und Muslime pilgern hier gemeinsam zur Mutter Jesu, die auch im Koran höchste Wertschätzung genießt. Gezielt erinnert Schweizer auch daran, um dann das Ende seiner Erzählungen mit derjenigen Pointe zu versehen, auf die das ganze

Buch hinauslaufen soll: »In der Volksfrömmigkeit gibt es zwischen Christen und Muslimen wenig Trennendes.« In der Frömmigkeit des Volkes!

In der Tat ist damit das Grundanliegen dieses Buches freigelegt. Es geht aus vom Neuerwachen von Pilgerschaft auch im Westen, zeigt dann in einer bestechenden Mischung aus Narration und Information Pilgerschaft als universalreligiöses Phänomen der Menschheit, um dann sinnlich und konkret zu dokumentieren, dass unbeschadet aller bleibenden kulturellen und religiösen Differenzen Menschen an den verschiedenen Pilgerorten der Welt ähnlichen Grundbedürfnissen nach Heilung und Trost Ausdruck geben. Im real gelebten Leben bauen sich Trennungen ab, werden Grenzen fließend, bilden sich Mischungen und Verbindungen. Was offizielle Religionsvertreter sauber getrennt haben wollen, was Orthodoxe aller Couleur auseinandertreiben, mit Verboten und Sanktionen belegen, das führen die Menschen zusammen, wenn sie sich auf den Weg machen und sich als Wanderer und Pilger begreifen, die noch nicht angekommen sind, die ihren Gott noch suchen und ihres Glaubens noch nicht gewiss sind. Schweizer analysiert denn auch überall, wo er hinkommt, die »Wechselwirkung zwischen Dogmatik der einzelnen ›Hochreligionen‹ und den praktizierten ›Volksreligionen‹« und plädiert am Ende seiner Pilgerbuches mit Entschiedenheit für ein versöhntes Nebeneinander der großen Religionen: »In einer zunehmend pluralistisch vernetzten Welt pluralisiert sich auch das Pilgerwesen viel stärker, als dies zuvor in kulturell eher geschlossenen Gesellschaftssystemen möglich war. Die logische Folge davon müsste sein, dass Pilger mit den unterschiedlichsten Glaubensvorstellungen ungestört nebeneinander ihr Verständnis von ›Religion‹ praktizieren können. Gerade eine solche Vielfalt ist nicht nur für die Lebendigkeit des Pilgerwesens entscheidend, sondern letztlich auch für ein weitgehend konfliktfreies Miteinander der Religionen.«

Prof. Dr. Karl-Josef Kuschel,
Universität Tübingen

Einleitung
Pilgern in Okzident und Orient

Meine erste Begegnung mit außereuropäischen Kulturen hatte ich, als ich 1960 Nordafrika und wenig später asiatische Länder bereiste. Erstmals lernte ich Religionen jenseits des vertrauten Wahrnehmungshorizonts kennen – und damit auch Pilgerorte, in denen sich die Besucher nach völlig anderen Regeln verhalten als in christlich-abendländischen Wallfahrtszentren. Die Faszination und die Neugierde sind bis heute geblieben.

Ich erlebte hautnah den starken Kontrast zwischen dem Verhalten von Menschen *westlicher* und *östlicher* Kulturen. Persönliche Beobachtungen sowie Gespräche mit Pilgern bildeten hierbei von Anfang an einen Anstoß, mich mit der Frage zu beschäftigen, weshalb Menschen der unterschiedlichsten Glaubensformen zu weit entfernten Heiligtümern unterwegs sind und dort Rituale vollziehen. Daran knüpfte sich für mich die Frage an, ob denn die Pilger fremder Religionen durchweg in völlig anderen Vorstellungswelten leben als Christen – oder ob sich nicht doch auch Gemeinsamkeiten über alle Kulturgrenzen hinweg entdecken lassen.

Im vorliegenden Buch stelle ich vergleichend einige der großen Pilgerzentren der Weltreligionen vor. Angesichts der Fülle wichtiger heiliger Orte muss ich allerdings eine sehr begrenzte Auswahl treffen. Ich konzentriere mich daher auf besonders markante Beispiele, die den Unterschied der Religionen eindringlich veranschaulichen.

Mein besonderes Interesse gilt den Wandlungsprozessen, welche die einzelnen Pilgerorte über viele Jahrhunderte durchlaufen haben. Ausgiebig Raum bekommen in diesem Zusammenhang die Ergebnisse historisch-kritischer Religionswissenschaft, denn sie geraten immer wieder in Widerspruch zu Lehrmeinungen religiöser Institutionen und erst recht zum Glauben vieler Pilger. Hierbei hinterfrage ich vor allem die Legenden vom wundersamen »Ursprung« der heiligen Stätten. Und ich beschreibe die Wechselwirkung zwischen der Dogmatik der einzelnen »Hochreligionen« und den praktizierten »Volksreligionen«, die oft durch magische Praktiken älterer »Naturreligionen« beeinflusst sind.

Darüber hinaus versuche ich zu zeigen, dass nicht wenige Pilger im Spannungsfeld von Tradition und Moderne neue Formen religiösen Glaubens entwickeln – wogegen viele andere Wallfahrer in traditionalistischen Strukturen verharren. Ich stelle die pluralistische Vielfalt solcher Gruppierungen gerade auch innerhalb jeder einzelnen Religion vor: aufgespalten nicht nur in unterschiedliche Konfessionen, sondern darüber hinaus getrennt in traditionell orientierte Gläubige, religiös Aufgeklärte, Fundamentalisten, Esoteriker ... Ich versuche zu klären, wie groß das Konfliktpotential einer solchen Vielfalt ist. Zur Darstellung bringe ich dabei auch, dass mancher heilige Ort unter der »unheiligen« Verflechtung von Religion und Politik zu leiden hat – wobei vor allem der Einfluss politischer Interessengruppen den religiösen Frieden stört.

Es entstehen allerdings für westliche Besucher Schwierigkeiten, den sogenannten orientalischen Religionen angemessen zu begegnen. Anhand meiner persönlichen Erfahrung führe ich vor Augen, wie kompliziert es für uns ist, Denkweisen jenseits des vertrauten Horizonts zu verstehen. In diesem Zusammenhang zeige ich, dass die eigentliche Grenzlinie zwischen *West* und *Ost* nicht schon zwischen dem christlich geprägten Abendland und dem islamischen »Orient« verläuft, denn Christentum, Judentum und Islam weisen als »Religionen Abrahams« viele strukturelle Gemeinsamkeiten auf – sie sind also gleichermaßen *westliche* Religionen. Erst im indischen Kulturraum und vollends im Fernen Osten trifft der westliche Besucher auf das »Ganz Andere«. In diesen *östlichen* Religionen verlieren sogar die uns selbstverständlich erscheinenden Begriffe wie »Religion«, »Gott«, »Glaube«, »Unglaube«, »Ketzerei« ihre scheinbar objektive Allgemeingültigkeit.

Das umfassende Thema zwingt mich – zwingt auch die Leserin und den Leser – zur Sicht von außen auf die eigene Religion. Wir erkennen die großen Unterschiede. In früheren Jahrhunderten war die Konsequenz, dass Christen fremde Glaubensformen meist als primitiv, heidnisch oder gar als amoralisch abwerteten. Nehmen wir jedoch andere Religionen wirklich ernst, dann kann uns der Blick von außen helfen, das Christentum besser – und neu – zu verstehen. Maßstäbe des christlichen Glaubens wie auch der westlichen Kultur verlangen nach einer kritischen Überprüfung. Gerade auch in dieser Hinsicht wird für uns die Betrachtung von Pilgerorten in Okzident und Orient zu einer Entdeckungsreise.

CHRISTENTUM – JUDENTUM – ISLAM

Die *westlichen* Religionen

Rom
Das sakrale Zentrum der katholischen Christen

»Ewige Stadt« – und doch in ständiger Verwandlung

Im April 2005 erlebte Rom das Flair einer Pilgerstadt wie schon seit Jahrzehnten nicht mehr. Zur Trauerfeier für den verstorbenen Papst Johannes Paul II. reisten rund vier Millionen Menschen aus allen Ländern der katholischen Welt, ja auch Andersgläubige, in Italiens Hauptstadt. Rund um den Petersplatz versammelten sich laut Presseberichten an die 500 000 Gläubige, und sie nahmen teilweise eine Wartezeit von zehn bis zwölf Stunden auf sich, um im Vorbeigehen wenigstens kurz einen Blick auf den toten Papst werfen zu können. Das von Menschen überquellende Rom vermittelte in diesen Tagen den Eindruck, dass in unserer säkularen Welt das Bedürfnis nach Pilgerfahrt – oder religiösem Gemeinschaftserlebnis im weitesten Sinn – nicht nur ungebrochen weiter besteht, sondern sogar eine Renaissance erfährt. Wie vielfältig aufgefächert solche religiösen Bedürfnisse sind, werden wir gerade am Beispiel der Pilgerstätten in Rom sehen.

Tage nach den Trauerfeiern für den verstorbenen Papst kehrte Rom zur Normalität zurück. In vielen Stadtteilen dominierten wieder die Touristen, die das Pilgerleben nur am Rande zur Kenntnis nehmen. Selbst im Petersdom, dem bekanntesten – und zentralen – Ziel für Gläubige, bilden jene eilig umhergehenden Besucher die Mehrheit, an deren Verhalten sich nicht so leicht ablesen lässt, ob sie nun aus religiösem oder »nur« kulturellem Interesse kommen. Italiens Hauptstadt mit ihren inzwischen sechs Millionen Einwohnern hat zwar eine ungewöhnliche Dichte von (überwiegend) katholischen Kirchen aufzuweisen, aber Rom ist wegen seines urbanen Flairs und der kulturellen Vielfalt Anziehungspunkt für Touristen auch ohne besondere religiöse Bindung geworden. Kirchen, die dezidiert als »Pilgerkirchen« bezeichnet werden und von jedem Wallfahrer besucht werden sollten, gibt es insgesamt nur sieben.

Trotzdem ist Rom bis heute im kollektiven Bewusstsein Europas als eines der herausragenden Pilgerzentren der Welt verankert. Die klingenden Beinamen »Ewige Stadt«, »Nabel der Welt«, »Hauptstadt der Christenheit« wie auch der Ausspruch »Alle Wege führen nach Rom« weisen in diese Richtung. Solche Benennungen zielen sogar darauf ab, Rom als spirituelles Zentrum der *gesamten* Christenheit – und nicht nur der katholischen – erscheinen zu lassen.

Ein Blick zurück in die Geschichte zeigt, dass sich Rom seit Beginn der christlichen Herrschaft römischer Kaiser im 4. Jahrhundert tatsächlich als religiös-politisches Zentrum *aller* Christen betrachtet hatte. Das griechische Wort *»katholikos«* (»das Ganze umfassend«) war ursprünglich nicht die Bezeichnung für eine unter mehreren christlichen Konfessionen, sie galt vielmehr für die Staatskirche des Römischen Reiches. Und diese beanspruchte, mit ihrer Dogmatik gegenüber allen abweichenden Einzelkirchen und »ketzerischen« Glaubensgruppen die »allein von Christus gewollte Kirche« zu repräsentieren. Spätestens seit dem 4. Jahrhundert sahen sich die Bischöfe von Rom an der Spitze der Hierarchie aller Bischöfe des Römischen Reiches. Sie verstanden sich als Nachfolger des Petrus, der – so eine Überlieferung der Kirchenväter – der erste Bischof von Rom gewesen war. Und da sich auch noch das Grab des zweiten »Apostelfürsten« Paulus in Rom befindet, gab es für die Päpste zwei gewichtige Argumente, eine direkte Verbindungslinie zwischen Rom und Jerusalem, dem geheiligten Ursprungsort des Christentums, zu ziehen. In diesem Sinn wollte sich das päpstliche Rom als jene »Ewige Stadt« verstanden wissen, in der sich das Erbe Christi am reinsten – und im Kern unveränderbar – entfaltet.

Die Bedeutung Roms für die Geschichte des abendländischen Christentums ist zentral. Rom als die einstige Hauptstadt des Römischen Weltreiches bildete eine der wichtigen Schaltstellen für den Prozess, in dem sich das jüdische Christentum in ein »abendländisches«, »europäisches« Christentum, mit griechisch-römischer Prägung, verwandelt hat. In Rom sind außerdem viele jener Organisationsformen der Kirche ausgereift, wie sie später für die gesamte christliche Welt – variantenreich – bestimmend werden sollten. Entsprechend bildeten sich dort auch die ersten Keimzellen eines christlichen Pilgerwesens heraus, angefangen von den Gebeten und Zeremonien an Apostelgräbern bis hin zum Marienkult.

Das Wort »Pilger« hat ebenfalls seinen Ursprung in Rom, wo sich seit dem 6. Jahrhundert – wesentlich intensiver als im islamisch regierten Jerusalem – die Zahl der Wallfahrer konzentrierte. Das lateinische Wort »peregrinus«, der »Fremde«, bildet die Wurzel, woraus im mittelalterlichen Kirchenlatein »pelegrinus« wurde. Im kirchlichen Sinn war damit ursprünglich »der nach Rom wallfahrende Fremde« gemeint; der Begriff wurde erst später allgemein auf Besucher aller Wallfahrtsorte bezogen. Im Italienischen entwickelte sich aus »pelegrinus« das Wort »pellegrino«, im Spanischen und Portugiesischen »peregrino«, im Französischen »pèlerin«, im Englischen »pilgrim«, im Mittelhochdeutschen »pilgerim«, letztendlich im Hochdeutschen »Pilger«.

Rom ist andererseits aber auch zu jenem Zentrum geworden, wo sich die Krisen abendländischer Religionsgeschichte exemplarisch bündelten. Roms Anspruch, »Hauptstadt der Christenheit« zu sein, relativierte sich schon früh durch die Spaltung in eine katholische und orthodoxe Kirche, später durch die Abspaltung der protestantischen Kirchen, nicht weniger durch den Machtkampf zwischen Päpsten und weltlichen Fürsten, zuletzt durch die Spannungen zwischen traditionell katholischem Glauben und säkularem Denken.

Begeben wir uns zu den wichtigsten Pilgerstätten Roms. Die Schauplätze stehen exemplarisch für die wechselhafte Geschichte der »Ewigen Stadt« mit ihren zahlreichen religiös-politischen Umbrüchen.

Petrus und der Petersdom. Offene Fragen

Wo auch immer man im hügeligen Rom von einer Aussichtsterrasse auf die Stadt blickt, sieht man die wuchtige Kuppel des Petersdoms das Häusermeer überragen. Es ist die an Ausmaßen größte Kirche der Welt – ein von den Päpsten ehrgeizig gesetztes Ziel. Der Petersdom bildet historisch die Wiege des Papsttums, entsprechend ist er das Zentrum des Pilgerwesens in Rom. Zur Hauptreisezeit formiert sich entlang den Säulenkolonnaden des

Stadtpanorama, Blick auf Petersdom

Petersdoms eine lange Warteschlange, und zeitweise dauert es ein oder gar zwei Stunden, bis man die strengen Sicherheitskontrollen passiert hat und das Innere der Kathedrale betreten kann.

Keine der anderen sechs Pilgerkirchen in Rom hat einen derartigen Andrang zu verzeichnen. Neben den Pilgern finden sich hier die vielen Touristen mit rein »säkularem« Interesse für die künstlerische Bedeutung des Doms und der Vatikanischen Museen. Aber inmitten der Menschenmassen bleibt selbst hier immer noch die ursprüngliche Funktion der sakralen Stätte sichtbar. Man braucht den Blick nur auf die Bronzestatue des Apostels Petrus zu richten. Vor dieser mannshohen Statue nahe dem Papstaltar – unter dem das Grab des Petrus vermutet wird – sieht man noch einmal eine beachtliche Warteschlange. Jeder der Pilger möchte den rechten Fuß der Statue mit den Fingern berühren oder ihn gar küssen. Ich konnte beobachten, dass manche Pilgergruppen sogar einen Fotografen dabei hatten, der jeden Einzelnen der Gläubigen beim Berühren des Fußes fotografierte, zum Andenken an den heiligen Moment. Die Zehen des Petrus sind im Verlauf der Jahrhunderte blank gescheuert worden, denn die Statue ist älter als der Renaissancebau des Doms, sie ist ein Werk der Gotik und wird einem Bildhauer des 13. Jahrhunderts zugeschrieben, sie wurde schon in der früheren Basilika verehrt.

Für viele Pilger hat das Berühren der Statue eine eminent spirituelle Bedeutung: Man äußert in diesem Moment still einen Wunsch, sei es die Vergebung von Sünden, die Heilung von einer Krankheit, die Befreiung von drückenden Alltagssorgen. Petrus soll hier – wie alle überragenden Heiligen, die in Pilgerorten verehrt werden – die Funktion erfüllen, dass er im Jenseits die Gebete vernimmt und bei Christus oder Gott ein gutes Wort für die Betenden einlegt. Vor allem in früheren Jahrhunderten war bei Pilgern dieser Moment des Berührens ein Höhepunkt, weil die Wallfahrt oft durch Entbehrungen eines Fußmarsches über viele hundert oder gar tausend Kilometer belastet war und die mühevolle Anreise als Buße für begangene Sünden betrachtet wurde. Desto erlösender erschien die Ankunft in der Basilika des Petrus. Den krönenden Abschluss des Besuches im Dom bildete einst ein Gebet vor dem vermuteten Petrus-Grab unter dem Altar. Dieser Ritus wird heute allerdings, angesichts des Pilgerandrangs, nur noch selten praktiziert.

An hohen religiösen Feiertagen, unter anderem am Fest der beiden Apostel Petrus und Paulus, ist es seit langem Brauch, die Bronzestatue des

Kuppel des Petersdoms innen mit Petrus-Zitat, »Du bist der Fels …«

Petrus wie einen lebendigen Papst mit kostbaren Gewändern zu bekleiden. Der amtierende Papst küsst dann die Zehen der Statue. Optisch wirkt dies dann so, als würde der bronzene Petrus mit hochgehobener Hand seinen lebenden Nachfolger segnen.[1] Dies ist eine symbolisch durchaus bewusst herbeigeführte Situation.

Über dem Papstaltar und dem Petrus-Grab wölbt sich majestätisch jene Renaissancekuppel, die im Stadtpanorama von ganz Rom so auffallend ist. Sie bildet ein weiteres zentrales Element des Doms. Dort ist auf dem inneren Umlaufband der Kuppel mit Goldgrund in lateinischer Sprache festgehalten: »Du bist Petrus, und auf diesen Fels will ich meine Kirche bauen, und dir werde ich die Schlüssel des Himmelreichs übergeben.« Dieses im 16. Kapitel des Matthäus-Evangeliums überlieferte Jesus-Wort bildet die Basis, von der die Päpste in Rom ihr Selbstverständnis als »Nachfolger Petri« ableiten – als die eigentlichen, »von Jesus gewollten« religiösen Führer der gesamten Christenheit.

Naturgemäß gehörte dieser Ort schon in frühchristlicher Zeit zu den wichtigsten Pilgerzielen in Rom. Und folgerichtig entstand dort auch eine der ersten Kirchen Roms, nachdem Kaiser Konstantin im Jahr 313 das Christentum im Römischen Reich den anderen Religionen rechtlich gleichgestellt hatte. Der Kaiser, ein Förderer der bis dahin unterdrückten Glaubensgemeinschaft, gestattete den Christen im Jahr 324 den Bau einer großen vierschiffigen Basilika über dem vermuteten Grab des Petrus und steuerte erhebliche Geldmittel bei.

Die Bezeichnung Basilika, die seit der Zeit Konstantins für die Hauptkirchen Roms verwendet wurde, hat allerdings einen weltlichen Ursprung. Das griechische Wort bedeutet »königliche Halle« und wurde ursprünglich für den Palast eines Königs (griechisch: Basileus) verwendet, später auch für repräsentative Gerichts- und Marktgebäude. Entsprechend wurden für den Bau der ersten christlichen Kirchen Roms Stilelemente griechischer und römischer Paläste übernommen (die sich beträchtlich von der späteren Konzeption des Petersdoms zur Zeit der Renaissance unterschieden).

Die im Jahr 349 fertiggestellte Petrus-Basilika befand sich zur Zeit ihrer Entstehung außerhalb der Stadtmauern Roms. Auf dem noch ländlichen Gebiet dominierten große Friedhöfe, wo auch Christen bestattet worden sind. Der dortige Hügel und die dahinter liegende Ebene dieser Region hießen »mons vaticanus« und »ager vaticanus«, Vatikan-Berg und Vatikan-Acker. Die Herkunft der Namen bleibt letztlich ungeklärt. Einige Historiker vermuten, dass sich an diesem Ort ursprünglich das Heiligtum eines etruskischen Gottes mit gleichem Namen befunden habe.[2] Andere gehen davon aus, dass in frührömischer Zeit genau dort, wo später die erste Peterskirche entstand, ein Heiligtum existiert habe, in dem Orakel und Weissagungen gesprochen wurden. Die lateinischen Worte »vaticanatio« (Weissagung) und »vaticinus« (weissagend, prophetisch) könnten also bei der vorchristlichen Namensgebung eine Rolle gespielt haben.[3]

Dass aber der Hügel Vaticanus schon in vorchristlicher Zeit ein Pilgerziel war, gilt als gesichert. Nachdem im 2. Jahrhundert vor unserer Zeitrechnung der Kult der vorderasiatischen Muttergöttin Kybele auch in Rom heimisch geworden war, entstand auf dem Mons Vaticanus ein vielbesuchtes Heiligtum dieser Gottheit. Der Höhlentempel könnte sich direkt unter dem jetzigen Petersdom befunden haben, denn bei den Erweiterungsarbeiten an der Kirche im Jahr 1609 wurden in der Erde eine Reihe schön gearbeiteter Altäre des Kybele-Kults ausgegraben (die heute im Vatikanischen Museum zu besichtigen sind).[4] Die Christen hatten also ihre Kultstätte letztlich an einem Ort errichtet, der schon viele Jahrhunderte zuvor als heilig verehrt worden war und somit bei den Bewohnern Roms Respekt genoss – nur dass sich jetzt über den Fundamenten eines heidnischen Tempels die Kirche der »wahren« Religion erhob.

Die mit dem Petersdom verknüpften historischen Begebenheiten lassen allerdings bis heute einige Fragen offen.

Für die Christen bedeutete es in der Spätantike und im Mittelalter, ja bis weit hinein in die Neuzeit mehr oder weniger eine Tatsache, dass sich das Grab des Apostels Petrus exakt unter dem heutigen Papstaltar im Petersdom befindet. Petrus soll der Überlieferung nach in einem Gräberfeld nahe dem Südhang des Vatikanischen Hügels bestattet worden sein, nachdem er nicht weit von dort in einer Zirkusarena den Märtyrertod am Kreuz erlitten hatte. Ob nun der Ort eines Heiligengrabs geschichtlich verbürgt oder eine Reliquie echt sei, solche Fragen stellten die Gläubigen damals allerdings nicht. Bis ins 16. und 17. Jahrhundert hinein galt jedes Heiligengrab und jede damit verbundene Reliquie als authentisch, wenn nur eine kirchliche Autorität dies beglaubigt hatte. Aus demselben Grund war es für die Gläubigen auch selbstverständlich, Petrus als den »ersten Bischof von Rom« – und damit als den Ahnherrn aller Päpste – zu verehren. Erst heute, im Zeitalter historisch-quellenkritischer Forschung, äußern sich sogar viele strikt kirchengebundene Katholiken vorsichtiger. Man spricht und schreibt von »Überlieferung« und »Tradition«, ja von »Legende«, vor allem dann, wenn man sich auf das vermutete Grab des Petrus bezieht.

Die frühesten historisch nachweisbaren Angaben zum Ort des Petrus-Grabes finden sich erst rund eineinhalb Jahrhunderte nach dem Tod des Apostels. Diese Quellen verdeutlichen, dass Christen erst seit ungefähr dem Jahr 200 einen bestimmten Platz auf dem Gelände des Vatikans als Petrus-Grab verehrten. Es ist exakt jene Stelle, wo sich zur vorchristlichen Zeit das Orakelheiligtum wie auch die Kultstätte der Kybele befunden hatte. Die Knochenfunde aus Friedhöfen im Umkreis sind hierbei alles andere als ein Beweis, dass es die Gebeine des Apostels sind. Maßgeblich für die Ortsbestimmung war den frühen Christen das Wissen, dass es sich bei diesem Ort um eine – wenn auch vorchristliche – heilige Stätte handelt.

Für Historiker ungeklärt bleibt aber auch die Frage, ob Petrus denn tatsächlich nach Rom gereist und dort der erste Bischof der (damals noch spärlichen) Christengemeinde gewesen sei. In den Evangelien und den Apostelbriefen finden sich keinerlei Hinweise über die Romreise des Petrus und seinen dortigen Märtyrertod. Den biblischen Zeugnissen können wir lediglich entnehmen, dass Petrus unter den Jüngern und später nach dem Tod Jesu in der Gemeinde von Jerusalem eine führende Rolle innehatte. Schriftliche Äußerungen über das Wirken des Apostels Petrus in Rom sowie dessen Märtyrertod sind erst rund 140 Jahre später zu finden. Eusebius, ein christlicher Chronist Anfang des 3. Jahrhunderts, war der Erste, der präzise angab, dass Petrus in Rom gekreuzigt und Paulus enthauptet wurde.[5] Über die Herkunft seiner Quellen ist allerdings nichts bekannt. Anfang des 5. Jahrhunderts fasste der in Bethlehem lebende Kirchenvater

Hieronymus alle damals vorhandenen Apostel-Legenden in seiner Schrift *Über berühmte Männer* zusammen und hob hierbei besonders das Bischofsamt des Petrus und dessen Märtyrertod in Rom hervor. Die Darstellung des Hieronymus sollte zur Grundlage für das spätere Selbstverständnis der Päpste als den führenden Bischöfen der Christenheit werden.[6]

Seit Mitte des 19. Jahrhunderts zweifelten Kirchenhistoriker die frühkirchlichen Berichte über das Wirken Petrus', des »ersten Bischofs von Rom«, zunehmend als ahistorisch an. Gerade weil neben Rom auch die Patriarchate von Jerusalem, Konstantinopel, Alexandria und Antiochia ihre Gründung direkt oder indirekt mit dem Apostel Petrus verbanden, haben solche Angaben den Charakter des Legendären. Naturgemäß machten mit solcher Kritik nichtkatholische Historiker den Anfang. Aber spätestens seit Ende des 20. Jahrhunderts hatte ein derartiger Ansatz Zustimmung auch unter katholischen Theologen gefunden, so etwa, um nur ein prominentes Beispiel zu nennen, bei Uta Ranke-Heinemann.[7] Andererseits halten manche protestantische Kirchenhistoriker einen Märtyrertod des Petrus unter Kaiser Nero sowie eine Leitungsfunktion in der dortigen Christengemeinde für möglich, erkennen jedoch nicht sein Bischofsamt und einen Anspruch der Päpste als Nachfolger Petri an.[8]

Schon lange vor dem wissenschaftlichen Streit, ob denn nun Petrus tatsächlich in Rom gewesen sei, gab es allerdings eine grundsätzliche Auseinandersetzung um religiöse Fragen. Ins theologische Kreuzfeuer geriet bereits in frühchristlicher Zeit jene Textstelle aus dem Matthäus-Evangelium, mit welchem die Päpste ihren Führungsanspruch begründen. Im 16. Kapitel bei Matthäus, Vers 18 und 19, findet sich ja das Jesus-Wort, das demonstrativ im Umlaufband der Kuppel des Petersdoms verewigt ist: »Du bist Petrus, und auf diesen Fels will ich meine Kirche bauen, und dir werde ich die Schlüssel des Himmelreichs übergeben.« Etliche Theologen aus frühchristlicher Zeit wollten diese Verheißung einzig und allein auf die Person des Petrus bezogen wissen, sie wiesen einen daraus abgeleiteten Erbanspruch der Bischöfe von Rom entschieden zurück.

Die Auseinandersetzung über die Führungsrolle des römischen Bischofs über alle anderen Bischöfe hatte bereits im 2. Jahrhundert begonnen, als die Christen noch eine unterdrückte Glaubensgemeinschaft waren, weit entfernt davon, politische Macht auszuüben. Die Auseinandersetzung erreichte ihren ersten Höhepunkt, als der Papst von Rom und der Patriarch von Konstantinopel im 8. und 9. Jahrhundert um die höchste Position erbittert zu rivalisieren begannen. Eine weitere dramatische Zuspitzung erlebte der Konflikt durch die Kritik protestantischer Theologen seit Martin Luther.

Keiner dieser Kritiker bezweifelte allerdings die Echtheit des Jesus-Worts, das Petrus zum »Felsen« der Kirche macht. Für sie alle blieb es selbstverständlich, dass die vier Evangelisten mit Jüngern Jesu identisch seien. Ihnen erschien es unvorstellbar, dass der Verfasser des Matthäus-Evangeliums Jesus selbst gar nicht persönlich gekannt hat und erst sechs Jahrzehnte nach Jesu Tod diese Worte dem Messias zugeschrieben haben könnte. Eine derart weitergehende Skepsis äußerten erst die Vertreter der historisch-quellenkritischen Forschung des 20. Jahrhunderts (auf deren vielschichtige Problematik ich in diesem Zusammenhang nicht eingehen kann). Theologen früherer Epochen, die eine Gegenposition zur Dogmatik der katholischen Kirche einnahmen, ließen das Jesus-Wort im Matthäus-Evangelium als ein originales Wort Jesu gelten.

Die Entwicklung zeigt, dass die heftige Auseinandersetzung um den päpstlichen Führungsanspruch die christliche Glaubensgemeinschaft tief spaltet. Naturgemäß konnte so der Petersdom, konnte Rom als »heilige Stadt« nur ein strikt konfessionell begrenztes – katholisches – Pilgerzentrum bleiben.

Die Paulus-Basilika im Kontrast zum Petersdom

Der Apostel Paulus gilt neben Petrus als der überragende Heilige der katholischen Kirche. Petrus wird als der erste und beispielgebende »Papst« verehrt, Paulus als der wegweisende Theologe des frühen Christentums. Und daher war es naheliegend, dass zu Ehren des Paulus über dessen Grab fast zeitgleich wie zu Ehren des Petrus eine der ersten Kirchen Roms erbaut wurde.

Auch über Paulus existieren außerhalb der biblischen Überlieferung keine Berichte unabhängiger zeitgenössischer Geschichtsschreiber. Aber es gibt einen Unterschied zu Petrus: Während sich in der Apostelgeschichte keinerlei Hinweise über einen Rom-Aufenthalt des Petrus finden, finden wir derartige Hinweise zu Paulus sehr wohl. Im Abschluss der Apostelgeschichte, dem 28. Kapitel, ist zu lesen, Paulus sei als römischer Bürger zur Klärung eines gegen ihn laufenden Gerichtsverfahrens per Schiff in Rom eingetroffen und er habe dort zwei Jahre als Prediger innerhalb einer christlichen Gemeinde gelebt. Dann aber bricht der Bericht ab. Die ersten Angaben über den Märtyrertod des Paulus sind ebenfalls erst bei dem bereits erwähnten christlichen Chronisten Eusebius Anfang des 3. Jahrhunderts zu finden. Entsprechend ungesichert ist auch bei Paulus der Fundort seines vermuteten Grabes, entsprechend ungesichert außerdem, dass die Christen später am »richtigen« Platz eine Kirche zu Ehren des Paulus errichtet haben.

Die Basilika für Paulus entstand – wie die des Petrus – weit außerhalb der Stadt, weil dieser Apostel sein Märtyrergrab ebenfalls in unbewohntem, ländlichem Gebiet bekommen hatte. »San Paolo fuori le mura«, »Sankt Paul vor den Mauern«, lautet entsprechend bis heute der Name dieser Kirche. Ihr jetziges Erscheinungsbild unterscheidet sich allerdings beträchtlich von dem des Petersdoms, auch die Atmosphäre des Pilgerlebens. Während der Petersdom schon zur Zeit der Renaissance und des Barock immer mehr von städtischen Wohnvierteln umschlossen wurde, behielt die Paulus-Basilika bis zu Beginn des 20. Jahrhunderts weitgehend ihre ländliche Abgeschiedenheit vor den Toren der Stadt nahe der Via Appia. Die Wohnviertel dort sind entsprechend neu, sind dominiert von modernen Zweckbauten und gesichtsloser Betonarchitektur. Aber desto mehr überrascht die Kirche: Sie ist jene der vier großen Papstkirchen, die sich den Typus der frühchristlichen Basilika am ehesten bewahrt hat. Obwohl 1823 ein Großbrand einen Teil der Kirche vernichtete, ist sie doch wieder so aufgebaut worden, dass sie im Grundriss ungefähr das Bild vermittelt, das auch der Petersdom das ganze Mittelalter hindurch geboten hat: eine fünfschiffige Basilika mit römischen Säulen und Goldmosaiken, dazu ein später angeschlossener gotischer Kreuzgang.

Vom Vorplatz gelangt der Besucher in ein palmenbestandenes Atrium, wo die Fassade durch ein Goldmosaik des 19. Jahrhunderts geschmückt ist (spätantiken Vorbildern nachempfunden). Die Stirnseite im Inneren der Basilika bildet jedoch eine mächtige Wand mit Goldmosaiken, die den Brand von 1823 überstanden hat. Diese im byzantinischen Stil der Spätantike gestaltete Bilderfront ist ein Original aus dem 5. Jahrhundert und zeigt in der Mitte den lehrenden Christus, ihm zur Seite Paulus und Petrus, die herausragenden Apostel. Der Säulenaltar stammt aus dem 13. Jahrhundert, und er bildet das zentrale Ziel für die Pilger, denn direkt unter ihm befindet sich das vermutete Grab des Apostels. Das Grab des Paulus ist allerdings für Besucher erheblich leichter zugänglich als das des Petrus. Es zählt nicht einmal ein Fünftel der Besucher des Petrus-Grabes, so las ich in einer Verlautbarung des katholischen Informationsdienstes Österreich.[9]

Ich hatte nur zwei bis drei Minuten zu warten, bis die Treppe zu einem vertieften viereckigen Platz vor dem Altar frei war. Und schon hatte ich von dort einen Blick durch ein Glasfenster auf einen Steinsarkophag, in dem die Gebeine des Paulus ruhen sollen. In einem elektrisch beleuchteten Glasbehälter über dem Sarkophag war eine Kette aufgehängt, mit welcher der Apostel im Gefängnis gefesselt gewesen sein soll, bevor er zur Hinrichtung geführt wurde. Die Besucher knieten auf gepolsterten Fußbänken. Manche beteten, andere blickten neugierig umher und erhoben sich rasch wieder. Wie im Petersdom war auch hier bei den Menschen auf den ersten Blick schwer zu unterscheiden, ob sie als Pilger oder als »nur« kulturell interessierte Touristen kommen.

Seitlich waren Tische aufgestellt, wo Handzettel in allen nur denkbaren Weltsprachen auflagen, dazu Briefkuverts mit Formular. Auf dem Handzettel in deutscher Sprache las ich: »Wenn Sie wünschen, dass nach Ihrer Intention eine Messe eigens gefeiert wird, schreiben Sie auf das seitlich angebrachte Kuvert Ihr Anliegen. Soll eine Messe eigens für dieses Anliegen gefeiert werden, fügen Sie bitte eine Spende hinzu, Richtlinie 10 Euro. Sie können auch (mit oder ohne Spende) ankreuzen, dass Ihr Anliegen in einer kollektiven heiligen Messe hinzugefügt wird.«

Weshalb aber ist der Andrang am Grab des Paulus um vieles geringer als am Grab des Petrus?

Über dem Grab des Paulus war zunächst im Jahr 324 eine viel kleinere Kirche als über dem Grab Petrus entstanden. Der damalige Bischof von Rom, Papst Silvester I., war daran interessiert, die Aufmerksamkeit zuallererst auf eine repräsentative Kirche des Petrus zu lenken, denn ihr Prachtbau war mehr dazu geeignet, den Vormachtanspruch der Päpste als »Nachfolger Petri« über alle anderen Bischöfe zu untermauern. Erst mehr als ein halbes Jahrhundert später, in den Jahren 386 bis 390, wurde auf Veranlassung des Kaisers Theodosius I. jene Paulus-Basilika errichtet, die in der Grundstruktur bis heute erhalten ist. Sie ähnelte der damaligen Petrus-Basilika, war aber noch viel geräumiger als die rivalisierende Kirche, ja sie galt das ganze Mittelalter hindurch als die größte Kirche der Christenheit – in Konkurrenz nur noch mit der im 6. Jahrhundert errichteten Hagia Sophia in Konstantinopel. Theodosius ließ sich von dem Gedanken leiten, dass eine monumentale Grabeskirche des Paulus geeignet war, die immer noch starke heidnische Bildungselite des Römischen Reiches zu beeindrucken und neugierig auf diesen Apostel als den führenden Philosophen und Gelehrten des Christentums zu machen.[10]

Dieses relativ ausbalancierte Gleichgewicht in der Bedeutung beider Kirchen änderte sich erst wieder, als im Jahr 1506 Papst Julius II. die frühchristliche Petrus-Basilika abreißen ließ. An ihrer Stelle entstand während der folgenden eineinhalb Jahrhunderte jener monumentale Renaissancebau, der den Petersdom nun zur größten Kirche der Welt werden ließ – und dorthin den hauptsächlichen Pilgerstrom lenkte. Die Päpste waren gerade an dieser Entwicklung interessiert, denn die Verehrung des Petrus diente zugleich der Verehrung der »Nachfolger Petri«. Dass Petrus im Vergleich zu Paulus die christliche Theologie viel weniger geprägt hat, spielte hierbei keine Rolle.

Paulus dagegen ist für die Ostkirchen erheblich wichtiger als Petrus. Die Ostkirchen rückten Petrus schon deshalb in den Hintergrund, weil er den Päpsten dazu diente, ihren Vormachtanspruch gegenüber dem Patriarchen von Konstantinopel zu untermauern. Paulus ist erst recht den Protestanten viel wichtiger als Petrus. Martin Luther bezog sich in seiner Theologie – gerade auch in seiner Opposition zur katholischen Kirche – besonders auf Paulus. Den Protestanten ist Petrus nur als herausragender Jünger Jesu bedeutsam, nicht in seiner mutmaßlichen Funktion als erster Bischof von Rom. Aber trotz dieser Wertschätzung für Paulus tragen die Protestanten nichts dazu bei, die Paulus-Basilika in Rom durch Besuche zu ehren und gegenüber dem Petersdom aufzuwerten. Denn Protestanten haben wohl prinzipiell kein Interesse an Pilgerfahrten zu Heiligengräbern.

An dem eher unscheinbaren Dasein der Paulus-Basilika hat sich in den letzten Jahren nur geringfügig etwas geändert. Für kurze Zeit nur rückte diese Kirche in die Schlagzeilen der Weltpresse, als Papst Benedikt XVI. im Jahr 2006 bekanntgab, Archäologen hätten den Sarkophag des Paulus wiederentdeckt. Der Sarkophag sei nahezu 500 Jahre verschollen gewesen, weil die Krypta verschlossen worden und die Kenntnis vom genauen Ort des Grabes durch Umbauten im Verlauf der Jahrhunderte verloren gegangen sei. Den Pilgern sei es daher ein halbes Jahrtausend nicht vergönnt gewesen, im Anblick des Sarkophags zu beten. Seit dem Jahr 2006 ist der Blick auf den Sarkophag wieder möglich. Der Papst verkündete drei Jahre später, am 29. Juni 2009, dem katholischen Feiertag Peter und Paul, zum

Abschluss des Paulus-Jahres in einer Predigt, die Archäologen seien nun mit einer Sonde in den Sarkophag vorgedrungen. Sie hätten analysiert, dass die Gebeine, so der Wortlaut des Papstes, »einer Person gehörten, die im 1. oder 2. Jahrhundert gelebt hat. Dies scheint die einmütige und unangefochtene Tradition zu bestätigen, dass wir es hier mit den sterblichen Überresten des Apostels Paulus zu tun haben. All dies erfüllt uns mit tiefer Bewegung«.[11]

Derart »einmütig« und »unangefochten« wurden die Aussagen des Papstes von der Mehrheit der archäologischen Fachwelt allerdings nicht akzeptiert. Mit der »Echtheit« des Paulus-Grabes verhält es sich nicht anders als mit jener des Petrus-Grabes.

Die Lateran-Basilika in Konkurrenz zum Petersdom

»Mutter und Haupt aller Kirchen der Stadt Rom und des Erdkreises«. Diese ehrenvolle Bezeichnung kommt nicht dem Petersdom als dem heute bekanntesten und meistbesuchten Pilgerzentrum zu, auch nicht der Basilika des Paulus – vielmehr der Lateran-Basilika. Sie ist die älteste aller Kirchen in Rom, selbst wenn dies die massige Barockfassade des 18. Jahrhunderts auf den ersten Blick nur schwer erahnen lässt. Und mehr noch: Im weitverzweigten Gebäudekomplex des Lateran, nicht im Vatikan, haben das ganze Mittelalter hindurch die Päpste residiert.

Der Grundstein zur Lateran-Basilika wurde im Jahr 313 gelegt, sechs Jahre vor dem Baubeginn der Petrus-Basilika und sieben Jahre vor dem der Paulus-Basilika. Das Jahr 313 markierte ja einen entscheidenden Umbruch in der Geschichte des Römischen Reiches wie auch des Christentums. Kaiser Konstantin hatte im Edikt von Mailand die bis dahin unterdrückte christliche Religion anerkannt und sie den zahlreichen anderen Religionen seines Reiches gleichgestellt. Dies geschah, nachdem Konstantin ein Jahr zuvor in der Schlacht an der Milvischen Brücke in Rom über seinen politischen Rivalen Maxentius gesiegt hatte und damit zum unbestrittenen Alleinherrscher wurde. Konstantin führte seinen Sieg auf die Hilfe der Christen zurück, die zur damaligen Zeit von der Zahl ihrer Anhänger her bereits ein beträchtliches Potential boten.

Die Frage ist nun, weshalb Konstantin in seiner Dankbarkeit gegenüber den Christen nicht zuallererst den Bau jener Kirche förderte, wo sich damals schon der wichtigste Ort christlicher Heiligenverehrung befand – am vermuteten Grab des Petrus? Und warum nicht sofort eine große Kirche am Ort des Paulusgrabes? Das Gelände des Lateran verfügte nämlich über keine vergleichbaren sakralen Kostbarkeiten.

Konstantin dachte zuallererst strategisch. Ihm erschien weder das Grab des Petrus noch das Grab des Paulus als der beste Standort für die zukünftige Hauptkirche der Kaiserstadt Rom, denn beide Orte lagen in ungeschütztem, ländlichem Gebiet außerhalb der Stadtmauern. Konstantin wünschte sich die Hauptkirche sowie die Residenz des Papstes nahe seinem eigenen Palast; das Gelände des Lateran (benannt nach dem römischen Adelsgeschlecht der Laterani, den ehemaligen Besitzern) befand sich in Sichtweite. Konstantin setzte hier die römisch-kaiserliche Tradition fort, dass sich der Sitz der weltlichen Herrschaft unmittelbar neben dem wichtigsten Tempel der Stadt befand. Die enge Verbindung zwischen Kaisertum und religiösem Kult – und damit auch die machtpolitische Kontrolle über die Religion – blieb so erhalten.

Die damals amtierenden Päpste (Miltiades bis zum Jahr 314, Silvester I. als sein Nachfolger) hatten der kaiserlichen Wahl des Ortes wenig entgegenzusetzen. Nachdem sämtliche Vorgänger ihr Amt nur im Verborgenen unter Entbehrungen hatten ausüben können, bot sich nun erstmals die Gelegenheit, öffentlich an der Seite des Kaisers aufzutreten. Dies bedeutete eine ungeheure Aufwertung des päpstlichen Amtes. Auch erwies es sich für die Päpste als strategischer Vorteil, in einer Basilika des Stadtzentrums und nicht weit draußen im Vatikan mit einer noch sehr ländlichen Umgebung zu residieren.

Allerdings war es schwierig, die Lateran-Basilika neben der des Petrus und der des Paulus zu einem gleichwertigen Pilgerziel zu gestalten. Es fehlten die verehrungswürdigen Reliquien. Die Päpste verschafften Abhilfe. In ihrem Palast wurde schließlich eine Treppe als heilig verehrt, die sich ursprünglich in Jerusalem befunden habe und Jesus dort angeblich hinaufgeschritten sei (darüber im nächsten Abschnitt mehr). Am Ende der Treppe befanden sich neben einem Christusbild in vergoldeten Gefäßen die angeblichen Totenschädel von Petrus und Paulus. Das ganze Mittelalter hindurch glaubten die Pilger an die Echtheit dieser Reliquien.[12] Und so wurde der Lateran ebenfalls zu einem Pflichtziel für Pilger. Zudem konzentrierte sich das religiös-politische Geschehen auf den Lateran, wo vom 12. bis zum 16. Jahrhundert fünf dogmatisch bedeutsame Konzile stattfanden.

Die Macht der Päpste beruhte jedoch auf einer unsicheren Grundlage, nachdem der westliche Teil des Römischen Reiches im 5. Jahrhundert politisch zusammengebrochen war. Rom war mehrmals durch die Eroberungszüge von Germanen nachhaltig verwüstet worden, so 410 durch die Westgoten, 455 durch die Vandalen, 568 durch die Langobarden. Immer mehr Menschen verließen die zerstörte und geplünderte Stadt, die zur Zeit des Kaisers Konstantin noch eine Million Einwohner gezählt hatte, im 6. Jahrhundert aber nur noch 50 000, ja im 9. Jahrhundert weniger als 25 000 Menschen.[13] Als einziger Machthaber von Bedeutung in Rom blieb nun nur noch der Papst. Den Päpsten gelang es zwar, während der folgenden Jahrhunderte im politisch völlig aufgesplitterten Italien ihre Macht über weite Teile Mittelitaliens auszudehnen und einen Kirchenstaat zu regieren. Aber ihre religiös-politische Herrschaft blieb gefährdet durch die Rivalität mit weltlichen Fürsten.

Der Machtkonflikt spitzte sich zu, nachdem die Päpste immer offensiver beanspruchten, geistliche Oberherren der gesamten Christenheit zu sein und als solche das Vorrecht hätten, maßgeblich weltliche Regenten zu beeinflussen. Zu Beginn des 14. Jahrhunderts eskalierte der Dauerkonflikt. Der französische König Philipp IV. zwang den Papst, nach Südfrankreich zu übersiedeln. Nahezu sieben Jahrzehnte, von 1309 bis 1377, lebten die Päpste als Marionetten französischer Könige in Avignon. Diese Epoche, die später die Historiker als »Babylonische Gefangenschaft der Kirche« bezeichneten, ließ Rom politisch und wirtschaftlich vollends veröden. In dieser Zeitspanne zerfielen die berühmtesten Kirchen Roms, unter ihnen auch die Lateran-Basilika. Entsprechend verlor Rom seine Bedeutung als die herausragende Pilgerstadt.

Erst im Zeitalter der Renaissance-Päpste kam Rom zu neuem Glanz. Den Päpsten gelang es nach ihrer Rückkehr aus Frankreich im Verlauf des 15. Jahrhunderts, ihre Macht im Kirchenstaat neu zu festigen, ja zu erweitern. Aber sie residierten nun nicht mehr im Lateran, sondern im Vatikan. Dieser Ortswechsel erfolgte wiederum nicht in erster Linie aus religiösen, sondern vorrangig aus strategischen, machtpolitischen Erwägungen. Ausschlaggebend war, dass sich nur rund 400 Meter entfernt von der Petrus-Basilika die Engelsburg befand. Der von dicken Mauern umgebene Komplex, einst das Mausoleum des römischen Kaisers Hadrian, war im Mittelalter von mächtigen Adelsfamilien Roms zu einer Festung ausgebaut worden und hatte schon früher in unsicheren Zeiten den Päpsten als letzte

Zuflucht gedient. Wer im Besitz dieser Burg war, konnte am besten die Stadt beherrschen. Papst Gregor IX. übernahm 1379, bereits zwei Jahre nach der Rückkehr aus Avignon, in Vereinbarung mit den führenden römischen Adelsfamilien, die Burg. Seine Nachfolger ließen einen unterirdischen Gang anlegen, der als Fluchtweg die Petrus-Basilika sowie die dortige Wohnung des Papstes im Vatikan und die Burg miteinander verband.

Im Verlauf der folgenden zwei Jahrhunderte entstand der Großteil jener Prachtbauten, die wir heute im ausgedehnten historischen Zentrum Roms bewundern. Viele der Kirchen wurden im Stil der Renaissance umgestaltet oder gar neu erbaut. Entsprechend wuchs in der wirtschaftlich und kulturell aufblühenden Residenzstadt der Päpste auch wieder der Zustrom von Pilgern. Zu Ostern des Heiligen Jahres 1500 knieten, so zeitgenössische Berichte, über 200 000 Gläubige aus der gesamten christlichen Welt Westeuropas auf dem Petersplatz nieder.[14] Endgültig hatte sich nun der religiöse und politische Schwerpunkt vom Lateran zum Vatikan verlagert. Das größte Bauprojekt wurde aber die Petrus-Basilika. Papst Julius II. ordnete 1507 den Abriss der unter Kaiser Konstantin errichteten Kirche an, die schon sehr vom Zerfall bedroht war. Länger als ein Jahrhundert sollte es dauern, bis der prächtige Gebäudekomplex im Stil der Renaissance und des Barock unter maßgeblicher Mitwirkung der bedeutendsten Künstler und Architekten der damaligen Zeit – Michelangelo, Bramante, Raffael – jenes Erscheinungsbild hatte, wie wir es heute kennen.

Mitte des 17. Jahrhunderts erhielten auch die Lateran-Basilika und der angrenzende Palast ein neues Gesicht, sie wurden mit den Stilmerkmalen des Barock grundlegend umgestaltet. Erhalten blieb nur noch der Kreuzgang aus dem 13. Jahrhundert (einer der schönsten in Rom). Aber mit der repräsentativen Ästhetik des Petersdoms und des Petersplatzes konnte der Baukomplex des Lateran nicht konkurrieren. Der Ehrgeiz der Päpste blieb nun vorrangig auf die Gestaltung des Peterdoms konzentriert, denn ihnen war daran gelegen, dass der »religiöse Mittelpunkt der Christenheit« mit der größtmöglichen Pracht den Besucher auch optisch überwältigte.

Trotzdem kommt dem Lateran immer noch Bedeutung zu. Bis Ende des 19. Jahrhunderts hatten sich die Päpste in der Lateran-Basilika und nicht im Petersdom krönen lassen. Und 1929 wurden im Lateran-Palast die sogenannten Lateran-Verträge abgeschlossen, die den rechtlichen Status des heutigen Vatikan-Staates regelten. Der Lateran ist hierbei zu einem exterritorialen Bestandteil des Vatikans geworden. Bis heute ist im La-

Lateran-Basilika, Menschenmenge in Erwartung einer Papstmesse

teran-Palast ein Teil der päpstlichen Verwaltung untergebracht.

Aber auch für Pilger hat der Lateran seine Bedeutung behalten. Noch immer findet die alljährliche Fronleichnamsprozession mit dem Papst vor der Fassade dieser Kirche statt. Und noch immer bildet die nahegelegene Heilige Treppe eines der wichtigsten Ziele für Pilger in Rom.

Die Heilige Treppe, auf der Jesus ging

Nur wenige Gehminuten sind es von der Lateran-Basilika zu einem kleineren Gebäude auf der anderen Straßenseite. Dieses Gebäude ist nicht auf den ersten Blick als eine Kirche zu erkennen. Einzig das Goldmosaik an der Südseite – Christus erteilt seinen Aposteln den Missionsauftrag – verdeutlicht sofort die sakrale Funktion. Aber gerade in dieser nach außen hin so unscheinbar wirkenden Kirche trifft der Besucher auf Pilgerrituale von einer besonderen Intensität.

In der Eingangshalle bilden Menschen eine Warteschlange in Blickrichtung auf eine Treppe, die, gesäumt von Wandmalereien der Renaissance und des Barock, hinauf zu einem überlebensgroßen Fresko des gekreuzigten Christus führt. Am Beginn der Treppe stehen zur rechten Seite die Marmorstatuen von Jesus und Pontius Pilatus mit der Inschrift »Ecce

Homo«, »Seht, welch ein Mensch«, auf der linken Seite Jesus, der von dem Jünger Judas den sogenannten Judas-Kuss unmittelbar vor seiner Gefangennahme erhält. Diese Treppe soll sich ursprünglich in Jerusalem, im Palast des Pontius Pilatus, befunden haben, und auf ihr soll Jesus kurz vor der Kreuzigung gegangen sein.

Die Treppe ist unter dem italienischen Namen »Scala Santa«, »Heilige Treppe« (oder »Heilige Stiege«), bekannt. Auf ihr darf man sich nur kniend nach oben bewegen. Eine Tafel gibt in italienischer, spanischer und englischer Sprache die klare Anweisung. Entsprechend sieht man auf den Stufen dicht gedrängt nur kniende Pilger, die oft minutenlang mit gefalteten Händen im Gebet verharren, bevor sie sich mühsam auf die nächste Stufe nach oben bewegen. Es herrscht völlige Stille. Zu beiden Seiten führen, durch Wände getrennt, Treppen hinauf, die normal begangen werden dürfen und meist menschenleer sind. Ich ging eine dieser Treppen. Oben erwartete mich unter dem überlebensgroßen Wandbild des gekreuzigten Christus eine Kapelle mit einem Altar, der im Halbdunkel nur undeutlich zu erkennen ist. Die Gläubigen gingen, nachdem sie die Treppe verlassen hatten, bis zum Gitter, das die Kapelle abschirmt, und verrichteten mit Blick zum Altar ein abschließendes Gebet. Es dauerte schätzungsweise mehr als eine halbe Stunde, bis die Pilger kniend den Weg der 28 Stufen herauf bis zur Kapelle zurückgelegt hatten.

In einem der Seitenräume, wo Heiligenbilder und Broschüren in vielen Sprachen angeboten werden, kaufte ich mir eine 2007 erschienene Broschüre in deutscher Sprache mit dem Titel *Die Heilige Stiege. Geschichte und Verehrung.* In der Einleitung ist zu lesen: »Kein Pilger, der die großen wichtigen Monumente Roms besucht, kann von seinem Programm das berühmte päpstliche Heiligtum der Heiligen Stiege ausschließen, das sich ganz in der Nähe der Lateran-Basilika befindet. Dieses so wichtige Heiligtum ist von Interesse sowohl für die Geschichte als auch für die christliche Frömmigkeit. Es ist der berühmteste Tempel Roms, der dem leidenden Heiland gewidmet ist«.[15]

Der Gläubige kann, wenn er im Gebet die Stufen hinauf sich in die Leiden Christi einfühlt, einen »Ablass« seiner Sünden teilweise oder ganz erhalten. Für jede der 28 Stufen ist ein spezifisches Gebet empfohlen, aber nicht vorgeschrieben. Unter der Überschrift »Vorbereitungsgebete« ist in besagter Broschüre folgendes empfohlene Gebet zu lesen: »Ich komme, um die blutigen Fußstapfen Deiner heiligen Füße zu verehren, die Du auf dieser Heiligen Stiege hinterlassen hast. Lass mich teilnehmen an den Früchten Deiner Leiden, die Du für mich erduldet hast, und lass mich die Ablässe gewinnen, welche die Päpste für diese heilige Übung gewährt haben.«[16] In einer Zusammenfassung der Stufengebete findet sich unter der Überschrift »Besondere Ablässe« folgender Text: »Nach den letzten Vorschriften der Kirche kann man zu den üblichen Bedingungen einen vollkommenen Ablass gewinnen an allen Feiertagen der Fastenzeit.«[17]

Die Bedeutung der Kapelle am oberen Ende der Treppe wird durch eine lateinische Inschrift auf dem Altar hervorgehoben: »Non est in toto sanctior orbe locus«, »Kein Ort ist heiliger als dieser auf dem ganzen Erdenkreis«. Die Kapelle trägt den Namen »Sancta Sanctorum«, »Die Heilige der Heiligen«. Ein massives Gitter versperrt den Weg in das Innere der Kapelle. Das Zentrum der Verehrung bildet ein mannhohes, von Silberplatten überzogenes Christus-Bild, bei dem nur das Gesicht frei bleibt. Das Bild ist griechisch mit »acheiropoieton« bezeichnet: »nicht von Menschenhand gemalt«. Seit dem 12. Jahrhundert existiert die Legende, der Evangelist Lukas habe das Bild zu malen begonnen, es aber nicht vollenden können, dies hätten Engel an seiner Stelle getan. Das Bild kann von Pilgern allerdings nur betrachtet werden, wenn an hohen kirchlichen Feiertagen die Altarflügel geöffnet sind. Die Herkunft des Gemäldes ist ungeklärt, erstmals wurde es in einer römischen Urkunde des 8. Jahrhunderts erwähnt. Forscher schätzen die Entstehung auf das 5. oder 6. Jahrhundert (so die Angaben in der Broschüre).[18]

Die Treppe selber, auf deren Stufen sich die Pilger kniend zum Altar hinaufbewegen, wird aber aus einem anderen Grund »heilig« genannt. Diese Treppe soll ja aus dem Palast des Pontius Pilatus stammen (daher auch die Marmorstatuen des römischen Statthalters zusammen mit Jesus am unteren Ausgangspunkt). Auf dieser Treppe soll Jesus nach seiner Verurteilung zum Kreuzestod geschritten sein. Wie kam diese Treppe nach Rom?

Der Überlieferung nach hat Helena, die Mutter des Kaisers Konstantin, bereits im Jahr 326 die Treppe per Schiff aus Jerusalem nach Rom bringen lassen. Helena, später sowohl von der katholischen als auch orthodoxen Kirche heiliggesprochen, hatte sich im Jahr 325 auf eine Pilgerfahrt nach Jerusalem begeben. Im Gegensatz zu ihrem Sohn, der sich erst auf dem Sterbebett taufen ließ, war sie bereits viele Jahre zuvor zum Christentum übergetreten. Die Überlieferung schreibt der heiligen Helena außerdem zu, dass sie in Jerusalem auf wunderbare Weise das Kreuz Christi, die Dornenkrone sowie die Nägel gefunden und ebenfalls nach Rom gebracht habe. Nach dem historischen Wahrheitsgehalt solcher Überlieferung zu fragen ist ein Bedürfnis der Moderne und hatte für die Christen der Spätantike und des Mittelalters keine Rolle gespielt. Desto stärker konnten solche Überlieferungen die Funktion erfüllen, den Gläubigen bestimmte religiöse Verbindungen zu suggerieren. Bezogen auf die Heilige Treppe hieß das: Rom, die »Hauptstadt der Christenheit«, verfügt über wichtige Reliquien aus der heiligen Stadt Jerusalem. Damit konnte Rom für die Pilger eine Achse zu jener Stadt herstellen, die die zentrale Wirkstätte Jesu war.

Der reale Ursprung der Heiligen Treppe bleibt historisch im Dunkeln. Erstmals wurde ihre Existenz in einer Urkunde des 8. Jahrhunderts erwähnt. Es war eine Zugangstreppe ins Innere des frühmittelalterlichen Lateran-Palastes gewesen. Ihre heutige Form erhielt sie erst Ende des 16. Jahrhunderts, als Papst Sixtus V. den baufällig gewordenen Lateran-Palast abreißen und durch ein Gebäude im Renaissance-Stil ersetzen ließ. Von der Bausubstanz des Mittelalters blieb damals nur noch der Kreuzgang aus dem 13. Jahrhundert übrig sowie die Heilige Treppe und die Kapelle Sancta Sanctorum. Während der Kreuzgang am ursprünglichen Ort verblieb, ließ der Papst die Reliquienstätten um einige hundert Meter außerhalb des Lateran-Baukomplexes verlagern und gab den Auftrag, sie durch eine Kirche im Renaissance-Stil zu überbauen.

Ein Pilgerziel war die Heilige Treppe und die dazugehörige Kapelle besonders im Mittelalter gewesen, als die Stätten sich noch innerhalb des Lateran-Palastes befanden. An Anziehungskraft hatte damals die Stätte noch dadurch gewonnen, dass die Besucher zusätzlich glaubten, in den vergoldeten Behältern des Altars seien die Häupter der Apostel Petrus und Paulus aufbewahrt. Aber sogar noch zu Beginn des 21. Jahrhunderts ist der Andrang beträchtlich, wie ich selbst beobachten konnte. Aus einer Sendung des Deutschlandradios vom 28. Juli 2007 erfuhr ich, dass an manchen Tagen, vor allem zur Fastenzeit und sonstigen hohen Feiertagen, so viele Pilger kommen, dass die Kirchenpforten zeitweise geschlossen werden müssen. In manchen Wochen besuchen 20 000 bis 23 000 Menschen die Heilige Treppe.

Für Westeuropäer, die in einer weitgehend säkularen Gesellschaft leben, sind dies erstaunliche Fakten. Auch für viele gläubige Katholiken. Im Gespräch mit deutschen und österreichischen Katholiken konnte ich immer wieder feststellen, dass diese sich verwundert, ja irritiert zeigten über eine derartige Form von Frömmigkeit. Die meisten von ihnen hatten Rom ein oder mehrere Male besucht, hierbei natürlich den Petersdom und etliche andere berühmte Kirchen. Aber höchstens die Hälfte von ihnen wusste von der Existenz der Heiligen Treppe, obwohl sie die Lateran-Basilika kannten. Und als ich ihnen von dem dort beobachteten Ritual berichtete und ihnen die Broschüre mit Anleitung zu Ablass-Gebeten zeigte, äußerten sie sich – als praktizierende Katholiken – befremdet. Sie nahmen Anstoß an dem Begriff »Ablass« und dem Hinweis, dass die Päpste diesen »Ablass gewähren«. Aus ihrer Sicht war dies eine Formulierung, die eigentlich ins späte Mittelalter gehört. Ich fragte sie, ob sie selber bereit wären, sich auf den Knien die Treppe hinaufzubewegen. Die einen verneinten mit ironischem Lächeln, andere mit entrüstetem Kopfschütteln.

Ich kehrte mehrmals zur Heiligen Treppe zurück, um einen differenzierten Eindruck vom dortigen Typus des Pilgers zu gewinnen. Der Zustrom dort ist international, dies zeigt schon die Schrifttafel für Pilger am unteren Ende der Treppe: Neben Italienisch sind dort die Anweisungen, wie bereits erwähnt, in den Weltsprachen Spanisch und Englisch gehalten. Das Spanische bezieht sich hierbei aber keineswegs nur auf Besucher aus Spanien, sondern darüber hinaus auf Pilger aus lateinamerikanischen Ländern wie auch den Philippinen. Das Englische ist kaum an Besucher aus Großbritannien gerichtet, das ja großenteils protestantisch ist, aber auch nicht vorrangig an Pilger aus dem katholischen Irland, vielmehr an Wallfahrer aus ganz Asien und Schwarzafrika. Unter den Besuchern sah ich hauptsächlich Filipinos, Lateinamerikaner, Schwarzafrikaner. Pilger aus der sogenannten Dritten Welt, nicht mehr aus dem säkularisierten Westeuropa, sind hier also in der Mehrheit. Eine nennenswerte Anzahl unter den Europäern bildeten am ehesten noch die Polen.

Eine deutsche Aufschrift auf der Tafel am unteren Ende der Treppe fehlt. Dies deutet darauf hin, dass deutschsprachige Pilger hier nicht in großer Zahl Rituale praktizieren. Es sei denn, diese Besucher kommen im Rahmen einer geführten kirchlichen Gruppe. Dann aber braucht es keine Hinweise.

Wie das Kreuz Jesu nach Rom kam

Man hat von der Lateran-Basilika und der Heiligen Treppe nur eine Viertelstunde in östlicher Richtung zu gehen, und schon erreicht man eine der weiteren wichtigen Pilgerkirchen Roms. Sie trägt den Namen Basilica Santa Croce in Gerusalemme, Basilika des Heiligen Kreuzes zu Jerusalem.

Diese Kirche gehört ebenfalls zu jenen, die bereits zur Zeit des Kaisers Konstantin erbaut wurden und damit zu den ältesten der Christenheit gehören. Von der Bausubstanz aus konstantinischer Zeit ist allerdings kaum mehr etwas zu sehen, da die antiken Reste in späteren Jahrhunderten mit Stilelementen der Romanik, der Gotik und schließlich am auffälligsten des Barock überdeckt worden sind. In dieser Kirche befindet sich eine Reliquie, die neben dem Petrus-Grab im Petersdom, dem Paulus-Grab in der Paulus-Basilika und der Heiligen Treppe zu einem der wichtigsten Pilgerziele geworden ist: Hier sollen Teile des Kreuzes aufbewahrt sein, an das Jesus in Jerusalem geschlagen wurde, sowie ein Nagel des Kreuzes und zwei Stacheln der Dornenkrone.

Diese Kirche ist ebenso wie die Heilige Treppe eng mit Helena, der Mutter Kaiser Konstantins, verbunden. Denn dort, wo heute dic Kirche steht, befand sich ursprünglich ein Gebäude des kaiserlichen Palastes, in dem Helena wohnte. Als Helena 326 von ihrer Pilgerreise aus Jerusalem zurückkehrte, brachte sie – laut den Berichten des Eusebius von Caesarea, Biograph Konstantins – auch diese wertvollen Kreuzigungsreliquien der Passion nach Rom. Helena ließ sie in einer eigens dafür gebauten Kapelle im Erdgeschoss aufbewahren. Diese Kultstätte habe nicht als Palastkapelle zu privatem Gebrauch gedient, sondern sie sei von Anfang an für die christliche Gemeinde Roms sowie für Pilger aus anderen Städten zugänglich gewesen, so las ich in einer dort zum Verkauf ausliegenden Broschüre. Über der Kapelle wurde in späteren Jahrhunderten anstelle des zerfallenen Palastgebäudes eine Basilika mit anschließendem Kloster gebaut. Und die Reliquien wurden wegen der Feuchtigkeit im Erdgeschoss 1570 in eine Kapelle ein Stockwerk höher verlagert.[19]

»Die Echtheit der Reliquien (...) ist verschiedentlich, aber mit Recht begründet«, so las ich außerdem in der dort gekauften Broschüre. Als Beweis wird angeführt, dass sämtliche Angaben auf »uralter Überlieferung« beruhen. Die Päpste seien schon im 4. Jahrhundert in einer großen Prozession am Karfreitag mit dem Klerus und Pilgern von der Lateran-Basilika zur Jerusalem-Kirche des Heiligen Kreuzes gegangen, um dort das »Wahre Kreuz« zu verehren. Und die Päpste hätten schon sehr früh damit begonnen, von der »echten« Kreuzesreliquie kleine Teile abzunehmen, die sie an hohe Persönlichkeiten und Heiligtümer der ganzen christlichen Welt verschenkten.[20]

Man kann davon ausgehen, dass nahezu alle Kirchen und Klöster, die den Namen »Heiligkreuz«, »Santa Croce«, »Vera Cruz« und ähnlich tragen, sich im Besitz einer solchen »echten« Reliquie wähnen, und sei der Holzsplitter auch noch so klein. In der Broschüre las ich auch, dass die heilige Helena in Jerusalem nicht nur auf wundersame Weise das Kreuz Jesu gefunden habe, sondern zusätzlich drei Nägel der Kreuzigung. Aber nur einen der Nägel habe sie nach Rom gebracht, den zweiten habe sie in der Kaiserkrone ihres Sohnes Konstantin anbringen lassen, den dritten im Gebiss von dessen Pferd.[21] Das sind in der Tat beeindruckende Angaben. Aber sie blieben nicht unwidersprochen. Anderen Quellenangaben zufolge befindet sich der zweite Kreuzesnagel im Bamberger Dom, der dritte in der sogenannten Heiligen Lanze zu Wien.[22] Auch in diesen »uralten Überlieferungen« sind demnach widersprüchliche Zeugnisse enthalten.

Auf solche Widersprüchlichkeiten hatten bereits im 15. und 16. Jahrhundert Kritiker des Reliquienglaubens mit aller Schärfe reagiert. Etwa der damals weit bekannte franziskanische Wanderprediger Bernhardin von Siena mit folgenden Worten: »So zeigt man auch viele Stücke vom Holz des Kreuzes Christi; sechs Paar Ochsen vermöchten die Last nicht zu ziehen, wenn man alle zusammenfügte. Das ist das Machwerk von Betrügern.« Und der Humanist Erasmus von Rotterdam spottete über die Verehrung von Kreuzesreliquien, »dass vermutlich ein ganzes Lastschiff zusammenkäme, wenn man die Partikel alle auf einen Haufen zusammenbrächte.«[23] (Über die noch schärfere Kritik des Augustinermönchs und Reformators Martin Luther später.)

Aus der Sicht quellenkritischer Wissenschaft nehmen sich die oben genannten Beweisführungen skurril aus, vor allem dann, wenn Gläubige teilweise auch noch zu Beginn des 21. Jahrhunderts die »Echtheit« solcher Reliquien als bewiesen ansehen. Im Allgemeinen aber haben die Kleriker heute zu einer differenzierteren Haltung gefunden, wie sie stellvertretend bei einem Abt des österreichischen Klosters Heiligenkreuz nahe Wien, dem 1977 verstorbenen Prior Walter Schücker, zum Ausdruck kommt. Er antwortete auf die Frage, ob denn das in seinem Kloster aufbewahrte Stück

»Heiliges Kreuz« echt sei, so: »Die Frage nach der Echtheit der Kreuzesreliquie ist nicht in erster Linie maßgebend. Es handelt sich ja bei der Verehrung des Kreuzes darum, dass wir der überzeitlichen Erlösung Christi gedenken, und so, wie wir ein Kreuzbild verehren, so wird auch in der Reliquie die Tat Christi verehrt, der wir unsere Erlösung verdanken.«[24]

Der Ursprung der Marienwallfahrt

In unmittelbarer Umgebung des Lateran entstand bereits im 4. Jahrhundert, nur wenige Jahre später als die Kirche des Heiligen Kreuzes, eine weitere Kultstätte mit einem entsprechenden Bezug auf das Heilige Land: Santa Maria Maggiore.

Wieder wurde für Pilger ein Stück Holz zum Zentrum der Verehrung, diesmal allerdings ein Teil der Heiligen Krippe von Bethlehem. Und wieder galt die heilige Helena als diejenige, die die Reliquie nach Rom gebracht haben soll. Santa Maria Maggiore, »Groß Sankt Maria«, ist eine der vier Papstkirchen Roms und eine der sieben Pilgerkirchen, sie befindet sich (wie auch dic Lateran-Basilika und die Paulus-Basilika) im exterritorialen Besitz des Vatikans. Der Name sagt es schon: Die Kirche ist der Mutter Jesu geweiht und sie ist die größte (»Maggiore«) der über 40 Marienkirchen Roms. Aber was diese Kultstätte zusätzlich über die Marienkirchen der gesamten Christenheit hinaushebt, ist die Tatsache, dass sie als eine der ältesten unter den repräsentativen Sakralbauten zur Ehre Mariens gilt – und zum historisch frühesten Zentrum der Marienverehrung wurde.

Santa Maria Maggiore, die größte Marienkirche Roms

Das spirituelle Zentrum von Santa Maria Maggiore bildet eine auf den ersten Blick unscheinbare unterirdische Kapelle direkt unter dem Papstaltar. Schmale Stufen führen zu ihr hinab. Dort befinden sich in einem kostbar verzierten Schrein sechs Holzsplitter der Krippe von Bethlehem. Vor dem durch ein Gitter abgeschirmten Schrein sind Bänke für Pilger aufgereiht, seitlich stehen Tische mit aufgeschlagenen Notizbüchern, wo die Gläubigen ihre Bitten an Maria um Fürsprache bei Christus eintragen können. Ich las in den Büchern Fürbittgebete zur Befreiung von Krankheit und anderen drängenden Sorgen, geschrieben in zahlreichen Sprachen. Falls der Gläubige eine mehr oder weniger lange Messe wünscht, kann er sich auf einem seitlich liegenden Blatt über die Gebührensätze von 10 oder mehr Euro orientieren.

Der Ursprung der Kirche verliert sich im Legendären. Der Sage nach war die Mutter Jesu in der Nacht auf den 5. August des Jahres 352 dem römischen Kaufmann Johannes und seiner Frau im Traum erschienen. Maria habe versprochen, dass der Wunsch nach einem Sohn in Erfüllung gehe, wenn ihr zu Ehren eine Kirche an der Stelle errichtet würde, wo am nächsten Morgen Schnee läge. Das Ehepaar begab sich zu Papst Liberius und erfuhr von ihm, dass er eine ähnliche Marien-Erscheinung im Traum hatte. Am nächsten Morgen war das Wunder geschehen: Im heißen Monat August war die höchste Erhebung des Hügels Esquilin mit Schnee bedeckt. Der Papst ließ dort noch im selben Jahr eine Marienkirche bauen. Von dieser ersten Kirche ist allerdings nichts erhalten.

Papst Sixtus III. ließ in den Jahren 432 bis 440 eine neue, viel größere Kirche an derselben Stelle errichten: eine dreischiffige Basilika mit 40 ionischen Säulen und prächtigen Goldmosaiken, eine Hallenkirche, die trotz späterer Barockisierung bis heute noch viel von ihrem frühchristlichem Charakter bewahrt hat. An Ausmaßen und Pracht konnten mit dieser Kultstätte damals in Rom nur die drei anderen Papstkirchen – der Petersdom, die Lateran-Basilika und die Paulus-Basilika – konkurrieren. Wieso hatten die Päpste den Ehrgeiz, gerade auch diese Basilika zu einem zentralen Ziel für Pilger zu machen?

Papst Sixtus hatte die Marien-Basilika nach seiner Rückkehr aus Ephesus bauen lassen. In Ephesus hatte im Jahr 431 ein wegweisendes Konzil stattgefunden. Dort hatte die Mehrheit der versammelten Bischöfe nicht nur das Dogma früherer Konzile bekräftigt, dass Jesus Christus wesensgleich mit Gott, also selber »Gott« sei. Die Teilnehmer des Konzils hatten darüber hinaus festgelegt, dass Maria nicht als die bloß menschliche Mutter Jesu anzusehen sei, sondern als »Theotokos«, die »Gebärerin Gottes«, die »Mutter Gottes«. Und dieser dogmatischen Fixierung musste Nachdruck verliehen werden, indem dazu passend in Rom, der »Hauptstadt der Christenheit«, eine repräsentative Kirche entstand. Der Vorgängerbau war wohl zu unscheinbar. Das Konzil von Ephesus sowie die neue, mit aller Pracht ausgestattete Kirche taten das Ihre, dass nun die Marienfrömmigkeit im Volk einen starken Anstoß erhielt. Erst seit dem 5. Jahrhundert existierte – historisch nachweisbar – eine weit verbreitete Neigung, die Mutter Jesu mit religiösen Kulten zu ehren. Erstmals wurden nun Marien-Ikonen auf Altäre gestellt, ja beherrschten in manchen Kirchen das Erscheinungsbild.

Wie aber verhielt es sich mit der Marienverehrung die Jahrhunderte zuvor? In diesem Zusammenhang ist ein Blick auf das Neue Testament, die Ur-Quelle des Christentums, aufschlussreich. Was können wir dort über die jüdische Frau Miriam (altgriechisch: Mariam, lateinisch: Maria) finden?

In den Briefen des Apostels Paulus, den ältesten erhaltenen Schriften des Neuen Testaments, kommt der Name Maria überhaupt nicht vor. Paulus blieb in seiner für das spätere Christentum grundlegenden Theologie ausschließlich auf Jesus Christus als den »Erlöser« konzentriert. Nur ein einziges Mal, im Brief des Paulus an die Galater (4,4), stößt man auf die beiläufige Formulierung »vom Weibe geboren«, ohne dass es sonst Hinweise auf die Mutter Jesu gibt. In den einige Jahrzehnte später geschriebenen Evangelien kommt Maria nur sporadisch vor.

Am ausführlichsten sind die Angaben über Maria im 1. Kapitel des Lukas-Evangeliums, wo der Engel Gabriel der jungen Verlobten Maria die Geburt Jesu verkündet, den man den »Sohn des Höchsten« nennen wird (Lukas 1,32). Die bei Lukas beschriebene Demut und das Vertrauen auf Gott, mit der Maria die Botschaft des Engels entgegennimmt, bilden die Grundmotive für die spätere Marien-Verehrung (Lukas 1,48ff.). Und gerade weil Lukas als einziger der Evangelisten die Mutter Jesu ausführlicher beschreibt, dichteten ihm Chronisten späterer Jahrhunderte an, er habe mehrere Bilder Marias gemalt.

Der Evangelist Johannes erwähnt, dass Maria zusammen mit Jesus auf der Hochzeit zu Kana war (Johannes 2,5) wie auch unter dem Kreuz Jesu stand (Johannes 19,25–27). Zum letzten Mal wird in der Apostelgeschichte auf Maria hingewiesen, als sie zusammen mit anderen Frauen und den Jüngern Jesu in einem Haus auf dem Ölberg betete (Apostelgeschichte 1,14). Über Mariens Tod findet sich keinerlei Nachricht, entsprechend auch nicht über ihre Himmelfahrt und ihren Status als »Himmelskönigin«. Der Glaube an die Himmelfahrt Marias kann sich nicht auf biblische Quellen berufen, ebenso wenig, dass Maria als Fürsprecherin der betenden Gläubigen im Jenseits bei Christus und Gott »Gnade« bewirkt.

Einen derartigen Paradigmenwechsel in der Marienverehrung können wir nur verstehen, wenn wir uns den religiös-kulturellen Hintergrund des Römischen Reiches in der Spätantike vor Augen führen. Jenen Christen, die aus dem Judentum kamen, war die Vorstellung fremd gewesen, dass eine »Jungfrau« durch ein göttliches Wunder einen Sohn empfängt, der vom »Heiligen Geist« oder »Gott« gezeugt ist. Der Begriff »Gottes Sohn« kommt zwar auch in der jüdischen Tradition vor, er bedeutet dort aber, von Gott besonders »erwählt« zu sein – ohne dass diese Tatsache durch das Wunder einer besonderen Geburt bekräftigt werden müsse.[25] Erst Griechen, Römer und andere Völker, die zum Christentum übertraten, brachten aus ihren polytheistischen Religionen die Vorstellung mit, dass Götter mit Menschenfrauen einen Sohn oder eine Tochter zeugen. Für Griechen und andere war es naheliegend, die jüdisch geprägten Inhalte des Christentums mit Vorstellungsformen heidnischer Mythologie zu verschmelzen – und in dieser Umsetzung besser zu verstehen.

Der Evangelist Lukas, der als Einziger der vier Evangelisten ausführlicher auf Maria eingeht und ihre Jungfrauengeburt durch den »Heiligen Geist« schildert, war kein jüdischer Christ. Er, ein mutmaßlicher Begleiter des Apostels Paulus auf dessen Missionsreisen, war Grieche, ein sogenannter Heidenchrist. Und wie Paulus hatte Lukas die Mutter Jesu nie persönlich kennengelernt.

Je mehr nun Christen mit polytheistischem Hintergrund unter den Gläubigen die Mehrheit bildeten, desto mehr wurde ihre Religiosität bestimmend. Derartige religiös-kulturelle Verschmelzungen verstärkten die Anziehungskraft des Christentums auf noch unentschlossene »Heiden«. Bischöfe und christliche Kaiser taten das Ihre, um den Vermischungsprozess zu fördern. So etwa, indem sie Feiertage zu Ehren der »Gottesmutter Maria« einführten – in enger Verbindung mit heidnischen Traditionen. Exemplarisch steht hierfür der 15. August. An diesem Tag feierten die Griechen die Himmelfahrt der Göttin Astraea, einer Tochter des Zeus, die von den Römern unter dem Namen Iustitia, einer Tochter Jupiters, verehrt wurde. Cyrill, der Patriarch von Alexandria, ließ im 5. Jahrhundert exakt diesen heidnischen Feiertag durch das Fest »Marias Aufnahme in den Himmel« ersetzen.[26] Das zunächst nur regional bedeutsame Marienfest am 15. August wurde schließlich in allen Ländern der katholischen Westkirche und der orthodoxen Ostkirche gefeiert.

Es ist auch kein Zufall, dass Maria durch Konzilsbeschluss in Ephesus zur »Gottesmutter« erklärt wurde. Denn diese Stadt war zur damaligen Zeit ein Kultzentrum für die griechische Göttin Artemis (römisch: Diana), einer Tochter des Zeus (Jupiter), die als Beschützerin der Jugend und der Jungfräulichkeit verehrt wurde. Gerade der überregional berühmte Artemis-Diana-Kult von Ephesus bot für die Teilnehmer des Konzils gute Voraussetzungen, die religiösen Bedürfnisse auf Maria umzulenken. So ist es auch kein Zufall, dass in Ephesus die Legende entstand, dort habe Maria ihre letzten Lebensjahre verbracht, dort sei sie gestorben. Ein kleines Steinhaus unweit der römischen Ruinen von Ephesus wird als der angebliche Sterbeort Marias angesehen (neben einem anderen in Jerusalem) und entsprechend bis heute von Pilgern besucht.

Santa Maria Maggiore in Rom wurde aber zum ersten herausragenden Zentrum einer derartigen Marienfrömmigkeit. Im Verlauf der folgenden Jahrhunderte entwickelten sich entsprechende Pilgerzentren im gesamten christlichen Abendland und erreichten während des Hochmittelalters einen ersten Höhepunkt.

Allerdings erlebten die Marienkulte in Westeuropa vorübergehend einen starken Einbruch, als die Reformatoren Anfang des 16. Jahrhunderts scharfe Kritik am Wallfahrtswesen übten. Die Protestanten unterbanden in ihrem Machtbereich alle derartigen Kulte, denn (wie ich später noch darstellen werde) aus ihrer Sicht war die Stellung Marias als »Himmelskönigin« und als wichtige Vermittlerin zwischen den Menschen und Gott völlig »unbiblisch«. Die katholische Kirche reagierte auf die protestantische Kritik ambivalent. Einerseits versuchte sie unbiblische Texte der Marienverehrung zu verbieten, andererseits fachte sie die Marienverehrung im Zeichen der Gegenreformation erneut an. Viele der heute meistbesuchten Marienwallfahrtszentren bekamen erst im 17. und 18. Jahrhundert ihre überregionale Bedeutung, so etwa Kevelaer in Deutschland, Mariazell in Österreich, Tschenstochau in Polen. Manche der inzwischen besonders berühmten Marienzentren in Südeuropa entstanden gar erst im 19. und

20. Jahrhundert, so Lourdes in Südfrankreich, Tinos in Griechenland, Fatima in Portugal.

Allen Marienwallfahrtsorten ist bis in das 21. Jahrhundert hinein gemeinsam, dass dort die Pilger Maria als »Gnadenmutter« und »Gnadenspenderin« verehren. Meist ist die Entstehung solcher Wallfahrtsorte damit verknüpft, dass ein Mönch, eine Nonne oder einfache Menschen aus dem Volk an besagtem Ort eine Erscheinung der »Gottesmutter« hatten. Oft waren solche Visionen von einem Wunder begleitet. Allerdings sind die Berichte von Marienerscheinungen – auch dort, wo sie von der Kirche nach kritischer Prüfung als »echt« anerkannt wurden – nicht verpflichtender Teil des katholischen Glaubensgutes. Jedem Katholiken steht es frei, an Marienerscheinungen zu glauben oder nicht.[27] In der Volksfrömmigkeit sind Marienkulte bis heute stark verbreitet. Die Tendenz geht teilweise sogar so weit, Maria als eine »Miterlöserin« zu betrachten oder gar auf eine Stufe mit Christus, dem »Erlöser«, zu stellen. Dies käme einer »Göttin Maria« gleich. Eine solche Tendenz wird vor allem von traditionalistischen Kreisen in der katholischen Kirche unterstützt.[28]

Die katholische Dogmatik hat mehr als die der orthodoxen Ostkirchen dazu beigetragen, Maria über den Status des gewöhnlichen Menschseins hinauszuheben. So etwa mit dem Dogma der »Unbefleckten Empfängnis«. Laut dieser Lehrmeinung ist Maria der einzige Mensch, der nicht mit der Erbsünde geboren wurde und somit das ganze Leben hindurch ohne Sünde blieb. Ein solcher Glaube war zwar schon seit dem 7. Jahrhundert verbreitet. Aber es blieb Papst Pius IX. vorbehalten, diese Tradition 1854 als Dogma zu verkünden und 1870 mit dem Anspruch der »Unfehlbarkeit« für alle Katholiken verbindlich zu machen. 1950 verkündete Papst Pius XII. mit dem gleichen Anspruch der »Unfehlbarkeit« das Dogma, dass Maria sofort nach ihrem Tod mit Leib und Seele im Himmel aufgenommen worden sei, ohne im Grab dem Prozess der Verwesung ausgesetzt zu sein – eine Ausnahme, die sonst nur Christus selber als dem »Sohn Gottes« beschieden war. Auch dieser Glaube war schon seit dem 7. Jahrhundert vieldiskutiert, aber erst im 19. und 20. Jahrhundert durch päpstliche Autorität offiziell aller weiteren dogmatischen Diskussion enthoben.

Christen der orthodoxen Kirchen unterscheiden sich in der Marienverehrung nur geringfügig von den Katholiken. Wie nah sich beide gerade hier sind, konnte ich beobachten, als ich 1972 das griechisch-orthodoxe Wallfahrtszentrum Tinos in der Ägäis besuchte. Die »Mutter Gottes« hat dort den gleichen intensiven Kultstatus. Umgekehrt erlebte ich bei den Katholiken im österreichischen Marienzentrum Mariazell sogar einen demonstrativen Hinweis auf die Parallelen der Marienfrömmigkeit. In der Vorhalle der Wallfahrtskirche war ein großes Foto von Bartholomaios I., dem Ökumenischen Patriarchen von Konstantinopel und nominellem Oberhaupt aller orthodoxen Ostkirchen, angebracht. In einer dazu ausgelegten Broschüre war zu lesen: »Bartholomaios I. unterstrich bei seiner Pilgerfahrt nach Mariazell am 15. März 2007 die Bedeutung der Gottesmutter Maria für das Verhältnis zwischen orthodoxer und katholischer Kirche. Maria wird in der orthodoxen Kirche besonders verehrt. (...) Als Geschenk an die Gnadenmutter legte der Patriarch sein wertvolles Brustkreuz auf den Altar.«[29]

Marien-Votivbild bäuerlich naiv: exemplarisch Mariazell, Österreich

Kontraste: das Katakomben-Christentum

Die ältesten historischen Zeugnisse des Christentums von Rom finden wir in den Katakomben. Gerade dort macht der Besucher die überraschende Erfahrung, dass sich das früheste Christentum in seinen Strukturen teilweise erheblich von denen der späteren katholischen Kirche sowie auch anderer Amtskirchen unterscheidet. Umso interessanter ist der vergleichende Blick aus heutiger Sicht.

Es gibt mehr als 60 Katakomben-Friedhöfe in Rom, von denen nur wenige der Öffentlichkeit zugänglich sind. Die bekanntesten finden sich an der Via Appia, der antiken ehemaligen Hauptverkehrsstraße in Richtung Süden. In den Katakomben sind ausschließlich Christen bestattet. Denn anders als die heidnischen Römer lehnten es die Christen ab, die Toten zu verbrennen und in Urnen beizusetzen. Sie wollten dem Beispiel der Grablegung Jesu folgen, dessen Leiche nach jüdischem Brauch in Tücher gewickelt und so bestattet wurde. Allerdings benutzten die Christen die Katakomben nicht als Verstecke und hielten dort auch nicht die Mehrzahl ihrer Gottesdienste ab, wie dies in späteren Legenden Verbreitung fand. In Zeiten der Verfolgung geschah dies meist in privaten Wohnungen.

Eine vorwiegend religiöse Funktion bekamen die Katakomben erst seit dem Jahr 313, nachdem Kaiser Konstantin im Edikt von Mailand das Christentum als Religion anerkannte und damit den Verfolgungen auf Dauer ein Ende setzte. Nun wurden die Katakomben für Christen zu intensiv besuchten Pilgerstätten. Nun kamen Gläubige aus allen Teilen Italiens und schließlich auch aus anderen Provinzen des Römischen Reiches, um die Gräber von Märtyrern, Bischöfen und Päpsten aufzusuchen und dort zu beten. Der rege Pilgerstrom dauerte bis ins 7. Jahrhundert. Dann zerfielen die Katakomben, ja, sie wurden vergessen, nachdem die Christen sich auf öffentlichen Friedhöfen in größerer Stadtnähe bestatten ließen. Erst Mitte des 19. Jahrhunderts hatten Archäologen das unterirdische Gräberlabyrinth neu entdeckt – und spätestens zu Beginn des 20. Jahrhunderts wurden die Katakomben erneut zum Pilgerziel.

Ich besuchte an der Via Appia die Calixtus-Katakomben, die den größten Zustrom an Pilgern wie an Touristen haben. Auf einer Fläche von nahezu 15 Hektar sind hier rund 500 000 Gräber in fünf unterirdischen Stockwerken angelegt. Die Gänge haben insgesamt eine Länge von 20 Kilometern. In einer Krypta sind neun Päpste des 3. Jahrhunderts bestattet, unter ihnen Calixtus I., nach dem der Friedhof benannt ist.[30]

Die Besichtigung der Katakomben ist nur mit einem autorisierten Führer möglich. Vor dem Eingang sammeln sich Gruppen vor dem jeweils aufgestellten Schildern der Landessprachen, in denen die Führung gewünscht wird. Es herrschte reger Andrang. In meiner Gruppe von etwa 15 Leuten fanden sich vorwiegend historisch und kulturell interessierte Besucher. Auf meine Frage an den Guide, einen italienischen Pater, ob denn hierher viele Pilgergruppen kämen, antwortete dieser zu meiner Überraschung: Selbstverständlich – aber nicht nur Katholiken. Die Katakomben seien der einzige Ort, wohin auch Christen der orthodoxen Ostkirchen sowie Protestanten aus rein religiösen Gründen kämen. Katholiken wie Nichtkatholiken würden in den unterirdischen Krypten Gedenkgottesdienste für die Märtyrer abhalten. Denn das frühe Christentum der ersten drei Jahrhunderte sei noch nicht in kirchlich organisierte Konfessionen getrennt gewesen. Der Guide sprach mit leicht ironischem Unterton davon, dass in den Katakomben der einzig ökumenisch ausgerichtete Pilgertourismus von ganz Rom stattfinde.

Wir betraten über eine steil nach unten führende Treppe das weitläufige Labyrinth der Katakomben. Während der rund einstündigen Führung durch mehrere Stockwerke mit übereinandergeschichteten Grabnischen sowie Krypten, die als unterirdische Kirchen bei Begräbniszeremonien dienten, kamen wir an bemalten und beschrifteten Wänden vorbei. Hier fielen spezifische Eigenheiten auf, die einen Kontrast zur späteren Entwicklung des Christentums bilden.

Immer wieder ist an Wänden und Sarkophagen die Abbildung eines jungen, bartlosen Hirten zu sehen. Er trägt über seinen Schultern ein kleines Schaf. Manchmal finden sich zu seinen Füßen weitere Schafe. Es ist Jesus, der gute Hirte, die Schafe versinnbildlichen die von ihm geretteten Seelen. Manchmal ist auch die uns eher bekannte Abbildung eines bärtigen Christus als Lehrer zu entdecken. Aber nirgends lässt sich die uns so vertraute Darstellung des gekreuzigten Christus finden, sie fehlt in allen Katakomben Roms bis ins 4. Jahrhundert herein. Wie das? Für die Christen Roms stand, solange sie verfolgt wurden, Christus der »gute Hirte« oder der Lehrer im Vordergrund, nicht der Gekreuzigte, der Leidende. Das Kreuz als christliches Erlösungssymbol in Bildern darzustellen ist erst während des 2. Jahrhunderts in der syrischen Metropole Antiochia, einer frühen Hochburg christlicher Gemeinden, üblich geworden, und diese neue Ikonographie brauchte mehr als zwei Jahrhunderte, um sich im ganzen Römischen Reich zu verbreiten.[31] Man findet auch in keiner einzigen Katakombe ein Marienbild. Bevor das Christentum Ende des 4. Jahrhunderts Staatsreligion wurde, gab es (wie schon dargestellt) noch keine Marienverehrung großen Stils.

Eine weitere Überraschung an den Wänden der Katakomben bilden die religiösen Inschriften. Keine einzige von ihnen ist in Latein, der Amtssprache des Römischen Weltreiches, gehalten – sondern ausschließlich in Griechisch. Das Griechische nur war die Liturgiesprache der Priester, und dies konnte zunächst gar nicht anders sein, weil ja die Briefe des Apostels Paulus sowie die vier Evangelien des Neuen Testaments allein auf Griechisch vorlagen. Das Griechische ist schließlich die Ursprache des Neuen Testaments. Ihre Autoren, selber griechisch gebildet, hatten allesamt in dieser Sprache geschrieben. Für den gebildeten Bürger des Römischen Reiches war es ohnehin selbstverständlich, neben Latein Griechisch zu beherrschen, und im Ostteil des Reiches, woher das Christentum kam, war es sogar die vorherrschende Sprache.

Viele Christen Roms allerdings verstanden kein Griechisch, denn sie stammten in ihrer Mehrheit aus unteren sozialen Schichten, ja waren oft Sklaven. Sie erlebten die Liturgie in einer ihnen unverständlichen Fremdsprache. Sie befanden sich in einer Situation wie später die deutschen, französischen und englischen Christen, nachdem im 4. und 5. Jahrhundert in Westeuropa das Latein an die Stelle des Griechischen als exklusive Kirchensprache trat. Die Wende zum Latein in Westeuropa begann, nachdem der Kirchenvater Hieronymus die griechisch geschriebene Bibel ins Lateinische übersetzt hatte.

Aber gerade weil das Griechische die ersten drei Jahrhunderte die alleinige Sakralsprache des Christentums war, sind nahezu alle von uns heute verwendeten religiösen Begriffe auf griechische Ursprünge zurückzuführen. Die Abwandlungen durch das Kirchenlatein sind hierbei nicht gravierend.

Dies beginnt schon bei der Bezeichnung »Christus«. Es handelt sich um eine griechische Übersetzung des hebräischen Wortes *Masiah*, der »Gesalbte«. In griechisch-kirchenlateinischer Umformung wurde das Wort für die Gläubigen einerseits zu *Messias,* andererseits griechisch zu *Christos,* »Christus«. Das Wort »Engel«, lateinisch *»Angelus«,* ist ebenfalls griechischer Herkunft: *Angelos,* »der Bote«. *Katholikos,* »katholisch«, bedeutet (wie bereits erwähnt) »das Ganze umfassend«, »universal«. *Apostolos* ist mit »Gesandter« zu übersetzen. Sogar das Wort Katakombe ist griechischen Ursprungs: *»kata«* bedeutet »herab«, *»tymbos«* ist das »Grab«. Im lateinischen Sprachgebrauch wurde daraus *»cata tumbas«* und schließlich *»cata cumbae«.*

Viele der heute geläufigen Titel in der Kirchenhierarchie kommen ebenfalls aus dem Griechischen: so Papst (*Pappas,* »Vater«), so Bischof (*Episkopos,* »Aufseher«), so Priester (*Presbyter,* der »Ältere«, »Ehrwürdige«), so Diakon *(Diakonos,* »Diener«). Diese frühen griechischen Titel hatten allerdings in den ersten drei Jahrhunderten noch nicht die gleiche Funktion wie später in der Amtskirche. Denn solange die Christen Verfolgung zu fürchten hatten, lebten sie in locker nebeneinander existierenden Gemeinden. Jede Gemeinde verwaltete sich selbstständig und wurde von einem Presbyter geleitet. Dieser *Presbyter* fungierte zwar oft auch schon als

Episkopos, »Aufseher«, aber noch war das Amt eines obersten *Presbyters* unbekannt, der in Glaubensstreitigkeiten schlichtete und notfalls ein absolutes Machtwort sprach. Und noch konnte sich der Bischof von Rom nicht als *Pappas*, »Vater«, verstehen, der unantastbar allen anderen Bischöfen übergeordnet war und befehlen konnte. Entscheidungen wurden im Kollegium getroffen. Erst Mitte des 2. Jahrhunderts begann sich – zumindest in ersten Ansätzen – die Tendenz abzuzeichnen, dass das Bischofsamt einen institutionellen, hierarchischen Charakter annahm.[32] Wenn also in den späteren Überlieferungen Petrus als der »erste Bischof von Rom« bezeichnet wurde, so ist dies – aus heutiger Sicht – irreführend. Denn das Amtsverständnis eines hierarchisch klar übergeordneten Bischofs, wie es die Kirche spätestens seit dem 4. Jahrhundert mit Nachdruck vertrat, existierte zu Lebzeiten des Petrus noch nicht einmal ansatzweise.

In den Katakomben fällt auf, dass oft neben den vielen einfachen Grabstätten reich verzierte Sarkophage platziert sind. Angehörige niederer Schichten, vielfach Sklaven, sind unmittelbar neben hohen religiösen Würdenträgern oder auch reichen Kaufleuten bestattet. Zum einen hat dies damit zu tun, dass der Platzmangel in den unterirdischen Friedhöfen oft keine andere Wahl ließ. Aber dieses unterschiedslose Nebeneinander hoher und niederer sozialer Gruppen entspricht auch der Kernbotschaft christlicher Ethik: Vor Gott sind alle Menschen gleich, unabhängig von sozialer Herkunft und Rasse. Das egalitäre Element überwog bei der Art der Bestattung damals noch ebenso wie bei der Struktur der religiösen Ämter.

Der Sklave besitzt vor Gott die gleiche Würde wie der Kaiser ... Diese religiöse Botschaft war in der damaligen Zeit revolutionär – und bedeutete die eigentliche geistige Herausforderung für die Gesellschaftsordnung des Römischen Weltreiches, denn dort war ein Sklave nahezu rechtlos und galt als »Nichtmensch«. Etliche der frühen Päpste waren selber Sklaven oder Freigelassene. Die römischen Machthaber verfolgten die Christen, weil diese für eine egalitäre Gesellschaftsordnung eintraten und sich weigerten, das strikt hierarchische Herrschaftssystem des Staates anzuerkennen. Eine besondere Provokation bedeutete für die Herrschenden, dass die Christen dem »göttlichen« Kaiser an der Spitze der Hierarchie das vorgeschriebene rituelle Opfer verweigerten. Der römische Staat unterdrückte allerdings nicht – wie oft in populärwissenschaftlichen Darstellungen missverständlich verbreitet wird – die Christen wegen ihres Glaubens an Christus, den »Sohn Gottes«. Aus der Sicht der Polytheisten, die ohnehin an viele Gottheiten glaubten, kam es auf einen Gott mehr oder weniger nicht an, sie duldeten sämtliche Glaubensformen. Allein entscheidend für die Verfolgung blieb, dass die Christen der Frühzeit beharrlich die bestehende Herrschaftshierarchie des Römischen Reiches in Frage stellten.

Die christliche Religionsgemeinschaft veränderte sich aber spätestens dann grundlegend, als die Kirche unter Kaiser Konstantin sich erstmals frei entfalten konnte – und selber Macht gewann. Nun bildeten sich innerhalb der Kirche zunehmend hierarchische Machstrukturen heraus, die denen des römischen Staates immer ähnlicher wurden. Dies zeigte sich vor allem in der sich stabilisierenden Hierarchie der Bischöfe mit dem Papst an der Spitze. Das Ideal von der Gleichheit aller Christen verflüchtigte sich.

Der Konflikt mit Konstantinopel – und die erste Kirchenspaltung

Dass sich die Kirche nachhaltig in zwei rivalisierende Konfessionen spaltete, wäre ohne das wachsende Hierarchiebewusstsein von Bischöfen, Päpsten und Patriarchen undenkbar gewesen. Die Anfänge einer solchen Entwicklung zeichneten sich schon in jener Zeit ab, als die Christen unter Kaiser Konstantin ihre Religion öffentlich leben konnten.

Konstantin überließ dem Bischof von Rom einen der kleineren kaiserlichen Paläste als Residenz. Für den Bischof, der bisher nur im Verborgenen sein Amt hatte ausüben können, bedeutete der Wandel eine ungeheure Aufwertung seines Amtes. Weil er nun nahe dem Regierungssitz Konstantins residierte, konnte er demonstrativ den Anspruch zum Ausdruck bringen, den etliche Vorgänger zwar auch schon, aber noch sehr zurückhaltend geäußert hatten: Der Bischof in der Hauptstadt des Römischen Reiches müsse als der eindeutig übergeordnete »Vater« (»Papst«) und damit als der Vorgesetzte aller Bischöfe angesehen werden.

Kaiser Konstantin lag allerdings wenig daran, den Papst in diesem hierarchischen Anspruch zu stärken. Ebenso wenig neigte der Kaiser dazu, in Rom die »Hauptstadt der Christenheit« zu sehen. Dies zeigte seine Entscheidung im Jahr 330. Konstantin verlegte die kaiserliche Residenz von Rom nach Byzanz. Er machte die am Bosporus strategisch günstig gelegene Handelsstadt unter dem griechischen Namen Konstantinopolis, »Stadt des Konstantin«, zur neuen Hauptstadt des Römischen Reiches. Ein neues – politisches wie religiöses – Machtzentrum entstand nun neben Rom und sollte die alte Hauptstadt bald überflügeln.

In Konstantinopel und den dort nahegelegenen Städten Nikäa und Ephesus – nicht in Rom – fanden die entscheidenden Konzile statt, wo über wegweisende Dogmen der Kirche entschieden wurde. Die Päpste mussten zur Teilnahme in den Ostteil des Reiches reisen. Entsprechend sah sich der Patriarch von Konstantinopel in seiner Bedeutung aufgewertet. Und entsprechend wuchs die Rivalität zwischen dem Papst und dem Patriarchen im Anspruch auf die geistliche Führung der Christenheit – und diese religiös-politische Rivalität wurde zur Ursache für die erste nachhaltige Kirchenspaltung.

Der Konflikt zwischen Rom und Konstantinopel verschärfte sich bereits im Jahr 356. Damals ließ Kaiser Konstantius II., ein Sohn Konstantins, die Gebeine des Apostels Andreas nach Konstantinopel bringen. Andreas war laut biblischer Überlieferung der Bruder des Apostels Petrus, sie beide waren die Ersten gewesen, die von Jesus als Jünger berufen wurden. Entsprechend genoss Andreas bei den Gläubigen eine ebenfalls große Autorität. Bisher war Andreas in der griechischen Stadt Patras begraben gewesen, dem Ort seines (mutmaßlichen) Märtyrertodes. Kaiser Konstantius ließ die Gebeine in der Hagioi Apostoloi, Kirche der Heiligen Apostel, beisetzen, eine der damaligen Hauptkirchen der oströmischen Metropole Konstantinopel.[33] Damit war das Monopol Roms gebrochen, alleine im Besitz von Apostelgräbern, nämlich denen des Petrus und Paulus, zu sein. (Das Apostelgrab des Jakobus in Santiago de Compostela sollte erst Jahrhunderte später »entdeckt« werden.) Und so war auch eine wesentliche Voraussetzung geschaffen, dass sich Konstantinopel – neben Rom – zu einem der größten Wallfahrtszentren der Christenheit entwickelte.

Der Pilgerzustrom zum Grab des Apostels Andreas in Konstantinopel gewann bald eine ähnliche Bedeutung wie der in Rom zum Grab des Petrus. Für den Patriarchen von Konstantinopel lieferte der wachsende Andreas-Kult die nötigen Argumente, um im Streit um das höchste geistliche Amt der Christenheit den eigenen Anspruch zu betonen. Seit dem 9. Jahrhundert gehörte die legendäre Überlieferung zum festen Bestandteil der byzantinischen Tradition, dass Andreas der »erste Bischof von Byzanz« gewesen sei. So wie der Papst in Rom sich als der legitime Nachfolger des Apostels Petrus, des »ersten Bischofs von Rom«, betrachtete, so der Patriarch von Konstantinopel als der legitime Nachfolger des Apostels Andreas.

Während Petrus für die Weströmer zum wichtigsten Symbol für die geistliche Führung wurde, so Andreas für die Oströmer. In der religiös-politischen Auseinandersetzung zwischen Rom und Konstantinopel wurden die beiden Apostelbrüder immer heftiger gegeneinander ausgespielt.

Hinzu kam, dass die Rivalität auf religiöser Ebene durch weltliche Konkurrenz verschärft wurde. Längst hatte sich das politische, wirtschaftliche und kulturelle Schwergewicht von Rom eindeutig nach Konstantinopel verlagert. Dies zeigte sich besonders deutlich an der krassen Diskrepanz der Einwohnerzahl: Während Rom noch unter Kaiser Konstantin eine Millionenstadt war, zählte sie im 9. Jahrhundert nur noch 25 000 Einwohner, dagegen hatte Konstantinopel als das »neue Rom« den Status einer Millionenstadt erreicht und war zur größten Stadt des christlichen Abendlandes geworden.

Der Konflikt eskalierte, als im Jahr 1053 ein Kardinal als Vertreter des Papstes Leo IX. von Rom nach Konstantinopel reiste. Er hatte die Aufgabe, einen dogmatischen Streit zu schlichten. Es ging um die – aus heutiger Sicht eher sehr nebensächliche – Frage, ob man beim Heiligen Abendmahl gesäuertes oder ungesäuertes Brot verwenden dürfe. Aber bei der nun folgenden Auseinandersetzung in der Hagia Sophia, dem Amtssitz des Patriarchen, rückte bald ein anderes – das eigentliche – Problem in den Mittelpunkt: ob der Papst als »Vater aller Bischöfe« die höchste Entscheidungsfunktion habe. Der Kardinal aus Rom betonte die Vorherrschaft des Papstes über alle Patriarchate. Der damalige Patriarch von Konstantinopel, Michael Kerullarios, wies diesen Anspruch entrüstet zurück. Der immer heftiger werdende Streit endete schließlich damit, dass im folgenden Jahr 1054 der Papst und der Patriarch sich mit gegenseitigen Bannflüchen belegten.

Damit war das Schisma, die Spaltung in zwei verschiedene Kirchen, vollzogen. Seither ist die griechische Bezeichnung *»katholikos«*, »allumfassend« (lateinisch »catholicus«) faktisch auf die westliche Kirche mit Rom als spirituellem Zentrum beschränkt. Seither existiert für die Christen mit Konstantinopel als wichtigstem spirituellen Bezugspunkt ein neuer griechischer Name: *»orthodoxos«,* »rechtgläubig«. Aber ob nun »catholicus« oder »orthodoxos« – beide Eigenbenennungen drücken gleichermaßen einen schroffen Absolutheitsanspruch aus.

Indem es nun mit Rom und Konstantinopel zwei Pilgerziele gab, die sich gegenseitig ausschlossen, hatte die Konfessionalisierung des christlichen Pilgerwesens begonnen. Die Rivalität war heftig, weil beide Wallfahrtsziele neben den konkurrierenden Apostelgräbern gleichermaßen über zahlreiche weitere prestigeträchtige Reliquien aus Jerusalem verfügten. Alles, was sich unmittelbar mit der Passion Christi verbinden ließ – Splitter des Heiligen Kreuzes, Stacheln der Dornenkrone, Kreuzesnägel –, war nicht nur in Kirchen Roms, sondern genauso in Kirchen Konstantinopels vorhanden. Schließlich besagten ja »uralte Überlieferungen«, dass die heilige Helena die wertvollen Reliquien nur zum Teil nach Rom gebracht, einen anderen Teil aber ihrem Sohn Konstantin nach Konstantinopel mitgegeben habe.[34]

Die Unterschiede im Verhalten katholischer und orthodoxer Wallfahrer sind allerdings geringfügig. Zwar kann man anhand der Ikonen und Ikonostasen leicht das Spezifische eines Kirchenraums der Orthodoxen erkennen. Aber Katholiken wie Orthodoxe beten gleichermaßen zu Maria und zu Heiligen als wichtigen Fürsprechern bei Gott und Christus, verehren Reliquien, bekreuzigen sich vor geweihten Bildern und Altären. Die Rituale sind teilweise so austauschbar, dass man Schwierigkeiten hat, katholische und orthodoxe Pilger in ihrem Gebaren zu unterscheiden. So erging es mir etwa in Jerusalem, wo in manche Wallfahrtskirchen Besucher aller Konfessionen kommen.

Die hauptsächlichen Gegensätze zwischen Katholiken und Orthodoxen bündeln sich bis heute in der Frage, wie denn die kirchliche Hierarchie strukturiert sein soll. Alle späteren Konflikte zwischen beiden Konfessionen sind mit dieser Problematik verbunden geblieben.

Zur radikalen Zuspitzung des Konflikts kam es in den Jahren 1203 und 1204. Auf dem vierten Kreuzzug zogen die Katholiken nicht bis Jerusalem, um die wichtigste Pilgerstadt der Christen von islamischer Herrschaft zu befreien – sondern sie stürmten Konstantinopel, um diese Metropole von den christlichen »Ketzern« zu befreien. Sie vertrieben sowohl den byzantinischen Kaiser als auch den orthodoxen Patriarchen. Nahezu sechs Jahrzehnte regierten nun ein katholischer Kaiser und ein katholischer Patriarch in Konstantinopel – mit eindeutigem Bekenntnis zur Oberhoheit des Papstes. Dieser (nur kurzfristig erfolgreiche) Versuch, mit militärischer Gewalt die »Einheit der Kirche« wieder herzustellen, belastet die Beziehungen zwischen katholischer und orthodoxer Kirche bis heute.

Die brutale Plünderung von Konstantinopel im Jahr 1204 durch katholische Kreuzritter hat wesentlich zum Niedergang der einst blühenden Metropole in den folgenden Jahrhunderten beigetragen. Denn die Kreuzritter hatten nicht nur die materiellen Schätze, sondern auch viele Reliquien geraubt, die zum unabdingbaren Bestandteil des Pilgerlebens gehören, unter anderem die Gebeine des Apostels Andreas. Damit hatte Konstantinopel auch viel von seiner religiösen Bedeutung eingebüßt, was wiederum den wirtschaftlichen Abstieg beschleunigte, denn gerade das Pilgerleben hatte eine beträchtliche Einnahmequelle geboten.[35] Orthodoxe Christen werfen den Katholiken bis heute vor, dass ohne die Schwächung im Jahr 1204 Konstantinopel viel erfolgreicher auf die Angriffe der Osmanen hätte reagieren können. Genauso hartnäckig ist der Vorwurf, dass die katholische Kirche und die katholischen Fürsten Westeuropas bei der Belagerung Konstantinopels durch die Türken 1453 in keiner Weise die bedrängten orthodoxen Christen unterstützt hätten. Damit hätten die Katholiken den Sieg der muslimischen Eroberer ermöglicht.

Indem Konstantinopel nun unter dem Namen Istanbul durch Muslime regiert wurde, verlor die Metropole auch ihren bis dahin verbliebenen Status als die zentrale Pilgerstadt orthodoxer Christen. Zwar durfte der orthodoxe Patriarch unter der Herrschaft osmanischer Sultane weiterhin in Istanbul residieren (davon im Kapitel über Istanbul mehr), aber ihm fehlt seither eine dem Papst vergleichbare zentrale Macht. Die ihm bisher untergeordneten Patriarchate in Ländern mit orthodox gebliebener Bevölkerung konnten sich eigenständig entwickeln. Entsprechend entstanden so in Russland, Griechenland, Serbien, Rumänien und Bulgarien regionale Pilgerzentren für die dortige Bevölkerung. Ein spirituelles Zentrum, wie es Rom für die Katholiken blieb, ist den national aufgesplitterten Ostkirchen endgültig verloren gegangen.

Der einzige »heilige Ort«, der gleichermaßen Anziehungspunkt für die Gläubigen aller Ostkirchen blieb, ist die nordgriechische autonome Mönchsrepublik Athos. Aber Athos ist bis heute ein Pilgerzentrum, das nur in strenger Exklusivität männlichen Besuchern vorbehalten ist. Darüber hinaus verlangen die Athos-Klöster sämtlichen Besuchern, ob nun orthodox oder andersgläubig, eine strenge rituelle Disziplin ab, wovon ich mich bei meinem Besuch 1969 überzeugen konnte. Die ablehnende Haltung vieler Athos-Mönche zur »Verweltlichung« sogar ihrer eigenen Kirche in Südeuropa trägt jedoch am meisten dazu bei, dass sich der Athos nicht zu einem Wallfahrtsort für breitere Bevölkerungsschichten entwickeln kann.

Zwischen den orthodoxen Kirchen und der katholischen Kirche sind die Beziehungen bis in die zweite Hälfte des 20. Jahrhunderts herein äußerst gespannt geblieben. Allerdings senden die Päpste seit dem Zweiten Vatikanischen Konzil Signale aus, dass es zwischen beiden Konfessionen doch große geistige Gemeinsamkeiten gebe. So geschah dies auffallend, um ein Beispiel aus jüngerer Zeit zu nennen, als Papst Benedikt XVI. im Jahr 2008 Bartholomaios I., den seit 1991 amtierenden Patriarchen von Konstantinopel, nach Rom einlud. Beide Kirchenoberhäupter, die gleichermaßen zur Annäherung bereit sind, feierten in der Paulus-Basilika von Rom am 28. Juni 2008 gemeinsam die Eröffnung des Paulus-Jahres.

In Gesprächen mit orthodoxen Christen sowohl in Griechenland als auch in Rumänien wollte ich etwas über die Chancen einer Annäherung erfahren. Die Antwort lautete im Kern prinzipiell gleich: Es gebe in Glaubensfragen keine unüberbrückbaren Unterschiede, sondern nur im Verständnis der Hierarchie. Meine zweite Frage lautete: Ob sie sich auch eine Annäherung an die Protestanten vorstellen könnten? – Dies sei viel schwieriger. Denn hier gingen die Gegensätze viel weiter in theologische Fragen hinein, ja in das grundsätzliche Verständnis von Religion.

Diese eher vagen Antworten vermitteln bereits einen Eindruck davon, dass die zweite tiefgehende Kirchenspaltung – ausgelöst durch die Reformation der Protestanten 1517 – stärker die traditionellen Strukturen erschüttert hat.

Martin Luther, der enttäuschte Rompilger – und eine weitere Kirchenspaltung

»Sei gegrüßt, du heiliges Rom, ja rechtschaffen heilig von den heiligen Märtyrern und ihrem Blut, das da vergossen ist!« So rief religiös ergriffen ein junger – damals noch unbekannter – Augustinermönch im Dezember des Jahres 1510, als er nach einer beschwerlichen Pilgerreise Rom erstmals von einem Hügel aus erblickte. Derselbe Mönch schrieb aber zehn Jahre später: »Man sollte das Wallfahren nach Rom abschaffen oder niemanden aus eigener Lust wallfahren lassen. Das sage ich nicht, weil Wallfahrten etwas Schlechtes wären, sondern weil sie zu dieser Zeit übel geraten. (...) Je näher Rom, desto schlimmer die Christen.«

Dieser Mönch war Martin Luther. Die scharfe Kritik findet sich in seiner 1520 verfassten Schrift *An den christlichen Adel deutscher Nation*.[36] Luther hatte zwar schon vor seiner Reise nach Rom Zweifel an verschiedenen Dogmen der katholischen Kirche geäußert, aber erst seine Eindrücke in der Residenzstadt der Päpste führten ihn zu jener Ablehnung, die in die Reformation mündete. Mit seiner Kritik an der überkommenen Kirche stellte er außerdem radikal wie kein anderer auch das Pilgerwesen in Frage.

Für Luther war der Anlass zur Romreise ein Rechtsstreit zwischen Mönchen im Augustinerkloster von Erfurt gewesen, wo er selber wirkte. Luther, damals 27 Jahre alt, begleitete einen älteren Ordensbruder nach Rom, wo der Streit durch die Behörden des Vatikans geschlichtet werden sollte. Luther verband die Dienstreise mit einer Pilgerreise. Er hielt sich rund vier Wochen, von Dezember 1510 bis Januar 1511, in Rom auf, besuchte neben den vorgeschriebenen Pilgerstätten noch viele andere Kirchen zur Andacht und hielt sich mit Hingabe an die Rituale. So kniete er sich auch die Heilige Treppe hinauf, die sich damals noch im Lateranpalast befand, und betete um »Ablass der Sünden«, allerdings nicht für sich selber, sondern für seinen Großvater. Eines der wichtigsten Pilgerziele lernte er jedoch nicht kennen: die Basilika des Petrus. Papst Julius II. hatte 1506 den Abriss des baufälligen Komplexes angeordnet, und der Neubau des Petersdoms hatte gerade erst begonnen.

Luther erlebte die Pilgerstadt Rom in einem beispiellosen Umbruch. Einerseits war Rom damals noch eine mittelalterliche Stadt, die sich vorwiegend auf die Flussniederungen des Tiber konzentrierte. Der antike Mauerring war für die geschrumpfte Stadt viel zu groß, weite Flächen bestanden aus Ruinenfeldern und Wiesen, auf denen das Vieh weidete. Andererseits aber hatten die Päpste Mitte des 15. Jahrhunderts begonnen, die Stadt nach den architektonischen Prinzipien der Renaissance zu modernisieren. Eine besondere Rolle spielte hierbei Papst Julius II., der regierte, als Luther in Rom war; auf ihn gehen viele Impulse einer urbanen Neugestaltung der Stadt zurück. Damals war der Kirchenstaat auf dem Höhepunkt seiner Macht angekommen, er beherrschte ein Viertel ganz Italiens. Die Renaissancepäpste unterschieden sich in ihrem Herrschaftsgebaren kaum mehr von weltlichen Fürsten, auch nicht in den »Sünden der Hurerei«. Für religiöse Kritiker zu einem besonderen Stein des Anstoßes wurde die Tatsache, dass viele der Päpste sich Konkubinen hielten, ja gar ihren Söhnen einflussreiche Ämter verschafften – bei gleichzeitiger Forderung nach striktem Zölibat der Priester. Ein beträchtlicher Teil des Klerus praktizierte die gleiche Scheinheiligkeit.

Eine derartige Doppelmoral charakterisierte in vielerlei Hinsicht auch das Pilgerleben. In kaum einer Epoche wie zur Zeit der Hochrenaissance gab es in Rom für die Wallfahrer derart viele Bordelle. Die Rituale an den heiligen Stätten waren ebenfalls durch eine tiefe religiöse Krise geprägt. Luther, der als Pilger eine Generalbeichte ablegen wollte, zeigt sich empört über die Priester, die für jeden Ablass der Sünden eine beträchtliche Geldsumme verlangten, außerdem die Beichte wie auch die Messe sehr hastig und mit kalter Routine absolvierten. Luther kannte eine derartige Veräußerlichung der Rituale zwar schon aus seiner deutschen Heimat, aber in Rom war die Erfahrung viel intensiver.

Mit dem Ablass der Sünde ist in der katholischen Dogmatik eine weitreichende Theologie verbunden. Ich möchte nicht auf Details eingehen. Nur so viel: Dem reuigen Sünder kann die Strafe für seine Vergehen nachgelassen werden, wenn ihm der Priester in der Beichte die Absolution erteilt. Der Gläubige muss je nach Schwere der Sünde eine Reihe Bußübungen verrichten, wobei die Kirche das Ausmaß bestimmt: angefangen vom Almosengeben, vom Verrichten guter Taten über spezifische Gebete bis hin zur strapaziösen Pilgerreise (und im Mittelalter waren Pilgerreisen angesichts der Wegverhältnisse sowie unsicherer politischer Konstellationen äußerst strapaziös und gefährlich). Sühneleistungen des Ablasses konnten im Spätmittelalter aber auch in Geldbußen umgewandelt werden.

Mit der Praxis der Geldbuße musste sich der fromme Mönch Martin Luther erst recht nach seiner Pilgerreise auseinandersetzen. Zurück in Erfurt und später als Beichtvater in der Stadtkirche von Wittenberg gewann er einen nachhaltigen Eindruck, wie sehr das Ablasswesen in Form der Geldbuße verheerende Folgen hatte. Gläubige äußerten ihm gegenüber vielfach die Meinung, wenn man einen Ablassbrief gekauft habe, sei alle Buße vollzogen, eine weitere Läuterung »vor Gott« nicht nötig, und deshalb müsse ihnen Luther in seiner Funktion als Priester die Absolution erteilen. Luther wandte sich anfangs nur gegen diese offensichtliche Fehlhaltung, ohne das Prinzip des Ablasses grundsätzlich in Frage zu stellen.

Aber Luther änderte seine Haltung, als Papst Leo X. im Jahr 1510 den Ablasshandel intensivierte, um Geld für den Neubau des Petersdoms zu beschaffen. Prediger traten nun desto stärker in Aktion, damit sie bei den Gläubigen die Angst vor dem Fegefeuer schürten. Berühmt und berüchtigt wurde im deutschsprachigen Raum der dominikanische Wanderprediger Tetzel, der mit seinen Warnungen vor Höllenstrafen aus der verängstigten Bevölkerung besonders hohe Ablass-Geldbeträge herauspressen konnte: »Wenn das Geld im Kasten klingt, die Seele aus dem Fegefeuer springt.«

Unter dem Eindruck solcher Auswüchse verfasste Luther 1517 in Wittenberg seine 95 Thesen. Er schickte diese Thesen an seinen unmittelbaren Vorgesetzten, den Kardinal von Mainz, in der Hoffnung, dass nun innerhalb der katholischen Kirche eine breitenwirksame Diskussion über Reformen des Ablasswesens beginnen würde. Der Kardinal aber unterdrückte alle Kritik und zeigte Luther wegen Verdachts auf »Ketzerei« in Rom an. In der folgenden Auseinandersetzung belegte der Papst Luther mit einem Bann. Daraufhin übersetzten Luthers Freunde die auf lateinisch verfassten 95 Thesen ins Deutsche, ließen sie drucken und in ganz Deutschland verbreiten – und heizten angesichts des großen Unbehagens im Volk die religiöse Debatte erst richtig an, die der Kardinal hatte verhindern wollen. (Dass Luther die 95 Thesen am Portal der Schlosskirche von Wittenberg angeschlagen haben soll und so die breitenwirksame Aufmerksamkeit erregte, ist eine später entstandene Legende.)

Luther rührte mit seinen Thesen am Autoritätsverständnis der katholischen Kirche, ohne aber zunächst eine Abspaltung von dieser Kirche zu wünschen. Etwa wenn es in dem Thesenpapier heißt: »Die Priester handeln unverständig und übel, die den sterbenden Menschen kirchliche Bußen noch für das Fegefeuer (...) aufbehalten« (These 10). Und: »Dieses Unkraut, dass man die kirchlichen Bußen oder Genugtuung in Strafen des Fegefeuers verwandelt, ist gesäet worden, während die Bischöfe geschlafen haben« (These 11). Und: »Zu sagen, dass das Kreuz, mit dem des Papstes Wappen herrlich (in den Kirchen) aufgerichtet ist, soviel vermöge wie das Kreuz Christi, ist eine Gotteslästerung« (These 79).[37] Luther erntete mit seiner Kritik bei den Machthabern der katholischen Kirche nicht das nötige Verständnis, um eine konstruktive Diskussion über Missstände in Gang zu setzen. Und so wurde aus Luthers Wunsch einer »Reformation« innerhalb der Kirche eine Spaltung in zwei verschiedene Kirchen. Beide Religionsgemeinschaften waren seitdem von dem Gedanken befeuert, im Besitz der alleinigen Wahrheit zu sein – und begannen sich entsprechend intolerant zu bekämpfen. Luther zog angesichts der Kirchenspaltung Konsequenzen, die für seine Anhänger auch tiefgreifende Folgen in der Einstellung zum Pilgerwesen hatten.

Luther entwickelte in seinen späteren Schriften den Gedanken weiter, dass der Gläubige sich im Gebet direkt an Gott um »Vergebung der Sünden« wenden könne und hierfür keinen Vermittler brauche – weder den Papst für die Gewährung eines Sündenablasses, noch einen Priester für die Absolution bei der Beichte, noch die Heiligen oder die Gottesmutter Maria als Fürsprecher bei Gott. Luther sprach dem Papst kategorisch den Anspruch ab, als Nachfolger Petri die »Schlüssel des Himmels« geerbt zu haben und damit hierarchisch über alle anderen Gläubigen hinausgehoben zu sein. Luther verkündete das »Allgemeine Priestertum« und meinte damit, dass jeder Gläubige in gleicher Würde durch Gebet Zugang zu Gott habe, entscheidend sei allein die Aufrichtigkeit des Glaubens und moralischen Handelns.

Der Kern von Luthers Kritik war, dass der Klerus viele Dogmen verkündet habe, die sich nicht aus dem Evangelium ableiten ließen. Der Christ müsse zu einem Glauben zurückfinden, der allein auf das »Evangelium« (griechisch: »Frohe Botschaft«) gegründet sei, er müsse wieder »evangelisch« werden, um wirklich »Christ« zu sein. »Evangelisch« wurde auf diese Weise zur Selbstbezeichnung für die neue Konfession. Dies geschah parallel zum Begriff »protestantisch«, der entstand, nachdem die evangelischen Stände auf dem Reichstag von Speyer 1529 gegen die Beschlüsse der katholischen Stände spektakulär protestiert hatten. Im Zusammenhang mit dieser Entwicklung hat sich im deutschen Sprachgebrauch auch das lateinische Lehnwort »Konfession«, »Bekenntnis«, eingebürgert. Denn erst im Widerstreit zwischen zwei großen Glaubensgruppen war der Einzelne genötigt, sich entweder als »katholisch« oder »evangelisch« zu *»bekennen«*.

Im Glaubensverständnis der evangelischen Christen konnte naturgemäß die herkömmliche Wallfahrt keinen Platz mehr haben. Pilgerreisen unterwegs zu Gräbern von Heiligen, mit der Hoffnung auf Ablass, hatte Luther letztendlich als »Narrenwerk« bezeichnet. Allein aus dem Glauben komme ein Christ zum Heil und nicht durch das »Geläuff«, so fasste er die Erfahrungen seiner eigenen Pilgerreise in Rom zusammen. Über den Jakobsweg nach Santiago de Compostela, damals neben Rom das wichtigste Wallfahrtsziel katholischer Christen, spottete er: »Lauf nicht dahin, man weiß nicht, ob Sankt Jakob oder ein toter Hund daliegt.«[38] Eine derart ätzende Kritik fand Widerhall quer durch das katholische Europa, und auf diese Weise reduzierte sich unter dem Einfluss der Reformation der

Zustrom von Pilgern an heilige Orte – gerade auch nach Rom – beträchtlich. Zumindest galt dies für die Jahrzehnte, in denen die katholische Kirche noch nicht die Kraft besaß, um auf die protestantische Herausforderung religiös zu reagieren.

Aber bei den evangelischen Christen – ob nun durch Luther, Calvin und andere Reformatoren geprägt – war der Gedanke an das Pilgern nicht ausgelöscht. Das Pilgern nahm nur neue Formen an. Luther selber hatte ja in seiner Enttäuschung nach der Romreise seine Kritik mit folgenden Worten eingeschränkt: »Das sage ich nicht, weil Wallfahrten etwas Schlechtes wären, sondern weil sie zu dieser Zeit übel geraten.« Für die Lutheraner unter den Protestanten ist bis heute ein herausgehobenes Besucherziel die Stadt Wittenberg mit jener Kirche, in der Luther predigte, und das Luther-Haus, in dem der Reformator wohnte. Wittenberg war schon um 1920 ein Ziel organisierter religiöser Reisen; die Besucher nannten sich damals ganz ungeniert »Luther-Pilger«.[39] Das Andenken an den Ursprung der Reformation ist hier das entscheidende Motiv. Kein Protestant würde allerdings von einer Reise nach Wittenberg erwarten, er könne dadurch seine Aussicht auf himmlisches Heil vergrößern.

Die Kritik Luthers am Pilgerwesen ging aber weit über die Zustände des christlichen Kulturraums hinaus. Luther formulierte letztlich eine radikale Antithese zu Pilgerpraktiken überhaupt. Bei den Wallfahrern welcher Religion auch immer liegt doch die Meinung zugrunde, man könne sich durch die Strapazen einer langen Anreise und durch bestimmte Rituale am heiligen Ort religiöse Pluspunkte für das Heil erwerben – ob nun bei Christen, Juden und Muslimen für ein Leben in einem jenseitigen Paradies oder bei Hindus und Buddhisten für eine bessere Wiedergeburt. Luther erteilte jenem Denken grundsätzlich eine Absage, Gott (oder der Kosmos) könne durch Rituale gnädig gestimmt werden, Rituale, die letztlich auf ein magisches Weltverständnis zurückgehen.

Trotzdem gibt es drei Wallfahrtsorte, zu denen neben katholischen und orthodoxen Christen auch Protestanten reisen: Jerusalem, Bethlehem, der Berg Sinai. An den ersten beiden Orten wirkte Jesus, am Berg Sinai empfing der Prophet Moses von Gott die Zehn Gebote. Evangelische Pilger können sich hier auf Ereignisse beziehen, die biblisch und nicht erst durch spätere kirchliche Traditionen verbürgt erscheinen. Wie in Wittenberg steht an diesen Orten die Rückbesinnung auf einen »Ursprung« im Mittelpunkt, dagegen spielt der Glaube an Erlösung durch rituelle Praktiken keine Rolle. Dass manche Protestanten sich inzwischen aber auch vorstellen können, in einen katholisch geprägten Wallfahrtsort wie Santiago de Compostela zu pilgern, ist eine völlig neue Tendenz. Auf die Ursachen gehe ich später ein.[40]

In Rom dagegen – bis zum 16. Jahrhundert das spirituelle Zentrum aller Christen in Westeuropa – bildete sich unter dem Eindruck der Reformation eine extrem schroffe Konfessionalisierung heraus. Im Zeichen der Gegenreformation bekam Rom nun eine neue Form von »katholischer« Identität.

Pilgern im Zeichen der Gegenreformation

Der entscheidende Umbruch für die katholische Kirche bahnte sich durch das Konzil von Trient an. Das Konzil in der oberitalienischen Stadt hatte 1545, noch zu Lebzeiten Luthers, begonnen und endete nach mehreren Unterbrechungen 1563. Zweck des Konzils war es, die Einheit der Kirche unter der Leitung des Papstes wiederherzustellen. Protestanten wurden in der zweiten Phase des Konzils eingeladen. Aber da beide Glaubensgemeinschaften gleichermaßen überzeugt waren, im Besitz der alleinigen Wahrheit zu sein, konnte es zu keiner Verständigung kommen.

Das Konzil von Trient setzte dogmatisch die Koordinaten, die für die katholische Kirche bis Mitte des 20. Jahrhunderts, bis zum Zweiten Vatikanischen Konzil, unverrückbar gültig blieben. Das zentrale Thema des Konzils war, eine Antwort auf die geistige Herausforderung durch den Protestantismus zu finden. Die Katholiken – verunsichert durch die Erfolge der Reformatoren in vielen westeuropäischen Staaten – sahen sich gezwungen, die Kritik der Protestanten ernst zu nehmen und Fehlentwicklungen innerhalb der eigenen Kirche zu korrigieren. Es galt Missbräuche der »Verweltlichung« zu beseitigen, so vor allem, dass viele Geistliche theologisch schlecht ausgebildet waren, ihren Beruf nur wegen der Privilegien wählten und entsprechend für Korruption anfällig waren. Auch sollte der Doppelmoral ein Ende gemacht werden, dass viele Geistliche anstatt des verordneten Zölibats in »Unzucht« lebten. Aber in keinem Punkt näherte sich die katholische Kirche dem Reformationsverständnis der Protestanten an. Der Priesterstand blieb in einer festen Hierarchie strikt abgehoben vom Stand der Laien. Auch blieb dem Priester – anders als bei den Protestanten – die

Ehelosigkeit Gebot, nur dass jetzt die Aufsicht strenger wurde. In der strikten Gegnerschaft zur Reformation entwickelte sich die sogenannte Gegenreformation.

Reform und gleichzeitig Bewahrung katholischer Tradition – besonders deutlich zeigte sich diese Haltung gerade auch bei Fragen, die den Ablass der Sünden sowie das Pilgerwesen insgesamt betrafen. Die katholische Kirche bemühte sich sehr rasch, die Missbräuche des Ablasswesens zu beseitigen. Einen regelrechten Ablasshandel, bei dem man für eine mehr oder weniger hohe Geldspende an die Kirche seine Seele vor dem Fegefeuer retten konnte, gab es seit dem 16. Jahrhundert nicht mehr. 1567, vier Jahre nach Beendigung des Konzils von Trient, verbot Papst Pius V. alle Almosenablässe und drohte bei Verstößen gegen diese Anordnung mit der Exkommunikation. Aber die katholische Kirche hat am Prinzip des Ablasses festgehalten. Die heutige Form wurde 1967 durch Papst Paul VI. im Anschluss an das Zweite Vatikanische Konzil neu formuliert und 1998 durch Papst Johannes Paul II. bestätigt. Nach wie vor können »vollkommene« oder »unvollkommene« Ablässe der Sünden durch die Kirche gewährt werden. Hierbei sind die Ablässe oft mit der Teilnahme an Pilgerfahrten oder bestimmten Bußübungen verknüpft. Ein »vollkommener Ablass« ist möglich, wenn der Pilger im Heiligen Jahr etwa Santiago de Compostela besucht oder zum 150. Jahrestag der Marienerscheinung 2008 nach Lourdes pilgert. Nur getaufte Katholiken im »Stand der Gnade« – das heißt frei von schwerer Sünde, versöhnt mit Gott und der Kirche – können hierbei einen Sündenablass erlangen.[41]

Ich bekam bei meinem Besuch der Heiligen Treppe in Rom einen nachhaltigen Eindruck von der heutigen Form der Ablasspraxis. In einer 2007 erschienenen Broschüre konnte ich, wie bereits berichtet, unter der Überschrift »Besondere Ablässe« aufschlussreiche Details erfahren. Ich zitiere im Zusammenhang hier weitere Einzelheiten: »Der Heilige Vater Pius X. hat für ewige Zeiten einen vollkommenen Ablass gewährt, den man (...) gewinnen kann, wenn man, nach Empfang der heiligen Sakramente der Buße (...), die Heilige Stiege kniend hinaufsteigt und dort nach der Meinung des Heiligen Vaters betet (...). Nach den letzten Vorschriften der Kirche kann man zu den üblichen Bedingungen einen Vollkommenen Ablass gewinnen an allen Feiertagen der Fastenzeit (...) und einen Teilablass an allen Tagen.« [42]

In dieser Broschüre findet sich nirgends die Anweisung, dass der Ablass mit einer Geldspende verbunden sei. Es genügt, dass man »nach der Meinung des Heiligen Vaters betet«. Aber auffallend sind die mehrfachen Hinweise, dass der »Heilige Vater den Ablass gewährt« und die Kirche das Maß des Ablasses festsetzt. Kirche und Papst bleiben – wie zu Zeiten vor der Reformation – die unverzichtbaren Vermittler zwischen den Gläubigen und Gott. Ohne ihre helfende Funktion ist das Streben nach Heil erfolglos. Entsprechend bleiben die Pilger von diesen Instanzen abhängig.

Das Konzil von Trient befasste sich neben der Ablassfrage auch mit einer anderen grundlegenden Kritik der Reformatoren. Es ist der Vorwurf, dass Gott und Christus in Bildern verehrt würden und ein solcher Kult an das Heidentum erinnere. Die Antwort hierzu fiel ebenso entschieden im traditionell katholischen Sinn aus: »Den Bildern Christi, der Gottesmutter und anderer Heiliger sei die gebührende Verehrung zu erweisen, nicht als glaube man, es wohne in ihnen eine göttliche Kraft (...) oder als ob man auf die Bilder sein Vertrauen setzen wollte, wie ehedem die Heiden taten, die auf die Götzenbilder ihr Vertrauen setzten, sondern weil die Ehre, die ihnen erwiesen wird, auf die Vorbilder (...) bezogen wird, so dass wir durch die Bilder, die wir küssen, vor denen wir das Haupt entblößen oder niederknien, Christum anbeten und die Heiligen (...) verehren«.[43]

Entscheidungen wie jene über den Ablass oder die Verehrung von Bildern trugen wesentlich dazu bei, dass die Volksfrömmigkeit von offensichtlichen Missbräuchen »gereinigt« wurde. Aber letzten Endes wurde die überkommene Tradition gestärkt. Entsprechend nahm das Wallfahrtswesen in den katholisch gebliebenen Ländern gegen Ende des 16. Jahrhunderts wieder einen gewaltigen Aufschwung. Neben traditionellen Pilgerzielen traten sogar neue, die sehr häufig mit der »Gottesmutter Maria« in Verbindung stehen. Die Marienfrömmigkeit bekam (wie bereits erwähnt) gerade im Zeichen der Gegenreformation ein besonderes Gewicht und wurde zu einem entscheidenden Element der Abgrenzung gegenüber den Protestanten.

Religion und säkularer Staat. Moderne Umbrüche

»Extra Ecclesiam nulla salus!«, »Außerhalb der Kirche kein Heil!« Diese allgemein bekannte Position war bereits 1442 auf dem Konzil von Florenz mit dogmatischer Härte formuliert und 1563 auf dem Konzil von Trient – gegenüber den protestantischen »Ketzern« – bestätigt worden: »Die heilige römische Kirche (...) glaubt fest, bekennt und verkündet, dass niemand außerhalb der katholischen Kirche, weder Heide noch Jude noch Ungläubiger oder ein von der Kirche Getrennter, des ewigen Lebens teilhaftig wird, vielmehr dem ewigen Feuer verfällt (...), wenn er sich nicht vor dem Tod ihr (der katholischen Kirche) anschließt.[44]

Diese Sätze haben unverrückbar bis weit ins 20. Jahrhundert gegolten, bis zur dogmatischen Neuorientierung durch das Zweite Vatikanische Konzil (1962–1965). Die Päpste, die eisern an diesem Prinzip der Ausschließlichkeit festhielten, regierten über viele Jahrhunderte auch einen Staat, in dem sie ohne Einschränkungen derartige religiös-politischen Vorstellungen durchsetzen konnten. Der Kirchenstaat, der zu Beginn des 16. Jahrhunderts unter Papst Julius II. seine größte Ausdehnung erreicht hatte, umfasste noch Mitte des 19. Jahrhunderts weite Teile Mittelitaliens. Die einzige erlaubte Religion war der Katholizismus. In der Hauptstadt Rom regierte der Papst unumschränkt als geistlicher wie als weltlicher Herrscher, in den Provinzen seine Bischöfe als Gouverneure. Ministerämter wurden ausschließlich mit Geistlichen besetzt. Bis weit ins 19. Jahrhundert hinein erlebten somit die Pilger Rom als die Hauptstadt einer katholischen Theokratie – im Prinzip einer radikalen islamischen Theokratie sehr ähnlich.

Ein neuer Typ Besucher konnte allerdings nicht in diese Form von Kirchenstaat passen. Gegen Ende des 18. Jahrhunderts kamen immer häufiger Bildungsreisende, die sich weniger für Weihestätten katholischer Religion, desto mehr für Zeugnisse römischer Antike wie auch der weltlich orientierten Renaissancekultur interessierten. Viele von ihnen waren zudem nicht katholisch. Besonders traf dies gerade auf die prominentesten dieser Bildungsreisenden zu, etwa auf Johann Joachim Winckelmann, den Begründer der modernen wissenschaftlichen Archäologie, so auch auf den Universalgelehrten Wilhelm von Humboldt, so auf den Architekten Gottfried Semper, so auf die Dichter Goethe, Keats, Shelley. Die Regierung des Kirchenstaates Rom reagierte auf solche Besucher ambivalent. Nichtkatholiken konnten sich in Rom zwar ungehindert aufhalten, aber falls einer von ihnen in der heiligen Stadt einen Beruf ausüben wollte, war das nicht gestattet, es sei denn, der Betreffende wurde katholisch. Winckelmann, der leidenschaftliche Archäologe, trat aus pragmatischen Gründen von der evangelischen zur katholischen Kirche über, anders hätte er keine Arbeitserlaubnis für Studien und Grabungen antiker Altertümer in Rom und Umgebung erhalten.[45] Falls ein Andersgläubiger in Rom starb, durfte er nicht auf einem der Friedhöfe der Stadt beerdigt werden. Ihm blieb nur draußen auf den Feldern ein für nichtkatholische Ausländer geschaffener Friedhof, der Cimitero acattolico, auch Cimitero protestante genannt. Symbole fremder Religionen waren auf den dortigen Grabsteinen nicht erlaubt, bis Mitte des 19. Jahrhunderts wurden nur katholische Symbole zugelassen.[46]

Aber ein derart intoleranter, theokratisch regierter Kirchenstaat erschien schon gegen Ende des 18. Jahrhunderts zunehmend als ein politischer Fremdkörper innerhalb Westeuropas. Spätestens seit der Französischen Revolution 1789 hatte sich die Idee eines säkular orientierten Nationalstaates breitenwirksam durchzusetzen begonnen. Die Regierungen solcher Staaten identifizierten sich nicht mehr mit einer bestimmten Religion – der Begriff »Staatsreligion« verschwand aus den Verfassungen –, vielmehr konnten sich nun die unterschiedlichsten Religionen und Weltanschauungen gleichberechtigt nebeneinander unter dem Schutz des Staates entfalten. Eine derartige Entwicklung bahnte sich Mitte des 19. Jahrhunderts, zumindest abgeschwächt, auch im politisch aufgesplitterten Italien an. Die italienischen Nationalisten sahen naturgemäß den über Mittelitalien ausgedehnten Kirchenstaat als ein Hindernis für die nationalstaatliche Einigung an. Aber der seit 1846 regierende Papst Pius IX. widersetzte sich hartnäckig allen Bestrebungen, das Prinzip der Theokratie aufzuheben und den Kirchenstaat in einen säkularen Nationalstaat einzugliedern.

Als im Jahr 1860 die Nationalisten das Königreich Italien gründeten und bereits Teile des Kirchenstaates militärisch unterworfen hatten, verfasste Pius IX. in seinem geschrumpften Kirchenstaat 1864 eine Streitschrift gegen »die hauptsächlichen Irrtümer unserer Zeit«. In dieser Streitschrift verurteilte er scharf nicht nur Kommunismus, Sozialismus, Liberalismus und Nationalismus, sondern auch »ketzerisches« Denken liberaler Katholiken sowie das Ideal der Religionsfreiheit. Mehr noch: Pius IX. sah Demokratie und katholische Religion als unvereinbar an. Er bekräftigte die im Konzil von Florenz 1442 verabschiedete Losung »Außerhalb der (katholischen) Kirche kein Heil!«

Derselbe Papst Pius IX. hatte die Konfrontation mit liberalem Denken noch einmal verschärft, als im Sommer 1870 die italienischen Nationalisten militärisch gesiegt hatten und in Rom einmarschierten. Die Nationalisten entmachteten den Papst politisch und erklärten Rom zur Hauptstadt des Königreichs Italien. Zu jener Zeit tagte im Petersdom das 1869 vom Papst einberufene Erste Vatikanische Konzil zur Klärung wichtiger Glaubensfragen. In der nun aufgeheizten Stimmung gelang es Pius IX., das Dogma von der »Unfehlbarkeit« des Papstes in Glaubensfragen »ex cathedra« durchzusetzen. Aber welche Provokation dieser Schritt während des Konzils sogar für eine Reihe Katholiken bedeutete, zeigte sich am Widerstand einer starken Minorität von Kardinälen, Bischöfen und Theologen. Ihnen versuchte Pius IX. mit taktischen Manövern, ja mit Androhung der Exkommunikation beizukommen.[47] Aus Protest hatte sich unter Führung namhafter Theologen die Bewegung der Altkatholiken von der römisch-katholischen Kirche abgespalten; diese religiöse Bewegung blieb jedoch auf eine schmale bürgerlich-liberale Schicht beschränkt. Durchgesetzt hatte sich bei einer (schwankenden) Mehrheit letztlich das Argument, nur eine hierarchisch klar strukturierte »Ordnung« könne die »Einheit der Kirche« dauerhaft garantieren.

Papst Pius IX. setzte am Vorabend des 20. September 1870 ein Signal von bemerkenswerter Symbolik: An jenem letzten Abend, bevor der theokratische Kirchenstaat offiziell aufgelöst wurde und dem Papst nur noch der Vatikan blieb, stieg Pius IX. »mit großer Andacht die Heilige Stiege kniend hinauf«.[48] Es war das letzte Mal, dass sich dieser Papst außerhalb des Vatikanpalastes zeigte. Bis zu seinem Tod 1878 verließ er den Vatikan aus Protest gegen den Verlust des Kirchenstaates nicht mehr.

An die Stelle des Kirchenstaates, der im Norden bis Ravenna und Bologna und im Süden fast bis Neapel gereicht hatte, trat nun der Vatikan. Der neue »Kirchenstaat« umfasst ein eng umgrenztes Gebiet von 1025 Meter Länge und 850 Meter Breite, er zählt nur rund 900 Einwohner und ist damit der kleinste Staat der Welt. Sein politisch rechtlicher Status wurde endgültig erst 1929 – nach bis dahin unüberbrückbaren Differenzen zwischen dem italienischen Staat und der katholischen Kirche – fixiert. Die Nachfolger Pius' IX. waren bei einer weitgehend unversöhnlichen Abgrenzung gegenüber anderen christlichen Konfessionen wie auch einer säkularen, religiös pluralistischen Gesellschaftsordnung geblieben. So bezeichnete Leo XIII. in einer Enzyklika von 1897 gar die Reformation eines Martin Luther als Ursache für die kulturelle Aufsplitterung und den Ruin der Sitten in der glaubenslosen Moderne.[49]

Erst das Zweite Vatikanische Konzil, 1962 von Papst Johannes XXIII. einberufen, setzte dem starren Absolutheitsanspruch vergangener Jahrhunderte ein Ende. 1965 wurde zum Abschluss des Konzils im Petersdom von Rom eine Erklärung verlesen, wie sie von offizieller Seite des Vatikans bis dahin nie zu hören war: Glaubensfreiheit sei gottgewollt, und daher sollten die Christen den Dialog nicht nur mit anderen christlichen Konfessionen, sondern auch mit Gläubigen nicht-christlicher Religionen beginnen. Außerdem sollte sich die Kirche offen mit modernen geistigen Strömungen aller Kulturen auseinandersetzen. Das Zweite Vatikanische Konzil bedeutet einen Paradigmenwechsel im Selbstverständnis der katholischen Kirche. Dass aber die dort verabschiedeten Reformvorhaben bis heute bei weitem nicht alle umgesetzt sind, ist bekannt. Bezeichnend für die mangelnde Konsequenz ist ein Ereignis aus der jüngeren Geschichte: Am 3. September 2000 ließ Papst Johannes Paul II. zwei Päpste gleichzeitig seligsprechen: zum einen den Konzilspapst Johannes XXIII. (was selbst in der nichtkatholischen Öffentlichkeit viel Zustimmung erntete), zum andern aber den Konzilspapst Pius IX. (was sogar in der katholischen Öffentlichkeit teilweise heftige Ablehnung zur Folge hatte). Derartige Entscheidungen der Kurie zeigen, dass der Abschied von traditionellen Positionen noch keineswegs eindeutig vollzogen ist.

Unabhängig von solchen Auseinandersetzungen im Vatikan hat sich der Charakter der »heiligen Stadt« Rom unter dem Einfluss der Moderne verändert. Dies zeigt sich zuallerletzt bei den Italienern selbst.

Ein erster Blick auf die Statistik lässt von den signifikanten Veränderungen allerdings nicht viel ahnen. Italien ist im Vergleich zu vielen anderen westlichen Industriestaaten noch immer ein stark religiös und katholisch geprägtes Land. 89 Prozent der Italiener bezeichnen sich als religiös, 44 Prozent sogar als tiefreligiös. In anderen europäischen und westlichen Ländern liegen diese Werte zum Teil deutlich niedriger: So beträgt in Frankreich und Großbritannien der Anteil derjenigen, die sich als religiös bezeichnen, rund 60 bis 70 Prozent, in Deutschland rund 70 Prozent, in Österreich etwa 72 Prozent. Lediglich Polen, Spanien und die USA verzeichnen ähnlich hohe Werte wie Italien. Dies ist das Fazit einer internationalen Vergleichsstudie der deutschen Bertelsmann-Stiftung, im Dezember 2008 veröffentlicht.[50]

Aber dieselbe Studie, die den Italienern ein hohes Maß an katholischer Religiosität bescheinigt, rückt diese Ergebnisse in neue Zusammenhänge:

Nur noch ein Drittel der Italiener entspricht dem Idealtyp des traditionellen Katholiken, hält sich an die vorgegebenen Dogmen der Kirche, besucht regelmäßig den Gottesdienst und betet täglich. »Der Katholizismus ist im engeren Wortsinn die Religion einer Minderheit«, so wird in dieser Studie Enzo Pace, Professor für Religionssoziologie an der Universität Padua, zitiert. »Um diesen Nukleus herum, der im Lauf der Zeit den harten Kern des militanten Katholizismus darstellt, ordnen sich in immer größer werdenden konzentrischen Kreisen andere Figuren der religiösen Moderne, die einige Figuren des katholischen Vermächtnisses beibehalten, aber dem Idealtypus des autonomen Gläubigen näher zu stehen scheinen.«

Diese vielschichtige Form von Religiosität zeigt sich genauso am Zustrom der Rompilger aus anderen Ländern der katholischen Welt. Ein erster Blick auf Kurzmeldungen täuscht auch hier zunächst über die tatsächliche – und widersprüchlich anmutende – Vielfalt hinweg. »Mehr als 20 Millionen Menschen werden im Heiligen Jahr nach Rom ziehen, weil sie Besinnliches und Beichte wollen und natürlich ein Fest feiern zu Ehren Gottes«, so wurde für das Jahr 2000 prognostiziert.[51] Und einen »Boom bei Pilgerreisen«, vor allem nach Rom, stellten 2009 deutsche Reiseveranstalter fest, die ausnahmslos Gruppenreisen für Pilger organisieren.[52] Aber genauer betrachtet, lässt sich bei diesen Besuchern nur noch teilweise eine enge Bindung an einen im kirchlichen Sinn dogmatisch vorgeschriebenen Katholizismus feststellen. »Die Zielgruppe bilden nicht nur klassisch religiös reisende Menschen, sondern auch Kulturinteressierte, die kritisch zur katholischen Kirche stehen«, so beschreiben deutsche Reiseveranstalter für Pilgergruppen ihre Klientel.[53]

Wie vielfältig aufgefächert die religiösen Bedürfnisse in unserer Gegenwart sind, demonstrierte eindrucksvoll jener Besucherstrom von nahezu vier Millionen Menschen nach Rom zur Trauerfeier für den verstorbenen Papst Johannes Paul II. im April 2005. Stark vertreten waren jugendliche Besucher. Angesichts dieses religiösen Großereignisses war in den Medien vielfach von einer »Wiederkehr der Religion« die Rede wie auch von einem weiteren Beleg für eine »Renaissance des Pilgerwesens« in unserer säkularisierten Welt. Dabei hatte eine Reihe von Umfragen ergeben, dass sich nur eine Minderheit der Besucher mit der extrem konservativen Haltung dieses Papstes identifizierte. Das Bedürfnis vieler Besucher orientierte sich nicht an der katholischen Religion mit konkreten Glaubensinhalten, sondern äußerte sich als »Religiosität«, als ein »Gefühl des Glaubens«, das sich auch gern mit dem ebenso undeutlichen Begriff »Spiritualität« umschreiben lässt. Die Begräbnisfeierlichkeiten in Rom wurden zum Anlass genommen, in einer gigantisch angelegten Massenveranstaltung ein religiöses Gemeinschaftserlebnis erfahren zu können, das keiner konkreten Anbindung an kirchliche Dogmatik bedarf. Religion gerade in einem herausragenden Wallfahrtszentrum der katholischen Christenheit hat hier – zumindest für einen Teil der Besucher – einen völlig anderen Stellenwert bekommen. Religion ist für diese Pilger primär Religiosität im Sinne einer spirituellen Erweiterung der subjektiven Erfahrungsmöglichkeiten.[54]

Eine solche spezifisch »moderne« Form des Pilgerwesens ist in unserer Gegenwart keineswegs nur eine Randerscheinung, die gegenüber der traditionell orientierten, stark konfessionell gebundenen Religiosität wenig Aufmerksamkeit verdienen würde. Wir werden am Beispiel anderer Pilgerzentren – so besonders Santiago de Compostela – sehen, dass diese spezifisch »moderne« Form sogar immer größere Bedeutung gewinnt.

Santiago de Compostela
Das »Zweite Jerusalem« und der Jakobsweg

Eine alte Pilgerstadt mit neuer Vitalität

Düstere Wolken hingen am Himmel, Regengüsse verdeckten teilweise die Sicht, als ich mich per Bahn von León, einer Pilgerstadt mit markanter Kathedrale, dem eigentlichen Pilgerziel Santiago mit dem Grab des Apostels Jakobus näherte. Draußen zog anfangs eine weite, karge Ebene vorbei, dann wildzerklüftete Wald- und Berglandschaft, in den Tälern meist gesichtslose Siedlungsagglomerationen.

Der äußerste Nordwesten Spaniens hat kein »spanisches«, sondern »irisches« Klima, entsprechend auch ein üppiges Grün von Wiesen und Wäldern, so war ich auf die letzten 200 Kilometer der Fahrt vorbereitet. Bei strömendem Regen erreichte ich Santiago, fuhr mit dem Taxi steil bergauf durch Straßenschluchten, die von Betonhochhäusern gesäumt sind. Ich gelangte dann aber in eine Altstadt, die mit ihren gewundenen Gassen, den vielen Arkaden sowie den gotischen und barocken Häusern zu den schönsten in Spanien zählt (1985 von der UNESCO zum Weltkulturerbe erklärt).

Ich wohnte am Rand der Altstadt in einem verwinkelten Zimmer mit Blick auf bizarre Dachverschneidungen. Das Zimmer hatte ich vier Monate zuvor über das Internet gebucht und konnte froh sein, eine Zusage wenigstens für drei Übernachtungen zu bekommen. Es sei das Heilige Jahr, so erhielt ich die Auskunft, alle Unterkünfte seien auf Wochen hinaus ausgebucht. Bei meinem ersten Rundgang versuchte ich in Hotels aller Preisklassen einige weitere Übernachtungen zu bekommen, es war vergeblich. Ich musste am dritten Abend in die rund 60 Kilometer entfernte Hafenstadt La Coruña am Atlantik übersiedeln, um dann am übernächsten Tag per Bahn nach Santiago zurückkehren zu können.

Das Heilige Jahr – gefeiert werden in Santiago solche Jahre als heilig, in denen der 25. Juli als Namenstag des Apostels Jakobus auf einen Sonntag fällt. Dies war zuletzt 2004 geschehen und nun wieder 2010, als ich im Oktober die Pilgerstadt besuchte. Schon in normalen Jahren liegt die Besucherzahl bei über drei Millionen. Aber in Heiligen Jahren schwillt der Besucherstrom um ein Vielfaches an. 2004 wurden rund 12 Millionen Pilger registriert, 2010 ein ähnlich hoher Andrang.[55]

Das Heilige Jahr für das Pilgerziel Santiago wird auch »Gnadenjahr« genannt. Römisch-katholische Christen und Angehörige der mit Rom unierten Kirchen haben einmal pro Heiligem Jahr bei einem Besuch in der Pilgerstadt die Möglichkeit, einen völligen Ablass ihrer Sündenstrafen zu erwerben. Hierbei spielt es keine Rolle, ob man motorisiert anreist oder zu Fuß auf dem Jakobsweg wandert. Die immer noch wirksame Lehre vom Sündenablass, wie ich sie am Beispiel Roms dargestellt habe, übt also auch auf viele Santiagopilger heute beträchtlichen Einfluss aus. Aber daraus schon zu folgern, dass sich die Besucher nun durchweg strikt an katholischer Glaubenslehre orientieren würden, wäre falsch. Gerade in Santiago zeigen sich darüber hinaus religiöse Formen jenseits aller konfessionellen Bindungen, wie ich später noch an Auskünften von Pilgern verdeutliche.

Die Reisenden kommen mehrheitlich mit dem Auto, der Bahn oder dem Flugzeug. Pilger zu Fuß oder mit dem Fahrrad auf der rund 600 Kilometer langen Route durch Nordspanien machen in unserer technisierten Welt nur noch eine Minderheit aus. Einen verlässlichen Anhaltspunkt bietet das Wallfahrerbüro in Santiago nahe der Kathedrale, das jährlich bis zu 160 000 »Compostela«-Urkunden ausgibt. Eine Urkunde erhält, wer mit Pilgerausweis unterwegs ist und nachweislich zumindest die letzten 100 Kilometer zu Fuß oder die letzten 200 Kilometer mit dem Fahrrad zurückgelegt hat. Der Pilgerausweis lässt sich unterwegs in Kirchen wie auch in Klöstern und Herbergen abstempeln.[56]

So weit die Angaben aus dem Jahr 2004. Anfang Januar 2011 hörte ich in den Nachrichten, dass die Zahl der Fußwanderer und Fahrradfahrer auf dem Jakobsweg 2010 mit 270 000 Pilgern ein neues Rekordhoch erreicht habe; davon bildeten die Deutschen mit 140 000 den größten Anteil, gefolgt von den Italienern und Spaniern. Vor dem Wallfahrerbüro in Santiago traf ich immer wieder Gruppen von Wanderern mit Rucksack, Stock und der typischen Jakobsmuschel an Hut oder Gepäck, die unmittelbar nach ihrer Ankunft darauf warteten, die begehrte Urkunde zu erhalten.

Ich selber hatte darauf verzichtet, auch nur stückweise den Jakobsweg zu gehen. Dabei bin ich leidenschaftlicher Fußwanderer – gerade auch unterwegs zu sakralen Stätten. In der Mönchsrepublik Athos war ich von Kloster zu Kloster gewandert, auf heiligen Bergen in Indien und China von Tempel zu Tempel. Aber angesichts des Jakobswegs hatten mich Berichte abgehalten, dass die traditionellen Pilgerrouten nur noch hier und dort ihren ursprünglichen Zustand eines Pfades in unberührter Landschaft bewahrt hätten. Der Wanderer sei, was mir etliche Jakobspilger bestätigten, immer wieder gezwungen, an verkehrsreichen Straßen entlang wie auch durch zersiedelte Industrielandschaft zu gehen.

Santiago zählt rund 100 000 Einwohner, so die Angaben 2010. Bei großem Besucherandrang nimmt an manchen Tagen die Zahl der Nächtigungen um mehr als das Doppelte der Einwohnerzahl zu. Entsprechend sind die ohnehin für Menschenmassen angelegten Plätze rund um die Kathedrale zeitweise völlig überfüllt. Entsprechend mühsam und langwierig ist es dann, Zugang in die Kathedrale und erst recht in die Grabkammer des Apostels Jakobus zu bekommen.

An einem regnerischen Werktag morgens um 10 Uhr war die Warteschlange vor dem Portal, das durch großartigen romanischen Figurenschmuck beeindruckt, noch kurz. Aber bereits eine halbe Stunde später erlebte ich den monumentalen Kirchenraum brechend voll mit Menschen. Ein Gottesdienst löste den andern ab, einer geleitet vom Erzbischof der Stadt, andere von Geistlichen verschiedener Pilgergruppen. Ungeduldig schoben sich die Menschenmassen durch die Kirche, ein langes Verweilen war bei dem Gedränge mühsam. Nicht wenige der Besucher begnügten sich mit einem raschen Bekreuzigen vor dem barocken Hochalter und seiner Jakobusfigur. Am nächsten Tag, dem Beginn eines Wochenendes bei strahlendem Sonnenschein, war der Andrang noch erheblich stärker. Vor dem Kircheneingang hatte sich nun eine nahezu 200 Meter lange Warteschlange gebildet, in der es nur ein schleppend langsames Vorrücken gab.

Noch krasser war der Andrang zur Grabkammer des Apostels Jakobus. Die Warteschlange dort zog sich um die Mittagszeit bis zu 400 Meter hin, die Menschen standen geduldig in Dreierreihen geordnet. Es dauerte nahezu zwei Stunden, bis ich den von einer Barockfigur des Jakobus gekrönten Eingang an einem Seitenflügel der Kirche erreichte. Wärter stoppten immer wieder die Wartenden, weil auf den schmalen Treppengängen im Kircheninnern zeitweise ein Stau entstand. Endlich im Innern schoben sich die Besucher eine Treppe hinauf, von der man das romanische Kirchenschiff überblicken konnte. Direkt über dem barocken Hauptaltar erreicht man eine große, ebenfalls barockbunte Jakobsfigur, hinter der ein schmaler Gang vorbeiführt. Die Besucher haben die Gelegenheit, den Nacken der Figur mit den Händen zu berühren oder ihn zu umarmen. Für

Pilger-Warteschlange vor dem Jakobus-Grab

mehr als ein sekundenlanges Berühren blieb allerdings keine Zeit, weil sich sonst, als ich dort war, ein Stau bildete und ein Wärter ungeduldig zum Weitergehen drängte. Eine schmale Treppe führt auf der andern Seite steil nach unten in die Krypta unter dem Hauptaltar, wo sich das Grab befindet.

In einer Nische der Krypta ist hinter einem Gitter und einer Glasscheibe der silbern glänzende Jakobus-Sarkophag im neuromanischen Stil des 19. Jahrhunderts eingebettet. Vor der Glasscheibe können die Pilger auf einer etwa zwei Meter langen Polsterleiste zur kurzen Andacht knien. Hier ist der Durchgang so breit, dass Eilige ungehindert vorbeiströmen können. Für viele Pilger bedeutet dieser Ort den Höhepunkt eines Besuches in Santiago de Compostela: Hier kann man im Anblick des Sarkophags eine Bitte äußern, die der Apostel Jakobus als ein herausragender Fürsprecher an Christus und Gott weiterleitet. Dort, wo ich in einer Ecke Platz zum Verweilen hatte, konnte ich beobachten, dass Kniende im Anschluss an das Gebet Geld in einen Behälter einwarfen, teilweise 10 oder 20 Euro.

Eine Darbietung der besonderen Art erwartete mich auf der Plaza del Obradoiro, dem berühmtesten der Plätze, wo sich die Kathedrale mit ihrer prächtigen barocken Vorderseite präsentiert. Vor der vielfotografierten Fassade standen auf einem Podest nebeneinander Jesus und der Apostel Jakobus, lebende Figuren, sie schienen in der Schminke, der Haartracht und der historischen Kleidung wie einem Bibelfilm aus Hollywood entsprungen. Sie winkten den vorbeigehenden Besuchern, damit diese sich zu Füßen von Jesus und Jakobus fotografieren ließen. Zahlreiche Passanten nahmen das Angebot in einer Mischung aus Interesse und Heiterkeit an. Manchmal ließen sich ganze Gruppen vor den lebenden Figuren fotografieren. In einen

Jesus und Jakobus als lebende Menschen und Pilger-Attraktion

daneben stehenden Behälter wurde Geld eingeworfen, meist ein bis zwei Euro.

Wie »katholisch« ist das alles?

Bei Gesprächen mit Besuchern, von denen sich nicht wenige ausdrücklich als »Pilger« bezeichneten und manche als Wanderer auf dem Jakobsweg, ergaben sich Überraschungen. Auf die Frage nach dem religiösen Bekenntnis reagierten manche eher verlegen, und ihre Antworten blieben entsprechend vage: »Ich habe so meinen eigenen Gott ...«, »Ich bin zwar offiziell katholisch, aber ...« Einige der Fußwanderer erklärten, sie seien evangelisch, man müsse nicht katholisch sein, um den Jakobsweg in seiner spirituellen Dimension zu erleben. Andere erklärten, sie seien »eigentlich« eher Buddhisten als Christen, oder sie seien von islamischer Mystik, vom Sufismus, fasziniert.

Meine Frage, ob diese Pilger auch die Grabkammer des Jakobus besucht hätten, bejahte nur ein Teil von ihnen. Erwartungsgemäß waren dies überwiegend Katholiken, die als Motiv angaben, sie hätten dort für sich selber oder einen Familienangehörigen oder Freund gebetet: für Heilung von einer Krankheit, eine gute Ehe, berufliches Fortkommen ... Die Überraschung war, dass solche Antworten aber teilweise auch jene gaben, die große Sympathien für den Buddhismus und sonstige *östliche* Religionen äußerten. Deklarierte Buddhisten betonten, sie würden in buddhistischen wie christlichen Heiligtümern gleichermaßen ihre Gebete verrichten. Andere Gefragte verneinten, dass sie die Grabkammer des Jakobus besucht hätten. Manche gaben als Begründung an, ihnen sei die Warteschlange zu lang gewesen. Manche bekräftigten ihre Ablehnung damit, dass die Echtheit des Grabes ohnehin nicht bewiesen sei. Erwartungsgemäß redeten so überwiegend Protestanten, ebenso Sympathisanten *östlicher* Religionen – teilweise allerdings auch Katholiken.

Was hat eine solche Vielfalt an Gegensätzen zu bedeuten? Bevor ich jedoch auf die Ursachen dieser Situation näher eingehe, werfen wir einen Blick auf die Ursprünge und die Entwicklungsgeschichte von Santiago de Compostela.

Wie der Apostel Jakobus nach Spanien kam

Seit dem 11. Jahrhundert gilt Santiago de Compostela als eines der wichtigsten Pilgerziele der Christenheit. Viele Besucher sehen Santiago in der Rangfolge unmittelbar hinter Jerusalem und Rom. Diese Entwicklung ist erstaunlich. Santiago hatte als Wallfahrtsort lange Zeit nur eine völlige Außenseiterrolle eingenommen und besaß wesentlich ungünstigere Voraussetzungen als etwa Rom, um neben Jerusalem eine herausragende Stellung zu erringen.

Rom bezog seine Autorität als Pilgerzentrum von vornherein aus der kirchlichen Überlieferung, dass sich dort die Gräber der »Apostelfürsten« Petrus und Paulus befinden – und die Päpste dort als »Nachfolger des Petrus« residieren. Dagegen spielte das Grab des Apostels Jakobus bis in das 9. Jahrhundert herein keine wesentliche Rolle im Bewusstsein der Pilger. Auch gab es bis dahin keine Bischofsstadt Santiago. Weshalb aber rückte Jakobus in der Verehrung schließlich nahezu gleichwertig neben Petrus und Paulus? Und weshalb nahm diese Entwicklung ihren Anfang ausgerechnet im äußersten Nordwesten Spaniens, einer Region viele tausend Kilometer von Jerusalem, ja selbst von Rom beträchtlich entfernt?

Jakobus nimmt in der biblisch begründeten Hierarchie einen hohen Rang ein. Er wird als der Bruder des Johannes vorgestellt, dem die kirchliche Tradition den Status eines der zwölf Apostel wie auch des Autors des gleichnamigen Evangeliums und der Apokalypse zuschreibt (eine Gleichsetzung, die die historisch-kritische Bibelwissenschaft ausdrücklich verneint). Jakobus erlangte in der unmittelbaren Nachbarschaft eines derart hochrangigen Bruders eine ebenfalls wichtige Rolle. Jakobus und Johannes gehören zu den ersten vier Jüngern Jesu, unmittelbar vor ihnen waren nur noch Petrus und dessen Bruder Andreas berufen worden (so zu lesen bei dem Evangelisten Matthäus 4,18–22). Jakobus und Johannes werden außerdem neben Petrus als die einzigen Zeugen vorgestellt, dass Jesus auf dem Berg Tabor die visionäre Erscheinung der Propheten Moses und Elia hatte

(Matthäus 17,1–8). Zudem waren allein Jakobus, Johannes und Petrus Zeugen, als Jesus in Todesangst auf dem Felsen im Garten Gethsemane betete (Matthäus 26,37–38). Aber über das spätere Schicksal des Jakobus findet sich nur ein knapper Hinweis in der Apostelgeschichte 12,2: Jakobus wurde auf Befehl des jüdischen Königs Herodes Agrippa geköpft. Dies war um das Jahr 44 geschehen. Dagegen gibt es in der Bibel keinerlei Berichte über eine Missionsreise des Jakobus nach Spanien.

Angesichts der historischen und geographischen Rahmenbedingungen müsste am ehesten einleuchten, dass der Leichnam des Jakobus in Jerusalem beerdigt wurde. Tatsächlich existiert eine solche Überlieferung, und sie wird bis heute nachdrücklich von der armenischen Kirche vertreten. Entsprechend findet sich in Jerusalem eine Kirche der Armenier, die Jakobus-Kathedrale, deren Priester und Mönche beanspruchen, das »echte« Haupt des Jakobus als kostbare Reliquie zu bewahren. Ich konnte mich davon überzeugen, dass Pilger immer wieder andächtig vor dem Reliquien-Altar in der Jakobus-Kathedrale von Jerusalem beteten.

Eine andere Überlieferung aber, die der Katholiken, ist historisch erheblich wirkungsmächtiger geworden. Diese Überlieferung besagt, dass die Leiche des hingerichteten Apostels von seinen Schülern an das Mittelmeer und dort in einem Boot nach Spanien gebracht worden sei. Engel hätten das Boot bis an die Küste im äußersten Nordwesten Spaniens geleitet, wo Jakobus als Missionar zuletzt gewirkt haben soll. In der *Historia Compostelana,* einer im 12. Jahrhundert verfassten Chronik, wird in diesem Zusammenhang betont, es sei »der Körper mit dem Kopf« dort angekommen. [57] Und in einem ebenfalls aus dem 12. Jahrhundert stammenden Pilgerführer ist zu lesen: »Mögen daher die Neider jenseits der Berge vor Scham erröten, die da behaupten, sie besäßen Reliquien oder Teile des Leichnams. Denn der Apostel ist dort (in Santiago) vollständig vorhanden.«[58] Solch ausdrückliche Vermerke bedeuten eine eindeutige Absage an den Kompromiss mancher Chronisten: Der Kopf des Jakobus sei in Jerusalem geblieben und der übrige Körper sei nach Santiago gekommen – der »wahre Jakob« könne also hier wie dort gleichermaßen berechtigt verehrt werden.

Chronisten erwähnten eine Missionsreise des Jakobus nach Spanien erstmals im 7. Jahrhundert. Die Behauptung, dass die Gebeine des Jakobus nach Spanien gebracht worden seien, tauchte in kirchlichen Urkunden gar erst im 9. Jahrhundert auf.[59] Dies ist reichlich spät für Geschehnisse, die zwischen den Jahren 34 und 44 unserer Zeitrechnung stattgefunden haben sollen. Nach heutigem Forschungsstand gibt es nicht die geringsten Beweise, dass sich Jakobus jemals in Spanien aufgehalten hat.

Ich möchte nicht näher auf die vielfach kolportierte Legende eingehen, dass der spanische Eremit Pelayo im Jahr 813 das vergessene Jakobsgrab im äußersten Nordwesten Spaniens auf wundersame Weise »wieder entdeckt« habe. Nur so viel: Eine Lichtvision funkelnder Sterne habe den Eremiten zu einem verlassenen römischen Friedhof geführt und ihm dort exakt den Weg zum Apostelgrab gewiesen. Die Legende ist eng mit dem Ursprung des Beinamens der Pilgerstadt verknüpft. »Compostela« ist vom lateinischen »compostum« (Friedhof) abgeleitet. Aus diesem Wort hat die spätere Überlieferung die lateinischen Worte »campus stellae« (Sternenfeld) gemacht, um einen engeren Bezug zur Lichtvision des Eremiten herzustellen.[60] Der erste Teil des Stadtnamens, Santiago, ist eine spanische Verkürzung von »San Jacobo«, »Heiliger Jakob«.

Die Kernfrage ist: Weshalb konnten solche Legenden historisch derart wirksam werden? Und weshalb dachten und denken bis heute die meisten Pilger beim Namen Jakobus vorrangig an das ferne Grab im äußersten Nordwesten Spaniens, nicht jedoch an die angeblich ebenfalls »echte« Kopf-Reliquie in Jerusalem?

Die Ursachen für eine solche Weichenstellung lassen sich auf zwei epochale historische Bewegungen zurückführen: die Reconquista und die Kreuzzüge.

Der Aufstieg zu einem der wichtigsten Wallfahrtszentren

Das spanische Wort Reconquista (Rückeroberung) bezieht sich auf den Kampf der Christen gegen die Mauren. Nachdem die Muslime 711 einen Großteil der Iberischen Halbinsel erobert und das Königreich der Westgoten zerstört hatten, war den Christen nur noch der äußerste Norden als Herrschaftsgebiet geblieben. Die nordspanischen Christen hatten um das Jahr 720 mit ersten, wenn auch zunächst wenig erfolgreichen Angriffen gegen maurische Fürstentümer begonnen.

Zu besonderer Bedeutung in der ersten Phase der Reconquista gelangte – zumindest nach der Maßgabe späterer Legenden – die Schlacht von Clavijo im Jahr 844. Kurz vor Beginn des anfangs aussichtslos erscheinenden Kampfes war dem asturischen Heerführer und König Ramiro I. der Apostel Jakobus im Traum erschienen und hatte versprochen, ihn am nächsten Tag zum Sieg über die Mauren zu führen. In der Schlacht erhellte plötzlich eine überirdische Erscheinung den Kampfplatz. Aus gleißendem Lichterglanz löste sich eine Gestalt auf einem Schimmel, in der einen Hand ein Schwert, in der anderen eine kreuzgekrönte Standarte: Santiago. Angespornt von dieser Lichtgestalt siegten die Christen, aber unmittelbar nach dem Triumph löste sich das Bild des Heiligen Jakob auf. [61] Diese Legende ist allerdings erst mehr als ein Jahrhundert nach der Schlacht von Clavijo schriftlich nachweisbar. Zu dieser späteren Zeit war über dem Grab des Jakobus auch schon eine Kirche gebaut und der ringsum gewachsene Ort hatte bereits den Namen Santiago erhalten.

In den folgenden Jahrhunderten führten alle spanischen Könige ihre Siege über maurische Fürstentümer auf die wundersame Hilfe des Apostels Jakobus zurück, so bei der Eroberung von Coimbra 1064, Toledo 1085, Lissabon 1147, Córdoba 1236, Valencia 1238, Sevilla 1248 und zuletzt Granada 1492, mit dessen Einnahme die Phase der Reconquista abgeschlossen war. Aufgrund solcher überirdischer Hilfe des Heiligen im Kampf gegen die »Ungläubigen« erhielt Jakobus den Beinamen »Matamoros«, »Maurentöter«, was damals als große Ehre verstanden wurde. Entsprechend wurden in nordspanischen Kirchen Altäre aufgestellt, die den Apostel Jakobus als säbelschwingenden Reiter auf weißem Pferd zeigen, unter den Hufen erschlagene Mauren mit dem unverkennbaren Turban. Die eindrucksvollsten Beispiele bieten bis heute Altäre in der Kathedrale Santiago selber wie auch in Burgos, León, Segovia und Toledo, Städte, die zu wichtigen Zentren der Reconquista zählten. Jakobus und der nach ihm benannte Wallfahrtsort waren spätestens seit dem 11. Jahrhundert zum Symbol eines siegreich vordringenden Christentums gegen den Islam geworden.

Aber das Pilgerzentrum Santiago konnte seine überregionale – europaweite – Anziehungskraft nicht allein aufgrund der spanischen Reconquista entfalten. Hinzu kamen als eine zweite Ursache von welthistorischem Ausmaß die Kreuzzüge. Im Jahr 638 war Jerusalem von den Arabern erobert worden und seitdem wurde es für Christen immer schwieriger, ihre wichtigste Pilgerstadt zu besuchen. Als dann türkische Muslime in der Schlacht von Mantzikert 1071 schließlich auch noch große Teile Anatoliens eroberten und erstmals ernsthaft zu einer Gefahr für Konstantinopel wurden, bildete sich europaweit eine Kreuzzugsbewegung, um die »Heiden« zurückzudrängen.

Zur Schlüsselfigur dieser Entwicklung wurde Papst Urban II., der von 1088 bis 1099 regierte. Er rief 1095 zum ersten Kreuzzug auf. Derselbe Papst aber hatte bereits 1089, im zweiten Jahr seiner Amtszeit, eine Verbindung zwischen der Reconquista in Spanien und dem geplanten Kreuzzug im Heiligen Land hergestellt. Er gewährte den Kämpfern der Reconquista den gleichen Sündenablass wie den unter Gefahren nach Jerusalem reisenden Pilgern und später den Kreuzrittern. Und so wurde für die Ritter im Heiligen Land Jakobus als »Maurentöter« ebenso zum Schutzpatron wie für die Ritter der Reconquista. Seit dem zweiten Kreuzzug mit Beginn im Jahr 1147 machten die Kreuzritter, die per Schiff von Nordeuropa nach Palästina zogen, Zwischenstation in Santiago de Compostela und erbaten sich dort am Grab des Apostels Jakobus Hilfe gegen die Muslime.[62]

Die Verschmelzung von Kreuzzug und Reconquista machten das spanische Grab des Jakobus sowie den Wallfahrtsort Santiago in ganz Europa bekannt und populär. Je mehr die Rückeroberung Jerusalems und des Heiligen Landes durch die Niederlage der Kreuzritter Ende des 13. Jahrhunderts unmöglich erschien, desto mehr strahlte der Ruhm von Santiago de Compostela. Entscheidend war, dass nun unter der gesicherten Herrschaft der nordspanischen Christen eine Pilgerreise nach Santiago viel leichter durchzuführen war als in das islamisch regierte Jerusalem. Die Päpste taten das Ihre, um das Anwachsen der Pilgerströme nach Spanien zu fördern. Wie bereits Urban II. verhießen sie den Santiago-Wallfahrern im gleichen Maß Sündenablass wie den Wallfahrern nach Jerusalem, einen völligen Ablass gar, wenn in Santiago ein Heiliges Jahr anstand.

Für die Pilger bot sich nun eine doppelte Genugtuung. Einerseits konnten sie durch ihre massenhafte Wanderschaft nach Santiago und die dortigen Geldspenden einen Beitrag für den weiteren Siegeszug des Christentums gegen den Islam leisten. Andererseits konnten sie mit Bittgebeten vor dem Grab des Jakobus von der Wunderkraft gerade jenes Apostels profitieren, der den Sieg über die »Ungläubigen« ermöglicht hatte. Der Besuch des Jakobus-Grabes in Santiago wurde so zum Ersatz für den Besuch des Jesus-Grabes in Jerusalem. Santiago erwarb sich schon in der Epoche der Kreuzzüge den ehrenden Beinamen »Zweites Jerusalem«.

Durch den Aufschwung von Santiago kam das Grab des Apostels Jakobus zu weitaus größerem Ruhm als das seines Bruders Johannes. Dabei war auch das (angebliche) Grab des Johannes in der kleinasiatischen Metropole Ephesus eine vielbesuchte Wallfahrtsstätte gewesen, solange dort die oströmischen Kaiser unbeschränkt Macht ausübten. Über dessen Gruft war im 6. Jahrhundert die Johannes-Basilika errichtet worden, die nach der Hagia Sophia in Konstantinopel eine der größten Kirchen des byzantinischen Kulturraums war. Aber durch jahrhundertelange Kriege zwischen Christen und Muslimen im Streit um die Vorherrschaft in Anatolien war die Pilgerreise nach Ephesus – ähnlich wie nach Jerusalem – immer schwieriger geworden. Der Pilgerbesuch kam völlig zum Erliegen, als der muslimische Mongolenfürst Timur (Tamerlan) im 14. Jahrhundert die Johannes-Basilika und das Apostelgrab zerstören ließ. Die Gebeine des Johannes gelten seither als verschollen. Anders als in Santiago fehlten in Ephesus die machtpolitischen Voraussetzungen, um das Apostelgrab durch eine wundersame »Wiederentdeckung« religiös zu instrumentalisieren.

Der Jakobsweg traditionell

Bereits um das Jahr 1075 wurde in Santiago mit dem Bau einer Kathedrale begonnen, die bis heute zu den großartigsten Baudenkmälern der Romanik ganz Europas zählt. In der ersten Hälfte des 11. Jahrhunderts entstand auch schon der Jakobsweg (spanisch: Camino de Santiago); er war damals in Nordspanien die Hauptverkehrsachse, die von den Pyrenäen zum Jakobus-Grab führte. Während der folgenden zwei Jahrhunderte entwickelte sich ein dichtes Netz von Jakobswegen quer durch Europa. Die wichtigsten Verkehrsverbindungen verliefen hierbei über Frankreich und die Fürstentümer des Deutschen Reiches.

Bereits im 12. Jahrhundert existierte auch schon die Muschel als ein weithin bekanntes Abzeichen der Jakobspilger; das bezeugen die Angaben in einem damals viel gelesenen Pilgerführer.[63] Die Muschel sollte als Beweis dienen, dass der Wanderer tatsächlich Santiago erreicht hatte, von wo aus es nicht mehr weit zur Küste des Atlantik war, die im Mittelalter als »Finis terrae«, »Ende der Welt«, angesehen wurde.

Entlang der Pilgerstraßen nach Santiago entstanden auch schon sehr früh sogenannte Pilgerstraßen-Kirchen. Denn die Wallfahrer, sofern sie aus dem Norden Frankreichs oder dem deutschen Sprachraum kamen, waren nach Santiago hin und zurück oft mehr als ein Jahr auf mühsamem

Fußmarsch unterwegs. Die Pilger suchten bereits unterwegs nach Möglichkeiten, religiösen Pflichten nachzukommen. Entsprechend wird in dem schon erwähnten Pilgerführer aus dem 12. Jahrhundert ausführlich auf die »Heiligen Leichname« hingewiesen, »die am Jakobsweg ruhen und welche die Pilger aufsuchen müssen«. Diese Toten, meist heiliggesprochene Märtyrer, waren und sind in etlichen der Pilgerstraßen-Kirchen bestattet; »dort erfahren Gesunde und Kranke zahlreiche Wohltaten.«[64] Die berühmtesten Beispiele solcher Zwischenstationen sind in Spanien das Kloster San Isidoro sowie die Kathedrale von León, ebenso die Kathedrale von Burgos, in Frankreich sind es vorrangig die Basilika Saint-Sernin von Toulouse und die in bergige Waldlandschaft eingebettete Abteikirche von Conques. Am Skulpturenschmuck besonders dieser Bauwerke wird der thematische und stilistische Zusammenhang hochromanischer und gotischer Kirchen entlang der Pilgerwege sowie der intensive geistige Kontakt der Bauhütten, ihrer Architekten, ihrer Künstler deutlich.[65]

Ein interessantes Beispiel der Pilgerstraßen-Kirchen nach Santiago bietet auch die Benediktiner-Abteikirche St. Matthias in der Bischofsstadt Trier an der Mosel. Denn diese (im Kern ebenfalls noch immer romanische) Kirche birgt das einzige Apostelgrab nördlich der Alpen. Die Gebeine des Apostels Matthias sollen im Auftrag Helenas, der Mutter des Kaisers Konstantin (die ja einige Jahre in der römischen Residenzstadt an der Mosel gelebt hatte), aus einer heute nicht mehr bekannten Stätte nach Trier überführt worden sein. Im Mittelalter wurde das Matthias-Grab von zahlreichen Pilgern besucht, gerade auch von solchen, denen die Wallfahrt nach Santiago zu weit und zu beschwerlich war. Selbst heute kommen pro Jahr noch bis zu 140 Pilgergruppen zu Fuß aus rund 200 Kilometer Umkreis von Trier, so konnte ich 2010 auf einem Aushang der Wallfahrtskirche lesen.

Das Grab des Matthias bildet neben denen des Petrus, Paulus, Andreas und Jakobus das einzige der noch existierenden Apostel-Reliquienstätten (in der »Echtheit« natürlich genauso umstritten wie die anderen). Die Frage ist, wieso sich das Grab des Matthias in Trier bei weitem nicht zu einem derart berühmten Wallfahrtsziel wie das des Jakobus in Santiago entwickeln konnte. Hierfür gibt es zwei Gründe: Zum einen war es den Klerikern angesichts der geographischen Lage von Trier unmöglich, die Person des Apostels Matthias mit den glaubenskämpferischen Bewegungen der Reconquista und der Kreuzzüge gegen den Islam zu verknüpfen. Zum andern nimmt Matthias in der Hierarchie der Apostel nur eine Außenseiterrolle ein. Laut Apostelgeschichte 1,23–26 wurde Matthias erst nach dem Tod des Judas als zwölfter Apostel durch die anderen Jünger Jesu berufen, hierbei hat das Los zwischen mehreren Bewerbern entschieden. Den Rang als zwölfter Apostel nimmt außerdem Paulus ein, und dieser Tradition geben die meisten Christen den Vorrang. Matthias wird daher oft nur als der »dreizehnte Apostel« bezeichnet. Schon aus diesem Grund ist sein Grab für Pilger immer nur Zwischenstation unterwegs zu dem Grab des Jakobus geblieben. Daran konnte auch die Tatsache nichts ändern, dass im Dom von Trier das mutmaßliche Haupt der heiligen Helena wie auch ein mutmaßliches Gewand Christi, der sogenannte Heilige Rock, als Reliquien verehrt werden.

Die Pilgerreise nach Santiago hatte sich bereits im frühen Mittelalter zu einer Volksbewegung ausgewachsen. Für die Masse des Volkes waren die Motive vielschichtig. Weil das Pilgern damals gesellschaftlich die einzig akzeptierte Form des Reisens für Menschen aus allen sozialen Schichten war, bot sich für viele Menschen nur auf solche Weise die Möglichkeit, eine Zeitlang der drückenden Enge standesgebundener Regeln zu entkommen und kurzfristig ein völlig anderes Leben zu führen. Reiselust und Fernweh – die uns heute meist geläufigen Motive eines touristischen Aufbruchs in die Fremde – spielten im Mittelalter bei Pilgern hie und da zwar auch eine Rolle, bildeten aber nicht den eigentlichen Anstoß. Das Hauptmotiv für eine Reise nach Santiago de Compostela war und blieb bis in die Neuzeit hinein, am Grab des Jakobus die göttliche Vergebung der Sünden und den von der Kirche versprochenen Ablass zu erreichen.

Wie stark die Angst um das Seelenheil, die Angst vor den Schrecken der Hölle damals verbreitet war, zeigen machtvoll die zeitgenössischen Darstellungen des Jüngsten Gerichts über den Portalen vieler romanischer und gotischer Kirchen: in Stein gemeißelte Teufelsgestalten, die die zur Hölle verdammten Sünder aufspießen, über dem Feuer rösten, in Kessel voll siedendes Wasser tauchen ... Pilger sahen sich am wirksamsten vor der Hölle bewahrt, wenn sie entweder am Grab Christi in Jerusalem oder seiner angesehensten Apostel in Rom sowie Santiago beteten. Die Gräber von Aposteln genossen ja in der Hierarchie vor allen anderen Heiligen das größte Ansehen. Entsprechend erwarteten dort die Pilger auch am ehesten das Wirken göttlicher Kräfte, wenn es um die Erfüllung von Bittgebeten ging. Dass den Reliquien Wunderkraft zugeschrieben wurde, haben die Christen bereits im 4. Jahrhundert aus den heidnischen Religionen übernommen. Diese Glaubensvorstellung ist entsprechend tief verwurzelt, hat aber erst seit dem 11. Jahrhundert – vor allem bei Wallfahrten nach Rom und Santiago – eine Massenwirkung entfaltet.

Seit dem Spätmittelalter gab es zunehmend auch die Buß- oder Strafwallfahrt, zu der Missetäter von kirchlichen oder weltlichen Instanzen verurteilt wurden. Hinzu kam die Delegationswallfahrt. Pilger ließen sich dafür bezahlen, dass sie im Auftrag eines vermögenden Kranken zum Grab des Jakobus (oder eines anderen Heiligen) eine strapaziöse Wanderschaft auf sich nahmen und am Ziel für den Auftraggeber um Heilung von seinen Gebrechen baten.[66] Diese Form des Auftrag-Pilgerns existiert bis in unsere Gegenwart, wie ein Interview im Wochenmagazin »Die Zeit« vom 10. April 2009 belegt.[67]

Im Mittelalter zweifelte kaum ein Christ an der Echtheit des Jakobusgrabes und dessen Wunderkraft. Dies änderte sich allerdings seit der Renaissance, als Gelehrte erstmals kritisch Legenden überprüften, so vor allem Erasmus von Rotterdam. Aber zu einem offenen Konflikt zwischen traditionell Gläubigen und »Ungläubigen« kam es erst, als Martin Luther grundsätzlich die Wirksamkeit von Reliquien bestritt. Luthers deftiges Urteil über die »Echtheit« des Jakobusgrabes habe ich bereits erwähnt: »Lauf nicht dahin, man weiß nicht, ob Sankt Jakob oder ein toter Hund daliegt.«[68] Eine derart ätzende Kritik fand Zustimmung quer durch das von religiösen Krisen erschütterte Europa, und so reduzierte sich unter dem Einfluss der Reformatoren – mehr noch als unter dem Einfluss humanistischer Gelehrter der Renaissance – der Zustrom von Pilgern an heilige Orte, gerade auch nach Rom und Santiago, beträchtlich.

Mehrere Kriege zwischen Spanien und Frankreich in der frühen Neuzeit taten das Ihre, um den Weg nach Santiago gefährlich zu machen. Die Gegenreformation ließ zwar vorübergehend die Wallfahrt nach Santiago wieder aufleben, aber die Aufklärung mit ihrer vehementen rationalistischen Kritik am »Aberglauben« des Reliquienkults ließ die Zahl der Pilger wiederum beträchtlich zurückgehen. Hinzu kam, dass das Jakobus-Grab durch Umbauten in der Kirche einige Zeit nicht mehr zugänglich und schließlich nicht mehr lokalisierbar war. Erst 1879 führten Ausgrabungen in der Kathedrale zur »Wiederentdeckung« des Grabes. 1884 bestätigte Papst Leo XIII. die wieder aufgefundenen Gebeine des Jakobus als »echt« und ermunterte die Gläubigen zu erneutem Besuch.[69]

Das Pilgerleben in Santiago blieb trotzdem weit hinter seiner früheren Lebendigkeit zurück. Erst unter der Diktatur des Generals Francisco Franco von 1939 bis 1975 zeichnete sich wieder deutlich ein Aufschwung ab. Dem Diktator war allerdings weniger an der Förderung des internationalen Pilgerbesuchs gelegen als vielmehr an der Idealisierung des Jakobus zum spanischen Nationalpatron. Legenden aus der Zeit der Reconquista, die den Apostel Jakobus als »Soldat Christi« und als »Maurentöter« verklärten, wurden nun für die Bedürfnisse der klerikal-faschistischen Diktatur instrumentalisiert.[70]

Aber erst nach dem Ende der Franco-Diktatur kam es in den achtziger und neunziger Jahren zu jenem starken Anwachsen des Santiago-Pilgerbooms, wie wir ihn heute kennen. Dieses neue Interesse an Santiago und dem Jakobsweg gründet allerdings auf völlig anderen Voraussetzungen.

Der Jakobsweg heute: überkonfessionell, interreligiös

»In den letzten zwanzig Jahren ist die Zahl derer unaufhörlich gewachsen, für die ›auf dem Weg sein‹ gleichbedeutend ist mit ›auf dem Jakobsweg‹ sein. Was treibt die Menschen, Frauen und Männer, Junge und Alte, Menschen aller Konfessionen und Religionen, aller Länder und Kontinente auf den Jakobsweg?«

So las ich in der Einleitung eines 2008 erschienenen *Pilgerbüchleins*, dessen Texte und Fotos Anregungen geben wollen für die geistige Annäherung zu Fuß nach Santiago de Compostela. Und weiter: »Ist es eine Mode, ist es eine Bußübung, ist es eine Sehnsucht nach dem einfachen Leben, ist es religiöse Sehnsucht, ist es das Grab eines Heiligen, ist es die Begegnung mit dem eigenen Ich, ist es die Begegnung mit Menschen aus allen Himmelsrichtungen, ist es die Begegnung mit Kunst und Geschichte, ist es die Flucht vor dem langweiligen Alltag und dem eigenen Ich? (…) Die Mischung wird bei jedem anders sein, aber sie wird viele Gründe enthalten. Und es wird auch so sein, dass sich die Mischung auf dem Weg wandelt. Schon mancher, der auf dem Weg war, sagte: ›Ich bin als Wanderer aufgebrochen und als Pilger angekommen!‹«[71]

In dieser Einleitung für »Wanderer« und »Pilger« ist so ziemlich alles kurz angetippt, was die komplexen Motive einer Reise nach Santiago de Compostela heute – und überhaupt für das Pilgern heute – sein können.

Manche Motive werden genannt, wie sie auch für eine Reise zu den heiligen Stätten Roms uneingeschränkt gelten. Aber eine grundsätzliche Abweichung fällt auf: »Menschen aller Konfessionen und Religionen« sind unterwegs nach Santiago, während die religiös motivierten Ziele in Rom vorwiegend nur von katholischen Wallfahrern besucht werden.

Pilger mit Rucksack in der Warteschlange vor der Kathedrale

Das *Pilgerbüchlein* zur Einstimmung auf Santiago de Compostela hatte ich in der Buchhandlung jener Benediktinerabtei in Trier gekauft, wo sich das Grab des Apostels Matthias befindet. Bemerkenswert ist an diesem Ort, der bis heute als eine wichtige Station unterwegs nach Santiago verstanden wird, dass dort neben den vielen katholischen auch Bücher und Broschüren evangelischer Theologen zum Verkauf ausliegen. Nicht genug damit. In einem Werbeprospekt für eine Pilgerreise nach Santiago fand ich den Hinweis, dass sie vom Dekan einer evangelischen Kirche geleitet wird.

Eine noch größere Überraschung bot eine Entdeckung im Internet. Dort konnte ich unter dem Wikipedia-Stichwort »Santiago de Compostela« lesen, dass die katholische Pilgerstadt eine Städtepartnerschaft nicht nur mit Orten in katholisch geprägten Ländern pflegt, so mit Coimbra (Portugal), Buenos Aires (Argentinien) und São Paulo (Brasilien), sondern auch noch mit zwei islamischen Pilgerstädten: Mashad und Qom, den beiden wichtigsten Wallfahrtszentren im schiitischen Iran.[72] Gründlicher könnte sich das ehemals vehement glaubenskämpferische Santiago nicht von dem Reconquista-Mythos des »Maurentöters« verabschiedet haben.

Welche Kräfte haben einen solchen Wandel bewirkt?

Zunächst richten wir den Blick auf die Kirchen, die katholische sowie die evangelische, ohne deren Mitwirken derartige Veränderungen nicht möglich gewesen wären. Dass die Kirchen hier aber nur auf religiös-gesellschaftliche Umbrüche reagieren, versteht sich von selbst (davon später mehr). Bereits die Bücher evangelischer Theologen im Verkaufsangebot einer katholischen Wallfahrtsstätte signalisieren die Bereitschaft beider Kirchen, das Pilgern in unserer Gegenwart unter einem neuen Aspekt verstehen zu wollen. Von katholischer Seite ist es die Neigung, ihre bisher streng konfessionell orientierten Pilgerorte bis zu einem gewissen Grad wenigstens für Gläubige auch anderer Kirchen – ja selbst für »Suchende« jenseits aller konfessionellen Bindung – »ökumenisch« zu öffnen.

Auf protestantischer Seite geht jedoch der Wandel in Bezug auf das Pilgern noch um einiges weiter. Schließlich hatten die Reformatoren einen radikalen Bruch mit den Wallfahrten zu Heiligengräbern, mit der Rolle des Heiligen als eines unentbehrlichen Vermittlers zwischen den Menschen und Gott vollzogen. Luther und andere Reformatoren hatten allerdings nicht das Pilgern an sich, sondern nur dessen »katholische Missbräuche« abgelehnt. Eine Pilgerreise nach Jerusalem als dem Ursprungsort des Christentums war und ist, wie bereits dargestellt, auch von Protestanten akzeptiert. Weshalb aber nun auch eine Pilgerreise nach Santiago? Wie kommt es, dass sogar manche evangelische Pfarreien plötzlich solche Reisen in ihrem Angebot haben?

Die evangelische Kirche reagiert hier auf die unbestreitbare Tatsache, dass der Jakobsweg und das Ziel Santiago auf Protestanten längst ebenfalls eine Anziehungskraft ausübt. Im Internet las ich die Stellungnahme eines evangelischen Theologen, Andreas Litzke, unter dem Stichwort »Eurovia – Pilgerwege in Europa«: »Inzwischen hat Pilgern jedoch als Glaubenspraxis oder als Suche nach spiritueller Erfahrung wieder eine weit über die katholische Kirche hinausreichende Bedeutung gewonnen. Unabhängig von einer kirchlichen Bindung überhaupt begeben sich heute Menschen wieder auf Pilgerfahrt. (...) Aufgabe auch evangelischer Theologie muss es daher werden, Pilgern theologisch zu reflektieren und eine positive protestantische Position zum Pilgern zu entwickeln, will sich die evangelische Kirche nicht aus falsch verstandenem Traditionalismus hier ins Abseits stellen. Denn viele erleben es inzwischen so, dass mit der Ablehnung des Pilgerns eine wichtige religiös-spirituelle Dimension ihrer Kirche verloren gegangen ist. (...) Gleichzeitig muss man sich dessen bewusst sein, einem ökumenischen Erbe zu dienen. Dort wo die alten Pilgerwege und -ziele liegen, müssen sich die Menschen jeglichen Glaubens eingeladen fühlen, dem Heiligen zu begegnen. (...) Eine protestantische Profilbildung eines Pilgergedankens ist auch insofern wichtig, um gegenüber anderen gegenwärtigen

›Pilgerangeboten‹ aus dem touristischen oder esoterischen Bereich eine Alternative zu bilden.«[73] »Dem Heiligen begegnen« – aus protestantischer Sicht schließt dies natürlich aus, in Santiago am Grab des Jakobus zu beten und an eine Vermittlung des im Jenseits weilenden Apostels zwischen Mensch und Gott zu glauben. Die Aktivierung religiöser Gefühle jedoch – was gern mit dem unscharfen Begriff »Spiritualität« benannt wird – ist für viele evangelische Pilger ebenso selbstverständlich wie für katholische.

Aber wie schon angedeutet kommen nach Santiago vermehrt auch »Suchende«. Diese empfinden sich nur noch vage als »christlich«. Ja, viele von ihnen äußern Sympathien für andere Religionen, besonders *östliche*, und hier vor allem für den Buddhismus. Einen ersten Eindruck von dieser nicht nur überkonfessionellen, sondern auch interreligiösen Situation hatte ich bekommen, als ich Jahre vor meinem Santiago-Besuch den Pilger-Bestseller des deutsch-holländischen Fernsehkomikers Hape Kerkeling gelesen hatte: *Ich bin dann mal weg. Meine Reise auf dem Jakobsweg.* Das 2006 erschienene Buch, von dem innerhalb von nur vier Jahren über drei Millionen Exemplare verkauft worden sind, hat nach übereinstimmenden Medienberichten erheblich dazu beigetragen, dass sich die Zahl der deutschsprachigen Wanderer auf dem Jakobsweg innerhalb kürzester Zeit sprunghaft erhöhte. 2007 packten rund 14 000 Deutsche – und damit fast doppelt so viele wie noch im Jahr zuvor – ihren Rucksack und ließen sich zum mühseligen Fußmarsch auf dem Pilgerweg anregen.[74] Doch selbst viele jener Besucher, die mit dem Auto, Zug oder Flugzeug nach Santiago kommen, fühlen sich von dem Buch stark angesprochen.

In diesem Zusammenhang möchte ich kurz auf zwei andere »spirituell« orientierte Bestseller hinweisen, die den Pilgerboom noch vor dem Erscheinen von Kerkelings Buch anheizten. *Auf dem Jakobsweg – Tagebuch einer Pilgerreise nach Santiago de Compostela,* erschien bereits 1987, Autor ist der Brasilianer Paulo Coelho. Das zweite Buch, *Der Jakobsweg. Eine spirituelle Reise,* erschien 2001, Autorin ist die amerikanische Filmschauspielerin Shirley MacLaine; sie hat vor allem englischsprachige Leser zum Pilgern animiert. Während Coelho ein eher katholisch orientiertes Pilgern mit esoterischer Tendenz propagiert, äußert MacLaine ähnlich wie Kerkeling starke Sympathien für den Buddhismus und den damit verbundenen Lehre von der Wiedergeburt.

Unser Interesse verdient vor allem das Buch von Hape Kerkeling, weil es am nachhaltigsten auf Leser des deutschsprachigen Raums gewirkt hat.

Im Erlebnisbericht Kerkelings finden sich zwar keinerlei Analysen religiös-kulturhistorischer Zusammenhänge, aber der Autor vermittelt eine höchst aufschlussreiche Darstellung persönlichen Erlebens. Ich zitiere im Wortlaut einige exemplarische Äußerungen aus Kerkelings Buch. »Um einen Pilgerpass, diese entscheidende Requisite der Pilgerschaft, zu bekommen, muss man natürlich nicht zwingend katholisch sein. Ich würde mich selbst zum Beispiel als eine Art Buddhist mit christlichem Überbau bezeichnen. (...) Es ist ausreichend, auf spiritueller Suche zu sein, und das bin ich. (...) Ich könnte losziehen mit der Frage: Gibt es Gott? Oder Jahwe, Shiva, Ganesha, Brahma, Zeus, Ram, Vishnu, Wotan, Manitu, Buddha, Allah, Krishna, Jehova? Da ließen sich noch viele Namen nennen.«[75] »Anscheinend weiß ich ja nicht mal so genau, wer ich selbst bin. Wie soll ich da herausfinden, wer Gott ist. Meine Frage muss erst mal ganz bescheiden lauten: Wer bin ich?«[76] »Die meisten (Pilger nach Santiago) wirken erzkatholisch und scheinen sich ihrer Sache so sicher zu sein, dass ich mich frage, warum die überhaupt pilgern. Die werden als die gleichen Menschen die Reise beenden, als die sie sie begonnen haben. (...) Irgendetwas sollte dieser Weg in mir schon verändern.«[77]

Bemerkenswert ist, dass Kerkeling mit keinem Wort darauf eingeht, ob er in Santiago am Grab des Apostels Jakobus – dem ersehnten Ziel aller traditionell orientierten Pilger – verweilt hat. Der Apostel Jakobus bleibt bei der ganzen Wanderschaft völlig im Hintergrund. Nur einmal, am Beginn des Buches, wird kurz auf die »Legende« verwiesen, die sich mit dem Grab des Apostels verbindet.[78] Ich zitierte aus dem Pilger-Bestseller deshalb so ausführlich, weil gerade seine Tendenz mir symptomatisch für eine immer stärker werdende Zeitströmung erscheint.

Ich lernte Jakobspilger kennen, die mit dem Buddhismus oder anderen *östlichen* Religionen sympathisieren, ohne sich vom Christentum völlig abgewendet zu haben – und sich auch entsprechend positiv zu Kerkelings Buch äußerten. Die Befragten rückten in ihren Schilderungen das »Erlebnis« in den Vordergrund: manche das stundenlange Wandern durch Landschaften, die in ihrer Eintönigkeit die Gedanken und Gefühle auf das »Wesentliche« konzentrieren; manche das Gemeinschaftsgefühl in einer Gruppe, die Gespräche und die Kameradschaft, wie man es zu Hause in der Alltagsroutine kaum jemals kennengelernt habe. Anstelle des Ziels in Santiago mit all seinen christlich-dogmatischen Verknüpfungen ist hier das Unterwegssein mit all seinen existenziellen Unwägbarkeiten entscheidend – einem zutiefst subjektiven Erleben von »Religion«. Das Bedürfnis, »Gott« auf langer Fußwanderung zu »suchen« und erfahrbar zu machen, wird gleichgesetzt mit der Suche nach dem »spirituellen Kern« im eigenen Ich. Die Frage »Wer ist Gott?« wird unlösbar verknüpft mit der Frage »Wer bin ich?«

Anstelle von »Religion« mit eindeutigem Bekenntnis zu einer Konfession werden die weniger fassbaren Begriffe »Religiosität« und »Spiritualität« verwendet – in dem Sinn, dass sich der Einzelne zwar abhängig von »kosmischen« Kräften oder sich in das »Universum« eingebettet fühlt, er aber dieses Übergeordnete nicht näher benennen kann (oder benennen will). Angesichts einer solchen Haltung erscheint es nur noch von untergeordneter Bedeutung, ob man sich nun mehr zu Christus, Buddha oder einer anderen religiösen Autorität hingezogen fühlt, ob man an ein Leben nach dem Tod in einem Jenseits oder an eine Abfolge von unendlich vielen Wiedergeburten im Diesseits glaubt.

Diese radikale Individualisierung und Pluralisierung des Religiösen bedeutet für die Kirchen heute, ob nun katholisch oder evangelisch, die eigentliche Herausforderung. Wie wir gesehen haben, versuchen beide Kirchen auf diese »neue« Form des Pilgerns zu reagieren. Der (bereits erwähnte) protestantische Theologe Andreas Litzke drückt es stellvertretend auch für die katholische Kirche aus: Man müsse eigene Aktivitäten im Pilgerwesen verstärken, um gegenüber anderen »Pilgerangeboten« eine Alternative zu bieten. Aber die Situation für die Kirchen gestaltet sich schwierig, weil dieser Prozess der Individualisierung und Pluralisierung längst auch gläubige Katholiken und Protestanten erfasst hat.

Religionsstatistiken zu Beginn des 21. Jahrhunderts bieten in dieser Hinsicht ernüchternde Ergebnisse. Was Deutschland betrifft: Zwar sind noch zwei Drittel offiziell Mitglied in einer Kirchengemeinde, jedoch nur noch 12 Prozent identifizieren sich mit dem christlichen Verständnis eines personalen Gottes, die Mehrheit glaubt eher »irgendwie an Gott« oder eine anonyme »göttliche Macht«. Dies war bereits in einer 2003 veröffentlichten Studie zu lesen.[79] Nur noch 65 Prozent der deutschen Katholiken glauben an ein Leben nach dem Tod, bei den Protestanten ist es nicht einmal mehr die Hälfte. Im gesamteuropäischen Trend sind es gerade noch 53 Prozent. So verrät eine Umfrage 2005 über das erodierende Glaubensleben in 13 Staaten der Europäischen Union.[80] Im Kontrast dazu geben aber viele an, »religiös« zu sein: In Deutschland, Österreich, Frankreich und

Großbritannien sind es durchschnittlich zwischen 60 und 70 Prozent, in Spanien, Portugal und Polen gar um die 90 Prozent. Dies ist das Ergebnis einer (bereits erwähnten) Vergleichsstudie, die im Dezember 2008 veröffentlicht wurde.[81] Besonders in Hinblick auf Spanien mit seinen 90 Prozent katholisch Getauften ist der Kontrast zwischen dem Bekenntnis zum »Religiösen« und der Distanz zur Kirche beträchtlich. Nach neuesten Umfragen im Oktober 2010 (anlässlich des bevorstehenden Besuches von Papst Benedikt XVI. in Santiago de Compostela) will ein Viertel der Bevölkerung nichts mehr mit der Kirche zu tun haben, bei jungen Leuten unter 30 Jahren ist es mehr als die Hälfte der Befragten.[82]

Der österreichische katholische Theologe Paul Zulehner bringt in einem Interview 2001 die kritische Situation gegenwärtiger »Religiosität« mit folgenden Worten auf den Punkt: »Ich kenne Leute, die Gott suchen und deswegen nicht in die Kirche gehen. (...) Was die Leute suchen, ist Gottesnähe, und wem sie begegnen, ist ein belehrender Priester.« Auf die Frage, was die Leute denn »eigentlich glauben«, die sich einerseits als Christen sehen und sich andererseits – nahezu 35 Prozent – zu fernöstlichen Lehren bekennen, antwortet er: »Ich nenne sie die Religionskomponisten. Das sind wirklich eigenwillige Kompositionen, die da bei einem Großteil der Bevölkerung entstehen.«[83]

Der Jakobsweg heute bietet gerade mit seiner schillernden Vielfalt unterschiedlichster Formen von »Religion« – verbunden durch ein wie auch immer gemeinsames Gefühl von »Religiosität«, »Spiritualität« – ein besonders auffallendes Symptom dieser Veränderung. Eine solche Entwicklung ist nur in Westeuropa möglich, wo der Zwang zur religiösen Konformität völlig verschwunden ist. Für die einen bedeutet dieser Tatbestand eine Verschärfung der religiösen Krise, für andere eine Chance, ein Aufbruch zu neuen Möglichkeiten religiösen Lebens. Aber wie auch immer: Es gibt keine Anzeichen dafür, dass der Prozess der Individualisierung und Pluralisierung umkehrbar wäre. Zumindest gilt diese Aussage für den abendländischen Kulturraum.

Mekka
Das exklusive Pilgerzentrum des Islam

Unterwegs mit Mekkapilgern

Dhu'l-Hidscha – der zwölfte und letzte Monat des islamischen Mondkalenders ist die große Zeit des Pilgerns, in diesem Monat findet für die Muslime die Hadj, die Wallfahrt nach Mekka, statt. Das arabische Wort Hadj bedeutet wörtlich »das Streben nach etwas«. Jeder Gläubige muss einmal in seinem Leben diese Wallfahrt vollzogen haben, sofern er sich die Reise finanziell leisten kann. Entsprechend ist dieser Pilgermonat, der sich nach dem islamischen Mondkalender jeweils elf Tage zurück durch das ganze Jahr bewegt, in allen muslimischen Ländern von hektischem Reiseverkehr bestimmt. Eisenbahnen, Autobusse, Flugzeuge, Hotelzimmer sind dann aber auch schon deshalb überfüllt, weil der Dhu'l-Hidscha für zahlreiche Muslime, selbst wenn sie nicht nach Mekka unterwegs sind, eine Zeit des religiös bestimmten Reisens ist: Man besucht genauso lokale Heiligtümer und Wallfahrtsorte.

Medina, die zweite große Wirkungsstätte des Propheten Mohammed, rund 340 Kilometer nordwestlich von Mekka gelegen, gehört dagegen nicht zu den Pflichtzielen der Gläubigen, um den Titel eines Hadji zu erwerben. Medina ist jene Stadt, in die Mohammed für einige Jahre emigrieren musste, nachdem ihn die Führungsschicht in Mekka wegen seiner neuen Glaubenslehre bedroht hatte. In Medina hatte Mohammed das erste islamische Staatswesen begründet und dort starb er. Den Muslimen gilt Medina zwar als die zweitheiligste Stadt des Islam, aber das religiöse Zentrum für die Pilger ist – ganz wie Mohammed es gewünscht hatte – die Kaaba in Mekka.

Ich hatte mehrmals die Gelegenheit, die Atmosphäre des Pilgermonats im islamischen Kulturraum zu erleben. Den nachhaltigsten Eindruck konnte ich im November 1978 gewinnen, als ich von Ägypten in den Jemen, an Mekka vorbei, unterwegs war. In einem ägyptischen Dorf südlich von Kairo wurde ich Zeuge einer Zeremonie, mit der eine Pilgergruppe für die Wallfahrt nach Mekka von Verwandten und Nachbarn verabschiedet wurde. Die Prozession bewegte sich unter Absingen von Koranversen zum

Ägypten, Kaaba an der Hauswand als Zeichen einer Mekka-Pilgerschaft

Bahnhof. Sie zog an weiß getünchten Hauswänden vorbei, die mit Merkmalen der Pilgerreise bemalt waren: Im Zentrum der Bilder prangte die Kaaba von Mekka sowie die große Moschee der heiligen Stadt, rundum waren Flugzeuge und Dampfer als die heutigen Transportmittel gemalt; Kamele am Bildrand dienten nur noch vereinzelt als Hinweis auf die Reiseform vergangener Jahrhunderte. Diese im naiv ornamentalen Stil gehaltenen farbenfrohen Malereien hatten Dorfbewohner aus Anlass bereits vollzogener Wallfahrten angebracht. Neue Bilder auf jetzt noch leeren Hauswänden würden etliche Wochen später folgen – zur Demonstration, dass nun weitere Mitglieder der Gemeinde den ehrenvollen Titel des Hadji tragen durften.

Die Atmosphäre der Wallfahrt nach Mekka erlebte ich noch eindringlicher, als ich wenige Tage später von Kairo nach Sanaa, der Hauptstadt des Jemen, fliegen wollte. An einen termingerechten Abflug war nicht zu denken, weil kurz vor dem Beginn der Wallfahrtszeremonien in Mekka der

Ägypten, Große Moschee von Mekka an einer Hauswand

Flughafen von Kairo als einer Drehscheibe des Pilgerverkehrs aus Vorderasien, Südasien, Nordafrika, Schwarzafrika hoffnungslos überfüllt war. Vier Stunden saß ich in verschiedenen Wartehallen, umflutet von Menschen aus allen Teilen der islamischen Welt, und konnte nicht sicher sein, ob der Flug nach Sanaa überhaupt an diesem Tag oder der folgenden Nacht stattfinden konnte. Nach sechs Stunden ungewisser Wartezeit konnte ich endlich einen Platz in einem der Flugzeuge bekommen, das Pilger nach der saudi-arabischen Hafenstadt Jeddah brachte. Eingekeilt in eine große Menschenmenge wurde ich zum Ausgang am Flugfeld geschoben. Den vielen dunklen Gesichtern und den bunt ornamentierten Kaftanen sowie Turbanen nach zu schließen, befand ich mich in einer Ansammlung von Reisegruppen aus dem Senegal, Mali und Niger. Die Menschen gestikulierten und schrien aufgeregt durcheinander, sie erweckten überwiegend den Eindruck, als ob sie noch nie zuvor eine Reise außerhalb der gewohnten traditionellen Umgebung ihrer Kleinstadt oder ihres Dorfes unternommen hatten. Sie repräsentierten damit eine im islamischen Kulturraum noch stark vertretene Volksschicht, die als einzige Form des Reisens die Pilgerreise kennt – und die Hadj nach Mekka auch nur im schützenden Verband ihrer Sippe, ihres Klans, ihrer Dorfgemeinschaft unternimmt.

Nach einem zermürbenden Nachtflug bot sich am nächsten Morgen auf dem Flugfeld von Jeddah ein Anblick voller Kontraste: Neben den Westafrikanern mit ihren bunten Kaftanen und Turbanen bewegten sich ägyptische Fellachen in ihren charakteristischen blauen und weißen Djellabahs, Pakistani und Inder in Pluderhosen. Im Gegensatz dazu Gruppen westlich gekleideter Muslime aus urbanem Milieu. Diese unterschiedlichsten Gruppierungen aus allen Teilen der islamischen Welt strömten in die Betonhallen des weiträumigen Flughafens. Ich blieb im Flugzeug zurück, das nun – vom Pilgerverkehr entlastet – seinen profanen Betrieb wieder aufnehmen konnte. In dem mehr als 300 Sitze umfassenden Großraumflugzeug saßen zum Weiterflug nach Sanaa außer mir nur noch vier europäische Geschäftsleute.

Spätestens in Jeddah endet für Nichtmuslime die Gelegenheit, die Atmosphäre einer Wallfahrt nach Mekka zu erleben. Denn auf halber Strecke des rund 70 Kilometer langen Landwegs von Jeddah zur heiligsten Stadt des Islam müssen die Reisenden eine stark bewachte Kontrollstelle passieren. Dort ist die strikte Grenze durch ein Schild auch in englischer Sprache demonstriert: »Prohibited Area for Non-Muslims«. Mekka ist nur für Muslime zugänglich. Diese Einschränkung gilt schon seit dem 7. Jahrhundert.

»O Gläubige, wahrlich, die Götzendiener sind als unrein zu betrachten, und sie dürfen daher (...) sich dem heiligen Tempel (in Mekka) nicht mehr nähern.« So ist in der 9. Sure des Koran, Vers 28, zu lesen. Im nachfolgenden Vers finden wir zusätzlich eine schroffe Abgrenzung gegenüber den Religionen Christentum und Judentum, die mit dem Islam eine enge geistige Verwandtschaft aufweisen: »Bekämpft diejenigen der Schriftbesitzer, (...) die das nicht verbieten, was Allah und sein Gesandter (Mohammed) verboten haben, und sich nicht zur wahren Religion bekennen.«[84] Eine solch enge Nachbarschaft der Verse legt nahe, dass Mohammed, der Prophet des Islam, nicht nur »Götzendienern«, sondern auch andersgläubigen Monotheisten aufgrund ihrer abweichenden Lehren das Recht absprach, Mekka zu betreten. So gesehen, hatte der Prophet auf dem Höhepunkt seiner religiös-politischen Laufbahn, im Jahr 9 der islamischen Zeitrechnung, seiner Heimatstadt Mekka den Nimbus des streng Exklusiven verliehen.

Spätere Generationen zogen aus einer solchen Auslegung des Koran die Konsequenz, indem sie auch Medina, Mohammeds zweite Wirkungsstätte, als heilige Stadt für alle Andersgläubigen sperrten. Derartige Verbote erließen die Muslime nach und nach für weitere bedeutende Wallfahrtsorte des Islam, so für Moulay Idriss in Marokko, Beni Isguen in Algerien, Kairouan in Tunesien, Kerbela und Najaf im Irak sowie Mashad und Qom (Ghom) im Iran. Erst im 19. oder gar im 20. Jahrhundert sind diese Verbote schrittweise wieder aufgehoben worden – mit Ausnahme für Mekka und Medina. Besonders Mekka hat sich den Status des Exklusiven gewahrt. Sogar Flugzeugen des internationalen Verkehrs ist es verboten, die heilige Stadt auch nur zu überfliegen, denn ein Andersgläubiger könnte mit dem Blick von oben die heilige Kaaba »entweihen«.

Diese Tradition, Mekka als die heiligste Stätte des Islam für Andersgläubige auf ewig zu sperren, ist aber keineswegs schon zwingend in den oben zitierten Koranversen angelegt. Karl-Josef Kuschel, katholischer Theologe mit thematischem Schwerpunkt interreligiöser Dialog, zeigt eine andere Perspektive in seinem Buch *Der Streit um Abraham. Was Juden, Christen und Muslime trennt – und was sie eint*. Das von Mohammed ausgesprochene Verbot sei allein durch die damalige zeitgeschichtliche Auseinandersetzung bedingt gewesen. Die Diskussion, ob deshalb das Verbot generell für alle Zeiten gelten könne, werde inzwischen nicht nur unter westlichen Koranwissenschaftlern, sondern auch unter muslimischen geführt. Kuschel zitiert die aus Pakistan stammende und nun in den USA lebende Theologin Riffat Hassan. Diese muslimische Reformtheologin bezieht sich zusätzlich auf die 3. Sure des Koran, Vers 95, in der geschrieben ist, dass einst der Prophet Abraham in Mekka ein »Bethaus« aufgestellt habe »zum Segen und zur Rechtleitung für Menschen in aller Welt«. Riffat Hassan vertritt die Ansicht, dass aufgrund dieses Verses mit Hinweis auf Abraham und die Menschen in *aller* Welt Mekka eigentlich nicht nur den Muslimen vorbehalten sein dürfe. Das dauerhafte Verbot für Andersgläubige gründe vielmehr auf einer späteren Tradition, auf einer verengenden Auslegung des Koran.[85]

Diese spätere Tradition ist allerdings bis heute gültig und wird von der überwiegenden Mehrheit der Muslime als nahezu selbstverständlich anerkannt. Es ist kein Zufall, dass die Diskussion über ein nur zeitgeschichtlich bedingtes Verbot hauptsächlich von jenen muslimischen Wissenschaftlern geführt wird, die inzwischen in Europa oder Nordamerika leben. Es sind Muslime, die nicht dem Druck von religiös-politischen Herrschaftsverhältnissen ihrer Herkunftsländer ausgesetzt sind, eine Minderheit also.

Solche Sachverhalte sowie die von mir geschilderten Eindrücke – einerseits eine derart exklusive Abgrenzung gegenüber »Ungläubigen«, andererseits die bunte Exotik fremder Völker – scheinen eine bei uns tief eingewurzelte Vorstellung zu bestätigen: Die eigentliche geistige Trennlinie zwischen *westlichen* und *östlichen* Religionen verlaufe zwischen dem christlich-jüdisch geprägten Abendland und dem islamischen Orient. Das heißt, der Islam sei uns so fremd wie Hinduismus, Buddhismus und andere Glaubensformen Ostasiens.

Aber stutzig machen muss, dass in einem der erwähnten Koranverse der Prophet Abraham ausgerechnet mit Mekka in Verbindung gebracht wird. Bei genauerer Betrachtung zeigt sich, wie sehr sogar die heiligste Pilgerstadt des Islam – trotz des Verbots für alle Andersgläubigen – in vielerlei Hinsicht eng mit geistigen Inhalten des Christentums und Judentums verbunden bleibt. So gesehen können wir den Islam nicht zu den *östlichen* Religionen zählen.

Mohammed und die »Religionen Abrahams«

Es ist das weltweit bekannteste Bild von Mekka: Der schwarze Würfel der Kaaba, umströmt von einer vieltausendköpfigen Menschenmenge, überragt von Minaretten und felsigen Bergen der Wüste. Das Flair ist »orientalisch«. Viele Europäer und Amerikaner sind überrascht, wenn sie erfahren, welcher überragende Prophet nach islamischer Überlieferung die Kaaba als das zentrale Pilgerheiligtum errichtet haben soll: Abraham.

Abraham ist bekanntlich der Stammvater der Juden und eine wichtige Figur des Alten Testaments, darüber hinaus den Christen die bedeutendste Identifikationsfigur für den geschichtlichen Ursprung monotheistischer Religionen. Aber auch den Muslimen ist Abraham aus demselben Grund heilig. Religionswissenschaftler bezeichnen daher Judentum, Christentum und Islam in ihrer engen geistigen Verflochtenheit als »abrahamitische Religionen«.

Ungeachtet der Frage, ob nun Abraham tatsächlich vor fast 4000 Jahren die Kaaba errichtet hat, wird uns die Tatsache zu beschäftigen haben, dass für Muslime Abraham als Stammvater der drei monotheistischen Religionen auch der Gründer der Pilgerstadt Mekka ist. Nach islamischem Glauben führt von Abraham über viele Geschlechter ein Weg zum Propheten Mohammed, der in Mekka geboren wurde. Weshalb aber stellen die Muslime eine derart enge Verbindung zwischen dem Stifter ihrer Religion und Abraham her?

Bevor ich auf diese vielschichtige Problematik näher eingehe, ist zu klären, was die historisch-kritische Wissenschaft über die frühe Entwicklung des Pilgerzentrums mitzuteilen hat. Sie verweist den Aufenthalt Abrahams in Mekka in das Reich der Legende. Für Historiker liegt die Frühgeschichte Mekkas im Dunkeln, ebenso die etymologische Herkunft des arabischen Ortsnamens. Gesichert ist nur, dass Mekka schon Jahrhunderte lang in vorislamischer Zeit eine pulsierende Handelsstadt an der sogenannten Weihrauchstraße war. Deren Karawanenwege verliefen jedoch nicht ins Innere Asiens, sondern nach Palästina, Syrien und Ägypten, in Städte wie Jerusalem, Damaskus, Antiochia, Alexandria. Solche Städte waren nicht nur von vorderasiatischen Religionen, sondern auch von griechisch-römischer Kultur sowie von Judentum und Christentum geprägt. Jüdische und christliche Kaufleute kamen bis Mekka. Mehr noch: In den Oasen der arabischen Halbinsel war schon Jahrhunderte vor Mohammeds Geburt eine Reihe

Einheimischer zu einer der beiden monotheistischen Religionen konvertiert. Die Bedeutung des Stammvaters Abraham wie auch von Jesus Christus war demnach schon in vorislamischer Zeit in Mekka bekannt gewesen.

Mekka war außerdem schon lange vor Mohammeds Auftreten eine Wallfahrtsstadt, wenn auch nur von lokaler Bedeutung für die Beduinenstämme. Entsprechend war die Kaaba bereits in vorislamischer Zeit ein Heiligtum. Allerdings können die Historiker keinen Beleg finden, in welchem Jahrhundert die Kaaba entstanden ist und wer sie errichtet haben könnte.

Fest steht nur, dass der Ursprung der Kaaba auf einen kleinen schwarzen Stein zurückzuführen ist, einen Meteoriten. Über diesem Stein, der als heilig verehrt wurde, war ein fensterloses würfelförmiges Gebäude errichtet worden. Der Name Kaaba, »Würfel«, bezieht sich auf dieses Gehäuse. Das Wort ist aber nicht arabischen Ursprungs, sondern ist von »Kubus«, Würfel abgeleitet – ein weiteres Indiz für frühe Kontakte der Mekkaner mit dem griechisch-römischen Kulturraum.

Eine Unzahl von Standbildern unterschiedlicher Gottheiten war im Innern des fensterlosen Gebäudes der Kaaba aufgestellt. Am meisten verehrt wurde der altarabische Gott Hubal sowie die Göttinnen Manat und Muza – aber auch schon ein Gott mit dem Namen Allah. Dieser letztere Gott wurde von dem mekkanischen Klan der Koreischiten verehrt, aus dem Mohammed stammte. »Allah« war jedoch in vorislamischer Zeit kein Eigenname, denn das arabische Wort Al-Lah bedeutet einfach nur »der Gott«. Allerdings war vor Mohammeds Auftreten die Verehrung des »Allah« noch nicht mit dem Glauben an den »einzig wahren Gott« verbunden, denn die Koreischiten sahen in Al-Lah eben nur *ihren* Gott. Der Zufall will es, dass Mohammeds Vater den Namen Abdallah (Abd al Lah), »Diener Allahs«, trug; auch dies schon ein Name mit vorislamischer Tradition.

Mohammed bedeutet »der Gepriesene«. Dem Rufnamen, der rückblickend so symbolträchtig erscheint, haftete damals kein Zeichen der Auserwähltheit an, er war ebenfalls schon in vorislamischer Zeit weit verbreitet. Mohammed Ibn Abdallah, so der volle Name des Religionsstifters, wurde um das Jahr 570 unserer Zeitrechnung in Mekka geboren. Er war von Beruf ursprünglich Kaufmann und gelangte, wenn man der wenig gesicherten Überlieferung glauben will, auf Handelsreisen in christlich und jüdisch geprägte Städte Palästinas und Syriens. Eindeutig belegt ist, dass Mohammed Kontakte mit Arabern hatte, die bereits zu einer der beiden monotheistischen Religionen übergetreten waren. In der Auseinandersetzung mit dem Judentum und Christentum formten sich für ihn wesentliche Glaubensinhalte des Islam.

Mohammed trat um das Jahr 613 in Mekka erstmals predigend an die Öffentlichkeit, wobei er die Wallfahrtsrituale rund um die Kaaba mit ihrer »Vielgötterei« als »heidnisch« ablehnte. Er verkündete den Glauben an »Allah« – und verwendete nun den Namen im Sinn des »einzig wahren Gottes«. Und weil Allah kein Eigenname ist, so ist es nur folgerichtig, dass arabisch sprechende Christen und Juden des Vorderen Orients ihren Gott ebenfalls »Allah« nennen, ganz wie die Muslime. (Ich habe während eines christlichen Gottesdienstes in Damaskus erlebt, dass der Priester in der Kirche »Allahu akbar«, »Gott ist größer«, rief und das Kreuz hochhielt.) Widerspruch bei arabischen Christen und Juden musste anfangs auch nicht das von Mohammed gebrauchte Wort »Islam« erregen. Islam bedeutet »Hingabe« und meint die Hingabe an den alleinigen Gott. Ebenso wenig musste für arabische Christen und Juden das Wort »Muslim« anstößig sein, denn es bedeutet »der sich hingibt (an Gott)«.

Die Offenbarungen, die Mohammed laut islamischem Selbstverständnis von einem Engel Gottes empfing, sind im Koran verkündet. »Koran« heißt wörtlich übersetzt »das Vorgetragene«, weil das heilige Buch des Islam zunächst den Weggefährten Mohammeds nur mündlich vorgetragen wurde. Im Koran sind insgesamt 28 biblische Gestalten als Propheten anerkannt. Besonders hervorgehoben ist Abraham (Ibrahim) als der erste bedeutsame Verkünder des Ein-Gott-Glaubens und als Gründer von Mekka. In seiner Nachfolge wird vor allem Moses (Musa) als der wichtigste Erneuerer des Ein-Gott-Glaubens verehrend genannt, ebenso Jesus (Isa) als der letzte große Prophet vor dem Auftreten Mohammeds. An Abraham und Moses hat Mohammed den strikten Monotheismus gewürdigt, an Jesus vor allem das Ideal der Nächstenliebe wie auch das Ideal der Gleichheit aller Menschen vor Gott, unabhängig von sozialer und ethnischer Herkunft; entscheidend für den Rang eines Menschen sei allein die Aufrichtigkeit seines Glaubens und Handelns.

Die Grundzüge der Lehre vom »Islam« als der »Hingabe« an den »einzigen Gott« haben sich in Mekka herausgebildet. Aber die weitere Ausformung des Islam zu einer umfassenden religiös-politischen Gesellschaftsordnung konnte Mohammed nicht in seiner Heimatstadt Mekka entwickeln, sondern erst in Medina.

Von Mekka nach Medina, der »Stadt des Propheten«

Im Jahr 622 unserer Zeitrechnung musste Mohammed aus Mekka fliehen. Denn die dortige Führungsschicht bedrohte ihn mit dem Tod, weil er mit seiner entschiedenen Kritik an der »Vielgötterei« das einträgliche Geschäft am polytheistischen Wallfahrtstreiben rund um die Kaaba gefährdete. Mohammed emigrierte mit seinen Gefährten in die rund 340 Kilometer nordwestlich gelegene Oasenstadt Jathrib, wo er von den Bewohnern freundlich aufgenommen wurde. Dort gewann Mohammed bald so viel Ansehen, dass er, ein Mann vornehmer Herkunft, zum Schiedsrichter über die Streitigkeiten der Sippen und schließlich zum unparteiischen Oberhaupt gewählt wurde. Jathrib wurde somit zur Residenz Mohammeds, wo dann auch die meisten Koranverse entstanden, die das Verhalten der Muslime im Alltag regelten. Dort und nicht in Mekka war es Mohammed vergönnt, zuallererst ein theokratisches Staatswesen auf der Grundlage des Islam zu errichten.

Die Oasenstadt Jathrib erhielt gerade deshalb bald einen neuen Namen: Madinat an-Nabi, »Stadt des Propheten«. Im späteren Sprachgebrauch wurde daraus verkürzt Madina oder Medina, einfach nur noch »Stadt«, und jeder wusste, dass damit die Stadt Mohammeds gemeint war. Von Medina aus führte Mohammed einen siegreichen Krieg gegen Mekka und konnte wieder in seine Heimatstadt zurückkehren, wo er im Jahr 630 unserer Zeitrechnung die Kaaba von einem polytheistischen in ein monotheistisches Heiligtum umwandelte. Aber seine Residenz behielt Mohammed weiterhin in Medina, und dort starb er 632, nur zwei Jahre nach seinem triumphalen Einzug in Mekka, knapp 63 Jahre alt. Medina wurde somit nach Mekka zum wichtigsten Bezugsort für die Muslime. Mit der Auswanderung, »Hidschra«, nach Medina verknüpft sich auch der Beginn der islamischen Zeitrechnung, denn Muslime verstehen diesen Zeitpunkt als den entscheidenden Umbruch in der Entstehungsgeschichte des Islam.

In Medina, wo sich der Islam erstmals frei hatte entfalten können, entstanden auch die ersten Moscheen. Die dortigen Gebetshäuser – arabisch: Masjid, »Ort des Niederbeugens« (beim Gebet) – waren allerdings noch sehr einfach gebaut. Es waren langgestreckte fensterlose Bauten aus Lehmziegeln, die sich um einen quadratischen Innenhof im Stil einer Karawanserei gruppierten. Kuppeln, Minarette und Säulenhallen, wie sie die heutigen großen Pilgermoscheen in Medina auszeichnen, hat es zu Lebzeiten Mohammeds noch nicht gegeben.

Diese ersten Moscheen hatten bereits eine Nische, die die Richtung anzeigte, wohin sich die Muslime beim Gebet zu verneigen hatten. Die Richtung wies zum heiligsten Pilgerort für die Gläubigen. Der Pilgerort war anfangs jedoch nicht Mekka – sondern Jerusalem. Wie das? Mohammed hatte die Gebetsnische in diese Richtung anbringen lassen, weil auch er die heiligste Stadt der Juden und Christen als das wichtigste Ziel einer Wallfahrt ansah. Selbst in dieser Hinsicht fühlte sich der Prophet des Islam mit Juden und Christen verbunden. Dass Mohammed dann aber die Gebetsrichtung plötzlich von Jerusalem nach Mekka verlegte, bedeutet einen markanten Einschnitt. Dieser Sinneswandel signalisiert die endgültige Abgrenzung gegenüber den geistesverwandten Religionen. Mohammed hatte erkennen müssen, dass bei aller Ähnlichkeit der Glaubensformen die Unterschiede doch zu groß waren – und dass er Juden und Christen nicht problemlos zum Islam bekehren konnte.

Wo aber liegt das Trennende? Man kann sogar fragen: Weshalb war Mohammed mit seinem Protest gegen »heidnische Vielgötterei« nicht einfach ein jüdischer oder christlicher Monotheist geworden? Weshalb musste er letztendlich eine eigenständige Religion begründen?

Was den Islam vom Christentum und Judentum trennt

Aus islamischer Sicht heißt es: Mohammed sei von Gott ausersehen, die Botschaft der großen Propheten – von Abraham über Moses bis Jesus – noch einmal zu verkünden, und zwar in ihrer ursprünglichen Reinheit. »Wir (Gott und die Engel) offenbarten bereits Moses die Schrift«, so ist in der 2. Sure des Koran, Vers 88, zu lesen, »wir ließen ihm noch andere Boten folgen; wir rüsteten Jesus, den Sohn Marias, mit überzeugender Wunderkraft aus und gaben ihm den heiligen Geist. Aber sooft ein Bote kam, was euch nicht gefiel, da bliebt ihr halsstarrig und ungläubig; einen Teil der Gesandten habt ihr des Betrugs beschuldigt, den andern brachtet ihr um.«

Mohammed warf Juden und Christen vor, die Lehre Abrahams und der nachfolgenden Propheten verfälscht zu haben. Die Juden hätten Jesus als einen Propheten Gottes abgelehnt und damit einen gewichtigen Teil der göttlichen Offenbarung unterschlagen. Die Christen wiederum hätten Jesus zu einem Sohn Gottes gemacht und außerdem noch den Heiligen Geist zu einer dritten Erscheinungsform Gottes erklärt. Gott aber in drei Formen, dies bedeute eine Annäherung an Vielgötterei. Von dieser Argumentation her ist es nur folgerichtig, dass Mohammed strikt verbot, etwa Gott in irgendeiner Form abzubilden. Die christliche Gewohnheit, Gott als Mann mit Bart – einem Zeus oder Jupiter ähnlich – darzustellen, erschien ihm als ein Indiz, dass sich die Christen nur graduell, nicht aber mit aller Konsequenz vom »Götzendienst« abgewendet hätten. Niemals wird man in einer Moschee ein Bildnis Gottes finden, stets nur den arabisch geschriebenen Namenszug »Allah«. Muslime halten sich exakt an jenes Gebot, wie es sich schon im 2. Buch Mose (20,4) unter den Zehn Geboten findet: »Du sollst dir kein Bildnis noch irgendein Gleichnis machen, weder des, das da oben, noch des, das da unten auf Erden (...) ist.« Muslime werfen den Christen vor, hier gegen eine Anweisung ihrer eigenen heiligen Schrift zu verstoßen. Allerdings bezieht sich das radikale Verbot nur auf die Abbildung Gottes. Wir sehen dagegen in vielen islamischen Miniaturen Engel dargestellt, ebenso den Propheten Mohammed, erst recht Kalifen, Sultane und Emire. Dies gilt besonders für Bildnisse im persischen, türkischen und indischen Kulturraum.

Mohammed bekannte sich mit seiner Lehre zwar zur jüdischen wie christlichen Tradition – um dann doch beide als »verfälschte« Überlieferungen in Frage zu stellen. Mohammed verlängerte auf diese Weise die Traditionskette der »wahren« Propheten von Abraham über Moses noch über Jesus hinaus zu seiner Person als dem »letzten Verkünder Gottes«, als dem »Siegel der Propheten«. Den Juden wie Christen bedeutete eine solche Botschaft eine Gotteslästerung. Aus ihrer Sicht musste Mohammed als ein Scharlatan erscheinen, der die bereits von Gott offenbarte Wahrheit durch eine eigene – »bloß menschliche« – Lehre »verfälscht« habe. Dies erklärt, weshalb die meisten Christen den Koran als völlig bedeutungslos abtun, denn dieses Buch kann für sie ja nicht wie das Alte Testament als ein Vorläufer-Buch der eigenen Religion verstanden werden. Nach derselben Logik haben Juden das Neue Testament abgelehnt, das über ihre Offenbarungsschriften hinausgegangen ist. Umgekehrt ist es dagegen Muslimen möglich, die Bibel wie die Thora bis zu einem gewissen Grad zu bejahen, sehen sie doch in den heiligen Büchern der Christen und Juden manche Wahrheiten des Koran vorgeformt.

Aus unserer abendländischen Sicht erscheint es nahezu selbstverständlich, dass Mohammed sein Wissen über Abraham, Moses und Jesus und andere biblische Gestalten in Gesprächen mit Christen und Juden erworben hat. Aber sobald wir eine solche Auffassung gegenüber orthodoxen Muslimen äußern, stoßen wir auf heftigen Widerspruch. Ich habe solche Diskussionen nicht nur unterwegs in islamischen Ländern erlebt, sondern auch bei meinen Vortragsreisen im deutschsprachigen Raum.

Orthodoxe Muslime antworteten mir: Mohammed habe es gar nicht nötig gehabt, von Christen und Juden etwas über den *einen* Gott zu erfahren. Mohammed habe die Offenbarung von einem Engel Gottes in periodischen Abständen übermittelt bekommen, er habe somit die Worte Gottes, nicht verfälscht durch menschliches Zutun, empfangen. Denn wenn dies nicht so wäre, dann könnte man ja dem Propheten des Islam unterstellen, er selber habe sich wie ein Theologe, Philosoph oder Dichter seines eigenen Verstandes bedient, er habe nach Gutdünken aus Informationen fremder Kulturen ausgewählt und eben nur diese vorgefundenen Gedanken weiterentwickelt. Nein, so sei der Koran nicht entstanden. Mohammed sei nicht der Verfasser des Koran, sondern nur der Verkünder. Der Koran sei »ungeschaffen«, es habe den Koran schon vor der Geburt des ersten Menschen gegeben, der Koran sei schon seit ewigen Zeiten bei Gott gewesen. Die Bibel allerdings sei von Menschen verfasst worden, von Autoren, welche die ursprüngliche Offenbarung Gottes nach eigenem Gutdünken verfälscht hätten. In der Bibel fänden sich daher Irrtümer und Widersprüche, im Koran niemals.

Orthodoxe Muslime wehren sich mit solchen Antworten ebenso heftig gegen Ergebnisse historisch-quellenkritischer Religionswissenschaft, wie es heute noch immer ultra-orthodoxe Christen und Juden tun. Sie alle reagieren aus der gleichen Empörung oder Furcht, man wolle den göttlichen Offenbarungscharakter ihrer unfehlbaren Heiligen Schrift relativieren, ja sogar leugnen. So sind sich die drei monotheistischen Religionen selbst noch in ihren Modernitätskonflikten sehr ähnlich.

Inzwischen gibt es allerdings schon eine Reihe muslimischer Theologen, die sich zu einer historisch-kritischen Textinterpretation des Koran bekennen, so, um nur die bekanntesten Beispiele zu nennen, der Türke

Ömer Öszoy, der Ägypter Nasr Hamid Abu Zaid,[86] der Iraner Muhammad Schabestari.[87] Dass solche Theologen bei Muslimen teilweise auf heftige Ablehnung stoßen, zeigt nur, dass ein derartiges historisch-kritisches Verständnis heiliger Texte im Islam erst begonnen hat.

Abraham in Mekka – und die Botschaft an Christen und Juden

War Abraham in Mekka?

In der 3. Sure des Koran, Vers 96 bis 98, ist zu lesen: »Allah ist wahrhaftig, folgt daher der Religion des rechtgläubigen Abraham, der kein Götzendiener war. Das erste Bethaus für die Menschen war das zu Mekka zum Segen und zur Richtschnur der Welt. (...) Es ist die Stätte Abrahams, wer sie betritt, wird sicher sein. Allah befahl den Menschen, denen es möglich ist, nach diesem Haus zu wallfahren.« Diese Verse bieten einen neuen Aspekt der vielfältigen Bedeutung, die der Stammvater Abraham für Mekka hat. Mekka ist – nach islamischer Lehre – durch Abraham zum historisch frühesten Wallfahrtsort für Menschen des »wahren Glaubens« geworden und kann für alle späteren Pilgerzentren das einzig gültige Vorbild sein.

In einem solchen Zusammenhang lässt sich der Kommentar von Ezzedine Guellouz, des Konservators der Nationalbibliothek Tunis und prominenten Mekkapilgers, verstehen: »Hier liegt der eigentliche Grund für die Entstehung des heutigen Kaaba-Kults, von dem man oft sagen hört, der Islam habe ihn vom Heidentum ›übernommen‹, während es richtig heißen sollte: dem Heidentum ›wieder weggenommen, von ihm zurückerobert‹ – und die ihm von Abraham selbst gewollte Bedeutung eines Kults des Einzigen Gottes zurückgegeben. Abraham (... war) der Zerstörer der Götzenbilder und der Erbauer der Kaaba, des Hauses des Einzigen Gottes.«[88] Mohammed ist demnach »nur« der Prophet, der nach vielen Jahrhunderten religiöser, heidnischer Verirrung die Kaaba wieder in den abrahamitischen Urzustand des »reinen Monotheismus« zurückführte.

Aus jüdischer und christlicher Sicht fällt es leicht, die koranischen Auskünfte über Abraham als bloße Legende abzutun. Schließlich finden sich in der Bibel keinerlei Hinweise darauf, dass Abraham im Verlauf seines langen Wanderlebens je in Arabien oder gar in Mekka gelebt hat. Nach jüdischer und christlicher Überlieferung reiste Abraham mit seiner Sippe im

2. Jahrtausend vor unserer Zeitrechnung von seinem Geburtsort Ur in Chaldäa (heute Irak) nach Urfa und Harran (heute Türkei), anschließend in die Nähe von Damaskus (heute Syrien) und zuletzt nach Hebron (heute Israel), wo er im Alter von immerhin 175 Jahren starb.

Die historisch-kritische Quellenforschung setzt allerdings genauso bei der biblischen Überlieferung der Juden und Christen Fragezeichen. Denn außerhalb der Berichte im 1. Buch Mose finden sich keinerlei historische Nachweise über die Existenz Abrahams und seiner Sippe. Dies bedeutet zwar nicht, dass Abraham überhaupt nicht gelebt hat und demnach eine bloß literarische Erfindung wäre. Aber die mündliche Überlieferung, die an historische Ereignisse anknüpft, ist stark von Legenden überlagert und hat in dieser Form Eingang in die Bibel gefunden. Eine genauere Datierung der Lebenszeit Abrahams ist schon aus diesem Grund nicht möglich. Historiker schätzen, er müsse irgendwann in der Spanne von 2000 bis 1850 vor unserer Zeitrechnung gelebt haben.

Der Name des »Stammvaters« hat bereits legendären Charakter. Das hebräische Wort »Aba« bedeutet »Vater«. Ursprünglich hieß die in der Bibel geschilderte Gestalt »Abram«, »erhabener Vater«, und war als Oberhaupt einer weitverzweigten Sippe gekennzeichnet. Aber der »allmächtige Gott« offenbarte sich dem Sippenoberhaupt mit der Prophezeiung, er solle von nun an nicht mehr »Abram« heißen, sondern »Abraham«, »Vater vieler Völker«. Er sei dazu ausersehen, dass »aus seinem Samen« viele Könige unterschiedlicher Völker kämen. So lesen wir im 17. Kapitel des 1. Buches Mose. Juden, Christen und Muslime haben dann auf sehr verschiedene Weise den Ursprungsmythos »Abraham«, »Ibrahim«, für ihr eigenes Bedürfnis nach einer sinnstiftenden Autorität instrumentalisiert.

Im Koran finden sich Ereignisse aus Abrahams Leben, die die biblische Überlieferung abwandeln. Exemplarisch ist hierfür jene Begebenheit in der Bibel, dass Abraham einer schweren Glaubensprüfung unterzogen wird, indem Gott ihm befiehlt, seinen Sohn Isaak zu opfern. Abraham fügt sich schweren Herzens in den unerforschlichen Ratschluss Gottes, aber im letzten Moment erlässt ihm ein Engel Gottes die schwere Prüfung. So lesen wir im 1. Buch Mose, Kapitel 22. Eine annähernd gleiche Erzählung findet sich in der 37. Sure des Koran, Vers 103ff. Auch dort soll Abraham seinen Sohn opfern, auch dort erscheint Abraham durch seinen bedingungslosen Gehorsam gegenüber Gott als das absolute Vorbild für die Gläubigen. Aber dann der entscheidende Unterschied: Juden und Christen sehen den Ort des Geschehens in Jerusalem – die Muslime dagegen in Mekka. Die Muslime verbinden mit diesem Ereignis eines ihrer größten religiösen Feste: das »Große Opferfest«, »Id al-adha«, das am 10. Tag des Pilgermonats Dhu'l-Hidscha besonders intensiv in Mekka begangen wird. Für die Mekkapilger ist dieser Tag ein Höhepunkt ihrer Wallfahrt und wird mit entsprechenden Ritualen begangen (darüber später mehr), wird aber darüber hinaus in der ganzen islamischen Welt als hoher Festtag gefeiert.

In Bezug auf Abrahams Glaubensprüfung setzen die Muslime noch einen weiteren Akzent gegenüber Christen und Juden. Die Muslime sind sich nicht darüber einig, welchen Sohn denn Abraham auf Geheiß Gottes hätte opfern sollen. Eine Mehrheit spricht sich bis heute in Übereinstimmung mit der biblischen Überlieferung dafür aus, dass dieser Sohn Isaak sei. Eine gewichtige Minderheit besteht aber auf Ismael.[89] Hinter dieser Auseinandersetzung stehen zwei verschiedene Traditionen, die mit den Namen Isaak und Ismael verknüpft sind: Isaak ist bei Juden und Christen der bekanntere, weil ihm nach biblischer Überlieferung ein »ewiger Bund mit Gott« versprochen wurde. Er wurde von Abrahams rechtmäßiger Frau Sara geboren. Ismael dagegen war zwar der Erstgeborene, entstammte aber einer Verbindung Abrahams mit der ägyptischen Sklavin Hagar. Im Streit um die rechtmäßige Erbfolge wurden Hagar und ihr Sohn aus dem Haus Abrahams vertrieben (1. Buch Mose, Kapitel 17). Nach islamischer Überlieferung kommt Ismael die Bedeutung zu, Stammvater der Araber zu sein, während Isaak als Stammvater der Juden gilt. Entsprechend siedelt die islamische Tradition Ismael in Mekka an, wo er seinem Vater Abraham bei der Erbauung der Kaaba hilft (Koran 2. Sure, Vers 126ff.), Isaak dagegen in Kanaan (heute Israel).

Für die Muslime bedeutet dieser Gegensatz bis heute keinen unlösbaren Konflikt. Im Koran sind beide Geschlechter als legitime Nachkommen Abrahams anerkannt. Aus Isaaks Geschlecht leiten sich alle jüdischen Propheten von Moses bis Jesus ab, von Ismael ein einziger arabischer, aber der wichtigste Prophet: Mohammed.

Adam und Eva, die »ersten Menschen«, in Mekka

Aus christlich-abendländischer Sicht muss es überraschen, dass sogar Adam und Eva als die »ersten Menschen« nach ihrer Vertreibung aus dem Paradies in Mekka gewohnt haben sollen. Mehr noch: dass bereits Adam dort eine Kaaba errichtet habe. Dieser Ort sei schon vor der Sintflut, nun also am Beginn der Menschheitsgeschichte, zu einem Pilgerziel geworden. Es stellt sich die Frage, weshalb Adam neben Abraham einen derart wichtigen Platz in der islamischen Tradition, besonders in Hinblick auf Mekka, bekommen hat.

Adam ist noch weniger als Abraham eine historisch nachweisbare Gestalt, die sich außerhalb der biblischen und koranischen Quellen nachweisen ließe. Am Beispiel Adam ist der legendenhafte Charakter von vornherein viel deutlicher. »Adam« ist ursprünglich kein Eigenname, sondern ist vom hebräischen Wort »adama«, »Erde«, abgeleitet und steht im übertragenen Sinn für »Mensch« oder kollektiv für »Menschheit«. Gott hat den Menschen (»Adam«) aus Erde (»adama«) geschaffen. Ein ähnlicher Archetypus ist »Eva«. Dieser Name geht aus dem hebräischen Wort »chawah« hervor und bedeutet »Leben«, »Lebensspenderin«. Adam und Eva erscheinen allerdings sowohl in der biblischen als auch in der koranischen Tradition als Einzelpersonen mit individuell anmutenden Namen – und in diesem Zusammenhang ist es viele Jahrhunderte lang selbstverständlich gewesen, die mit ihnen verknüpften Geschehnisse als real historisch anzusehen.

Die Geschichte vom Sündenfall und die Vertreibung aus dem Garten Eden, wie wir sie aus dem 1. Buch Mose, Kapitel 3, kennen, ist sehr ähnlich im Koran, 7. Sure, Vers 10 bis 26, enthalten. Aber der Koran gibt keine genauere Auskunft darüber, welches Leben Adam und Eva in der irdischen Welt führten. Desto intensiver entwickelten sich Legenden außerhalb der koranischen Tradition, die den Glauben vieler Muslime ebenfalls beeinflusst haben. In der islamischen Tradition heißt es, dass Adam und Eva vom siebten (dem höchsten) Himmel nach ihrem Sündenfall auf die Erde hinabgestoßen wurden. Dabei sei Adam auf die Insel Sarandib (heute Sri Lanka) gekommen und habe dort auf einem hohen Berg die Vertreibung aus dem Paradies beweint. (Dieser Berg in Sri Lanka trägt heute den Namen »Adam's Peak«, »Adamsberg«, und ist Ziel vieler ceylonesischer und indischer Muslime). Eva habe nach langer Irrfahrt nahe Mekka, bei Jeddah, eine Bleibe gefunden. Nach einer Trennung, die 200 Jahre dauerte, habe der Engel Gabriel den reuigen Adam auf den Berg Arafat bei Mekka geführt, wo er Eva wiederfand.[90]

Adam und Eva hätten dann unzählige Jahre in Mekka gelebt, hätten dort viele Nachkommen gezeugt, seien dort zum »Ursprung der Menschheit« geworden, bevor sie auf die Insel Sarandib zurückgekehrt seien. In Mekka habe Adam, »der erste Mensch«, die erste Kaaba errichtet. Adam habe dabei aber nicht aus eigener Schöpferkraft gehandelt, vielmehr habe Gott ihn bei jeder Einzelheit des Aufbaus geleitet. Denn Gott habe die Kaaba bereits 2000 Jahre vor der Erschaffung der Welt im Himmel errichtet, wo sie sich noch immer als das ewige Modell befinde. Adam erbaute die Kaaba in Mekka exakt unter der Stelle, wo sich im Himmel ihr Gegenstück befindet.[91] Adam sei mit dieser Tat zum ersten Propheten der Menschheitsgeschichte geworden, der seine weit verstreuten Nachkommen zum »richtigen Glauben« und zur Wallfahrt nach Mekka veranlasst habe. Diese erste Kaaba sei aber wie auch die Stadt Mekka durch die Sintflut (die im Koran mehrmals erwähnt wird) zerstört worden. Gott habe dann den Propheten Abraham beauftragt, die zweite Kaaba zu erbauen und den Wallfahrtsort Mekka neu zu begründen. 3000 Jahre später habe Gott schließlich den Propheten Mohammed angewiesen, die Kaaba wieder in ihrer ursprünglichen monotheistischen Form, im Sinne von Adam und Abraham, herzustellen.[92]

Adam unterscheidet sich damit als Prophet prinzipiell weder von Abraham noch von Mohammed wesentlich. Maßgebend ist bei dieser Form von Legendenbildung, dass alle drei Propheten in Mekka wirkten. Gerade der Glaube an solche »Tatsachen« trug wesentlich dazu bei, Mekka als die Ur-Stadt religiöser Reinheit über alle anderen Städte hinauszuheben. Ihr Rang als das wichtigste Pilgerziel der Menschheit erschien damit als grundsätzlich unanfechtbar.

Die Pilgerrituale der Hadj

Die Hadj der Muslime im vorgeschriebenen Pilgermonat Dhu'l-Hidscha führt jedes Jahr etwa drei Millionen Besucher nach Mekka. Ein derart großer Andrang ist allerdings erst möglich, seit der Flug- und Schiffsverkehr die Anreise aus weit entfernten Ländern erleichtert hat. Noch vor 100 Jahren war die Mehrzahl der Pilger vorwiegend aus den arabischen Nachbarstaaten angereist. Entsprechend ist heute die Zahl um das Fünf- bis Sechsfache höher.

Aber nicht nur im Pilgermonat selber kommen die Menschen in beträchtlicher Zahl, sondern das ganze Jahr hindurch. So wurden 2010 neben den rund drei Millionen Wallfahrern der großen Hadj insgesamt rund 12 Millionen Besucher gezählt. Diese Zahlen, so schätzt das zuständige saudi-arabische Ministerium, werden sich in den nächsten zehn Jahren sogar vervierfachen, insgesamt könnten es dann pro Jahr bis zu 36 Millionen Pilger sein.[93] Der Andrang der Muslime steigt einerseits durch die starken Geburtenraten, andererseits aber wächst die Zahl derer, die sich eine Pilgerfahrt finanziell leisten können. Nach Mekka – und abgeschwächt auch nach Medina – kommen Muslime aller Konfessionen und Sekten, denn hier verehren Sunniten und Schiiten über die Glaubensgegensätze hinweg dieselben Heiligtümer als Ursprungsorte ihrer Religion.

Die Rituale in Mekka dauern sechs Tage, sie beginnen am 8. Tag des Pilgermonats und enden am 13. Tag. Der Ablauf der Zeremonien ist streng geregelt.

Noch bevor der Gläubige Mekka erreicht, legt er sich eine besondere Kleidung an. Sie besteht für Männer aus zwei ungesäumten weißen Tüchern sowie Sandalen, für die Frauen gibt es keine besonderen Vorschriften, außer dass sie Haar und Körper (nicht jedoch das Gesicht) verhüllt haben. In diesem Zustand des »Ihram«, der Weihe, dürfen sich die Pilger nicht streiten, dürfen nicht rauchen und müssen auf den Sexualverkehr verzichten. Darüber hinaus verdeutlichen die einheitlich in weiße schlichte Tücher gekleideten Männer und die einheitlich verhüllten Frauen eine Einheit der Gläubigen: Es verschwinden die sonst sichtbaren sozialen Unterschiede wie auch weitgehend die ethnischen. In diesem Zustand der Weihe ist jeder Gläubige gleich vor Gott. Gerade die Pilgerfahrt nach Mekka bringt diese egalitäre Tendenz des Islam – die ja im Christentum ebenfalls angelegt ist – optisch besonders auffällig zum Ausdruck.

Nach der Ankunft in Mekka am 8. Tag des Pilgermonats und dem ersten Tag der Zeremonien umrunden die Pilger sieben Mal die Kaaba, wie es der Prophet Mohammed bei seinem siegreichen Einzug in Mekka getan hat, und rufen, seinem Beispiel folgend: »Hier bin ich, mein Gott, hier bin ich!« Es sind jene Szenen, wie sie auch Nichtmuslime von unzähligen Fotos und Dokumentarfilmen kennen: Tausende Pilger strömen um den schwarz verhüllten Würfel der Kaaba. In welchen seelischen Zustand sich Pilger bei diesem Umkreisen der Kaaba begeben – oder zu gelangen hoffen –, verdeutlicht anschaulich der Bericht des bereits erwähnten prominenten Muslim Ezzedine Guellouz, des Konservators der Nationalbibliothek von Tunis: »Die Tränen sind da. Sie sind plötzlich einfach *da*. Ich bin nicht mehr derselbe Mensch. Den Ungläubigen und Gleichgültigen, in dessen Haut ich – leider – ab und zu steckte, habe ich völlig abgestreift. (...) Zum Glück sind die Formeln, die ich auszusprechen habe, einfach. Sie sind so überaus einfach, dass sie genau die Dinge ausdrücken, die ich in diesem Augenblick ausrufen will: ›Gott ist groß! Gott ist groß! Es gibt keinen Gott außer Gott!‹ (...) Ich fühle mich innerlich überschwemmt.«[94]

Dieser Zustand höchster Erregung beim Rundgang um die Kaaba in einer unüberschaubaren Menschenmasse kann sogar solche Besucher erfassen, die mit skeptischer Distanz nach Mekka gekommen sind. Etwa die türkische Journalistin Özlem Topçu. Sie begleitete ihre strenggläubige alte Tante nur unterstützend auf der Wallfahrt und empfand das obligate Kopftuch für Frauen während der Zeremonien als »Zumutung« und »pure Verkleidung«, aber sie stellte ihr Erlebnis folgendermaßen dar: »Dieser Moment – was ist das eigentlich? Ich wollte Mekka sehen wie eine unbeteiligte Zuschauerin im Kino, mit emotionalem Sicherheitsabstand, doch die Menschenmenge macht das unmöglich: Ich werde geschoben und ich schiebe. Es ist bedrohlich und mitreißend zugleich, in dieser Menge von Zehntausenden zu treiben. (...) Ich versuche, niemanden zu berühren, meine Richtung selbst zu bestimmen, aber ich spüre Leichtigkeit, als ich mich endlich der Macht der Masse ergebe. Löse ich mich auf? (...) Bin ich jetzt der willenlose Teil eines Kollektivs? Ja, das bin ich – und ich fühle mich wohl damit. Gelöst.«[95]

Zum Beginn der Umrundungen um die Kaaba sollen die Pilger den schwarzen Meteoriten küssen, der an der Ostwand des würfelförmigen Gebäudes eingemauert ist. Aber nur wenigen gelingt es, nahe an den Stein heranzukommen. Die andern begnügen sich mit einer grüßenden Gebärde und dem Ruf »Allahu akbar!«, »Gott ist größer!«, »Gott steht über allem!« Dieser Stein, der in keiner Gebetsformel erwähnt ist, genießt besondere Verehrung, weil ihn – so eine Legende außerhalb der koranischen Offenbarung – der Engel Gabriel dem Stammvater Abraham überreicht haben soll. Dieser Stein bildet angeblich einen der letzten Reste jener Kaaba, die Abraham errichtet hat. Und weil die Lippen Mohammeds diesen Stein bei der Abschiedswallfahrt kurz vor seinem Tod küssten, möchten die Pilger dem Beispiel des Propheten folgen. In späteren Stadien der Umrundung drängen sich die Gläubigen mit Gesten der Umarmung an die Kaaba-Wand, hier ebenfalls Mohammed nachahmend. Am Grab von Abrahams Sohn Ismael und dessen Mutter Hagar vorbeikommend, grüßen sie mit lauten Rufen.

Was erwarten Pilger von dieser Zeremonie? Özlem Topçu, die türkische Journalistin, zitiert die Antwort ihrer strenggläubigen Tante stellvertretend für viele: »Ich hoffe, dass Gott mir meine Sünden vergeben wird, wenn ich meine Schulden bei ihm begleiche.« – »Aber was ist deine Schuld?« – »Ich habe Sünden begangen. Ich will wieder so unschuldig sein wie am Tag meiner Geburt.«[96] Eine andere Frau, kurzfristig ebenfalls in Begleitung der Journalistin, zog einen Zettel aus ihrem Beutel: eine Liste mit den Namen all derer, für die sie beten will. Der spielsüchtige Sohn. Der ungläubige Ehemann. Die Tochter, die sich scheiden lassen will. Ein Pilger trägt auch Verantwortung für all jene, die nicht hier sein können.[97]

Nach den sieben Umrundungen der Kaaba verlassen die Pilger den kreisenden Menschenstrom auf der Höhe der Ecke des »Schwarzen Steins« und begeben sich zur »Stätte Abrahams«, »Maqam Ibrahim«. Hier ist in einem vergitterten Pavillon ein kleines Felsstück untergebracht, das Abraham beim Bau der Kaaba benutzt haben soll, um den oberen Teil abzuschließen. Vor dem Pavillon verrichten die Pilger zwei rituelle Gebete.

Anschließend trinken die Pilger aus dem nahegelegenen heiligen Brunnen Zamzam, der durch den Wink eines Engels entstanden sein soll, als Hagar und ihr Sohn Ismael verzweifelt in der Wüste nach Wasser suchten und dem Verdursten nahe waren. Der Ursprung des Wortes Zamzam ist unsicher. Einige muslimische Kommentatoren leiten es von »Zamm! Zamm!«, »Fülle! Fülle!«, ab, was Hagar Ismael zugerufen habe, als sie das Wasser entdeckte.[98] Diese Episode ist ähnlich auch im 1. Buch Mose, Vers 7ff., zu finden. Ein »Engel des Herrn« hat die in der Wüste umherirrende Hagar zu einem rettenden Brunnen geführt und ihr prophezeit, dass sie einen Sohn gebären werde, dem sie den Namen Ismael geben solle; Ismael werde der Stammvater vieler Nachkommen sein. Die islamische Tradition hat dieses Geschehen geändert, indem der Sohn Ismael bereits ein Kind war – und dass der Brunnen sich dort befindet, wo Ismael später seinem Vater Abraham half, die Kaaba zu erbauen. Das Wasser dieses Brunnens wird von den Pilgern nicht nur vor Ort getrunken, sondern in mitgebrachte Gefäße gefüllt. Viele Muslime benetzen ihre Augen damit, weil es angeblich die Sehkraft stärkt und von Augenkrankheiten heilt. Sie nehmen das Wasser in ihre Heimat mit und bewahren es dort auf, um in der Stunde des Sterbens einige Tropfen davon zu trinken.[99]

Zum Abschluss laufen die Pilger sieben Mal zwischen den Felsen Safa und Marwa hin und her oder gehen die Strecke (je nach körperlicher Verfassung). Dieses Ritual erinnert an die verzweifelte Suche der Hagar nach Wasser für ihren Sohn Ismael. Die beiden Felsen befinden sich in unmittelbarer Nähe der Kaaba. Für die 420 Meter lange Strecke haben saudische Architekten eine effiziente Lösung gefunden, um die riesigen Menschenströme zu kanalisieren: eine überdachte, klimatisierte und mit Marmorplatten ausgelegte Galerie, in der man auf der einen Seite nach Marwa, auf der anderen Seite zurück nach Safa läuft.[100] Mit diesem siebenmaligen Lauf ist der erste Tag des Pilgerrituals beendet. Noch am Abend des ersten Tages begeben sich die Pilger teils zu Fuß, teils mit Bussen auf einer mehrspurigen Autobahn in den rund 25 Kilometer entfernten Talkessel, wo sie, bis zu drei Millionen Menschen, in einem Lager von Tausenden Zelten, Mina, der größten Zeltstadt der Welt, übernachten.

Der zweite Tag der Zeremonien ist erfüllt mit Gebeten und Predigten am Fuß des Berges Arafat, des »Berges der Erkenntnis«. Die Zeremonien dort bedeuten den Höhepunkt der Wallfahrt, denn mit dem Berg Arafat verknüpft sich ein besonderes Ereignis: Dort hat der Prophet Mohammed auf seiner letzten Wallfahrt vor Tausenden Pilgern eine Predigt gehalten, bevor er nach Medina zurückkehrte und dort starb. Diese Predigt gilt als Vermächtnis an die Muslime: Gleichheit der Menschen vor Gott ohne Ansehen des gesellschaftlichen Ranges, des Volkes, der Rasse. Der Berg Arafat ist aber noch mit einer weiteren Bedeutung aufgeladen. In der islamischen Tradition außerhalb des Koran hat sich ja, wie schon erwähnt, die Legende gebildet, dass Adam und Eva nach ihrer Vertreibung aus dem Paradies durch den Engel Gabriel auf dem Gipfel des Berges wieder zusammengeführt wurden. Auch dieses Ereignisses gedenken Pilger, sofern sie der Legende Bedeutung beimessen.

Am 10. Tag des Pilgermonats und dem dritten Tag der mekkanischen Zeremonien ziehen die Pilger nahe der Zeltstadt Mina an drei Steinsäulen vorbei, die den Teufel symbolisieren, und werfen Kieselsteine auf ihn. An dieser Stelle soll Abraham den Teufel mit Steinwürfen in die Flucht geschlagen haben, als dieser versuchte, den Propheten zum Ungehorsam gegen Gott zu überreden. Früher drängten sich bei dem Steinigungsritual Hunderttausende in der Ebene, was häufig zu Massenpaniken mit Hunderten Schwerverletzten, ja auch Toten, führte. Seit Beginn des 21. Jahrhunderts können Pilgergruppen aber auf einer vierstöckigen Betonbrücke wohlgeordnet nach einem strengen Zeitplan von jedem Stockwerk ihre Kieselsteine werfen. Deutsche Ingenieure haben bei der Planung der Brücke geholfen, indem sie das akkurate Einbahnsystem für die Menschenmassen entwarfen.[101]

Im Anschluss an dieses Ritual schlachten Zehntausende Pilger je ein Schaf oder eine Ziege in Erinnerung an das Opfer Abrahams. Ein Teil des Tieropfers wird von den Besitzern der Tiere selbst gegessen, ein anderer Teil an die Armen unter den Pilgern verteilt. »Id al-adha«, das »Große Opferfest«, hat dem Tag den Namen gegeben. Es ist ein Fest, das nicht nur von den mekkanischen Pilgerscharen, sondern, wie schon erwähnt, in der ganzen islamischen Welt als ein religiös geprägtes Gemeinschaftsfest gefeiert wird (es ist in der hohen Bedeutung vergleichbar mit dem christlichen Weihnachten und Ostern). Dann kehren die Pilger nach Mekka zurück, wo sie wieder die Kaaba umrunden.

Nach diesem Ritual sind die Wallfahrtszeremonien im eigentlichen Sinn beendet. Den Gläubigen bleibt nun die freie Wahl, wie sie die restlichen drei Tage verbringen wollen. Viele Pilger kommen noch einmal in die Hochebene von Arafat, wo sie erneut die Säulen des »Teufels« mit Kieselsteinen bewerfen und sich anschließend in der Zeltstadt Mina gegenseitig Besuche abstatten. Hier entstehen viele Kontakte über Ländergrenzen hinweg. Andere Pilger fahren nach Medina, um dort das Grab des Propheten Mohammed aufzusuchen und in der Hauptmoschee zu beten – was aber nicht mehr zu den vorrangigen Pflichten des Gläubigen zählt. Mohammed als Person steht nicht im Mittelpunkt der Verehrung, sondern die von ihm verkündete Lehre, und sie ist in ihrer Symbolik vor allem mit der Kaaba in Mekka und dem Berg Arafat verknüpft.

Konflikte zwischen Sunniten und Schiiten

Im November 1979 kam es während der Hadj in Mekka zu Unruhen mit blutigen Folgen. Rund 600 iranische Pilger hatten sich in der Zeltstadt Mina nahe dem heiligen Berg Arafat zu einer Demonstration versammelt und folgende Parolen skandiert: »Nieder mit dem korrupten Königsregime!«, »Es lebe Khomeini, der weise Führer der iranischen Nation!« Saudische Soldaten schossen ohne Vorwarnung, so Augenzeugenberichte, und mindestens 100 Pilger starben unter den Gewehrsalven.[102] Der blutige Konflikt entlud sich ein halbes Jahr nach dem Sieg der sogenannten Islamischen Revolution im Iran, Khomeini regierte seit Februar 1979.

Acht Jahre später, im Juli 1987, kam es während der Hadj in Mekka zu einem weiteren, nun noch wesentlich größeren Massaker. Schiitische Pilger aus dem Iran entrollten vor dem Tor der Großen Moschee Porträts des Ayatollah Khomeini und stürmten mit dem Ruf »Allahu akbar!« in den Hof, wo sich die Kaaba befindet. Bei stundenlangen Schießereien zwischen der Polizei und den Schiiten, von denen viele Waffen unter ihren Gewändern verborgen hatten, starben nach saudischen Angaben 275 Iraner, 42 Pilger anderer Länder und 85 saudische Polizisten des Sicherheitsdienstes.[103]

Ist für die Konflikte einzig das radikal-schiitische Regime des Iran verantwortlich? Auf den ersten Blick scheint es so. Solange Schah Mohammed Reza Pahlavi im Iran regierte, haben schiitische Pilger keinerlei derartige Auseinandersetzungen in Mekka provoziert. Nach dem Sturz des Schahs hatte Khomeini die Parole ausgegeben, die schiitischen Pilger müssten ihre Wallfahrt als »politischen Ritus« ansehen, es gelte gerade nahe der Kaaba mutig für den »wahren Glauben« einzutreten und notfalls dafür als Märtyrer zu sterben, der sofort ins Paradies eingehe. In Bezug auf die Könige der Saud-Dynastie sagte Khomeini: »Die Saudis waren schon immer wie ein Dolch, der muslimische Herzen von hinten durchbohrt. Die saudische Regierung ist mit einem Makel der Schande behaftet, den sie nie wieder loswerden wird.«[104]

Bei näherem Hinsehen sind die Probleme allerdings vielschichtiger. Solange bei Sunniten und Schiiten gemäßigte Machthaber die religiös-politischen Richtlinien bestimmten, ist es zu keinen größeren Konflikten zwischen den beiden Konfessionen gekommen. Dies gilt für alle Teile der islamischen Welt, wo Sunniten und Schiiten in unmittelbarer Nachbarschaft leben. Als sich jedoch die Spannungen zwischen dem radikal-schiitischen Gottesstaat Iran und der Saud-Dynastie mit radikal-sunnitischer Prägung herausgebildet haben, war die Konfrontation unausweichlich. Nun standen sich zwei streng fundamentalistisch orientierte Systeme gegenüber, die jeweils die andere Konfession als »unislamisch« verdammten.

Das Herrscherhaus Saudi-Arabiens ist mit der puritanisch-sunnitischen Richtung der Wahhabiten eng verbunden. Und dieses Bündnis hat nicht nur gegenwärtig problematische Folgen für das religiöse Klima in den Pilgerzentren Mekka und Medina, die ja im Herrschaftsbereich der Wahhabiten liegen. Die Verflechtung saudischer und wahhabitischer Macht hat vielmehr seit Jahrhunderten dazu beigetragen, die Beziehung zwischen Sunniten und Schiiten immer wieder erneut einer Zerreißprobe auszusetzen. Die Bewegung der Wahhabiten ist bereits während des 18. Jahrhunderts in Mekka entstanden, nahezu zeitgleich mit der Dynastie Saud. Ihr Name leitet sich von dem Korangelehrten Mohammed Abd al Wahhab ab, der von 1703 bis 1792 lebte. Wahhab trat mit dem Anspruch auf, den Islam rigoros von allen »Verfälschungen« zu »reinigen«. Er bekämpfte aber nicht nur den überall florierenden Aberglauben, wie er mit Amulettzauber, den Glauben an Geister und Dämonen sowie die Verehrung wundertätiger Heiliger die volkstümliche Religiosität bestimmte. Er verwarf auch die liberale Theologie innerhalb des Hochislam, die nach seiner Meinung den Koran zu freizügig und daher »unislamisch« auslegte. Wahhabs Anhänger versuchten bereits Mitte des 18. Jahrhunderts, ihre Religion derart rigoros von allen »Verfälschungen« zu »reinigen«, dass man sie aus unserer heutigen Sicht als die ersten Fundamentalisten des Islam bezeichnen kann.

Die Wahhabiten drangen missionarisch aggressiv – unterstützt von der militärisch starken Macht der Dynastie Saud – Anfang des 19. Jahrhunderts in den Irak vor. Dort zerstörten sie 1801 in Kerbela das Mausoleum des Prophetenenkels Hussein, der (wie auch dessen Vater Kalif Ali) für die Schiiten einer der Ahnherrn ihrer Glaubensrichtung ist. Den Schiiten gilt Kerbela als eines ihrer wichtigsten Pilgerziele. 1806 verwüsteten die Wahhabiten in Medina den Friedhof Al Baki, wo die Prophetentochter Fatima, die Mutter Husseins, und vier der zwölf heiligen schiitischen Imame beerdigt sind. Damals entstand die unversöhnliche Feindschaft zwischen der radikal-sunnitischen Saud-Dynastie und den Schiiten. Auf diese traumatischen Konflikte Anfang des 19. Jahrhunderts bezog sich Khomeini, als er von dem ewig währenden »Makel der Schande« sprach.

Die Wahhabiten und mit ihnen die Saud-Dynastie verloren Ende des 19. Jahrhunderts ihre Macht auf der Arabischen Halbinsel, und daraufhin gestatteten religiös gemäßigte Nachfolger, dass die Schiiten die Gräber ihrer Imame in Medina wieder restaurierten. Als aber die Saud-Dynastie 1925 zum zweiten Mal weite Teile Arabiens unterwarf, kehrten auch die

Wahhabiten mit ihrem schroffen sunnitischen Fundamentalismus zurück. Erneut flammten die Konflikte auf. Noch einmal zerstörten die Wahhabiten die Gräber schiitischer Imame auf dem Friedhof Al Baki in Medina. Erst 1929 schloss die Dynastie Saud – unter dem Druck gemäßigter sunnitischer Staaten – mit dem Iran einen Vertrag, wonach den schiitischen Pilgern in Mekka und Medina endlich die gleichen Rechte wie den Sunniten zugestanden wurden.[105] Aber zu Spannungen zwischen den radikal-sunnitischen Schutzherren von Mekka und Medina und schiitischen Pilgern ist es im Verlauf der folgenden Jahrzehnte trotzdem immer wieder gekommen, also lange bevor im Iran das radikal-schiitische Regime unter Khomeini an die Macht kam.

Der Kern des Problems ist hierbei weniger der konfessionelle Gegensatz zwischen Sunniten und Schiiten. Entscheidend sind die radikalen Gruppierungen auf beiden Seiten. Den Ausschlag gegeben haben aber letztlich die Wahhabiten, die das geistige Klima des Pilgerbetriebs in Mekka und Medina maßgeblich bestimmen. »Der Unterschied in der Doktrin, der den Sunni-Islam vom Schiismus trennt, scheint geringfügig im Vergleich zu dem Abgrund, der sich zwischen dem saudischen Wahhabismus und dem Schiismus auftut«, schreibt der Islamwissenschaftler Martin Kramer.[106]

Auf die grundsätzlichen Unterschiede zwischen Sunniten und Schiiten kann ich in diesem Zusammenhang nur kurz eingehen. Zur Spaltung in zwei verschiedene Konfessionen war es bereits unmittelbar nach dem Tod Mohammeds gekommen, als die Muslime sich nicht über den Nachfolger im Amt des Kalifen einigen konnten. Der arabische Titel »Kalif« bedeutet »Stellvertreter« und bezieht sich auf die religiös-politischen Führer in der Nachfolge Mohammeds. Die einen meinten, zur Nachfolge sei jeder Gläubige mit herausragenden Fähigkeiten geeignet. Sie, die Sunniten, sollten später die Mehrheit von fast 90 Prozent der Muslime bilden. Ihr Name leitet sich von dem arabischen Begriff »Sunna«, »Tradition«, »gewohnte Handlungsweise«, ab. Andere vertraten dagegen die Ansicht, nur ein Blutsverwandter Mohammeds könne Nachfolger werden, und sie plädierten für Ali Ibn Abi Talib, einen Vetter Mohammeds, der zudem mit Mohammeds Tochter Fatima verheiratet war. Sie, die Schiiten, sollten später rund 10 Prozent der Muslime ausmachen. Ihr Name geht auf den arabischen Begriff »Schia«, »Partei«, zurück; gemeint ist die Partei des Ali.

Es hat wegen dieses Nachfolgestreits blutige Kämpfe gegeben. Ali, der nach anfänglich vergeblicher Bewerbung um das höchste Amt dann doch drei Jahre lang als Kalif regierte, wurde von Gegnern im Jahr 661 ermordet. Nahezu zwei Jahrzehnte später, im Jahr 680, starb sein Sohn Hussein, der Enkel Mohammeds, in der Schlacht von Kerbela (wo sich heute sein Mausoleum befindet) als Märtyrer. Der Streit um die Nachfolge ist im Verlauf der späteren Jahrhunderte zwar gegenstandslos geworden, aber die Unterschiede, wie sunnitische und schiitische Geistliche den Koran auslegen, sind geblieben. Entsprechend ist es immer wieder zu Kriegen zwischen beiden Konfessionen gekommen, die in ihrer Schärfe an die Konflikte zwischen Katholiken und Protestanten erinnern. Hier und dort hat sich allerdings auch ein friedliches Nebeneinander entwickelt.[107]

Ein Gegensatz zwischen Sunniten und Schiiten hat sich nicht zuletzt in den Praktiken der Pilgerfrömmigkeit herausgebildet. Wenn Schiiten nach Mekka kommen, vermissen sie hier wesentliche Elemente ihrer eigenen Religiosität: Viele von ihnen glauben, dass heilige Männer, zu deren Mausoleen sie pilgern, im Grab die Gebete vernehmen. Nach landläufiger schiitischer Überzeugung sind vor allem die von ihnen besonders verehrten zwölf Imame in der direkten verwandtschaftlichen Linie des Propheten Mohammed über den Tod hinaus fähig, Wunder zu wirken und bei Gott Fürsprache für die Betenden einzulegen.[108] Die sunnitische Orthodoxie stuft eine derartige Verehrung von Imamen als »heidnisch« ein und sieht hier eine deutliche Parallele zu Wallfahrtspraktiken der Christen. Mohammed selber hatte sich ja ausdrücklich von christlichen Pilgertraditionen abgegrenzt und den dort praktizierten Heiligen- und Reliquienkult als »Götzendienst« verurteilt. Schiiten bleiben so – nach Auslegung strenger sunnitischer Orthodoxie – wie die Christen in mancherlei Hinsicht noch dem »Heidentum« verhaftet, sind also schon deshalb nicht als vollwertige Muslime anzusehen.

Dass allerdings auch in vielen Pilgerorten der Sunniten »heidnische« Tendenzen anzutreffen sind, werden wir noch am Beispiel des meistbesuchten Wallfahrtszentrums von Istanbul, Eyüp, sehen. Die Pilger in Eyüp bitten den dort bestatteten Heiligen um »Baraka«, Segen, und hoffen so von der wundertätigen Kraft des Toten zu profitieren.[109] Die sunnitische Orthodoxie lehnt einen solchen Glauben in der eigenen Konfession ebenso wie den der Schiiten ab. Aber sie duldet diese Ausprägung von sunnitischem »Volksislam« oder »Islam der Straße« stillschweigend, weil sie angesichts der weiten Verbreitung dieser Pilgerpraktiken nicht die Durchsetzungskraft hätte, die Kulte zu unterdrücken.

Anders ist dies bei der Orthodoxie der Wahhabiten. Sie ist wesentlich strenger und puristischer. Auch hat sie eine solche Zurückhaltung nicht nötig angesichts ihrer nahezu unumschränkten Macht in Saudi-Arabien.

Mekkas Zukunft unter wahhabitischer Herrschaft

Die Wahhabiten geraten durch ihre rigorose Strenge aber nicht allein mit Schiiten in Konflikt – sondern auch mit vielen Sunniten. Denn die Wahhabiten wenden sich sogar gegen viele Traditionen, die den meisten Sunniten heilig sind. So verdammen sie prunkvoll gebaute Moscheen und auch zahlreiche religiöse Feste (mit Ausnahme des Opferfestes im Pilgermonat und dem Fest des Fastenbrechens nach dem Ramadan). Die strengen religiösen Eiferer lehnen darüber hinaus strikt Musik ab, selbst wenn sie religiös bestimmt ist. Erst recht verdammen sie Wallfahrten zu Gräbern, sofern dort Sunniten – ähnlich wie Schiiten – Heilige verehren und zu ihnen um Heilung von Krankheiten, Kindersegen und Erfolg im Beruf beten. Ihre scharfe Ablehnung begründen die Wahhabiten damit, dass Mohammed all diese Bräuche nicht gewollt habe und sie als »unislamisch« verurteilen würde.

Die Wahhabiten weigern sich sogar, den Geburtstag des Propheten Mohammed zu feiern und an seinem Grab in Medina zu beten. Sie sehen bereits in solchen Zeremonien den Beginn eines Heiligenkults – und damit eine Vorstufe zum »Götzendienst«, wie dies in der Religiosität der Christen festzustellen sei. Sie ließen in Mekka das Haus abreißen, in dem Mohammed laut Legende geboren wurde, ein anderes, in dem er angeblich eine Zeit lang lebte. Auch ließen sie das Haus beseitigen, in dem mutmaßlich Chadidscha, die erste Gattin Mohammeds, wohnte; an seiner Stelle befindet sich heute eine Toilette.[110] Außerdem ließen sie eine Moschee zerstören, in der Kalif Abu Bekr, Mohammeds unmittelbarer Nachfolger, gebetet haben soll, ebenso fiel dessen mutmaßliches Wohnhaus der Abrissbirne zum Opfer. Diese Maßnahmen begründeten die Wahhabiten mit einem religiösen Gutachten ihres Großmufti in Mekka 1994: »Es wird nicht erlaubt, Gebäude und Historisches zu verherrlichen. Solches Tun würde zu Götzerei verführen«.[111]

In der islamischen Welt umstritten sind aber auch Maßnahmen einer sogenannten Modernisierung, die die wahhabitische Regierung als »zukunftsweisend« für Mekka ansieht. An der Stelle, wo nahe dem Eingang zum Hof der Kaaba das Haus Abu Bakrs stand, erhebt sich nun das 30-stöckige Mekka-Hilton-Hotel. Und nicht weit davon entstehen seit 2009 rund 37 Wolkenkratzer mit bis zu 41 Stockwerken für rund 36 000 zahlungskräftige Besucher. Das Mekka-Hilton schrumpft allerdings angesichts des ebenfalls nahe der Kaaba entstehenden Luxus-Hotels Abraj al-Beit zu einem Zwerg. Herzstück des aus sieben Wolkenkratzern bestehenden Luxus-Hotels ist ein Turm, der bei seiner Fertigstellung 2011 knapp über 600 Meter misst und so das zweithöchste Bauwerk der Welt ist (hinter dem 2010 vollendeten Burdj-Chalifa-Komplex in Dubai mit 830 Metern Höhe). Der monströse Turm ist – mit seinen riesigen Uhren wie auch mit seinen architektonischen Anleihen bei der europäischen Neugotik – dem Big Ben in London nachgebildet, allerdings mehr als sechsmal so hoch (und nahezu 200 Meter höher als das Empire State Building in New York). Eine Nacht in diesem Hotel mit Vogelperspektivenblick auf die Kaaba wird pro Kopf rund 1000 Euro kosten.[112]

Diese neue, sehr »europäisch« wie »amerikanisch« anmutende Skyline von Wolkenkratzern, dazu Shopping Malls mit Schildern von Fast Food Restaurants (Kentucky Fried Chicken, Hardee's House of Donats) [113] soll den Eindruck vermitteln, dass die sonst hermetisch abgeschottete Pilgerstadt Mekka sich andererseits den Anforderungen einer globalisierten Moderne geöffnet hat. Aber diese Form von »Modernisierung« verändert nicht nur radikal das äußere Erscheinungsbild des arabisch geprägten Mekka, sondern tiefgreifend auch das soziale Zusammenleben der Pilger. Allein äußerst wohlhabende Besucher werden zukünftig noch nahe der Kaaba wohnen können. Dagegen wird die Mehrzahl der Pilger erheblich stärker als bisher gezwungen sein, in billigen Unterkünften mehr als eine Stunde entfernt zu übernachten. Sie werden ihre Gebete meist am Straßenrand verrichten müssen, weil es ihnen bei den verkehrsverstopften Straßen nicht mehr möglich ist, rechtzeitig für wichtige Rituale in die Hauptmoschee und zur Kaaba zu kommen.

Die Trennung in reiche und arme Pilger soll zwar gerade in Mekka durch die einheitlich schlichte Tracht eines weißen Umhangs symbolisch zum Verschwinden gebracht werden – aber sie wird nun verstärkt sichtbar durch die optisch auffälligen Unterschiede luxuriöser und ärmlicher

Wohngebiete. Proteste von Muslimen außerhalb Saudi-Arabiens gegen eine derartige Entwicklung haben bisher an der extrem profitorientierten Politik der wahhabitisch »Frommen« wenig geändert.[114]

Wieso Mekka und nicht Jerusalem zur heiligsten Stadt des Islam wurde

Es ist bei Nichtmuslimen kaum bekannt, dass Mohammed ursprünglich nicht daran dachte, Mekka zur heiligsten Stadt des Islam zu erklären. Sein Favorit war anfangs Jerusalem.

In Medina, wo die ersten Moscheen gebaut worden sind, existiert bis heute sogar eine Kultstätte, die noch die Erinnerung an diese ursprüngliche Ausrichtung nach Jerusalem bewahrt. Ihr Name lautet »Masjid al-qiblatain«, »Moschee der zwei Qiblas«. Das arabische Wort Qibla (auch: Kibla) bedeutet Gebetsrichtung. Diese Moschee besaß als einzige der gesamten islamischen Welt viele Jahrhunderte lang zwei Gebetsnischen (»Mihrab«) mit entgegengesetzten Richtungen: Die eine wies von Medina aus in Richtung Süden nach Mekka – die andere in Richtung Norden nach Jerusalem.

Die Wahhabiten als puristische Eiferer zerstörten die Jerusalem-Gebetsnische. Sie wollten den offensichtlichen Widerspruch zweier gegensätzlicher Richtungen ausräumen, um die Einmaligkeit von Mekka umso mehr zu betonen. Eine solche Engstirnigkeit wird von vielen Muslimen bis heute heftig kritisiert: Sie werfen den Wahhabiten vor, durch ihre Vorgangsweise von der besonderen Bedeutung Jerusalems für die Muslime abzulenken.[115] Spuren der früheren Jerusalem-Gebetsnische sind trotzdem noch immer in der mehrmals umgebauten Moschee erhalten.[116] Aber wie auch immer: Die Auseinandersetzung um die äußerlich eher unscheinbare Moschee zeigt, wie viel Bedeutung Muslime der dortigen Symbolik zumessen.

Im Abschnitt über Medina als die »Stadt des Propheten« habe ich bereits darauf hingewiesen, dass Mohammed sich in allen Moscheen beim Gebet zunächst in Richtung Jerusalem verneigte. Mohammed knüpfte hier ganz bewusst an den Glauben von Juden und Christen an, denen Jerusalem die heiligste Stadt ist. Mehr noch: Mohammed hatte sich sogar von den in Medina lebenden Juden anregen lassen, den Freitag als den wichtigsten Gebetstag für Muslime einzuführen, denn am Freitagabend beginnt ja der

Sabbat als der geheiligte Ruhetag der Juden. Aber eineinhalb Jahre nach der Übersiedlung von Mekka nach Medina setzte Mohammed in einer dieser Moscheen beim Freitagsgebet ein spektakuläres Signal: Mitten im Gebet wandte er sich von der Jerusalem-Nische ab, verneigte sich in die Richtung nach Mekka und befahl den Versammelten, dasselbe zu tun. Zu diesem Zeitpunkt erst hatte Mohammed die Kaaba von Mekka zum spirituellen Zentrum des Islam erklärt und Jerusalem den bisherigen Rang aberkannt. Innerhalb weniger Wochen verschwanden dann in allen Moscheen Medinas die Jerusalem-Nischen und wurden durch Mekka-Nischen ersetzt – mit Ausnahme der einen Moschee, in der Mohammed seine Kehrtwendung vollzogen hatte.

Aus orthodox-islamischer Sicht war Mohammed mit dem Richtungswechsel von Jerusalem nach Mekka ausschließlich einem Befehl Gottes gefolgt. Eine solche Aussage ist in der 2. Sure des Koran, Verse 143ff., zu finden. Aber aus der Perspektive historisch-quellenkritischer Wissenschaft müssen die religiösen, sozialen und politischen Rahmenbedingungen berücksichtigt werden. In Medina lebten zur damaligen Zeit neben den »Götzendienern« viele Juden sowie Christen, mit denen der Prophet intensiven Kontakt pflegte. Mohammed ging es in der ersten Phase seiner Mission darum, vor allem die Angehörigen monotheistischen Glaubens für seine Lehre zu gewinnen. Er sah sich zunächst nicht als Begründer einer neuen Religion, sondern als Reformator der »verfälschten Überlieferung« von Thora und Bibel. Und von daher war es für ihn anfangs selbstverständlich gewesen, dass er sich gemeinsam mit Juden und Christen zu der »heiligsten Stadt aller Gläubigen« bekannte. Erst als die Juden und Christen ihn als den gottgesandten Reformator zurückwiesen, hat die Enttäuschung Mohammed dazu geführt, Mekka und Medina in der Bedeutung vor Jerusalem zu reihen. Ja, mehr noch: Erst nach jenem denkwürdigen Wechsel der Gebetsrichtung hat Mohammed die Gründung der Kaaba in Mekka dem Propheten Abraham zugeschrieben.[117]

Die Muslime haben sich allerdings nicht von Jerusalem gelöst. Im Gegenteil. Indem sie die heiligste Stadt der Juden und Christen nur noch als die drittheiligste Stadt des Islam verehren, drücken sie sehr deutlich ihre Beziehung zu den geistesverwandten Religionen aus: Es werden weiterhin die Gemeinsamkeiten betont – der Islam jedoch ist mit seinen neu entstandenen Pilgerzentren Mekka und Medina klar übergeordnet.

Jerusalem
Heilig für Juden, Christen, Muslime

Religiöse Vielfalt über drei Jahrtausende

Ich wohnte im Zentrum der Altstadt Jerusalems. Die Pilgerunterkunft Ecce Homo, 1860 von einem französischen Orden auf den Fundamenten einer Ruine aus dem islamischen Mittelalter errichtet, bietet von seiner Dachterrasse ein dichtes Nebeneinander von Kirchen, Moscheen und Synagogen.

Unmittelbar am Gebäudekomplex des Ecce-Homo-Klosters vorbei verläuft eine der bedeutendsten Pilgerstraßen der Christenheit: die Via Dolorosa, die »Straße der Schmerzen«, auf der Jesus (nach einer ungesicherten Überlieferung) sein Kreuz zum Hügel Golgatha getragen haben soll. Von der Dachterrasse aus kann man Prozessionen beobachten, die jeden Tag, besonders freitags, sich mit kreuztragenden Männern und Frauen an der Spitze durch die Gasse im Gedenken an die Passion bewegen. Die Prozessionen ziehen unter jenem die Gasse überwölbenden Torbogen hindurch, in dessen Nähe der römische Statthalter Pontius Pilatus den verurteilten Jesus mit Kreuz und Dornenkrone dem Volk präsentiert haben soll; dort soll Pilatus die vielzitierten Worte gesagt haben: »Ecce Homo«, »Seht, welch ein Mensch«. Die Via Dolorosa schlängelt sich, oft verdeckt durch Torbögen und Gewölben von Basaren, in Richtung Westen, wo majestätisch ein mächtiger Kuppelbau die lehmfarbenen Häuser überragt: die Grabeskirche Christi, das heiligste Pilgerziel der Christenheit.

Aber den besonderen Blickfang – viel näher, nur wenige Gehminuten von der christlichen Pilgerunterkunft entfernt – bildet der Tempelberg, auf ihm befinden sich zwei weltberühmte Kultstätten des Islam. Der Qubbat as-Sachra, so der arabische Name für den Felsendom, überragt mit seiner leuchtend goldenen Kuppel und den bunt gekachelten Fayencewänden besonders auffällig das Labyrinth lehmfarbener, ineinander verschachtelter Häuser der arabischen Wohnviertel. Der Felsendom steht im wirkungsvollen Kontrast zur bleigrauen Kuppel der unmittelbar benachbarten Al-Aqsa-Moschee. Beide Sakralbauten gelten den Muslimen als die wichtigsten Heiligtümer nicht nur Jerusalems, sondern – nach denen in Mekka und Medina – als die wichtigsten Pilgerziele überhaupt.

Die unmittelbare Nachbarschaft christlicher und islamischer Heiligtümer vermittelt sich dem Besucher auch akustisch: Glocken läuten von Kirchentürmen unterschiedlichster Konfessionen, dann dröhnen von Lautsprechern der Minarette aus allen Richtungen die langgezogenen Gebetsrufe der Muezzine »Allahu akbar ...«, und manchmal überlagert sich der Klang der Kirchenglocken mit dem gesangähnlichen Ruf der Muezzine. Übertönt von den Lautsprechern der Minarette wird oft auch der Gesang der Pilger, die sich mit Kreuzen durch die Via Dolorosa bewegen.

Von der Dachterrasse der Ecce-Homo-Pilgerunterkunft bietet sich noch ein zusätzlicher Kontrast. Zwischen den Kuppeln der zentralen christlichen und islamischen Heiligtümer ist in der Ferne die weiß leuchtende Kuppel der Hurva-Synagoge zu sehen. Sie ist die größte jüdische Kultstätte Jerusalems, von wo es nur wenige Gehminuten zur Klagemauer sind. Die Klagemauer ist der einzig noch erhaltene Rest des einstigen jüdischen Haupttempels in Jerusalem, den die Römer im Jahr 70 unserer Zeitrechnung zerstörten. Heute gilt die Mauer als die wichtigste Pilgerstätte der Juden aus aller Welt. Aber auch hier, am Ort des Gedenkens an die größte Katastrophe der jüdischen Geschichte, drängt sich dem Betrachter ein weiterer bemerkenswerter Gegensatz auf: Über der 18 Meter hohen und rund 50 Meter langen Kultmauer sieht man die Goldkuppel des islamischen Felsendoms, der (möglicherweise) an der Stelle des zerstörten jüdischen Tempels steht.

Keine andere Pilgerstadt bietet optisch, akustisch und rituell ein derart auffälliges, eindringliches Nebeneinander der drei großen monotheistischen Weltreligionen Judentum, Christentum und Islam. Die meiste Zeit der über dreitausendjährigen Geschichte ist Jerusalem eine multireligiöse, multikulturelle Stadt gewesen. Nur wenige Jahrhunderte, im Zeitalter König Davids und etlicher Generationen seiner Nachfolger, konnte sich Jerusalem als eine Stadt mit ausschließlich jüdischer Identität verstehen. Eroberer, angefangen von den Babyloniern über die Griechen und Römer bis hin zu den Arabern, brachten stets neue Religionen, die die alten überlagerten, sie manchmal verdrängten, manchmal mit ihnen koexistierten. Das Judentum ist zeitweise sogar aus Jerusalem völlig verdrängt worden, so unter der Herrschaft heidnisch-römischer wie auch christlich-byzantinischer Kaiser, so unter den katholischen Kreuzrittern – nicht jedoch unter den verschiedenen muslimischen Regierungen. Jerusalem hat demnach im Verlauf von drei Jahrtausenden mehrere grundlegende religiöse Umbrüche erlebt, von denen jeder mit blutigen Kämpfen begleitet war. Der hebräische Name Jerusalem, »Stadt des Friedens«, ist seiner religiösen Heilsverheißung bis heute nicht gerecht geworden, ja, die aktuellen religiös-politischen Spannungen deuten auch für die nahe Zukunft auf weitere kriegerische Konflikte hin.

Ich kam mit christlichen, jüdischen und muslimischen Pilgern ins Gespräch, die betonten, niemals die Kultstätte einer anderen Religion zu besuchen – nicht einmal aus kulturellem Interesse –, dies lasse sich mit ihrem Glauben nicht vereinbaren. Und doch: Das Bewusstsein von den »Gemeinsamkeiten« der drei »abrahamitischen Religionen« hat bisher alle gewaltsamen Auseinandersetzungen und unduldsamen Verdrängungsversuche überdauert. Auch dies zeigt sich im Verhalten von Pilgern. Ich begegnete unterwegs in Jerusalem immer wieder Christen, meist jüngeren Menschen, die auf ihren T-Shirts nebeneinander das christliche Kreuz, den Davidstern und den islamischen Halbmond als Emblem abgebildet hatten. In etlichen Kirchen konnte ich Altartücher entdecken, auf denen die Worte »Salam, Shalom, Peace« untereinander oder nebeneinander in goldenen Lettern gestickt waren. Eine ähnliche Form der Toleranz konnte ich hie und da ebenso im Gedankenaustausch mit Juden und Muslimen kennen lernen.

Jerusalem ist den Gläubigen aller drei Weltreligionen eine Ausnahmestadt. Für die Christen ist Jerusalem – neben Bethlehem – das einzige Wallfahrtsziel, an dem sie jenseits konfessioneller Gegensätze die Ursprungsorte ihrer Religion verehren. Muslime sehen im Tempelberg ein überkonfessionelles Heiligtum des Islam, parallel zur Kaaba in Mekka. Ohnehin sehen sich die meisten Juden an der Klagemauer über alle Gegensätze hinweg vereint. Aber bisher ist es nicht zu einem friedlichen Nebeneinander – erst recht nicht zu einem Miteinander – der drei geistesverwandten Religionen gekommen. Ja, selbst innerhalb der einzelnen Glaubensgemeinschaften brechen immer wieder konfessionelle Konflikte aus. Die Ausnahmestadt Jerusalem ist damit auch besonders augenfällig ein Seismograph für die ungelösten Probleme der drei Religionen.

Religiös-politische Spannungen um den Tempelberg

Zu unserer christlich-jüdischen Vorstellungswelt gehört, wenn wir an Jerusalem denken, vor allem der Tempelberg. Wir beziehen uns hier jedoch weniger auf den islamischen Felsendom, obwohl er mit seiner leuchtend goldenen Kuppel und blaugekachelten Fayencewänden zu einem bevorzugten Titelbild vieler europäischer Bildbände und Reiseführer geworden ist. Christen – und erst recht Juden – nehmen mental Bezug zuallererst auf die Tempel der jüdischen Könige Salomo und Herodes, deren Prachtbauten sich einst an der Stelle des heutigen islamischen Heiligtums erhoben. Entsprechend ist auch der Begriff Tempelberg eine Bezeichnung aus jüdisch-christlicher Sicht. Die Muslime nennen ihre Stätte, wo der Felsendom und die Al-Aqsa-Moschee ihr größten Pilgerziele sind, »Haram as-Sharif«, »Vornehmes Heiligtum«.

Diese Bruchstelle zwischen christlich-jüdischer und islamischer Perspektive ist eine der wesentlichen Ursachen dafür, dass der Tempelberg seit vielen Jahrhunderten einen Kulminationspunkt religiös-politischer Auseinandersetzungen bildet. Auf dem Tempelberg verdichten sich exemplarisch die Konflikte zwischen Juden, Christen und Muslimen um die Besitzansprüche auf das »Heilige Land«. Seit Anfang des 20. Jahrhunderts ist daraus allerdings vorrangig eine Auseinandersetzung zwischen Juden und Muslimen geworden.

1980 besuchte ich das erste Mal den Tempelberg und erlebte zu dieser Zeit eine religiös entspannte Atmosphäre. Zwar standen damals schon am Haupteingang nahe der Klagemauer bewaffnete Wächter, die die Taschen der Besucher gründlich auf Waffen und Sprengstoff untersuchten, denn es war bereits in den siebziger Jahren immer wieder vorgekommen, dass jüdische wie auch christliche Fanatiker Einrichtungen des islamischen Heiligtums beschädigten oder Muslime gar mit Messern und Revolvern attackierten. Aber außer diesen Kontrollen gab es für nichtmuslimische Besucher keinerlei Einschränkungen. Ich konnte mich ungehindert über viele Stunden hinweg inmitten des Zustroms der zahlreichen Pilger bewegen, konnte ungehindert sowohl den Felsendom als auch die Al-Aqsa-Moschee betreten. Erst wenn sich Tausende Muslime zu den Gebetszeiten auf der freien Fläche zwischen beiden Heiligtümern versammelten, mussten Andersgläubige den Tempelberg verlassen.

Als ich aber drei Jahrzehnte später, im Frühjahr 2010, den Tempelberg besuchte, hatte sich die Situation entschieden geändert. An dem mir vertrauten Eingang unmittelbar neben der Klagemauer war ein Wachhaus aus Beton errichtet. Dort staute sich eine lange Warteschlange nichtmuslimischer Ausländer, die pedantisch kontrolliert wurden, weshalb ich mehr als eine halbe Stunde in der Schlange stehen musste. Außerdem war die Zeit des Aufenthalts im heiligen Bezirk vormittags sowie nachmittags jeweils auf zwei Stunden begrenzt. Nicht genug damit. Den Nichtmuslimen war es nun auch strikt verboten, das Innere des Felsendoms und der Al-Aqsa-Moschee zu betreten.

Das Misstrauen der Wächter ging weit. Ich konnte beobachten, dass eine Schwarzafrikanerin in bunter westafrikanischer Tracht die Schwelle zum Felsendom überschreiten wollte, aber der Wächter ihr barsch den Weg versperrte. Ob sie Muslima sei? – Ja. – Ob sie dies mit einem Ausweis beweisen könne? Nach heftigen Wortwechsel und dem Vorzeigen eines Ausweises, wo ihr muslimischer Name verzeichnet war, konnte sie – sichtlich empört, für eine »Ungläubige« gehalten zu werden – eintreten.

Ich fragte den Wächter, seit wann Nichtmuslimen der Eintritt verboten sei. Er antwortete: Seit Sharon. – Und weshalb? – Seit Sharon, seit Sharon, wiederholte er stereotyp und zunehmend gereizt über meine hartnäckige Neugier. Er wandte sich ab, zu keiner weiteren Auskunft bereit. Andere muslimische Araber verhielten sich ähnlich einsilbig auf meine Fragen. Auskunft erhielt ich erst von katholischen sowie protestantischen Geistlichen, die schon seit Jahren in Jerusalem lebten. Die Einschränkungen bestünden seit dem September 2000. Damals habe Ariel Sharon, Führer der radikal-nationalistischen Partei Likud und späterer Premierminister, den Tempelberg mit der erklärten Absicht besucht, er wolle Möglichkeiten erkunden, in welchem Umfang dort israelische Archäologen nach den Fundamenten des ehemaligen jüdischen Tempels graben könnten. Dieser Affront des Likud-Führers mit seiner sattsam bekannten anti-arabischen Politik habe bei den Palästinensern erneut die Angst geweckt, radikal-religiöse Israelis könnten nun doch Ernst machen und den Tempelberg vorrangig für ihre Religion vereinnahmen. Es gebe schließlich radikal-religiöse Gruppierungen, die sogar die Zerstörung der islamischen Heiligtümer forderten und an ihrer Stelle sofort wieder einen jüdischen Tempel errichten wollten. Ariel Sharon habe sich nie deutlich von solchen Fanatikern distanziert.

Diese Auskünfte passen zu den Eindrücken, die ich beim Rundgang durch die jüdischen Altstadtviertel gewonnen hatte. Dort finden sich an Hauswänden Plakate und in Verkaufsständen Postkarten, auf denen die Klagemauer mit betenden jüdischen Pilgern abgebildet ist – aber am oberen Ende dieser Kultmauer sieht man nicht die Goldkuppel des realen islamischen Felsendoms, sondern das virtuelle Modell des jüdischen Tempels, so wie er zur Zeit des Königs Herodes ausgesehen haben mag. Eine solche optische Korrektur auf Plakaten und Postkarten vermittelt auch dem neutralen Betrachter eine Ahnung von den untergründig schwelenden Spannungen. Dabei handelt es sich bei solchen Demonstrationen nur um eine radikale Minderheit von Juden, denn die Mehrheit der Israelis hält eine Zerstörung des zentralen islamischen Heiligtums für ein gefährliches Hirngespinst. Trotzdem hat die Aktion des Likud-Führers Sharon im September 2000 einen politischen Flächenbrand ausgelöst: Damals hatte die Zweite Intifada der Palästinenser mit bürgerkriegsähnlichen Unruhen begonnen, die bis zum Jahr 2005 dauerte und einige tausend Tote forderte.

Der damalige Aufstand (arabisch: Intifada) ging unter dem Namen Al-Aqsa-Intifada in die Geschichte ein, benannt nach der Al-Aqsa-Moschee, die in Sichtweite des Felsendoms auf dem Tempelberg steht. Sharon hatte die Fundamente des ehemaligen jüdischen Tempels direkt unter der Al-Aqsa-Moschee »vermutet«. Deshalb verbreitete sich unter den Muslimen sofort das Gerücht, Sharon plane, die Moschee abreißen zu lassen und an ihrer Stelle wieder einen jüdischen Tempel zu errichten.

Aber der explosive Konflikt um die religiöse Identität des Tempelbergs hat eine lange Tradition. Blicken wir zurück in die Geschichte.

Der Tempelberg – unterschiedliche Bedeutung für Juden, Christen, Muslime

Der jüdische König David war in Bethlehem geboren und hatte ursprünglich in der nahegelegenen Stadt Hebron seine Residenz, er war also Herrscher eines sehr kleinen Fürstentums gewesen. Aber er eroberte um das Jahr 1000 vor unserer Zeitrechnung die Kleinstadt Jebus, die vom Volk der Jebusiter bewohnt war. David machte sie unter dem hebräischen Namen Jerusalem, »Stadt des Friedens«, zur Residenz. Sein Sohn Salomo erbaute auf dem Hügel inmitten der Stadt um das Jahr 953 den ersten Tempel der Juden. So begann die jüdische Geschichte von Jerusalem.

Die spätere hebräische Überlieferung hat allerdings die Geschichte der Juden in Jerusalem schon lange vor der Eroberung König Davids beginnen lassen. In Jerusalem habe, so weiß es die Legende, die Schöpfung der Welt begonnen. Aus dem Felsbrocken Moriah – der das Zentrum des jüdischen Tempels bildete (und später zum spirituellen Zentrum des islamischen Felsendoms wurde) – habe Gott den Staub entnommen, aus dem er Adam, den ersten Menschen, erschuf. Später soll Adam hier begraben worden sein. Andere wichtige biblische Ereignisse sollen ebenfalls auf diesem Felsbrocken stattgefunden haben: Kain und Abel brachten hier ihre Opfer dar, Noah errichtete vor Ort seinen Altar, nachdem er die Arche nach der Sintflut verlassen konnte. Stammvater Abraham soll an diesem Platz auf Befehl Gottes seinen Sohn Isaak zur Opferung vorbereitet haben, bevor ein Engel im Auftrag Gottes im letzten Moment diese Opferung verhinderte.[118] Hier soll auch Jakob von der goldenen Himmelsleiter geträumt haben, auf der die Engel auf und nieder stiegen.[119]

Jüdische Chronisten haben aber dem Felsen Moriah erst relativ spät, im 6. Jahrhundert vor unserer Zeitrechnung, eine derart mythische Bedeutung verliehen. Dies geschah, nachdem der Tempel Salomos in Jerusalem durch den babylonischen König Nebukadnezar zerstört worden war und die Eroberer daraufhin die Elite des jüdischen Volkes ins Exil nach Babylon verschleppt hatten. Im fernen Babylon erst begann der Tempelberg für die Juden jene überzeitliche religiöse Bedeutung zu gewinnen, die er auch in Zukunft – allen weiteren Zerstörungen durch fremde Eroberer zum Trotz – behalten sollte.

Nach der Befreiung der Juden aus der babylonischen Gefangenschaft durch den persischen König Kyros und ihrer Rückkehr nach Jerusalem im Jahr 539 bauten die Juden über demselben Felsen Moriah ihren zweiten Tempel. Doch sie lebten bald nicht mehr in einer Stadt, in der allein die jüdische Religion bestimmend war. Griechische Eroberer unter Alexander dem Großen und seinen Nachfolgern brachten polytheistische Religionen nach Jerusalem, die Römer ebenso. Tempel für Zeus, Jupiter und andere Gottheiten prägten nun neben jüdischen Heiligtümern die Stadt. Aber die zentrale Kultstätte der Juden auf dem Tempelberg blieb zunächst unangetastet. Ja, die Römer gestatteten, dass der jüdische Vasallen-König Herodes um das Jahr 30 vor unserer Zeitrechnung den Tempel prachtvoll erweiterte und zum zentralen Wallfahrtsziel der Juden mit prunkvollen religiösen Festen werden ließ. Es ist jener Tempel, den auch Jesus betreten und dessen Zerstörung er prophezeit haben soll.

Die Zerstörung kam im Jahr 70 unserer Zeitrechnung, nachdem die Juden vergeblich einen Aufstand gegen die römische Herrschaft entfesselt hatten. Der römische Feldherr und spätere Kaiser Titus schlug den Aufstand blutig nieder, anschließend ließ er den Tempel niederreißen. Juden durften allerdings weiterhin in Jerusalem wohnen. Aber auch dies änderte sich nach weiteren sechs Jahrzehnten. Als Kaiser Hadrian auf dem verwaisten Tempelberg an der Stelle des zerstörten jüdischen Tempels eine Kultstätte zu Ehren des Jupiter errichten ließ, flammte im Jahr 132 erneut ein Aufstand gegen die römische Herrschaft auf. Nachdem diese Revolte ebenfalls blutig niedergeschlagen war, mussten sämtliche Juden Jerusalem verlassen, und es war ihnen bei Todesstrafe verboten, sich dort wieder anzusiedeln. Hadrian nannte die Stadt in Aelia Capitolina um und ließ die Kultstätte des Jupiter auf dem Tempelberg fertig bauen. Seit dem Jahr 135 wurde den Juden sogar das Betreten Jerusalems verboten.

Damit endete der jüdische Nationalstaat (und konnte erst wieder Mitte des 20. Jahrhunderts neu entstehen). Es blieb den Juden nur noch die religiöse Gemeinschaft, deren geistiges und soziales Zentrum die Synagoge als Versammlungsort der Gemeinde ist. Der Name Jerusalem verschwand für nahezu zwei Jahrhunderte von den Landkarten. Damals begann die weltweite Zerstreuung des Judentums (griechisch: »Diaspora«). Aber die Juden pflegten in der Fremde beharrlich die Erinnerung an das verloren gegangene und wieder zu gewinnende Jerusalem, ähnlich wie zuvor schon im Exil von Babylon.

Der Name Jerusalem wurde erst wieder eingeführt, nachdem Kaiser Konstantin 313 in seinem Toleranzedikt von Mailand dem Christentum volle Duldung gewährt hatte. Unter der Regierung Konstantins wurde Jerusalem erneut zur Pilgerstadt – allerdings nicht mehr für die Juden, sondern jetzt ausschließlich für die Christen. Die römischen Machthaber, nun christlich geworden, hielten an einem entscheidenden Gesetz ihrer heidnischen Vorgänger fest: Weiterhin blieb es den Juden streng verboten, in Jerusalem zu wohnen. Neu war nur die Begründung: Die Juden waren aus christlicher Sicht verantwortlich für die Hinrichtung Christi, sie galten als »Gottesmörder«.

Der Tempelberg wurde unter christlicher Herrschaft nicht mehr zum Pilgerziel. Im Gegenteil: Die Christen rissen den ohnehin schon verwahrlosten Jupiter-Tempel der heidnischen Römer ab und ließen dann die Fläche völlig leer, ja funktionierten sie gezielt zur Müllhalde um. Die Christen instrumentalisierten hiermit aber nur auf andere Weise den Mythos des heiligen Ortes – und dies wiederum mit theologischer Begründung: Die Zerstörung des jüdischen Tempels bestätige, dass Gott die Juden als »Gottesmörder« verworfen habe, und daher dürfe dort niemals wieder ein Heiligtum stehen. Das neue spirituelle Zentrum Jerusalems hatte nun – anstelle des Tempelbergs – die Grabeskirche zu sein, jener Ort, wo Christus ins Grab gelegt und in den Himmel aufgestiegen sei.

Die Situation änderte sich jedoch völlig, als die muslimischen Araber unter der Führung von Kalif Omar Jerusalem im Jahr 638 eroberten. Die Muslime gewährten Andersgläubigen Religionsfreiheit, sofern jene den »einen Gott« verehrten. Diese Freiheit betraf aber nicht nur Christen, sondern auch Juden. Eines der ersten Gebote, das der siegreiche Kalif nach dem Betreten der unterworfenen Stadt erließ, war demnach: Juden durften in ihre »heilige Stadt« zurückkehren, dort wohnen und Synagogen errichten. Den Juden war darüber hinaus gestattet, an der verbliebenen Festungsmauer des Tempelberges zu beten und die Zerstörung ihres Tempels rituell zu betrauern. Was die Christen in ihrer anti-judaistischen Haltung den Juden verwehrt hatten, erlaubten ihnen nun die Muslime aufgrund der im Koran vorgeschriebenen Toleranz gegenüber monotheistischen Religionen. Die Muslime hatten in Bezug auf den Tempelberg eine völlig andere Einstellung als die Christen. Eine islamische Chronik berichtet, der Eroberer Kalif Omar sei bestürzt gewesen, dass die Christen den Tempelplatz der Juden bewusst hatten verwahrlosen lassen, und in seiner Wut habe der Kalif dem christlichen Patriarchen von Jerusalem befohlen, auf dem Bauch durch den angehäuften Abfall zu kriechen.[120]

Fünf Jahrzehnte später, in den Jahren 688 bis 691, ließ Kalif Abd al-Malik, ein Herrscher der Omayaden-Dynastie, an der Stelle, wo einst der jüdische Tempel gestanden haben könnte, den Felsendom errichten. Und noch einmal zwanzig Jahre später entstand in Sichtweite die Al-Aqsa-Moschee. Die muslimischen Bauherren äußerten hierbei keine grundsätzliche Ablehnung gegen die jüdische Religion. Sie wollten nach eigenem Bekunden mit diesen neuen Sakralbauten ihren Respekt vor dem ersten großen Gottesverkünder Abraham sowie dem König Salomo, dem Erbauer des ersten jüdischen Tempels, demonstrieren. Sie betrachteten sich als die legitimen Erben des Judentums und glaubten sich deshalb berechtigt, dem Tempelberg die ihm angestammte religiöse Würde zurückzugeben. Aber die Muslime verbanden damit auch den Anspruch, nun den Juden wie den Christen eine »von allen Verfälschungen gereinigte Offenbarung Gottes« zu bringen.

Die Architektur des Felsendoms ist allerdings mit Hilfe christlicher Architekten entstanden. Denn in der Frühzeit des Islam hätte noch kein arabischer Muslim ein derart schwieriges Bauvorhaben planen und ausführen können. Der Kalif sah sich genötigt, Architekten des byzantinisch-christlichen Kulturraums anzuwerben, und bot ein großzügiges Honorar. Keine religiösen Bedenken hinderten die christlichen Architekten damals an einer solchen Zusammenarbeit mit Muslimen. Wie das? Sie gehörten überwiegend zu jenen Christen, die von der byzantinischen Staatskirche wegen ihres abweichenden Glaubens verfolgt wurden – »ketzerische« Christen also, die nun dankbar den Schutz des (religiös toleranteren) Kalifen genossen.

Das entstehende Heiligtum des Felsendoms war in seiner sakralen Konzeption ohnehin wie eine Kirche auf die Verehrung des *einen* Gottes ausgerichtet; die Architekten mussten also nicht das Gefühl haben, für »ungläubige Heiden« zu bauen. Zudem betonte der Kalif die geistige Verwandtschaft der beiden monotheistischen Religionen Islam und Christentum. Allerdings blieb Kalif Abd al-Malik wie alle anderen muslimischen Machthaber dem Prinzip treu, über die religiöse Verwandtschaft hinaus eine letztliche Überlegenheit des Islam zu demonstrieren. Der Kalif ließ durch muslimische Kalligraphen im monumentalen Innenraum Zitate aus dem Koran anbringen (es sind die frühesten bekannten koranischen Schriftbänder überhaupt), auf denen zu lesen steht: Die Christen seien aufgefordert, Jesus als einen Propheten Gottes anzuerkennen, ihn aber nicht irrtümlich für den Sohn Gottes zu halten.[121]

Das umstrittene »Goldene Tor« und der Tempelberg

Die Muslime setzten auch in späteren Jahrhunderten immer wieder neue Akzente, um die Heiligkeit Jerusalems zu betonen und hierbei die jüdischen und christlichen Pilger in ihren »Irrtümern« zu korrigieren.

Das »Goldene Tor« und der Felsendom

Zu einem besonderen Demonstrationsobjekt wurde in diesem Zusammenhang ein Tor, das im östlichen Teil der Umfassungsmauer des Felsendoms einen Blickfang bildet. Das Tor hatte in vorislamischer Zeit eine herausragende Bedeutung. Vor zweitausend Jahren, als anstelle des islamischen Heiligtums hier noch der jüdische Tempel stand, hatte sich dort in der Umfassungsmauer das prächtigste Stadttor Jerusalems befunden. Der Name lässt seine bedeutsame Vergangenheit erahnen: Goldenes Tor. Nach jüdischer Prophezeiung sollte durch dieses Tor einst der Messias Jerusalem betreten, um das Ende aller ungerechten weltlichen Herrschaft und den Beginn des Reiches Gottes zu verkünden. Nach dem Bericht der Evangelien ist durch dieses Tor am Palmsonntag Jesus in Jerusalem eingezogen, mit dem Anspruch, der erwartete Messias zu sein.

Wie aber ist der Zustand des Tores heute? Heute ist das Goldene Tor zugemauert – in auffälligem Kontrast zu den sieben anderen ebenfalls gut erhaltenen Portalen der mittelalterlichen Stadtmauer, die nach wie vor die gesamte Altstadt umschließt. Wo einst auf einer repräsentativen Handelsstraße die Karawanen in die Stadt einzogen, befindet sich nun schon seit vielen Jahrhunderten ein islamischer Friedhof. Eine tiefe Melancholie der Verlassenheit liegt über der hügeligen Fläche vor dem Tor, zu dem kein Weg mehr führt.

Die Muslime hatten zunächst diesem Tor keine große Beachtung geschenkt. Als aber die Kreuzritter 1099 Jerusalem erobert hatten, wurde den

Muslimen die spirituelle Bedeutung des Tores bewusst. Die Kreuzritter bedachten das Tor mit einer besonderen kultischen Verehrung: Das Tor durfte nur einmal im Jahr geöffnet und von einer religiösen Prozession durchschritten werden – am Palmsonntag. Nachdem die Kreuzritter vertrieben waren und die Muslime ihre Macht in Jerusalem zurückgewonnen hatten, verschlossen sie das Tor mit dicken Quadern. Diese Maßnahme verstanden die Muslime nun als demonstrative Antwort auf die jüdischen und christlichen Messias-Legenden, die weiterhin hartnäckig mit diesem Tor verbunden blieben. Nach islamischer Ansicht hatte das Goldene Tor alle spirituelle Bedeutung verloren und musste geschlossen werden, denn der endgültige, abschließende Prophet war mit Mohammed erschienen. Mohammed aber wirkte in Mekka und Medina, nicht in Jerusalem.

Das Goldene Tor blieb auch nach der Eroberung durch Israel 1967 geschlossen. Die israelischen Behörden waren bisher klug genug, an dieser Regelung nichts zu ändern. Denn eine erneute Öffnung des Tores würde vor allem radikal-jüdische Gruppierungen in ihren Aktivitäten bestätigen und so den religiösen Frieden mit den Muslimen gefährden.

Mehr als das Goldene Tor ist allerdings das Gelände des Tempelbergs ein Ort heftiger Auseinandersetzung zwischen den drei Weltreligionen geblieben. In der Frühzeit des Islam war es selbstverständlich gewesen, dass Christen und Juden als »Völker des Buches« den Tempelberg besuchen konnten. Ihr Besuch war schon deshalb erlaubt, weil sich die Muslime davon eine Werbung für den Islam versprachen. Aber dies änderte sich abrupt, nachdem die Kreuzritter 1099 den Felsendom sowie die Al-Aqsa-Moschee in Kirchen umgewandelt hatten. Den Kreuzrittern erschien es wichtig, das Areal bedeutsamer islamischer Heiligtümer zu christianisieren. In dieser Haltung unterschieden sie sich grundsätzlich von den Christen einst, die den Tempelberg als »von Gott verflucht« ansahen und mieden. Den Kreuzrittern ging es darum, den Sieg der »wahren Religion« über die falsche triumphal gerade an diesem Ort zu demonstrieren. Unter ihrer Herrschaft durften aber nur Christen den Tempelberg betreten. Als dann die Muslime unter Sultan Saladin 1187 Jerusalem wieder eroberten, verboten sie im Gegenzug allen Nichtmuslimen das Betreten des Tempelbergs. Dies war ein Reflex auf die christliche Intoleranz. Allerdings konnten Christen und Juden weiterhin in Jerusalem wohnen und dort ihre Religion ausüben. Der Tempelberg blieb bis 1889 für Nichtmuslime gesperrt. Dann erst gestattete der Osmanen-Sultan Abdülhamit Franzosen und Briten als

Dank für die Hilfe im Krimkrieg gegen das zaristische Russland, das heilige Areal des Tempelbergs zu betreten.[122] Damit waren wieder Verhältnisse wie zu Zeiten vor den Kreuzzügen hergestellt.

Aber diese Form der Freizügigkeit endete, als (wie bereits erwähnt) der Likud-Führer Ariel Sharon mit seiner dreisten Provokation auf dem Tempelberg im September 2000 blutige Unruhen bei den arabischen Muslimen auslöste. In den folgenden Jahren war das gesamte Gelände des Tempelbergs wiederum zur Gänze für Nichtmuslime geschlossen. Mit dem Ende der »Al-Aqsa-Intifada« im Jahr 2005 ist zumindest wieder das Außengelände der heiligen Stätten für Andersgläubige einige Stunden lang geöffnet. Ob es wenigstens bei diesem labilen Gleichgewicht bleibt – oder ob sich die Situation gar weiter verbessert –, hängt weniger von religiösen als von politischen Rahmenbedingungen ab.

Felsendom und Kaaba, die spirituelle Verbindung

Beim Bummel durch Jerusalems arabisches Altstadtviertel mit ihren Kuppelbauten, Torbögen und Basargewölben entdecken wir häufig die Kombination zweier religiöser Symbole: Auf Plakaten oder Schildern über Hauseingängen sehen wir den Felsendom unmittelbar neben der Kaaba von Mekka abgebildet. In den Verkaufsständen nahe dem Tempelberg entdecken wir auch Buntdrucke, die den Propheten Mohammed zeigen, wie er in tranceartigem Zustand von fliegenden Engeln getragen wird. (Bildnisse Mohammeds sind ja, wie bereits erwähnt, in islamischer Tradition nicht grundsätzlich verboten, nur das Bild Gottes.) Auf anderen Buntdrucken ist ein aufgeschlagener Koran abgebildet, flankiert von Kaaba und Felsendom – kombiniert aber noch mit einem merkwürdigen Fabeltier, das den

Felsendom und Kaaba auf einem Bild

Das mythische Fabeltier Al Buraq

Körper eines Pferdes hat, dazu Flügel und ein menschliches Gesicht, auf dem Haar eine Krone.

All diese von muslimischen Pilgern häufig gekauften Bilder beziehen sich auf die sogenannte Nachtreise Mohammeds. Der Prophet soll auf dem geflügelten, menschengesichtigen Pferd Al Buraq (»der Glänzende«) in einer Nacht von der heiligen Stadt Mekka in die heilige Stadt Jerusalem geflogen sein. Das Reittier Al Buraq ist im Koran nicht erwähnt, es taucht erst in späteren syrischen Legenden auf und hat in seiner Form der bildlichen Darstellung eine starke Ähnlichkeit mit Fabeltieren der vorislamischen syrischen Kultur.[123] Dass es sich bei der »Nachtreise« keinesfalls um eine historisch nachweisbare Begebenheit handelt, sondern um eine Traumvision, bezeugen bereits die legendären Zugaben, etwa das geflügelte Pferd und auch Abbildungen des von Engeln getragenen Propheten. Nachweislich ist Mohammed als reale Person nie in Jerusalem gewesen.

Im Koran wird über die »Nachtreise« nur mit wenigen Worten berichtet. Es heißt dort in der 17. Sure, Vers 1: »Lob und Preis sei Allah, der seinen Diener (Mohammed) bei Nacht vom geheiligten Ort der Anbetung (Masjid al-Haram) zum weit entfernten Ort der Anbetung (Masjid al-Aqsa) geführt hat. Diese Reise haben wir gesegnet.«[124] Die knappen Worte geben, aus dem größeren Zusammenhang gerissen, Rätsel auf. Für die Muslime war und ist von vornherein klar, dass mit »Masjid al-Haram«, »heilige Moschee«, »heiliger Bezirk«, nur das Gelände der Kaaba von Mekka gemeint sein kann. Aber worauf bezieht sich »Masjid al-Aqsa«, die »weitest entfernte Moschee«? Es ist erstaunlich, dass im Zusammenhang mit der »Nachtreise« zwar »Al Aqsa«, aber nicht der Name Jerusalem genannt ist. Wenn in verschiedenen Koran-Übersetzungen dann doch der

Name Jerusalem auftaucht, so ist dies bereits eine Interpretation, auf die sich die Muslime erst im 8. Jahrhundert geeinigt haben – zu jener Zeit, als der Tempelberg in Jerusalem bereits ein wichtiges islamisches Pilgerzentrum war.[125] Nun war es notwendig geworden, das spirituelle Band zwischen Mekka und Jerusalem zu festigen.

Viele der mit der »Nachtreise« verbundenen Ereignisse, die heute im islamischen Glaubensleben eine wichtige Rolle spielen, sind nicht im Koran zu finden. Dies gilt zum einen, wie bereits erwähnt, für das Reittier Buraq, zum andern aber auch für die üppig ausgeschmückten Schilderungen, wie Mohammed von dem Felsen Moriah in Jerusalem »zu den Sternen« aufgestiegen sei: Engel hätten Mohammed durch verschiedene Sphären des Himmels begleitet, und dort sei er den Propheten Abraham, Moses und Jesus begegnet.

Der Felsen Moriah ist ohnehin schon durch die jüdische Tradition mit vielfältiger religiöser Bedeutung aufgeladen, er ist durch vielerlei Legenden mit den biblischen Gestalten Noah, Abraham, Isaak und Jakob verbunden. Aber gerade weil den Muslimen diese Bedeutung geläufig war, bot sich der Felsen Moriah an, ihn noch mit einer weiteren – krönenden – Bedeutung anzureichern. Sie verknüpften den Felsen Moriah nun auch noch intensiv mit einer Traumvision des Propheten Mohammed und hatten so (rückblickend) die Rechtfertigung, ja die »heilige Pflicht«, gerade an dieser von Gott »gesegneten« Stelle ein Heiligtum zu errichten.

Qubbat as-Sachra, »Felsendom« – der arabische Name bezieht sich auf den Felsen Moriah. Der nackte Felsen im Inneren des sakralen Gebäudes ist bis heute unverhüllt zu sehen und bildet mit seiner rauen, grauen Schlichtheit einen starken Kontrast zu der prachtvoll ausgeschmückten Kuppelhalle. Die Wände und die Kuppel sind mit Tausenden blau, grün und gelb getönten, ineinander verflochtenen Ornamenten verziert, dazu sind zahlreiche Schriftbänder mit Koranversen und Schilderungen der Nachtreise Mohammeds eingefügt. Zwei rund um den Felsen verlaufende Wandelgänge trennen den Raum zwischen äußerer und innerer Arkade, sie stellen am deutlichsten den Bezug zu Mekka her: Sie bilden symbolisch eine Parallele zum rituellen Rundgang um die Kaaba.

Die Aufmerksamkeit der Pilger richtet sich vor allem auf den Felsen. Eine fußgroße Vertiefung im Stein soll ein Fußabdruck des Propheten Mohammed sein, so glauben zumindest Pilger, denen Legenden als undiskutierbare historische Wahrheit erscheinen. Aber jenseits dieser vordergründigen Legendengläubigkeit versuchen hier alle betenden Pilger dem Propheten Mohammed spirituell nahe zu sein, der mit seiner Traumvision Kontakt zu den großen Vorläufer-Propheten des Islam, Abraham, Moses und Jesus, hatte. Für die Pilger sind an diesem Ort neben Mohammed geistig die drei weiteren herausragenden Gottesverkünder anwesend, und dies ist für sie der Höhepunkt einer Wallfahrt nach Jerusalem.

Der legendäre Fußabdruck Mohammeds im Felsen Moriah hatte sogar auf die Christen großen Eindruck gemacht, als sie 1099 Jerusalem während des ersten Kreuzzugs erobert und den Felsendom in eine Kirche umgewandelt hatten. Sie schrieben die Vertiefung im Felsen nun einem Fußabdruck Jesu zu und machten den auf diese Weise geheiligten Ort zu einem wichtigen Zielpunkt für christliche Pilger. Die Muslime aber verwandelten den Fußabdruck Jesu sofort wieder zurück in einen Fußabdruck Mohammeds, nachdem sie die Kreuzritter aus Jerusalem hatten vertreiben können.[126]

Der Felsendom ist jedoch nicht Moschee im eigentlichen Sinn. Zum regulären Gottesdienst mit rituellem Gebet in Richtung Mekka und einer Predigt des Imam ist die benachbarte Al-Aqsa-Moschee vorgesehen, die zwei Jahrzehnte nach dem Felsendom als ergänzendes Heiligtum errichtet wurde. Der Name Al-Aqsa, die »weitest Entfernte«, bezieht sich auf die im Koran benannte Bezeichnung im Zusammenhang mit der »Nachtreise«. Diese Moschee ist – im Gegensatz zum Felsendom – wesentlich schlichter gehalten und strahlt auch nicht eine derartige Harmonie aus. Sie wurde im Verlauf der Jahrhunderte mehrmals durch Erdbeben zerstört und musste wieder neu aufgebaut werden. Trotzdem wird sie von den Muslimen als ein unabdingbarer Bestandteil des »Haram as-Sharif«, des »Vornehmen Heiligtums«, betrachtet. Es ist kein Zufall, dass einer der (bereits erwähnten) großen Aufstände der Palästinenser gegen die Besatzungsmacht Israel den Namen gerade dieser Moschee trägt: Al-Aqsa-Intifada.

Die Klagemauer, zentrales Pilgerziel der Juden

Untrennbar verbunden mit dem Tempelberg ist die sogenannte Klagemauer. Diese Stützmauer ragt im südöstlichen Teil des heiligen Bezirks als eine fast 18 Meter hohe und fast 50 Meter breite Steinwand empor. Historisch betrachtet ist sie ein Abschnitt der Stützmauer, die der jüdische König Herodes errichten ließ, als er den Platz um den früheren Tempel vergrößerte. Als die Römer im Jahr 70 den Herodes-Tempel zerstörten, war die mächtige Stützmauer erhalten geblieben. Dieser Überrest der einstigen zentralen Kultstätte ist seither den Juden ritueller Treffpunkt, um die Zerstörung ihres Tempels mit Gebet und Gesang zu beklagen.

Männer wie Frauen verrichten täglich zu Hunderten ihre Gebete an der Mauer, schmiegen zuweilen die Hände und das Gesicht an die Steine. Wer einen Wunsch an Gott hat, schreibt ihn auf einen kleinen Zettel und steckt ihn in eine der vielen Mauerfugen. Die Fugen sind voll von solchen zusammengefalteten oder zusammengerollten Papieren. Diese Zettel werden, wie mir gesagt wurde, zweimal im Jahr eingesammelt und auf dem Ölberg vergraben. Bittgebete zu Gott an diesem heiligen Ort gelten als besonders wertvoll und gehören daher untrennbar zum Ritual.

Es wäre allerdings ein Missverständnis, wollte man diese Stätte in der Funktion mit einem Pilgerziel der katholischen Kirche sowie der orthodoxen Ostkirchen gleichsetzen. Die Juden kamen und kommen zur sogenannten Klagemauer, nicht weil sie sich durch Gebete und Rituale Verdienste für ein Leben im Jenseits erwerben wollen. Auch glauben die Juden nicht an wundertätige Reliquien, die an der Klagemauer ihre Wirksamkeit entfalten könnten, noch beten sie zu Heiligen, die im Jenseits Gebete erhören und wichtige Vermittler zwischen den Menschen und Gott sind. Die Stützmauer des ehemaligen Tempels ist für sie einzig ein Ort heiliger Erinnerung, wo sie sich aus aller Welt treffen und sich im Bewusstsein des gemeinsamen spirituellen Zentrums vereint fühlen. In dieser Hinsicht ähneln die Juden als »Pilger« am ehesten den Protestanten. Juden wie Protestanten verehren Jerusalem zwar als »Heilige Stadt«, aber geheiligt wird der Ort allein durch die Erinnerung an biblisches Geschehen.

Unter christlich-byzantinischer Herrschaft durften die Juden anfangs nur einmal im Jahr die Stützmauer des Tempelbergs besuchen und dort beten. Vom 5. Jahrhundert an hatten die Christen sogar dies verboten, die Juden durften die Mauer nur noch aus der Ferne gegen Bezahlung betrachten.[127] Erst die Muslime gestatteten, wie bereits erwähnt, den Juden seit dem 7. Jahrhundert wieder einen ungehinderten Zugang das ganze Jahr hindurch. Allerdings blieb den Juden unmittelbar vor der Klagemauer nur eine drei Meter schmale Gasse für die Rituale, denn das Wohnviertel der arabischen Muslime war bis dicht an die Mauer gebaut.

Mitte des 20. Jahrhunderts änderte sich die Situation noch einmal grundlegend. Die Ursache war die Gründung des Staates Israel 1948. Noch in der Gründungsnacht kam es zum Krieg zwischen Israel und den angrenzenden arabischen Staaten, worauf der westliche Teil Jerusalems dem Staat Israel und der östliche dem Staat Jordanien zugesprochen wurde. Jerusalems jüdisch-arabische Stadtgrenze wurde durch den Bau einer Mauer – ähnlich der Berliner Mauer – fixiert, und es war für die Einwohner wie auch für die Touristen nur unter großen bürokratischen Schikanen möglich, diese Grenze zu überqueren. Angesichts der vielen Blutopfer im Krieg auf beiden Seiten verhinderte der Hass zwischen Israelis und Arabern eine Verständigung. Eine Konsequenz dieses Hasses war es auch, dass die Regierung des Staates Jordanien seit 1948 den Juden strikt den Zugang zur Klagemauer verbot, die sich nach der politischen Teilung Jerusalems im jordanischen Herrschaftsbereich befand. Die Jordanier ließen die Gassen vor der Klagemauer gezielt provokativ zur Müllkippe verkommen,[128] ähnlich wie dies die Christen eineinhalb Jahrtausende zuvor mit dem Tempelberg praktiziert hatten. Damit war es den Juden unmöglich geworden, zu ihrem heiligsten Ort zu pilgern.

Diese Situation änderte sich wiederum abrupt im Juni 1967, als Israel im Sechstagekrieg den arabischen Staaten eine verheerende Niederlage zufügte. Der östliche Teil Jerusalems wurde nun mit dem westlichen unter israelischer Herrschaft vereint, die gesamte Stadt nun von einem israelischen Bürgermeister regiert. Eine der ersten Amtshandlungen des neuen Bürgermeisters Teddy Kollek war, dass er das arabische Wohnviertel unmittelbar vor der Klagemauer abreißen ließ, um ausreichend Platz für Rituale zu schaffen. 135 Häuser wurden beseitigt, 650 Palästinenser zwangsweise umgesiedelt.[129] Seither bietet die Klagemauer jenes weiträumige Areal, auf dem sich an religiösen Feiertagen mehrere tausend Menschen versammeln können. Erst seit 1967 hat sich also die Klagemauer zu jenem pulsierenden Pilgerzentrum für Juden aus aller Welt entwickelt, als das wir es heute kennen. Allerdings ist bei Israelis der Begriff »Klagemauer« inzwischen verpönt, sie legen – nach ihrem nationalen Triumph – Wert darauf, die sakrale Stätte neutral »Westmauer« zu nennen. Unter dem englischen Namen »Western Wall« ist die Stätte ausschließlich auf Stadtplänen zu finden. Viele der Zeremonien heute sind auch weit entfernt von Klageritualen. Auf dem ausgedehnten Areal werden teilweise religiöse Feste mit ausgesprochen fröhlichem Charakter gefeiert, zum Beispiel Bar-Mizwa-Feiern.

Bar-Mizwa ist für jeden gläubigen Juden der rituelle Höhepunkt seines Lebens. Das hebräische Wort bedeutet »Sohn des Gebots« und bezieht

Juden bei der Bar-Mizwa-Zeremonie an der Klagemauer

sich auf das Fest, das für die dreizehnjährigen Knaben zum Zeichen ihrer religiösen Mündigkeit gefeiert wird (vergleichbar mit der katholischen Firmung oder der protestantischen Konfirmation). Diese Zeremonien an der Klagemauer, dem heiligsten Treffpunkt der Juden, zu begehen gilt als besonders von Gott gesegnet, und daher kommen jüdische Familien aus aller Welt gerade zur Bar-Mizwa hierher.

Ich hatte das Glück, im Mai 2010 eine Reihe Bar-Mizwa-Zeremonien an der Klagemauer zu erleben. Die Männer waren ausnahmslos mit dem Tallit, dem Gebetsmantel, einem schwarzweiß gestreiften Umschlagtuch aus Wolle, bekleidet. Am linken nackten Oberarm sowie um die Stirn trugen viele von ihnen den Teffilin, den Gebetsriemen mit ledernen Kapseln, die Pergamentröllchen mit Thora-Sprüchen enthalten. Höhepunkt der Zeremonie bildete jener Moment, wenn der Rabbi (hebräisch: Meister) für den Bar-Mizwa-Zögling aus einem ornamentverzierten silbernen Behälter eine Thora-Schrift entrollte und der Knabe laut daraus zu lesen begann. Die Umstehenden klatschten daraufhin fröhlich in die Hände und begannen ekstatisch zu singen, wobei der Refrain »Israel! Israel!« eine besondere Rolle spielte.

Parallele Zeremonien für junge Mädchen werden bis heute im traditionellen Judentum abgelehnt und finden nur bei reformorientierten Juden allmählich unter dem Namen »Bat Mizwa«, »Tochter des Gebots«, Verbreitung – mit dem Bemühen, Gleichberechtigung für Frauen auch im religiösen Bereich durchzusetzen. Es war aber kein Zufall, dass ich an der Klagemauer ausschließlich Zeremonien für Knaben erlebte. Bei solchen Zeremonien überwiegt der Besuch von Juden mit strikt traditionellem, ja teilweise fundamentalistisch orientiertem Glauben. Das zeigte sich schon an der äußeren Erscheinung: Viele trugen Bart und die seitlichen Ringellocken (Beikeles), dazu schwarzen Hut und schwarzen Anzug, manche auch Kaftan und Pelzmütze – eine Tracht, die streng orthodoxe Juden in der Zwischenkriegszeit aus Osteuropa, vor allem Polen, nach Israel gebracht haben.

Der Einfluss strenger Orthodoxie zeigt sich an der Klagemauer auch daran, dass der Ritualbereich für Männer schroff durch eine zwei Meter hohe Betonmauer von dem der Frauen getrennt ist. Vertreter anderer religiöser Strömungen, wie beispielsweise reformorientierte Juden, versuchen seit Jahren erfolglos, am höchsten Gerichtshof in Israel ein Grundsatzurteil zu erzwingen: Männer und Frauen sollen an der Klagemauer wie auch in der Synagoge gemeinsam miteinander beten dürfen, auch soll es den Frauen erlaubt sein, endlich den Beruf des Rabbi auszuüben (was sich in reformorientierten Gemeinden Westeuropas und der USA längst durchgesetzt hat).[130] Es ist bezeichnend, dass der Ritualbereich für Männer an der Klagemauer erheblich ausgedehnter ist als der für Frauen. Dies hat die religiös-patriarchalische Orientierung orthodoxer Juden mit der von orthodoxen Muslimen (und auch mit der früheren von Christen) gemeinsam.

Jüdische Frauen beim rituellen Gebet an der Klagemauer

Bei den Bar-Mizwa-Feiern, die doch Familienfeiern sind, ergab sich durch diese strenge Geschlechtertrennung eine paradoxe Situation:

Frauen und Töchter konnten nicht am Ritual unmittelbar teilnehmen, vielmehr standen sie jenseits der Mauer auf Stühlen, wobei ihre Köpfe gerade noch über die Brüstung ragten. Die Bar-Mizwa-Zeremonien der Männer wurden möglichst nahe der Trennmauer vollzogen, so dass die Familien wenigstens in Blick- und Rufkontakt miteinander bleiben konnten. Wenn der Sohn aus der Thora zu lesen begann und die Männer zu klatschen wie auch zu singen anfingen, stießen die Frauen jenseits der Mauer laute Trillerrufe aus und warfen Bonbons über die Mauer zu den Feiernden.

Die Bar-Mizwa-Zeremonien bieten jedoch nur ein Beispiel unter vielen, dass der Pilgerbetrieb an der Klagemauer zunehmend von der Spannung zwischen liberalen und streng orthodoxen Juden bestimmt ist.

Der wachsende Einfluss streng orthodoxer Juden in Jerusalem

1980 hatte ich die Klagemauer das erste Mal besucht. Drei Jahrzehnte später traf ich einen wesentlich stärkeren Pilgerbetrieb an. Dies hat mit dem Umstand zu tun, dass vor allem der Anteil der orthodoxen Juden, erst recht der radikal-orthodoxen Gruppierungen, in Jerusalem durch Zuwanderung aus dem Ausland, besonders aus den USA, unaufhörlich wächst. Man hört viel Englisch, vor allem amerikanisches Englisch unter den Juden. In Jerusalem stellen die orthodoxen Juden mit streng antisäkularer Geisteshaltung inzwischen rund ein Drittel der knapp 800 000 Einwohner, so die Statistik des Jahres 2009.[131] Säkular denkende Juden leiden unter dem Druck dieser stark wachsenden extremen Glaubensgruppen, die schon mehrmals in demokratischen Wahlen den Bürgermeister von Jerusalem stellen konnten. Immer mehr der religiös kritisch eingestellte Einwohner wandern in das wesentlich liberalere Tel Aviv und andere Städte der küstennahen Ballungsräume Israels ab.

Solche demographischen Veränderungen spiegeln sich aber nicht nur im religiös-rituellen Betrieb der Klagemauer selber, sondern genauso auffällig in dem angrenzenden Altstadtviertel. Die Zahl strikt orthodoxer Thora-Schulen und Synagogen hat dort beträchtlich zugenommen. 2010 sah ich in diesem Stadtviertel auch wesentlich häufiger als 1980 Plakate, die den jüdischen Tempel des Herodes – anstatt des islamischen Felsendoms – in Verbindung mit der Klagemauer abgebildet zeigen. Dazu entsprechende

Postkarten. Wie schon erwähnt, ist ja während der letzten Jahrzehnte jene Bewegung gewachsen, die aggressiv von den Muslimen die Rückgabe des Tempelbergs fordert. Jedes Jahr verklagt der Verein der »Getreuen des Tempelbergs« den Staat Israel beim Obersten Gerichtshof erneut, weil sie von der Regierung daran gehindert würden, die Rituale von der Klagemauer auf den Tempelberg selber zu verlagern. Die Weigerung der israelischen Regierung sowie die ständige Abweisung beim Obersten Gerichtshof hat radikal-religiöse Juden zu terroristischen Attacken verführt. Von 1982 bis 2007 wurden mehr als 20 religiöse Fanatiker jüdischen Glaubens festgenommen, die planten, auf dem Tempelberg eine Straftat zu begehen, darunter auch Sprengstoffattentate.[132]

Die Mehrheit der israelischen Juden sieht bis heute keinen Anlass, den Muslimen die Besitzrechte des Tempelbergs streitig zu machen. Es waren ja nicht die Muslime, die den jüdischen Tempel zerstört hatten, sie hatten lediglich eine leere Fläche verbaut. Selbst viele orthodoxe Juden erwarten, dass der »Tempel des Salomo« erst bei der Ankunft des Messias an seiner alten Stelle wieder erstehe. Es bleibt also bei einer radikal-jüdischen Minderheit, die den Streit um den Tempelberg religiös-politisch aufheizt. Das genügt jedoch, um die Verständigung zwischen Israelis und Palästinensern nachhaltig zu erschweren.

Wie reagierten die Muslime? Ich habe bereits auf die blutigen Unruhen der Intifada von 2000 bis 2005 hingewiesen, die als eine Reaktion auf die »Inspektion« des Tempelbergs durch Ariel Sharon zu verstehen sind. Aber die Konflikte zwischen Juden und Muslimen wegen solcher Probleme reichen viele Jahrzehnte zurück, ja, sie haben ihre Wurzeln bereits in der Zeit vor der Entstehung des Staates Israel.

Die islamische »Al-Buraq-Revolution« und die Klagemauer

Bereits 1927 und 1928 waren unter streng orthodoxen Juden Jerusalems Postkarten im Umlauf, auf denen der islamische Felsendom durch die Zeichnung eines neuen jüdischen Tempels ersetzt war. Solche damals schon zum Verkauf angebotenen Bilder ließen muslimische Palästinenser erstmals befürchten, die Juden planten die Zerstörung des Felsendoms und der Al-Aqsa-Moschee.[133] Die Araber begannen in jenen Jahren auch erstmals und später in wachsendem Maß die Rituale an der Klagemauer zu stören.

Zu dieser Zeit lebten beide Völker noch unter britischer Mandatsherrschaft. 1917 hatten die Briten Palästina erobert und damit die Fremdherrschaft der Osmanen-Sultane beendet. Für Unruhe bei den Arabern hatte von Anfang an die Politik der Briten gesorgt: Die Juden sollten verstärkt nach Palästina einwandern dürfen, damit sie nach fast zwei Jahrtausenden der Diaspora in ihrer »angestammten Heimat« wieder eine »nationale Heimstätte« finden konnten. Die Politik der Briten, von strategischen Erwägungen im Ersten Weltkrieg bestimmt, widersprach ihrer früheren Haltung, den Arabern in Palästina nach dem Zusammenbruch der osmanischen Herrschaft einen unabhängigen Staat zu gewähren. Diese Widersprüchlichkeit der britischen Mandatspolitik führte bereits 1920 zu ersten blutigen Unruhen der Palästinenser.

Aber der erste große Aufstand gegen die Briten und Juden entzündete sich im Jahr 1929 direkt an der Klagemauer von Jerusalem. Anlass waren jene Postkarten, auf denen der Felsendom und die Al-Aqsa-Moschee durch einen jüdischen Tempel ersetzt sind. Imame hatten sich in ihren Predigten über Monate hinweg immer wieder auf solche Postkarten bezogen und verstärkten durch Szenarien des Schreckens bei den Zuhörern die ohnehin latent vorhandene antijüdische Stimmung. Eine besondere Rolle spielte hierbei Amin al-Husseini, der Großmufti von Jerusalem und geistliches Oberhaupt der muslimischen Palästinenser. Er hielt in der Al-Aqsa-Moschee flammende Propagandareden. Als er bei einer Freitagspredigt Mitte September 1929 wieder einmal betonte, dass die Zerstörung des Felsendoms und der Al-Aqsa-Moschee durch die Juden unmittelbar bevorstünde, strömten rund 2000 aufgeputschte Zuhörer zur unmittelbar benachbarten Klagemauer. Sie vertrieben dort die jüdischen Pilger, verbrannten die Zettel, die die Gläubigen als Bitten an Gott in die Mauerritzen gesteckt hatten, und entweihten die Thora-Rollen. Eine Woche später, wieder von der Predigt des Großmuftis aufgeputscht, strömten die Zuhörer in jüdische Stadtviertel, zündeten dort Häuser an und töteten etliche Juden. In den nun folgenden einwöchigen Unruhen, die sich über ganz Palästina ausbreiteten, metzelten die Araber 133 Juden nieder, umgekehrt töteten britische Polizisten 116 Araber.[134]

Die Unruhen vom September 1929 sind unter dem Namen »Al Buraq-Revolution« in die Geschichte eingegangen. Zur Schlüsselfigur dieser Unruhen wurde der bereits erwähnte Amin al-Husseini, der Großmufti von Jerusalem. Der Name Al Buraq bezieht sich auf das geflügelte Pferd, mit dem der Prophet Mohammed bei seiner legendären »Nachtreise« von Mekka nach Jerusalem gekommen sei. Der Großmufti bediente sich dieser Überlieferung, indem er ihr eine zusätzliche – auf eigene politische Bedürfnisse zugeschnittene – Version gab. Husseini sprach in seinen vielbesuchten Predigtgottesdiensten davon, dass die Klagemauer ursprünglich gar kein Heiligtum der Juden, sondern der Muslime gewesen sei. Die Juden hätten die einstige Existenz ihres Tempels auf dem Tempelberg nur erfunden, sie hätten eine Geschichtsfälschung begangen, um den heiligen Ort den Muslimen zu stehlen. Der Großmufti nannte die Mauer »Al Buraq«. Mohammed habe auf seiner wundersamen Nachtreise sein geflügeltes Pferd Buraq genau an dieser Mauer angebunden und sei von dort aus auf den Tempelberg gestiegen. Es sei daher nicht legitim, dass die Juden weiterhin an diesem Platz beteten – dies sei und bleibe eine »uralte« Pilgerstätte der Muslime.[135]

Die Al-Buraq-Revolution von 1929 hat Folgen bis heute. Zwar lehnen seriöse muslimische Historiker nach wie vor derartige mythologische Konstruktionen ab, die der Großmufti Al-Husseini politisch instrumentalisiert hatte. Aber die verheerende Niederlage der arabischen Staaten gegen Israel im Sechstagekrieg von 1967 hat bei einer Reihe muslimischer Historiker die Haltung verändert: Sie haben die Basis quellenkritischer Forschung verlassen und knüpfen an den nebulosen Al-Buraq-Mythos an. So behaupten noch zu Beginn des 21. Jahrhunderts etliche ägyptische, saudi-arabische und palästinensische »Historiker« nahezu übereinstimmend: Nicht Salomo und Herodes hätten auf dem Tempelberg eine Kultstätte gebaut – vielmehr habe dort schon Adam, der erste Mensch, den Felsendom und daneben die Al-Aqsa-Moschee errichtet, später habe der Stammvater Abraham diese Kultstätten renoviert und König Salomo habe diese Tempel noch einmal renoviert. Salomo wird in diesem Zusammenhang nicht als Jude, sondern als Muslim gesehen – ebenso wie Adam und Abraham.[136]

Derart legendäre Konstrukte jenseits aller historischen Realität bilden eine deutliche Parallele zu jenen Konstrukten, mit denen auch die Bedeutung von Mekka als der ältesten Pilgerstadt der Welt belegt werden soll: Adam hat ja dort als »erster Mensch« und »erster Muslim« die Kaaba erbaut, Abraham hat sie rekonstruiert. Es ist kein Zufall, dass besagte »Historiker« ganz bewusst die Verbindung zwischen Jerusalem und Mekka herstellen: Abraham habe vierzig Jahre nach der Errichtung der Kaaba den Felsendom und die Al-Aqsa-Moschee errichtet. Juden und Christen hätten später diese ursprünglichen Kultbauten vernichtet.

Aus der Sicht historisch-kritischer Wissenschaft sind solche Thesen lächerlich. Aber diese Thesen haben eine gefährliche politische Wirkung, weil gerade unter der arabischen Bevölkerung nur eine Minderheit über eine Bildung verfügt, die es ihr ermöglichen würde, solche Mystifikationen zu durchschauen.

Der Berg Zion, heilig für jüdische und christliche Pilger

Die verwinkelten Altstadtgassen des jüdischen Viertels wie auch das der armenischen Christen führen zum Tor Zion, und von dort sind es nur wenige Gehminuten bis zum Berg Zion. Jüdische Pilger, viele erkennbar an der schwarzen Tracht der Orthodoxen, sind genauso zahlreich wie die christlichen Besucher. Aber den Blickfang auf dem mit Zypressen und Pinien bestandenen Hügel bildet eine Kirche. Sie ist im neuromanischen Stil gebaut und fällt durch ein spitzkegeliges Dach und einen hohen Turm auf. Ringsum gruppieren sich massige sandsteinfarbige Gebäude mit Kreuzzeichen. Man muss länger in diesen Gassen unterwegs sein, um auch die unscheinbaren Bauten zu entdecken, zu denen die jüdischen Pilger strömen.

Ich folgte zunächst den christlichen Wallfahrern in die Kirche. Die Kirche, zu Beginn des 20. Jahrhunderts auf den Fundamenten einer verfallenen christlichen Kultstätte errichtet, trägt den lateinischen Namen Dormitio Sanctae Mariae, »Entschlafung der heiligen Maria«. An diesem Ort, so will es die Legende, sei die Mutter Jesu gestorben. Die Pilger gehen, nachdem sie im Kirchenraum ihre Andacht verrichtet haben, in die darunter gelegene Krypta. Dort liegt am angeblich genauen Sterbeort der Mutter Jesu eine Elfenbeinfigur der »schlafenden Maria« auf dem Totenbett, überwölbt von einer neu-byzantinischen Mosaikkuppel. (Dieser Ort der Verehrung darf allerdings nicht verwechselt werden mit dem sogenannten Mariengrab in einer Kirche nahe dem Garten Gethsemane.) Viele der Pilger singen zuerst gemeinsam und tragen dann in die ausliegenden Bücher ihre Wünsche an die »Heilige Frau« und »Gottesmutter« ein. Naturgemäß finden sich unter den Besuchern hier kaum Protestanten, es sei denn als kulturhistorisch interessierte Touristen.

Ein zentraler Anziehungspunkt für Christen aller Konfessionen ist dagegen ein nur wenige Gehminuten entferntes Gebäude. Die Stilmerkmale des einstöckigen Hauses weisen ins europäische Mittelalter. Die Kreuzrit-

Der Abend-
mahl-Saal
auf dem
Berg Zion

ter erbauten die Kultstätte exakt an jener Stelle, an der sie im 11. Jahrhundert Überreste eines älteren sakralen Gebäudes vorfanden. Man steigt eine Treppe hinauf, geht im ersten Stock durch einen Torbogen und steht in einem Saal mit gotischen Säulen und Gewölben. Exakt hier soll in einem früheren Saal, so will es wiederum die Legende, Christus mit seinen Jüngern das »Letzte Abendmahl« gefeiert haben. Der Ort gilt ebenso als Versammlungsplatz der Jünger nach Jesu Tod. Dort soll auch das Pfingsterlebnis von der Ausgießung des Heiligen Geistes stattgefunden haben, dann das erste Konzil der zwölf Apostel um das Jahr 46. Das ursprüngliche Haus an dieser Stelle soll, so eine weitere Überlieferung, den Eltern des Evangelisten Markus gehört haben, weswegen hier die ersten Christen über Jahrzehnte nach Jesu Tod ihren geheimen Zufluchtsort fanden. So gesehen kann dieser Ort als eine der wichtigsten Stätten des Ur-Christentums verehrt werden. Entsprechend wimmelt es in dem gotisch geprägten Saal den ganzen Tag von Pilgergruppen aller christlicher Konfessionen.

Aber bei genauerem Betrachten des gotischen Saals stutzt der aufmerksame Beobachter. In der Südwand ist ein Mihrab, eine islamische Gebetsnische Richtung Mekka, eingebaut. Und steigt man eine Treppe höher auf das flache Dach des mittelelterlichen Gebäudes, so blickt man auf ein Minarett. Im 16. Jahrhundert hatte der Osmanen-Sultan Suleiman der Prächtige die christliche Kultstätte in eine islamische umwidmen lassen.

Als ich auf der Dachterrasse stand, wurde ich noch mit einem weiteren Kontrast konfrontiert. Ein schwarz gekleideter Rabbi mit den charakteristischen Beikeles-Locken des strikt orthodoxen Juden näherte sich mit einer

Gruppe von etwa dreißig Knaben im Alter von etwa 6 bis 10 Jahren, die ebenso streng nach orthodoxen Regeln gekleidet waren. Sie setzten sich im Kreis nieder und lauschten dort den Belehrungen des Rabbi. Zur gleichen Zeit drang aus dem Saal des Abendmahls ein Stockwerk tiefer der Gesang christlicher Pilger. Ich folgte den orthodoxen Juden ins Erdgeschoss in jenen Raum, wo nach christlicher Überlieferung Jesus seinen Jüngern vor dem Abendmahl die Füße gewaschen hat. Von christlicher Atmosphäre ist hier jedoch nichts zu spüren, denn dieser Raum ist seit dem Bestehen des Staates Israel 1948 zu einer Synagoge umgestaltet. Aber die eigentlich spirituelle Bedeutung dieser Stätte erschließt sich erst beim Betreten des Nachbarraumes. Dort können die Besucher nach Geschlechtern getrennt, so will es die strenge orthodox-jüdische Tradition, ihre Andacht verrichten. Der Pilger befindet sich vor dem Grab des Königs David. Ein rotes Altartuch, mit dem sechszackigen Stern und einer Harfe als den beiden legendären David-Emblemen, schmückt die sonst kahle Felswand. Hier traf ich nur auf jüdische Pilger, die aus der Thora rezitierten.

Der Ort des Grabes Davids ist allerdings historisch ebenso wenig gesichert wie der Abendmahl-Saal. Trotzdem ist es kein Zufall, dass beide Orte so unmittelbar benachbart sind. Eben weil Jesus nach christlicher Überlieferung als Messias ein Nachkomme Davids ist, bot es sich den Christen an, die wichtigsten Stätten des Ur-Christentums exakt dort anzusiedeln, wo auch David begraben sein soll. Für die Juden war dieses mutmaßliche Grab ihres meistverehrten Königs das wichtigste Pilgerzentrum überhaupt, solange der östliche Teil Jerusalems mit der Klagemauer unter jordanischer Herrschaft stand und den Juden nicht zugänglich war.

Aber für das Grab Davids gilt dasselbe wie für die Klagemauer: Die Juden beten hier nicht, weil sie glauben, dass von dieser Stelle wundertätige Kräfte ausgehen und sie von dieser Wirkung profitieren. Das Grab Davids erfüllt nicht wie bei den Christen der katholischen Kirche und der orthodoxen Ostkirchen eine Funktion wie etwa das Grab Jesu, eines Apostels oder sonst eines bedeutsamen Heiligen. Denn die Juden kennen nicht den Glauben an Heilige, die im Jenseits die Bittgebete vernehmen und als unentbehrliche Fürsprecher bei Gott wirken. Die Juden beten am Grab Davids, weil sie einzig einer großen Gestalt ihrer Religion gedenken. Entsprechend hat für sie auch nicht die Frage dieselbe Bedeutsamkeit wie für viele Christen, ob ein solches Grab denn nun »echt« sei oder nicht. Es ist kein Zufall, dass andererseits etwa das Grab des Moses völlig in Vergessenheit geriet und die Juden niemals den Anspruch erhoben, dessen Grab »neu entdeckt« zu haben. In dieser Hinsicht ähneln die Juden wiederum eher den Protestanten als den Christen anderer Konfessionen.

Dass der Berg Zion seit der Gründung des Staates Israel zunehmend ein Zentrum streng orthodoxer Juden geworden ist, merkt der fremde Besucher allerdings erst, wenn er die vielen eingeschossigen Sandsteingebäude rings um das Grab Davids betritt. Es handelt sich überwiegend um Thora-Schulen und Lehrstätten für Rabbiner. Die Säle, vollgestellt mit Buchregalen, Tischen und Stühlen für Lehrende und Lernende, sind hauptsächlich von Juden in strikt orthodoxer Kleidung besucht. Ich konnte eintreten, als mir ein Rabbi mit rötlichem Bart und geringelten Schläfenlocken eine Führung anbot und mir dann weitschweifig auf Deutsch mit jiddischem Akzent die Bedeutung König Davids und den »reinen« Gottesglauben der Juden erklärte. Meine Zwischenfragen blockte er zweimal mit dem barschen Hinweis ab: »Der Meister spricht, der Schüler schweigt.« Er gab mir hier ein anschauliches Beispiel für die Art des Religionsunterrichts seiner streng traditionalistischen Richtung. Das Wort Meister hat in diesem Zusammenhang eine doppelte Bedeutung: Rabbi ist mit »Meister« zu übersetzen.

Den Juden sowie den Christen ist der Berg Zion deshalb so bedeutend, weil er von beiden als ein zentraler Ausgangspunkt für die Entfaltung ihrer Religion angesehen wird.

Das hebräische Wort Zion bedeutet »Burg«. An diesem Ort soll sich um das Jahr 1000 vor unserer Zeitrechnung die Residenz des Königs David sowie einiger seiner Nachfolger befunden haben. Aber der Name Zion wurde von den Juden schließlich auf ganz Jerusalem ausgedehnt. Mehr noch: Jüdische Propheten wie Jeremia, Jesaia und Micha machten aus dem Namen Zion ein Symbol religiöser Verheißung. Gegen Ende aller Tage werde Zion zum Zentrum für ein Reich des ewigen Friedens, der erwartete Messias werde hier seine Residenz errichten. Diese messianische Bedeutung des Namens Zion hatte sich entwickelt, als ein Großteil der Jerusalemer Juden im 6. Jahrhundert vor unserer Zeitrechnung nach Babylon verschleppt worden war und in der sogenannten Babylonischen Gefangenschaft lebte. Dort, weit weg vom (zerstörten) Jerusalem, entwarfen die Juden desto intensiver in einer damals stark verbreiteten Endzeiterwartung die Utopie eines ideal verklärten jüdischen Reiches.

Zu Jesu Lebzeiten war der Berg Zion allerdings eine wenig beachtete Randzone der Stadt. Deshalb ist es wahrscheinlich, dass die damals verfolgten Christen diesen Ort bevorzugten. Als dann die Römer im Jahr 70 den jüdischen Tempel zerstört hatten, interpretierten die Christen die Verheißung jüdischer Propheten neu: Nicht mehr der Tempelberg soll bevorzugtes Ziel der Gläubigen sein, sondern – neben der Grabeskirche Jesu – der Berg Zion, wo David gewirkt, wo Jesus aus dem Stamm Davids das Abendmahl gefeiert, wo die christliche Ur-Gemeinde sich entfaltet hatte. So vereinnahmten die Christen das ursprünglich jüdische Heiligtum durch ihren Heilsanspruch. Und sie verwehrten hier wie im übrigen Jerusalem den Juden als den »Gottesmördern« rigoros den Zutritt. Erst die Muslime gestatteten den Juden wieder, den Berg Zion zu besuchen.

Aber der jüdische Einfluss auf dem Berg Zion konnte sich erst seit der Gründung des Staates Israel 1948 nachhaltig entfalten.

Der Name Zion hat im Bewusstsein der weltweit verstreuten Juden über zwei Jahrtausende seine Symbolkraft behalten. Und so kam es, dass dieser Name auch von der modernen jüdischen Nationalbewegung instrumentalisiert wurde. Der österreichisch-jüdische Journalist Nathan Birnbaum, aus Wien stammend, prägte 1890 den Begriff »Zionismus«. Übernommen hat ihn der ebenfalls aus Wien stammende Journalist Theodor Herzl. Er wurde zum Begründer der jüdischen Nationalbewegung. Zionismus bedeutete nach seiner Version: Für das in der weltweiten Diaspora lebende jüdische Volk musste wieder ein eigener Staat im einstigen »Land der Väter«, also in Palästina, geschaffen werden. Damit sollte die ständig sich wiederholende Vertreibung und die Heimatlosigkeit der Juden ein Ende haben, die im Jahr 70 nach der Zerstörung Jerusalems durch die Römer begonnen hatte. Der Zionismus war entstanden, nachdem durch den wachsenden Antisemitismus eine Integration der Juden in Europa zu scheitern drohte. 1897 hatte in Basel unter der Leitung von Theodor Herzl der erste Zionisten-Kongress stattgefunden.

Dass der Zionismus eines Theodor Herzl aber wenig gemeinsam hat mit den religiös-politischen Vorstellungen der heutigen radikalen Siedler-Bewegungen in Israel – die sich ebenfalls als »Zionisten« bezeichnen –, kann ich lediglich am Rand erwähnen. Nur so viel: Herzl hatte keinen tieferen Bezug zur jüdischen Religion, er dachte ausschließlich säkular-national, nicht religiös-national. Daher hatte er auch wenig Verständnis für religiös-politische Fanatiker, die forderten, dass man ein jüdisches Großreich ausgerechnet in den biblischen Grenzen vor 2000 Jahren begründen müsse. Ja, Herzl hatte nicht einmal eine tiefere Beziehung zu Jerusalem. Im Gegenteil: Er hatte 1898 nach seinem Besuch in Jerusalem eine starke Abneigung gegen die religiöse Atmosphäre dieser Stadt geäußert. Vor allem lehnte er die Traditionen ab, wie sie von Juden, Christen und Muslimen rivalisierend entwickelt worden sind. Herzl bezeichnete diese Traditionen als »Ablagerungen von 2000 Jahren Unmenschlichkeit und Intoleranz« sowie als »Aberglauben und Fanatismus auf allen Seiten«.[137]

Eine entsprechend große Distanz zur religiösen Wertschätzung Jerusalems äußerten später auch etliche führende Zionisten betont säkularer Ausrichtung, so David Ben Gurion, Israels erster Premierminister, so Chaim Weizmann, Israels erster Staatspräsident, so Golda Meir, die spätere Premierministerin. Sie alle hätten lieber Tel Aviv als Hauptstadt gesehen, jene zu Beginn des 20. Jahrhunderts gegründete jüdische Stadt.[138] Dort, wo überwiegend säkulare Juden leben, war ja auch 1948 der Staat Israel von David Ben Gurion ausgerufen worden.

Selbst der Staatsname Israel war anfangs unter den Zionisten umstritten. Der hebräische Name bedeutet »Gott kämpft« und hat somit einen stark religiösen Bezug. Vor allem die säkular orientierten Zionisten bevorzugten als zukünftigen Staatsnamen »Juda« oder »Judäa«, was in weltlich neutralem Sinn »Staat der Juden« bedeutet. Israel und Judäa, Königreiche beider Namen hat es im Verlauf der jüdischen Geschichte schon gegeben. Aber die gesetzgebende Nationalversammlung entschied sich unter dem Druck religiöser Nationalisten in ihrer Mehrheit für den Staatsnamen Israel und für Jerusalem als Hauptstadt.

Den säkularen Zionisten erscheint bis heute die Existenz eines radikalreligiösen Judentums in Israel und besonders in Jerusalem als ein Skandal. Sie sehen in dieser Entwicklung einen Verrat an den Idealen eines Zionismus, der von der europäischen Aufklärung geprägt worden ist.

Juden, Christen, Muslime: das Kidron-Tal in seiner interreligiösen Bedeutung

Kidron – der hebräische Name bedeutet »trüber Bach« und bezieht sich auf ein Gewässer, das in trockenen Sommermonaten gerade noch ein Rinnsal bildet. Der Name steht in seltsamem Kontrast zu der großen religiösen

Verehrung, die sowohl Juden als auch Christen und Muslime diesem Tal in Jerusalem entgegenbringen.

Das Kidron-Tal zieht sich unmittelbar an der Ostseite des Felsendoms hin. Blicken wir die Stadtmauer hinunter, so sehen wir zahlreiche Grabsteine mit arabischen Inschriften. Über den islamischen Friedhof hinweg geht der Blick hinüber zum Ölberg, an dessen Fuß zwischen Zypressen und Olivenbäumen die Kirche im Garten Gethsemane erkennbar ist; in der Nähe des Gartens befindet sich eine Begräbnisstätte für Christen. Südlich davon, weit den Ölberg hinauf, erstreckt sich ein jüdischer Friedhof mit hebräisch beschrifteten Steinen. Muslime, Christen und Juden liegen hier begraben, nur jeweils wenige hundert Meter voneinander entfernt. Wieso diese unmittelbare Nähe?

Im Kidron-Tal, vor den Mauern des heiligen Jerusalem, so besagen volkstümliche Überlieferungen, werde am Tag des Jüngsten Gerichts die Posaune Gottes geblasen. Hierher werden die erweckten Toten aus aller Welt kommen müssen, um vor den Richterthron des Allmächtigen zu treten. Aber jene, die im Kidron-Tal ihre Gräber haben, werden als Erste auferstehen. Juden, Christen und Muslime neigen gleichermaßen dazu, der üppig ausgeschmückten Legende Glauben zu schenken. Nirgends ist daher die geistige Verflochtenheit der drei großen monotheistischen Religionen optisch so sinnfällig wie im Kidron-Tal. Hier kann der Betrachter einen Blick

Das Kidron-Tal

auf die ausgedehnten Gräberfelder von Gläubigen werfen, die im Tod auf dasselbe Ziel hinstreben – im Leben aber möglicherweise mehr Trennendes als Gemeinsames an den anderen Religionen wahrgenommen haben.

Entstanden ist dieser Glaube bei den Juden, nachdem sie im 6. Jahrhundert vor unserer Zeitrechnung aus der Babylonischen Gefangenschaft zurückkehrten. Seither schrieben sie Jerusalem intensiver als zuvor eine heilsgeschichtliche Bedeutung zu. Und dieser Glaube an die besondere Funktion des Kidron-Tals blieb ungebrochen auch dann, als den Juden der Aufenthalt in Jerusalem durch die Christen verboten wurde. Nachdem unter muslimischer Herrschaft für Juden die Einreise wieder möglich war, nahmen viele den beschwerlichen Weg auf sich, um die letzten Jahre ihres Lebens in Jerusalem zu verbringen und im Kidron-Tal begraben zu werden. Die Christen übernahmen diesen Glauben. Ja, mehr noch: In der griechisch-orthodoxen Überlieferung formte sich die Überzeugung, dass ein Gebet im Kidron-Tal fünfhundert Mal wirksamer sei als an jedem anderen Ort der Welt.[139]

Welch ungeheure Wertschätzung das Kidron-Tal auch in der muslimischen Volksfrömmigkeit spielt, konnte ich selbst weit entfernt von Jerusalem feststellen. Und dies ausgerechnet im Gespräch mit einem radikalen Islamisten. Ich lernte ihn in Algerien kennen. Er, der an Europa und den USA heftig die »Säkularisierung« als Ausdruck der »Gottlosigkeit« kritisierte, zeigte sich begeistert über meinen Besuch des Kidron-Tals. Leider sei er dort nie gewesen, die politische Situation erlaube dies nicht, so erklärte er. Aber das Kidron-Tal sei für ihn neben dem Haram as-Sharif, dem Tempelberg, das wichtigste Pilgerziel in Jerusalem. Das Kidron-Tal sei ein wahrhaft heiliger Ort für alle, die den *einen* Gott verehren, ob nun Muslim, Christ oder Jude. Er schätze einen frommen Christen und Juden mehr als einen unreligiösen Muslim. Im Haram as-Sharif wie im Kidron-Tal zu beten, dies bedeute ihm fast so viel, wie vor der heiligen Kaaba zu beten.[140]

Dieses eindrucksvolle Bekenntnis sogar eines Islamisten zur Verbundenheit der drei monotheistischen Weltreligionen im Kidron-Tal kann aber nicht über schwerwiegende Dissonanzen hinwegtäuschen. Gerade Muslime hatten diese vielbeschworene Einheit im »heiligen Tal« brutal zerstört, als es 1948 zum Krieg zwischen Israel und den arabischen Staaten kam. Nachdem der östliche Teil Jerusalems an das Königreich Jordanien gefallen war, brannten die Jordanier in der Altstadt von Jerusalem 22 der 27 Synagogen nieder und vernichteten auf dem jüdischen Friedhof des Kidron-Tals mehr als 50 000 Gräber von den rund 70 000 insgesamt. Die Grabsteine wurden zum Bau von Straßen und Latrinen verwendet.[141] Krasser konnten Muslime nicht den koranisch vorgeschriebenen Respekt gegenüber den geistesverwandten monotheistischen Religionen ignorieren. Hier war der Hass auf den Staat Israel, der gegen den Willen der arabischen Bevölkerung gegründet und militärisch durchgesetzt wurde, stärker als alle Bindung an religiöse Gebote. Nahezu 1300 Jahre hatten aber die Muslime unter ihrer Herrschaft das unmittelbare Nebeneinander islamischer, jüdischer und christlicher Friedhöfe toleriert.

Vom Ölberg zur Grabeskirche. Der christliche Weg der Passion

Das Jahr 325 steht für den Beginn des christlichen Pilgerwesens in Jerusalem. Damals kam Flavia Julia Helena, die Mutter des Kaisers Konstantin, in die heilige Stadt. Sie trug wesentlich dazu bei, dass in Jerusalem jene Kultstätten gebaut wurden, die später zum wichtigsten Ziel christlicher Pilger aus aller Welt werden sollten.

Die christliche Pilgerin Helena war es ja auch gewesen, die, wie bereits berichtet, im Anschluss an diese Reise wertvolle Reliquien der Passion Christi von Jerusalem nach Rom gebracht hatte.[142] Helena rekonstruierte zusammen mit dem Jerusalemer Bischof Makarios den genauen Verlauf des Leidenweges Christi vom Ölberg und vom Garten Gethsemane, dem Ort der Gefangennahme, bis zum Felsen von Golgatha, der »Schädelstätte«, dem Ort der Kreuzigung. Intensive Gebete und »göttliche Eingebung« verhalfen den beiden Suchenden zur genauen Bestimmung der einzelnen Stationen biblischen Geschehens. Historisch belegbare Zeugnisse existierten allerdings nicht. Noch zu Lebzeiten Helenas wurde mit dem Bau von Kirchen am Ort der Gefangennahme, der Geißelung, der Kreuzigung begonnen.

Keine der im 4. Jahrhundert erbauten Kultstätten ist jedoch in ihrer ursprünglichen Architektur erhalten geblieben. Zahlreiche kriegerische Konflikte mit den muslimischen Machthabern hatten es den Christen unmöglich gemacht, die bauliche Substanz ihrer Heiligtümer zu bewahren. Nahezu alle Kirchen wurden Ende des 19. Jahrhunderts oder gar erst im 20. Jahrhundert anstelle zerfallener oder verwahrloster Gebäude neu errichtet, ebenso die meisten Unterkünfte christlicher Pilger in der Altstadt. Dies geschah, nachdem die Herrschaft des Osmanischen Reiches immer brüchiger geworden war und europäische Mächte, allen voran Großbritannien und Frankreich, aber auch das Deutsche Reich, zunehmend Einfluss in Palästina gewannen. Zur damaligen Zeit nahm der Zustrom christlicher Pilger wieder beträchtlich zu und hält bis in unsere Gegenwart unvermindert an. Mehr noch: Seit dem politischen Zusammenbruch der kommunistischen Ostblockstaaten 1989 hat das Pilgerwesen durch den Zustrom polnischer, ukrainischer und russischer Christen noch weiter an Dynamik gewonnen.

Diesen stark angeschwollenen Pilgerstrom erlebte ich besonders bei meinem Besuch 2010, als ich die traditionellen Stationen der Passion vom Ölberg bis Golgatha erneut abschritt. Den ersten Eindruck vom Andrang der Menschenmassen bekam ich in der Kapelle »Dominus Flevit« (»Der Herr weinte«), die auf halber Höhe des Ölbergs liegt und von deren Altarfenster man einen herrlichen Ausblick auf die Altstadt von Jerusalem mit der goldenen Kuppel des Felsendoms hat. An dieser Stelle soll Jesus, als er mit seinen Jüngern über die Stadt blickte, die Zerstörung Jerusalems durch die Römer prophezeit und geweint haben. Die heutige Kapelle wurde erst 1955 errichtet, ursprünglich soll hier schon im 7. Jahrhundert eine Kapelle gestanden haben.

Einen noch viel stärkeren Andrang von Pilgern erlebte ich in der Kirche von Gethsemane. Diese Kirche wurde im gleichen Jahr 1955 auf den Grundmauern einer Basilika aus dem 4. Jahrhundert und späterer zerfallener Sakralbauten neu errichtet. Sie liegt am Fuß des mit Pinien, Zypressen und Olivenbäumen bedeckten Ölbergs. Ein Hain knorriger Olivenbäume, angeblich ein Rest des biblischen Garten Gethsemane, grenzt unmittelbar an die Kirchenmauern. Hier soll Jesus die letzten Stunden in der Nacht vor seiner Gefangennahme mit seinen Jüngern verbracht haben. Mosaiken über dem Portal wie im Kircheninneren zeigen, wie Jesus einsam betend abseits von seinen schlafenden Jüngern auf einem Felsen kniet und Gott beschwörend fragt, ob denn nicht der bittere Kelch des Martyriums an ihm vorübergehen könne. Mitten im Hauptschiff der Kirche befindet sich jener Felsen der »Todesangst«, auf dem Jesus gebetet haben soll. Der Felsen ist als eine kreisrunde kahle Fläche von einer großen Dornenkrone aus Eisen eingefasst. Dieser Stelle gilt die größte Aufmerksamkeit der Pilger, und dort sieht man die immer gleichen Rituale von Katholiken und Christen der Ostkirchen.

Rings um den Felsen bilden die Pilger einen Kreis, knien nieder, beten, beugen sich zum Felsen und berühren mit der Stirn den Stein. Dann richten sie sich wieder auf, holen aus ihren mitgebrachten Taschen Kruzifixe, Rosenkränze und Tücher, streichen damit über den Felsen, küssen die mitgebrachten Gegenstände – die durch die Berührung mit dem heiligen Felsen gesegnet sind –, stecken sie wieder ein und verharren weiterhin kniend, während im Hintergrund ein Priester Gebete spricht. Immer wieder konnte ich beobachten, dass einer der Knieenden zu schluchzen anfing, weil er sich sehr intensiv mit dem Leiden Christi auf dem Felsen der »Todesangst« identifizierte.

Eine Prozession auf der Via Dolorosa

Von der Kirche Gethsemane zur Via Dolorosa muss der Pilger etwa eine halbe Stunde Fußweg bergauf am islamischen Friedhof entlang zurücklegen, um dann, bereits innerhalb der Altstadt, die Kapelle der Geißelung zu erreichen. An dieser Stelle, wo sich heute ein Franziskanerkloster mit seiner schlichten Kapelle im romanischen Stil befindet, soll Jesus auf Befehl des römischen Statthalters Pilatus gegeißelt worden sein. Von hier aus nehmen die zahlreichen Prozessionen durch die Via Dolorosa, »der Straße der Schmerzen«, hin zur Grabeskirche ihren Ausgang. Es sind überwiegend Gruppen, von denen die ersten vier Pilger ein Holzkreuz tragen. Die Kreuze können gemietet werden und sind dann nach Gebrauch an der Grabeskirche abzustellen, wo sie sich an der Außenwand nebeneinander reihen.

Singend bewegen sich die Pilgerzüge durch die Via Dolorosa, ziehen vorbei an jener Gruft, wo Jesus laut Überlieferung eingesperrt war, ziehen vorbei an jener Stelle, an welcher der kreuztragende Jesus seiner Mutter Maria begegnet sei und an welcher eine Frau namens Veronika Jesus ein Schweißtuch gereicht haben soll, ebenso dort, von wo an ein Mann namens Simon von Kyrene Jesus das Kreuz zu tragen geholfen habe – es sind insgesamt 14 Stationen der heiligen Passion, die mit Namen an den Häuserwänden gekennzeichnet sind. Überall bleiben die Gruppen kurz stehen, sprechen ihre Gebete und erreichen schließlich nach einer halben bis einer Stunde, je nach Dauer der Zeremonien, durch die immer stärker verwinkelte Via Dolorosa die Grabeskirche.

Die Grabeskirche gilt bis heute als das unumstritten heiligste Pilgerziel der Christenheit. Der weitverzweigte Bau überwölbt sowohl den mutmaßlichen Kreuzigungsort Golgatha als auch das Grab, aus dem Christus auferstanden sein soll. Die sakrale Stätte wird daher nicht nur Grabeskirche genannt, sondern trägt auch den griechischen Namen »Anastasis«, »Auferstehung«.

Pilgergruppen vor der Grabeskirche

Die Entstehung gerade dieses zentralen Pilgerzentrums ist besonders mit dem Wirken der Kaisermutter Helena verbunden. Durch den Jerusalemer Bischof Makarios bestärkt, glaubte sie den Ort der Kreuzigung dort aufgespürt zu haben, wo am Stadtrand die Römer im 1. Jahrhundert ein Venus-Heiligtum errichtet hatten. Die Legende will es, dass Helena in einem Kellergewölbe des verfallenen heidnischen Tempels das noch gänzlich erhaltene Jesus-Kreuz gefunden habe. Kaiser Konstantin veranlasste auf diese Nachricht hin, den heidnischen Tempel abzureißen, und beauftragte Bischof Makarios, an dieser Stelle die prächtigste aller Kirchen zu bauen. Im Jahr 335, zwei Jahre vor Konstantins Tod, war die Kultstätte vollendet.

Helena trug wesentlich dazu bei, dass diesem Ort alle nur denkbaren religiös-mythologischen Bedeutungen zugesprochen wurden. So soll hier auf dem Hügel Golgatha von Gott der Lehm entnommen worden sein, aus dem er den ersten Menschen Adam erschuf. Helena selber soll, so will es die Legende, bei ihrem Besuch von Golgatha dort die Gebeine Adams gefunden haben, sein Schädel habe direkt unter jener Stelle gelegen, wo das Kreuz Christi aufgestellt wurde. Mehr noch: Helena glaubte auch zu wissen, dass Abraham seinen Sohn Isaak auf Geheiß Gottes genau auf dem Hügel Golgatha hatte opfern sollen. Diese zentralen biblischen Ereignisse waren von den Juden bisher auf dem Tempelberg angesiedelt, aber christliche Chronisten – mit Berufung auf Helena – verlegten die Geschehnisse von dem »durch Gott verfluchten« Ort zu dem Ort christlicher Heilsverheißung. Mythen sterben in Jerusalem nicht, sie werden höchstens verlegt oder enteignet, so kommentiert diesen Vorgang sehr treffend der israelische Historiker Gil Yaron.[143] Im Hinblick auf den Stammvater Abraham waren die Muslime ja nicht anders verfahren: Sie hatten, wie bereits dargestellt, die Opferstätte, auf der Abraham seinen Sohn hatte opfern sollen, vom Tempelberg in Jerusalem zur Kaaba in Mekka verlegt.

Die Grabeskirche galt bis in das 6. Jahrhundert als die prächtigste und schönste Kirche der Christenheit und wurde erst mit dem Bau der Hagia Sophia in Konstantinopel architektonisch übertroffen. Davon merkt man heute nichts mehr. Wer in unserer Gegenwart am heiligsten Ziel christlicher Pilger eine architektonische Höchstleistung erwartet, wird tief enttäuscht. Der Besucher von heute trifft auf einen massigen, eher plump wirkenden Baukomplex, dessen Innenräume sich in eine Vielzahl von Kapellen und Andachtsräumen auffächern, düster und labyrinthisch. Diese Architektur war in ihren Grundzügen erst im 12. Jahrhundert, der Epoche der Kreuzzüge, entstanden. Im Jahr 1009 hatte Kalif Hakim die Grabeskirche bis auf die Grundmauern niederreißen lassen. Es war das einzige Mal, dass ein muslimischer Herrscher die heiligste Stätte der Christen niederreißen ließ – mit verheerenden Folgen: Die Nachricht von der Zerstörung der Grabeskirche hatte zum ersten Kreuzzug geführt, worauf die Kreuzritter Jerusalem 1099 eroberten und die gesamte muslimische Bevölkerung der heiligen Stadt töteten. Sultan Saladin, der 1187 Jerusalem für den Islam zurückeroberte, gewährte den Christen wieder die vom Koran vorgeschriebene Glaubensfreiheit. Saladin ließ – wie auch seine muslimischen Nachfolger bis ins 20. Jahrhundert – die von den Kreuzrittern neu aufgebaute Grabeskirche unangetastet.

Trotz der ästhetisch enttäuschenden Architektur strahlt das heiligste Pilgerziel der Christen noch immer eine ungebrochene Vitalität religiösen Lebens aus. Allerdings hat ein Besucher aus Westeuropa Schwierigkeiten, die einzelnen Rituale zu verstehen, denn diese haben sich großenteils unverändert aus spätantiker und mittelalterlicher Zeit erhalten. Ein Westeuropäer kann sich davon irritiert fühlen, dass es zur Genüge Pilger gibt, die gerade diese Rituale mit besonderer Hingabe praktizieren. So erging es auch mir.

Die meisten Pilger strömten im Inneren der Kirche zunächst zu dem etwa fünf Meter hohen Golgatha-Felsen. Zuerst gingen sie in die römisch-katholische Kapelle, wo sich der Altar der Kreuznagelung befindet (die elfte Kreuzwegstation), dann wechselten sie in die griechisch-orthodoxe Kapelle mit dem Altar der Kreuzigung (die zwölften Station). Rechts und links von den Altären geben Glasscheiben den Blick auf den nackten Felsen frei. Pilger aller Konfessionen drängten sich hier, beugten sich unter den Altären nieder, berührten dort ein Stück des freien Felsens, manche küssten ihn innig. Priester im Hintergrund drängten zur Eile, weil manche der Besucher allzu lange den Felsen berührten und damit einen Stau in der Warteschlange verursachten. Der Pilgerstrom zwängte sich durch eine enge Treppe ein Stockwerk tiefer zu einer höhlenartigen Kapelle, die den Namen Adamskapelle trägt, um auch hier Gebete zu sprechen. An dieser Stelle soll der Legende nach die heilige Helena den Schädel Adams gefunden haben. Ein Gemälde im Seitenraum vermittelt anschaulich, wie sich der Totenschädel Adams exakt unter dem eingerammten Kreuzesstamm befindet.

Die dreizehnte und vorletzte Station des Kreuzwegs bildet der sogenannte Salbstein, der von griechisch-orthodoxen Priestern beaufsichtigt wird. Auf dieser glattpolierten Felsenfläche soll der Leichnam Jesu vor der Grablegung gesalbt worden sein. Pilger knieten rund um den von Öllampen beleuchteten Stein, strichen andächtig mit den Händen darüber und

Pilger am sogenannten Salbstein im Innern der Grabeskirche

berührten dann betend das eigene Gesicht. Viele bestrichen den Stein auch mit einem mitgebrachten Kruzifix oder Tuch und packten die mit heiliger Kraft aufgeladenen Gegenstände wieder ein – dem Ritual in der Kirche Gethsemane vergleichbar. Protestanten fehlen naturgemäß bei diesem Ritual.

Den Höhepunkt für Pilger bildet die 14. und letzte Kreuzwegstation: das Heilige Grab. Der Eingang zum würfelförmigen Block mit dem Rotunden-Dach wird wiederum von griechisch-orthodoxen Priestern beaufsichtigt. So oft ich vorbeikam, staute sich vor der Grabkammer eine mehrere hundert Meter lange, durch strikte Absperrgeländer eingezwängte Warteschlange. Nur schrittweise bewegten sich die Menschen vorwärts, um dann wieder geduldig zu stehen, denn im Innern der engen Grabkammer – wo Jesus von den Toten auferstanden sein soll – haben nur drei Pilger nebeneinander Platz. Auch hier erlebte ich, dass die Priester teilweise mit ungeduldigen Kommandos die Gläubigen zur Eile antrieben und ihnen im Allerheiligsten bestenfalls ein bis zwei Minuten Zeit zur Andacht ließen.

Ein weiter heiliger Bezugspunkt für Pilger ist die nahe der Grabkammer Christi gelegene Helenen-Kapelle, die nach Helena, der Mutter Kaiser Konstantins, benannt ist. Helena soll hier das Kreuz Christi gefunden haben. Diese Kapelle wird von der armenischen Kirche verwaltet. Den eigentlichen Auffindungsort des Kreuzes platzieren aber Vertreter der orthodoxen und katholischen Kirche ein Stockwerk tiefer. Dort trifft man rechts auf einen griechisch-orthodoxen, links auf einen katholischen Altar. Von einem Kreuz ist heute dort allerdings nichts mehr zu finden, denn die hochverehrte Reliquie wurde in Rom in kleine Stücke geschnitten und als Reliquiensplitter an wichtige Kirchen des gesamten Reiches weitergegeben.[144] Die Kapellen im Untergeschoss bilden für viele Pilger den Abschluss ihres Passionsganges auf der Via Dolorosa.

Einige Pilgergruppen aber suchen noch eine weitere Stätte der Passion auf – die »Kirche des heiligen Kreuzes«, die sich westlich von Jerusalem in einem Tal mit Olivenhainen befindet. An dieser Stelle soll der Baum gestanden haben, aus dem das Kreuz Christi gefertigt wurde. Es ist eine griechisch-orthodoxe Kirche, deren älteste Teile noch aus dem 11. Jahrhundert stammen. Dort traf ich vorrangig Pilger dieser Konfession. Sie drängten sich in einem Seitenraum vor einem Altar, wo man durch ein Loch in einer Steinplatte auf die angebliche Stelle der heiligen Baumwurzel blicken kann. Die Pilger strichen mit Kruzifixen und Tüchern über die Steinplatte, um dann beides betend an die Stirn zu drücken – ein Ritual ähnlich dem in der Kirche von Gethsemane und der Grabeskirche. Der Legende nach soll auch an diesem Ort die Kaisermutter Helena tätig gewesen sein und durch göttliche Eingebung die Stelle des heiligen Kreuzholzes gefunden haben. Eine Schrifttafel am Eingang der Kirche weist die Besucher auch in englischer Sprache auf solche Überlieferung hin.

Streit der Konfessionen in der Grabeskirche

Ich habe bereits erwähnt, dass die Zerstörung der Grabeskirche durch den fanatischen Kalifen Al-Hakim 1009 zum Anlass der Kreuzzüge wurde. Dieses epochale Ereignis wird aus christlich-abendländischer Sicht bis heute oft dahin missverstanden, dass das heiligste Pilgerzentrum der Christen vorrangig ein Streitobjekt zwischen Christen und Muslimen sei. Tatsächlich aber haben die meisten muslimischen Herrscher den Pilgerbetrieb der Kultstätte toleriert. Zum gravierenden Streitobjekt ist die Grabeskirche dagegen zwischen den christlichen Konfessionen selber geworden – dies bis in die unmittelbare Gegenwart.

Ursprünglich befand sich die Grabeskirche im Besitz der byzantinischen Staatskirche, die religiös-politisch eng dem in Konstantinopel regierenden Kaiser verbunden war. Als es dann aber 1054 nach langen Auseinandersetzungen zur endgültigen Spaltung in eine katholische und griechisch-orthodoxe Konfession kam, ging der Besitz an die orthodoxe Ostkirche über, die weiterhin eng dem byzantinischen Kaisertum verbunden blieb. Doch nur wenige Jahrzehnte später kam es zu einer weiteren einschneidenden Änderung. Nachdem 1099 die katholischen Kreuzritter Jerusalem erobert hatten, vertrieben sie den griechisch-orthodoxen Patriarchen samt seinen Anhängern aus ihrer Residenz der Grabeskirche und ersetzten ihn durch einen lateinischen Patriarchen.

Noch einmal änderten sich die Machtverhältnisse in der Grabeskirche von Jerusalem grundsätzlich, als Sultan Saladin 1187 die heilige Stadt wieder der islamischen Herrschaft unterwarf. Die Strukturen, die nun entstanden, sind im Prinzip bis heute gültig geblieben. Die nachfolgenden muslimischen Herrscher, ob nun von der Dynastie der ägyptischen Mamluken oder der türkischen Osmanen, waren darauf bedacht, die Besitzrechte an der Grabeskirche unter den einzelnen christlichen Konfessionen zu verteilen. So sollte die Vorherrschaft einer Konfession verhindert werden – nach dem machtpolitisch schon vielfach bewährten Grundsatz: Teile und herrsche.

Im 12. Jahrhundert wurde die Hauptverwaltung der Grabeskirche unter die griechisch-orthodoxe Kirche, die armenisch-apostolische Kirche und die katholische Kirche (vertreten durch den Orden der Franziskaner) aufgeteilt. Im 19. Jahrhundert kamen noch die syrisch-orthodoxe Kirche, die Kopten und die äthiopisch-orthodoxe Kirche hinzu, ihnen wurden allerdings nur einige kleine Schreine zugestanden. In der Grabeskirche waren damit sechs verschiedene christliche Konfessionen vertreten, von denen sich die drei kleineren unter islamischer Herrschaft besser entfalten konnten als unter dem dogmatischen Alleinvertretungsanspruch der orthodoxen oder der katholischen Kirche. Aber die Vertreter aller sechs christlichen Konfessionen waren vom Anspruch beseelt, einzig und allein den »wahrhaftigen Glauben« zu vertreten. Daher blieb das Zusammenleben unter dem Dach der heiligsten Kirche der Christenheit weiterhin durch erhebliche Konflikte geprägt. Über Jahrhunderte fand hier wie in einem Brennpunkt fokussiert ein Krieg der Konfessionen statt. So stritten sich Griechisch-Orthodoxe, Katholiken, Armenier, Syrisch-Orthodoxe, Kopten und Äthiopier immer erneut darüber, wer welchen Schrein betreuen, wer welche Prozession von der einen zur anderen Kapelle durchführen und vor allem, wer die Oberhoheit über das Grab Christi ausüben darf.

Bei einer derart schroffen, eifersüchtigen Abgrenzung der Konfessionen untereinander braucht es nicht zu wundern, dass keine weitere Konfession – etwa eine protestantische – nun zusätzlich einen Bereich in der Grabeskirche zugewiesen bekam. Als im 19. Jahrhundert der Zustrom protestantischer Pilger nach Jerusalem beträchtlich zunahm, blieb den Protestanten nichts anderes übrig, als im Umkreis der Grabeskirche eigene Kirchen zu bauen. Die auffallendste hiervon ist die lutherische Erlöserkirche, 1898 durch Deutsche errichtet, von deren Turm man einen prächtigen Blick auf die Grabeskirche hat. Aber so sehr sich die christlichen Konfessionen untereinander über die Vorrechte in der Grabeskirche stritten, in einer Haltung waren sie sich einig: Juden hatten zur Grabeskirche bis 1967, der Eroberung Jerusalems durch Israel, keinen Zutritt. Bei einer Überschreitung dieses Verbots hätten Juden ihr Leben riskiert.[145]

Die Streitereien um Vorrechte innerhalb der heiligsten Pilgerkirche Jerusalems haben zwischen Mönchen und Priestern der einzelnen Konfessionen immer wieder zu wüsten gegenseitigen Beschimpfungen, ja zu Schlägereien geführt. Manche dieser Auseinandersetzungen endeten mit Schwerverletzten oder gar Toten. Doch man irrt, wenn man vermutet, solch blutigen Konflikte seien typisch eben nur für eine weit zurückliegende, »mittelalterliche« Vergangenheit gewesen. Noch im Jahr 2005 wurde die halbgeöffnete Tür eines Schreins zur Ursache für eine Schlägerei zwischen Griechisch-Orthodoxen und Franziskanern, wobei ein israelischer Polizist, der schlichten wollte, einen Zahn verlor.[146]

Im Jahr 2008 kam es gar zu einer Massenschlägerei zwischen griechisch-orthodoxen und armenischen Mönchen, wobei die israelische Polizei erst recht Mühe hatte, die kämpfenden Mönche sowie deren Anhänger voneinander zu trennen. Zu dem Streit war es diesmal gekommen, als armenische Geistliche eine Prozession durch die Grabeskirche begannen, die im Gedenken an den angeblichen Fund des Christus-Kreuzes im 4. Jahrhundert veranstaltet wurde. Dagegen beharrten die griechisch-orthodoxen Gläubigen auf ihrem Recht, während der Prozession einen Beobachter in jenem Schrein zu postieren, der sich über dem angeblichen Grab Christi befindet. Die Armenier bestritten grundsätzlich dieses Recht und weigerten sich, den Beobachter zuzulassen. Daraufhin blockierten die Griechisch-Orthodoxen den Umzug. Die heftige Schlägerei zwischen den feindlichen Konfessionen endete damit, dass die israelische Polizei je einen Mönch der beiden Gruppierungen in Handschellen abführte.[147]

An der Feindschaft zwischen den Konfessionen scheitert bis heute auch die dringend notwendige Restaurierung der Grabeskirche. Die israelischen Behörden weisen zwar seit langem warnend darauf hin, dass das alte Gemäuer beim Ausbruch eines Feuers zu einer Falle für die darin versammelten Gläubigen werden könnte, doch Pläne zur Errichtung eines Notausgangs aus der Grabeskirche sind bisher an den internen Zwisten gescheitert. Außerdem ist eine Dachkonstruktion der Grabeskirche von Einsturz bedroht, aber Reparaturen können nicht durchgeführt werden, solange sich die dort souveränen äthiopischen Priester nicht mit den Mönchen der anderen Glaubensgemeinschaften arrangieren.[148]

Bis zum heutigen Tag befinden sich in der heiligsten Kirche der Christenheit ständig 14 israelische Polizisten im Dienst, um bei Handgreiflichkeiten zwischen Priestern, Mönchen und gläubigen Anhängern sofort einzuschreiten.[149] Ähnlich hatten zuvor unter islamischer Herrschaft die Behörden Polizisten stationiert. Und bis heute führen zwei muslimische Familien die oberste Verwaltungsaufsicht in der Grabeskirche. Muslimische Araber und israelische Polizisten teilen sich also die Aufsicht. Noch immer ist eine solche Aufsicht durch andersgläubige Wächter nötig. Denn noch immer werden von den verfeindeten christlichen Funktionsträgern der Grabeskirche keine christlichen Wächter anerkannt – eben weil Christen anscheinend nicht neutral zwischen den Konfessionen vermitteln können.

Nicht wenige christliche Pilger von heute mögen sich befremdet fühlen angesichts solch schroffer Intoleranz innerhalb der eigenen Religion. An den Vertretern der Grabeskirche sind sowohl der Geist der Aufklärung als auch der Ökumene spurlos vorübergegangen. Ausgerechnet die heiligste Kirche der Christenheit hat sich damit nicht aus den Fesseln einer unseligen Tradition gelöst, die noch unlösbar mit dem Zeitalter der Konfessionskriege verknüpft ist.

Aber gerade auch in Jerusalem findet sich ein bemerkenswertes Gegenbeispiel. Die Kirche von Gethsemane wurde 1955 von zwölf Staaten gebaut, wobei Christen aller Konfessionen gleichermaßen zur finanziellen Unterstützung beigetragen haben. Diese Kirche trägt entsprechend auch einen zusätzlichen Namen: Kirche der Nationen. In dieser Kirche können sich dann auch jene Christen eher zu Hause fühlen, die auf ihren Hemden das Emblem Kreuz-Davidstern-Halbmond tragen und eine tiefere Gemeinsamkeit jenseits aller offenkundigen Gegensätze wünschen.

Konstantinopel und Istanbul
Für Christen genauso heilig wie für Muslime

Konstantinopel: Als die Stadt noch christlich war

Der Galata-Turm, ein von Genuesen im 14. Jahrhundert erbauter Wachturm, bietet den schönsten Panoramablick über die Millionenstadt Istanbul. Im Vordergrund sieht man den Meeresarm des Goldenen Horns mit lebhaftem Verkehr von Fährschiffen, dahinter auf Hügeln ein Geflecht ineinander verschachtelter Häuser aus vielen Jahrhunderten. Den Blickfang bilden Moscheen, deren Kuppeln und Minarette sich kontrastreich vom dahinter sich ausdehnenden Marmara-Meer abheben. Besonders auffallend sind aber die Baukomplexe am äußersten Ende der Halbinsel: auf der einen Seite der von Kuppeln und Türmen dominierte Sultanspalast Top Kapi, auf der anderen Seite die ehemalige Kirche Hagia Eireni neben der majestätisch aufragenden Hagia Sophia mit vier Minaretten.

Nahezu neun Jahrhunderte war die Hagia Sophia eine der prächtigsten Kirchen der Christenheit gewesen, dann nahezu sechs Jahrhunderte eine der prächtigsten Moscheen der islamischen Welt. Hier werden auf engstem Raum markante Symbole zweier großer unterschiedlicher Kulturräume sichtbar: des Reiches der Osmanen, deren Hauptstadt Istanbul war, wie auch des Oströmischen Reiches, als die Hauptstadt noch Konstantinopel hieß. Nirgendwo sonst überlagern sich islamische und christliche Sphäre so eindrucksvoll – und augenfällig – wie an diesem Ort.

Blicken wir zunächst zurück auf jene Zeit, als die Stadt noch von christlichen Kaisern regiert wurde.

Die Hagia Eireni, Kirche des »Heiligen Friedens«, ist das älteste der noch erhaltenen sakralen Gebäude. Die Irenen-Kirche wurde auf Veranlassung des Kaisers Konstantin erbaut, nachdem dieser im Jahr 330 die Hauptstadt des Römischen Reiches von Rom nach Byzanz verlegt hatte und sie »Konstantinopolis«, »Stadt des Konstantin«, nannte. Konstantin, der seine Macht mit Hilfe der stark gewachsenen christlichen Glaubensgemeinschaft hatte festigen können, ließ als Reverenz an die Christen die Irenen-Kirche errichten. Dies geschah wenige Jahre nachdem er in Rom (wie bereits geschildert) die ersten Kirchen hatte bauen lassen. Die Hagia

Eireni war zwei Jahrhunderte lang die Hauptkirche der neuen Residenzstadt und somit Sitz auch des Patriarchen von Konstantinopel. Sie wurde sieben Jahrzehnte nach ihrer Einweihung zum Schauplatz eines wegweisenden Konzils. Im Jahr 381 wurde dort die Gottessohnschaft Jesu endgültig zum unanfechtbaren Dogma der katholischen Staatskirche erhoben – in scharfer Abgrenzung zur damals weit verbreiteten »Irrlehre«, Jesus sei Gott nur »wesensähnlich« anstatt »wesensgleich«.

Die Hagia Sophia, Kirche der »Heiligen Weisheit«, in Sichtweite der Hagia Eireni errichtet, weihte ihr Bauherr Kaiser Justinian als neue Hauptkirche im Jahr 537 ein. Sie wurde damit auch zur neuen Residenz des Patriarchen von Konstantinopel und so zum Schauplatz weiterer Konzile, die für die Dogmatik des Christentums entscheidend geworden sind. Die neue Hauptkirche war als die größte Kultstätte konzipiert, die je errichtet wurde – vor allem aber sollte sie die Hauptkirchen der konkurrierenden Pilgerstadt Rom an Anziehungskraft übertreffen. Für nahezu 900 Jahre war sie die monumentalste Kuppelbasilika des gesamten christlichen Kulturraums mit dem reichhaltigsten Schmuck an Goldmosaiken. Außerdem barg sie einen der wertvollsten Reliquienschätze der Christenheit: einige Teile des legendären Heiligen Kreuzes, die angeblich die Mutter des Kaisers Konstantin, Helena, ihrem Sohn in die neue Hauptstadt Konstantinopel mitgegeben hatte. (Andere Teile des Heiligen Kreuzes waren, wie bereits erwähnt, in der Grabeskirche von Jerusalem und in der Kirche Santa Croce in Gerusalemme von Rom geblieben).[150] Die Hagia Sophia stellte somit – parallel zu den heiligsten Kirchen Roms – einen direkten Bezug zu Jerusalem her und war schon deshalb für Pilger wichtig geworden.

Irenen-Kirche, älteste Kirche Konstantinopels, Konzilskirche

Aus unserem westeuropäischen Bewusstsein ist weitgehend verdrängt, dass Konstantinopel etliche Jahrhunderte lang an Bedeutung mit den Pilgerzentren Jerusalem, Rom und Santiago de Compostela konkurrieren konnte. Zu dieser Entwicklung hat wesentlich eine dritte Kirche beigetragen, die im Unterschied zur Hagia Eireni und Hagia Sophia im neueren Teil der byzantinischen Hauptstadt, aber ebenfalls auf Veranlassung Kaiser Konstantins, errichtet worden war: die Hagio Apostoloi, die Kirche der Apostel. Von ihr ist heute allerdings nichts mehr erhalten. An ihrer Stelle erhebt sich die mächtige Moschee Mehmet Fatih, Mehmet des Eroberers, errichtet von dem Osmanen-Sultan Mehmet II., der 1453 Konstantinopel eroberte und zu einer islamischen Stadt machte. Die Moschee trägt daher auch seinen Namen.

Die Apostelkirche, an einer der Prachtstraßen Konstantinopels gelegen, war neben der Hagia Sophia bald zur meistbesuchten Kultstätte der byzantinischen Hauptstadt geworden. Hier befanden sich nicht nur die Grabstätten vieler bedeutender Kaiser wie Konstantin, Theodosius und Justinian. Hierher waren im Jahr 356, zwei Jahrzehnte nach Konstantins Tod, die mutmaßlichen Gebeine des Apostels Andreas sowie des Evangelisten Lukas gebracht worden.[151] Damit war das Monopol Roms gebrochen, allein im Besitz von religiös prestigeträchtigen Apostelgräbern (des Petrus und des Paulus) zu sein. Und damit war eine wesentliche Voraussetzung geschaffen, dass sich nun auch Konstantinopel zu einem der größten christlichen Wallfahrtszentren entwickelte. Das angebliche Grab des Apostels Matthias in Trier, das einzige Apostelgrab auf deutschem Boden, wurde erst später »entdeckt« und behielt nur regionale Bedeutung. Auch setzte die überregionale Verehrung des Jakobus-Grabes in Santiago de Compostela erst Jahrhunderte später ein.

Zum Ruhm Konstantinopels als dem wichtigsten Pilgerzentrum im Osten Europas trug ein weiteres Ereignis bei: Im Jahr 994 brachten byzantinische Soldaten nach einem siegreichen Feldzug aus der islamisch regierten Stadt Edessa (heute: Urfa) als Beute ein Tuch mit, das angeblich aus dem Grab Christi stammte und das Gesicht Jesu zeigte (im Aussehen mit dem Turiner Grabtuch vergleichbar). Die Muslime in Edessa hatten das Grabtuch als Reliquie verehrt, schließlich gilt im Islam Jesus als einer der großen Propheten. Das angebliche Grabtuch Christi wurde in einer feierlichen Prozession in die Kirche des Kaiserpalastes von Konstantinopel gebracht und dort aufbewahrt. Beim Besuch christlicher Fürsten und Bischöfe präsentierten die byzantinischen Gastgeber das heilige Tuch als eine religiöse Kostbarkeit, die es weder in Jerusalem noch in Rom, den am meisten konkurrierenden Pilgerzentren, zu sehen gab.[152]

Nicht genug damit. Bereits im 4. Jahrhundert war ein angebliches Kleid der Gottesmutter Maria sowie einer ihrer Gürtel nach Konstantinopel gelangt und wurde nahezu sieben Jahrhunderte lang in der dortigen Marienkirche von Pilgern verehrt. Schließlich kam noch eine Marien-Ikone hinzu, die der Legende nach der Evangelist Lukas gemalt haben soll.[153] Seit dem 8. Jahrhundert wurde für Pilger zum weiteren Anziehungspunkt das »wahre Haupt Johannes' des Täufers«. Es war in einem Reliquiar der Hofkirche abgelegt.[154]

Von all den Reliquien ist im heutigen Istanbul nichts mehr vorhanden. Entsprechend ist es für den westlichen Besucher schwierig, Spuren der einstigen christlichen Pilgerziele zu finden. Es mag so scheinen, als ob der Absturz in die Bedeutungslosigkeit im Jahr 1453 verursacht wurde, als die muslimischen Türken Konstantinopel eroberten. Aber es muss in diesem Zusammenhang auf ein Ereignis verwiesen werden, das schon wesentlich früher für die Christen Konstantinopels einen traumatischen Einschnitt in ihr religiös-kulturelles Leben markiert.

Im Jahr 1204 zogen katholische Kreuzritter in die Hauptstadt der griechisch-orthodoxen Christen ein. Dies geschah 150 Jahre nach der Spaltung in eine katholische Westkirche mit Rom als Zentrum und eine orthodoxe Ostkirche mit Konstantinopel als Zentrum. Die Katholiken befanden sich auf dem vierten Kreuzzug, um offiziell Jerusalem von der Herrschaft der »heidnischen« Muslime zu befreien. Sie schlossen allerdings kein Bündnis mit den griechisch-orthodoxen Christen gegen die muslimischen Türken als dem gemeinsamen Feind – sondern sie stürmten Konstantinopel, um diese mit Rom konkurrierende Pilgerstadt von der Herrschaft »ketzerischer« Christen zu befreien. Wie schon dargestellt[155], regierten nun nahezu sechs Jahrzehnte ein katholischer Kaiser und ein katholischer Patriarch in Konstantinopel. Die Folgen dieses Konfessionskriegs zwischen Christen waren verheerend. Denn die katholischen Kreuzritter begnügten sich nicht damit, im griechisch-orthodoxen Konstantinopel einen Machtwechsel zu erzwingen, vielmehr plünderten sie – allen voran die Venezianer und Franzosen – gnadenlos die Stadt und transportierten die Schätze der damals kulturell weit überlegenen Metropole nach Westeuropa. Konstantinopel hat sich von diesem radikalen Raubzug nicht mehr erholt und besaß seither nicht mehr die Kraft, die Muslime an immer machtvolleren Vorstößen zu hindern.

Ein unaufhaltsamer wirtschaftlicher wie politischer Niedergang setzte ein. Die Metropole, die im 12. Jahrhundert noch nahezu eine Million Einwohner gezählt hatte und damit so groß gewesen war wie einst Rom in den Glanzzeiten des Imperium Romanum, hatte zu Beginn des 15. Jahrhunderts nur noch rund 100 000 Einwohner aufzuweisen. Viele Bewohner waren aufgrund der immer schwierigeren Lebensbedingungen abgewandert, nachdem die osmanischen Türken schrittweise die Regionen rings um die Stadt in Besitz nahmen und so die Handelswege abschnürten. Zahlreiche Wohnviertel, Paläste und Kirchen des einst prächtigen Konstantinopel waren damit dem Verfall preisgegeben.[156]

Mit dem verhängnisvollen Jahr 1204 endete auch die Bedeutung Konstantinopels als einer herausragenden Pilgerstadt. Denn die Katholiken plünderten ebenso rücksichtslos die Kirchen. Die dort in Gold und Diamanten kostbar eingefassten Reliquien des Heiligen Kreuzes, des Apostels Andreas, des Evangelisten Lukas, des Johannes des Täufers, des Grabtuchs Christi, des Kleides der Gottesmutter Maria – all diese für Pilger so wichtigen Gegenstände der Verehrung verließen auf dem Seeweg die geschundene Metropole und fanden großenteils ihren Platz in katholischen Kirchen und Klöstern Westeuropas.

Die Reliquie des Heiligen Kreuzes war unter der katholischen Herrschaft Konstantinopels in unzählige Teile aufgesplittert und an katholische Bischöfe sowie Fürsten verschenkt worden. Daraufhin vermehrte sich in Italien, Frankreich und dem Deutschen Reich die Zahl jener Kirchen beträchtlich, von denen man glaubte, sie seien nun im Besitz eines »wahren« Teils des Kreuzes. Die Gebeine des Apostels Andreas wurden zweigeteilt. Ein Großteil der Knochen gelangte in die Kathedrale von Amalfi, damals die Hauptstadt einer mächtigen Handelsrepublik und maßgeblich an den Kreuzzügen beteiligt. Aber der Kopf wurde in den Petersdom nach Rom gebracht. In Rom verblieb der Kopf des Andreas bis zum Jahr 1964 und wurde dann anlässlich des Zweiten Vatikanischen Konzils an die griechisch-orthodoxe Kirche als »Zeichen der Versöhnung« zurückgegeben. Seither ist der Kopf des Andreas in einer Kirche von Patras aufbewahrt, jener südgriechischen Stadt, in der der Apostel den Märtyrertod gefunden haben soll. Die Gebeine des Evangelisten Lukas wurden zum neuen Pilgerziel in der Kathedrale der norditalienischen Stadt Padua.[157] Dagegen gelangte der Kopf Johannes' des Täufers in die Kathedrale der nordfranzösischen Stadt Amiens.[158] Und das Grabtuch Christi kam an den Templerorden, dann in die Sainte Chapelle in Paris, wo es während der Französischen Revolution vernichtet wurde.[159]

Der Raub zahlreicher Reliquien in Konstantinopel ging über bloß materielle Beutegier hinaus. Zwar ließen sich die Behälter schon wegen ihres Goldes und ihrer Diamanten gewinnbringend verkaufen. Aber die heiligen Knochen, Kreuzessplitter, Nägel, Stoffreste im Innern der Behälter bedeutete für jede Kirche, jedes Kloster, jede Stadt zusätzlich einen ungeheuren Gewinn an religiösem Prestige – und die Garantie, dass nun die Pilgerströme wie auch deren Spendenbereitschaft beträchtlich anwuchsen. Aus heutiger Sicht kaum mehr nachvollziehbar, jedoch für das Mittelalter selbstverständlich: Der Besitz von Reliquien, die mit dem Leben Jesu, der Maria und der Apostel verbunden sind, sicherten den kirchlichen wie weltlichen Machthabern zusätzliche Legitimität. Seit dem Jahr 1204 befand sich die Mehrzahl zumindest der bedeutsamsten Reliquien Konstantinopels endgültig unter der Obhut der katholischen Kirche – und damit war der Sieg der Pilgerstadt Rom über die Pilgerstadt Konstantinopel besiegelt, war die Machtfülle der katholischen Kirche im Vergleich zur orthodoxen erheblich gewachsen.

Istanbul: Als die Stadt islamisch wurde

Im Jahr 1453 änderte sich die Situation für Konstantinopel noch einmal grundlegend. Am 29. Mai dieses Jahres eroberte der Osmanen-Sultan Mehmet II. die politisch und ökonomisch seit langem geschwächte Metropole. Er, der den ehrenden Beinamen »Fatih« (Eroberer) erhielt, machte Konstantinopel unter dem Namen Istanbul zur neuen Hauptstadt des expandierenden Osmanischen Reiches. Istanbul ist ein verballhorntes griechisches Wort, abgeleitet von »eis tän polin«, »hinein in die Stadt«, und signalisierte für die Bewohner des ganzen östlichen Mittelmeerraums die außergewöhnliche Anziehungskraft der Metropole (ein Zustand, der allerdings von den Osmanen wirtschaftlich erst wieder hergestellt werden musste).

Sultan Mehmet »Fatih« hatte bereits drei Tage nach dem Einzug in die besiegte Stadt die Hagia Sophia in eine Moschee umwandeln lassen. Damit hatte er – ein Signal für Muslime wie für Christen – die bis dahin berühmteste Kirche des Abendlandes zu einer herausragenden Kultstätte des »siegreichen Islam« gemacht. Allgemein gestanden zwar die Muslime in den eroberten Gebieten den Christen als den Angehörigen einer geistesverwandten Religion Toleranz zu und ließen die Kirchen grundsätzlich unangetastet. Aber angesichts der Hagia Sophia, einer Kirche mit herausragender Symbolkraft, relativierte Sultan Mehmet die koranisch vorgeschriebene Toleranz. Hier ging es darum, den Islam als die dem Christentum ähnliche und doch hierarchisch übergeordnete Religion zu präsentieren. (Nicht anders waren die muslimischen Eroberer verfahren, als sie in Damaskus und Cordoba die dortigen Hauptkirchen in Moscheen umwandelten.) Nachdem die Hagia Sophia eine Moschee geworden war, sah sich der Patriarch von Konstantinopel gezwungen, aus der Hagia Sophia als seiner bisherigen Residenz in den Gebäudekomplex einer kleineren Kirche umzusiedeln. Aber selbst in einer solchen Zwangsmaßnahme offenbart sich aus damaliger Sicht noch Toleranz: Der siegeiche Machthaber der Konkurrenzreligion Islam gestattete dem besiegten Oberhaupt der orthodoxen Kirche, in der neuen Hauptstadt der Osmanen weiterhin seinen Amtssitz zu haben. Umgekehrt hätte sich im 15. Jahrhundert noch kein christlicher Eroberer gegenüber einem religiösen Führer der Muslime derart duldsam verhalten.

Nahezu 470 Jahre lang diente dann die Hagia Sophia – nun unter dem neugriechischen wie auch türkischen Namen Aya Sofia – als die zentrale Gebetsstätte für die Muslime in der Hauptstadt des Osmanischen Reiches. Sie wurde mit vier Minaretten erweitert. Die prächtigen byzantinischen Goldmosaiken mit Jesus, Maria und Heiligenfiguren als christliche Merkmale wurden zur Gänze übertüncht. Allerdings bewunderten die Muslime an der Hagia Sophia das Prinzip des Kuppelbaus, und so ist die Aya Sofia gerade deshalb zum architektonischen Vorbild für alle anderen Moscheen des Osmanischen Reiches geworden.

Der Irenen-Kirche als der zweiten sakralen Kultstätte von besonderer symbolischer Bedeutung erging es schlimmer. Ihr widerfuhr nicht die »Ehre«, in eine Moschee umgewandelt zu werden und damit weiterhin eine religiöse Kultstätte zu sein. Die Aya Irini (so der türkische Name) diente Jahrhunderte lang der türkischen Elitetruppe, den Janitscharen, als Waffenlager, im 19. Jahrhundert schließlich als Aufbewahrungsort für archäologische Funde, seit dem 20. Jahrhundert als Veranstaltungsort für Konzerte.

Das schlimmste Schicksal traf aber die Kirche der Heiligen Apostel, und dies hing mit den traumatischen Ereignissen des Jahres 1204 zusammen. In der einst zweitwichtigsten Kirche von Konstantinopel war ja bereits im 13. Jahrhundert nach dem Verlust vieler wertvoller Reliquien der Besuch von Pilgern stark zurückgegangen – und damit auch die Spenden der Gläubigen. Dem wirtschaftlich ohnehin geschwächten Oströmischen Reich hatten die Mittel gefehlt, um die Kirche instand zu halten. Schon vor der Eroberung Konstantinopels durch die Türken hatte sich die Apostelkirche in einem Zustand des akuten Zerfalls befunden. Als Sultan Mehmet II. nach seinem Einzug in die Stadt 1453 dem damaligen Patriarchen Gennadius befahl, von der Hagia Sophia in die Apostelkirche als die neue geistliche Residenz umzusiedeln, weigerte sich der Patriarch, denn er fürchtete den baldigen Einsturz des Gebäudes. Gennadius bevorzugte das besser erhaltene Pammakaristos-Kloster als neuen Amtssitz. Daraufhin ließ Sultan Mehmet »Fatih« die baufällige Apostelkirche abreißen und an ihrer Stelle eine Moschee errichten, die bis heute seinen Namen trägt: Mehmet Fatih.[160]

Für die Christen aller Konfessionen war der Verlust von Konstantinopel ein fast genauso traumatisches Ereignis wie sechs Jahrhunderte zuvor der Verlust Jerusalems. Schließlich handelte es sich bei beiden Städten um Orte von einmaliger Bedeutung in der Geschichte ihrer Religion. Und da beide Städte an den Islam verloren gegangen waren, schürte dies den Hass und die Angst gegenüber der machtvoll konkurrierenden Religion.

Besonders traf der Verlust die Griechen, denen Konstantinopel das politische wie religiöse Zentrum gewesen war. Entsprechend groß ist das Konfliktpotential zwischen griechischen und türkischen Nationalisten bis heute geblieben. Der Konflikt eskalierte nach dem Zusammenbruch des Osmanischen Reiches. Im Jahr 1919 unternahm Griechenland den Versuch, den westlichen Teil Anatoliens zurückzuerobern. Die Griechen planten nichts Geringeres, als Istanbul unter dem früheren Namen Konstantinopel zur Hauptstadt eines Großgriechischen Reiches zu machen. Der Versuch endete in einer Katastrophe. Der türkische General Mustafa Kemal, später Atatürk (»Vater der Türken«) genannt, schlug die griechischen Truppen zurück, ließ die seit zwei Jahrtausenden in Anatolien ansässigen Griechen aus Anatolien vertreiben und begründete im Jahr 1923 die Republik Türkei.

Atatürk setzte aber in Bezug auf die religiös umstrittene Hagia Sophia ein wegweisendes Signal. Er ließ 1934 den Status einer Moschee aufheben und die Hagia Sophia in ein Museum umwandeln. Die Folge war, dass nun wieder die byzantinischen Mosaiken auf Goldgrund mit Christus- und Marienbildern, Heiligen und Engeln (soweit sie unter dem Verputz noch erhalten waren) freigelegt wurden und von Besuchern aus aller Welt betrachtet werden konnten. In späteren Jahren folgten entsprechende Maßnahmen bei anderen historisch wertvollen byzantinischen Kirchen, auch sie verloren den Status einer Moschee und konnten nun ihre kunstvoll ausgestatteten Wände museal präsentieren. Ein besonders herausragendes Beispiel bietet hier neben der Hagia Sophia die Chora-Kirche. Atatürk demonstrierte mit dieser Geste, dass die säkular und laizistisch gesinnte Türkei byzantinische Bauten als höchst bedeutsame Kulturdenkmäler jenseits aller religiös-politischen Besitzansprüche verstanden wissen wollte. Es gehe bei diesen berühmten Bauwerken um »gemeinsame Werte der Zivilisation«, nicht um das Trennende unterschiedlicher Religionen.

Aber Istanbul ist auch in der säkularen Türkei eine Pilgerstadt geblieben, wo religiöse Emotionen eine nicht zu unterschätzende Rolle spielen. Dies zeigt sich nicht zuletzt daran, dass gerade die Hagia Sophia immer wieder zum Streitobjekt zwischen religiös konservativen Gruppierungen sowohl der Türken als auch der Griechen wird. Islamistisch orientierte Türken fordern seit den achtziger Jahren immer wieder, die Aya Sofia müsse in eine Moschee zurückverwandelt werden (und stoßen auf die Ablehnung säkularer Türken, die auf dem Status eines Museums beharren). Fundamentalistisch orientierte Griechen fordern umgekehrt weiterhin, dass die Hagia Sophia wieder eine Kirche werden müsse (was von säkularen Griechen als eine unnötige Provokation verurteilt wird).[161] Auf Einzelheiten möchte ich hier allerdings nicht näher eingehen, denn die eigentlich lebendigen Pilgerstätten sind in Istanbul heute an anderen Orten zu finden.

Besuchen wir diese anderen Orte. Dort werden wir einerseits anschaulich erleben, was das Gegensätzliche von Islam und Christentum ausmacht – andererseits aber auch, auf welche Weise die geistigen Gemeinsamkeiten der beiden Weltreligionen hervortreten.

Die berühmteste Reliquiensammlung des Islam

Es sind nur wenige Gehminuten von der Hagia Sophia vorbei an der Irenen-Kirche zum Sultanspalast Top Kapi. Dort, in der ehemaligen Residenz der Osmanen-Sultane, erwartet den Besucher ein Gebäude, das einen wichtigen Aspekt im Religionsverständnis von Muslimen eröffnet – und auch beträchtliche Parallelen zum Reliquienkult katholischer und orthodoxer Christen zeigt.

Hasoda, »Das Haus für die heiligen Anvertrauten«, ein Prachtbau aus dem 15. Jahrhundert mit Säulengängen, Arkaden und einer Marmorterrasse, ist Pilgerziel für Muslime aus aller Welt. Ursprünglich hatte sich hier die Privatwohnung des Sultans befunden. Aber nachdem die Osmanen Mitte des 19. Jahrhunderts in den Dolmabahce-Palast am Bosporus als neue Residenz übersiedelt waren, ist in den Prunkräumen die berühmteste Reliquiensammlung des Islam eingerichtet worden.

In Vitrinen sind hier der Mantel des Propheten Mohammed, zwei seiner Schwerter, sogar einige Barthaare sowie einer seiner Zähne ausgestellt. Die Aufschriften sind neben Türkisch auf Englisch formuliert und erklären so die Exponate auch für Muslime außerhalb der Türkei und für westliche Besucher. In weiteren Vitrinen befinden sich die Schwerter der ersten vier Kalifen Abu Bekr, Omar, Othman und Ali, unter deren Führung die Muslime ein islamisches Großreich – auf Kosten der griechischen, römischen und nordafrikanischen Christen – begründeten. Auffallend ist auch eines der ältesten Koranexemplare aus der Frühzeit des Islam, auf Gazellenleder geschrieben.

Diese heiligen Reliquien (über deren Echtheit sich ebenso streiten lässt wie über viele Reliquien des Christentums) waren von den Osmanen-Sultanen jedes Jahr am 15. Tag des Fastenmonats Ramadan in einer Zeremonie den Bewohnern des Palastes Top Kapi vorgeführt worden. Erst in der säkularen Republik Türkei sind die Reliquien öffentlich ausgestellt und das ganze Jahr hindurch einem breiten Besucherkreis zugänglich. Aber sorgfältig hergerichtet für Pilger aus allen Teilen der islamischen Welt wurden die Ausstellungsräume erst, seit »islamisch« orientierte Parteien in der Türkei zunehmend an Einfluss gewannen. Es braucht nicht zu wundern, dass gerade in diesen Räumen der Zustrom der Muslime den der westlichen Touristen bei weitem übertrifft. Es sind Gläubige, die sich andächtig um die einzelnen Vitrinen drängen, manche, die davor beten.

Wie sind die Reliquien nach Istanbul gekommen? Der Osmanen-Sultan Selim I., der 1517 Syrien und Ägypten eroberte und so Kernregionen des arabischen Islam seinem Reich eingliederte, hatte die kostbaren »heiligen Angedenken« aus Kairo mitgebracht. Dort waren sie im Besitz der besiegten Dynastie der Mamluken-Sultane gewesen, und jene hatten sie Jahrhunderte zuvor als Eroberer aus der Metropole Bagdad übernommen (weiter lässt sich ihre Spur nicht zurückverfolgen).

In der berühmtesten Reliquiensammlung des Islam befinden sich aber auch einige Exponate, die für den unvorbereiteten westlichen Besucher eine Überraschung bedeuten. Sie passen nicht so recht in die weit verbreitete Vorstellung vom Islam als einer »sehr fremden«, dem Christentum diametral entgegengesetzten Religion. In einer der Vitrinen ist ein (angebliches) Schwert des Königs David von Jerusalem ausgestellt, nicht weit davon der (angebliche) Stab, mit dem Moses bei der Flucht der Juden aus Ägypten die Fluten des Roten Meeres teilte, nicht weit davon ein (angeblicher) Fingerknochen Johannes' des Täufers. Hier demonstrieren die Initiatoren der Reliquiensammlung eindeutig, dass sie Wert darauf legen, den Islam als den legitimen Erben der »Vorläuferreligionen« Christentum und Judentum – und als die Vollendung der monotheistischen Offenbarung – zu präsentieren.

Der Reliquiensaal des Top-Kapi-Museums ist jedoch kein Einzelfall einer derartig zur Schau gestellten Verbindung. Wir treffen auf ähnliche Bezüge in der gesamten islamischen Welt, ja teilweise sogar noch auffälligere Beispiele. Den für mich nachhaltigsten Eindruck hinterließ der Besuch der Omayaden-Moschee in Damaskus, einem ebenfalls bedeutenden Pilgerzentrum des Islam. Im Gebetssaal drängen sich sunnitische wie schiitische Pilger um ein Mausoleum, in dessen Sarkophag das Haupt des Propheten Yahya liegen soll. Die Christen verehren denselben Propheten als Johannes den Täufer. Aus muslimischer Sicht handelt es sich hier um das einzig »wahre Haupt« des Johannes – in deutlicher Konkurrenz zu anderen Köpfen des enthaupteten Propheten, die etwa von christlichen Pilgern in deren Wallfahrtsorten für »echt« befunden wurden oder werden. Eine zusätzliche Überraschung in der Omayaden-Moschee von Damaskus bietet das Minarett, das an der Südostecke der islamischen Kultstätte aufragt. Es trägt den Namen Madinat Isa, Jesus-Minarett. Mit diesem Turm ist für Muslime die Legende verknüpft, dass der Prophet Jesus am Tag des Jüngsten Gerichts auf der Spitze erscheinen und von dort oben das Ende der Welt verkünden werde. Die Legende hat auch in Miniaturen der Osmanen-Zeit Ausdruck gefunden. Diese Bilder zeigen allerdings auf der Spitze des Minaretts einen Jesus abgebildet, wie er europäischen Sehgewohnheiten völlig widerspricht: Jesus bekleidet mit Turban und Kaftan, im Habitus eines vornehmen Muslim an Sultanshöfen.

Zurück zu Istanbul. Dort treffen wir auf weitere Pilgerstätten, die die enge Verflochtenheit von Islam und Christentum spüren lassen.

Eyüp, Istanbuls heiligster Ort für Muslime

Unvergesslich ist die Fahrt mit der Fähre auf dem Goldenen Horn, wo zu beiden Seiten Hügel mit einer Fülle von Moscheekuppeln vorbeigleiten. Die Fahrt endet an der Anlegestelle des Stadtteils Eyüp, der noch den Charme einer teilweise dorfähnlichen Siedlung besitzt. Schon vom Wasser aus ist die Moschee Eyüp Sultan zu sehen, die vor einem bewaldeten Bergrücken aufragt. Eine gewundene Gasse, mit traditionellen Holzhäusern gesäumt, führt von der Anlegestelle zur Moschee. Der Besucher betritt durch ein reich ornamentiertes Portal einen Hof, der von einer weit ausladenden, jahrhundertealten Platane überwölbt wird. Gegenüber der Platane und der Moschee befindet sich ein Mausoleum, ein kuppelgekrönter Bau mit bunt gekachelten Fayencewänden – das Hauptziel der Pilger. Hier ist Eyüp Sultan begraben.

Der türkisch umgeformte Name bezieht sich auf den arabischen Muslim Abu Ayub al-Ansari. Er, in seiner Jugend ein Bannerträger Mohammeds, soll im Jahr 674 bei dem ersten Angriff der Muslime auf Konstantinopel gefallen sein. Er wurde in späteren Legenden zum heldenhaften Märtyrer dieser gescheiterten Belagerung aus der Frühzeit des Islam stilisiert. Ayub ist die arabisierte Form des biblischen Namens Hiob, in türkisierter Form lautet er Eyüp, und hat schließlich dem ganzen Stadtteil den Namen gegeben. Die Moschee und das Mausoleum des Bannerträgers Ayub sind im Verlauf der Jahrhunderte zu einer der bedeutendsten Wallfahrtsstätten nicht nur Istanbuls, sondern der gesamten islamischen Welt geworden. Viele Muslime sehen sie im Rang unmittelbar hinter Mekka, Medina und Jerusalem als das viertheiligste Pilgerziel des Islam. (Zumindest gilt dies für sunnitische Muslime, denen die herausragenden Heiligtümer der Schiiten, etwa Kerbela, Najaf und Mashad, unwichtig erscheinen.)

Zu einem besonderen Anziehungspunkt konnte Eyüp naturgemäß aber erst werden, nachdem der Osmanen-Sultan Mehmet II. 1453 Konstantinopel erobert und zu Istanbul gemacht hatte. Mehmet, der ja bereits drei Tage nach seinem Sieg die Hagia Sophia in eine Moschee umwandelte, wusste sehr geschickt auch den Mythos des Bannerträgers Ayub für seine Zwecke zu nutzen. Die Legende will es, dass dem theologischen Ratgeber des Sultans, Scheich Aksemsettin, ein Engel im Traum erschienen war. Der Engel nannte genau den Ort, wo der Bannerträger Mohammeds vor nahezu 800 Jahren bestattet worden sei. Sultan Mehmet ließ dort graben, und schnell wurde der Leichnam gefunden, ohne alle Spuren der Verwesung.[162] Ein Wunder war also geschehen, Gott hatte den Gläubigen ein Zeichen gesandt. Eine Legende wie diese hat sich nach demselben Muster politisch-religiöser Instrumentalisierung entwickelt, wie dies oft auch bei Ursprungslegenden christlicher Pilgerzentren geschehen ist.

Sultan Mehmet ließ bereits 1458, nur fünf Jahre nach der Eroberung Konstantinopels, am Fundort ein Grabmal und eine Moschee für den Märtyrer Ayub/Eyüp errichten. Die neue Hauptstadt der Osmanen erhielt durch diese Maßnahme eine besondere religiöse Weihe. Denn indem nun hier einem Bannerträger Mohammeds ein prunkvolles Mausoleum geschaffen wurde, war eine enge Verbindung zwischen Istanbul und dem zentralen Pilgerziel Mekka hergestellt. Im gleichen Maß wie der Wallfahrtsort wuchs über die Jahrhunderte auch der Friedhof, der sich hinter der Moschee und dem Mausoleum Eyüps den baumbestandenen Bergrücken hinaufzieht. Viele Gläubige wollen in der Nähe des Heiligen begraben sein, und so dehnt sich der Friedhof mit seinen Tausenden Grabsteinen – sogar in der säkularen Türkei – noch immer weiter aus.

Bei meinen Besuchen in den sechziger und siebziger Jahren, vor allem aber 2008, konnte ich mich von dem regen Pilgerstrom überzeugen. Besonders stark ist der Andrang am Freitag, dem Tag des großen Gebets. Nahezu zweitausend Menschen finden sich jeden Freitagmorgen ein, wurde mir erklärt. Und diese Auskunft war nicht übertrieben.

Ich war schon am Vormittag dort. Am Eingang des Eyüp-Mausoleums hatten sich bereits zahlreiche Pilger zu einer Warteschlange formiert, um Stunden vor dem Freitagsgebet noch ausgiebig Zeit für Gebete und Bitten am Heiligengrab zu haben – Menschen in traditionell bunter dörflicher Tracht neben westlich gekleideten Stadtbewohnern. Aber besonders fielen Knaben mit weißen Kostümen im Stil eines kleinen Prinzen auf. Kindergruppen schwirrten in solchen Kostümen durch den Moscheehof. Diese Kostüme werden anlässlich des Beschneidungsfestes mehrere Tage hindurch getragen, und für die Eltern ist es eine besondere Ehre, wenn der Imam von Eyüp die Knaben nach dem Freitagsgebet segnet.

Eyüp, Knabe im Kostüm für das Beschneidungsfest

Das Innere des Mausoleums beeindruckt durch seine Wände, die zur Gänze mit bunt glasierten, ornamentverzierten Kacheln ausgestattet sind, sowie der hohen blauglasierten Kuppel. Vor dem Schrein kam der Menschenstrom ins Stocken, die Pilger drängten sich zum vergoldeten Gitter vor, um dort im Anblick des Sarkophags den Heiligen um seinen Segen, um »Baraka«, »wundertätige Kraft«, zu bitten. Aus dem Hintergrund schallten immer wieder herrische Stimmen von Wärtern. Ihren ungeduldigen Gebärden nach zu schließen forderten sie die Besucher auf, nicht allzu lange stehen zu bleiben, weil unaufhörlich neue Pilger nachschoben. An die Wände gedrängt standen Männer und Frauen, die einen laut singend, die anderen mit leiser Stimme Verse aus dem Koran rezitierend. Ich sah auf den Buchseiten große arabische Schriftzeichen, die türkische Übersetzung war mit lateinischen Buchstaben nur klein am Rand gedruckt. Viele der Türken, die durch ihre traditionelle Tracht die bäuerliche Herkunft verrieten, konnten die arabische Originalsprache des Koran nicht gelernt haben, sehr wohl aber in einer Koranschule das Lesen arabischer Schriftzeichen. Alle sprachen oder sangen sie die Texte auf Arabisch, ohne wohl den Inhalt zu verstehen, sie ließen sich vom Klang der Worte tragen – und folgten damit einer jahrhundertealten Tradition.

Nach traditionellem islamischem Religionsverständnis muss der Koran selbst von nichtarabischen Muslimen auf Arabisch zitiert werden, denn Gott habe in dieser Sprache dem Propheten Mohammed durch den Engel Gabriel die Offenbarung mitgeteilt. Jede Übersetzung des Koran in eine andere Sprache verfälsche den ursprünglichen Wortlaut Gottes, daher gebiete es der religiöse Gehorsam, auf der Originalsprache zu beharren – und die Interpretation des Koran ausnahmslos den Geistlichen zu überlassen, die Arabisch gelernt haben. Hier wird von der Masse der Gläubigen ein Religionsverständnis praktiziert, das noch keine Skepsis an der alleinigen Deutungshoheit von Geistlichen zulässt. Ein Blick in die christlich-abendländische Vergangenheit bietet Parallelen.

Zurück im Moscheehof konnte ich innerhalb der nächsten Stunde grundlegende Veränderungen beobachten. Die vielen dort versammelten Menschen, die meist in Gruppen zusammenstanden und miteinander plauderten, wurden von laut rufenden Männern zurückgedrängt. Diese Männer rollten auf den Steinfliesen des Hofs Teppiche für das Gebet aus. Im Innern der Moschee saßen die Gläubigen bereits zu Hunderten auf den ohnehin schon vorhandenen Teppichen mit Blick zum Mihrab, der die Richtung nach Mekka wies. Nun ließen sich auch im Hof die Männer zu Hunderten in streng gegliederten Reihen nieder. Die Frauen aber mussten die Moschee sowie den Hof verlassen, ihnen war ein gesonderter Platz zum Beten außerhalb der Mauern zugewiesen. Vor dem Tor auf dem Vorplatz, seitlich unter weit ausladenden Bäumen, saßen sie ebenfalls zu Hunderten, alle hatten sie das Haar mit einem bunten Kopftuch oder Umhang bedeckt. Diese strenge Trennung der Geschlechter gerade bei einem religiösen Ritus mag den westlichen Betrachter befremden. Aber ein Blick zurück in die Geschichte des christlichen Abendlandes zeigt wiederum Parallelen. Der geräumige Vorplatz wurde nun auch zur Gänze mit Gebetsteppichen ausgelegt, der Großteil allerdings für Männer reserviert. Die Männer hatten sich weiße Kappen für das Ritual aufgesetzt. Ein Lautsprecher mit der

Eyüp, Freitagsgebet

Stimme des Imam signalisierte den Beginn des Gebets. Es war eine unüberschaubar gewordene Masse an Menschen, die wohl jener angekündigten Zahl von nahezu zweitausend entsprach.

Im Anschluss an das Gebet kam ich mit einem Türken ins Gespräch. Seine Auskünfte passten nicht zu den landläufigen Vorstellungen, die ein westlicher Tourist vom »typischen Türken«, vom »typischen Muslim« hat. Er sprach gut Deutsch mit leicht rheinländischem Akzent. Er erzählte, er wohne nun schon seit rund zwanzig Jahren in Köln, arbeite dort als Krankenpfleger und komme nur noch auf Verwandtenbesuch nach Istanbul. Er kenne sich inzwischen in seiner Heimatstadt Köln besser aus als in seiner Heimatstadt Istanbul. Er wolle in Deutschland bleiben, das Sozialsystem dort sei viel gerechter als in der Türkei. – Und wie komme er als Muslim mit den Christen zurecht? – Er habe keine Probleme mit der christlichen Religion, Muslime und Christen hätten denselben Gott. Ein guter Christ sei ihm lieber als ein schlechter Muslim. Es komme auf das Herz des Menschen an, nicht auf die Unterschiede im Glauben. – Ob er schon in einer Kirche gewesen sei? – Ja. Er gehe immer wieder in den Kölner Dom, es sei eine wirklich erhabene Kirche. Er gehe dorthin nicht nur zum Besichtigen, er habe dort auch schon gebetet. – Gebetet? – Warum nicht? Der Kölner Dom sei rein wie eine Moschee. – Rein? – Rein im rituellen Sinn, erklärte er.

Ein solches Gespräch fügt sich gut in die vom Koran vorgeschriebene Toleranz und Offenheit gegenüber monotheistischen Religionen ein. Aber es lässt viele Fragen offen. Gerade in der Türkei sind ja die Spannungen zwischen Muslimen und den christlichen Minderheiten der Griechen und Armenier beträchtlich. Die Vertreibung der Griechen aus Anatolien, die Massaker an den Armeniern während des Ersten Weltkriegs – die Nachwirkungen dieser traumatischen Ereignisse prägen nachhaltig selbst noch die türkische Gegenwart und stehen in schroffem Gegensatz zu dem hier geschilderten Gespräch. Anlass zu weiteren Fragen hatte ich, als ich auf der Suche nach Spuren des christlichen Konstantinopel unterwegs war.

Gemeinsame Pilgerwege für Christen und Muslime

Einen Tag nach dem denkwürdigen Gespräch mit dem Deutschtürken in Eyüp unternahm ich von Istanbul aus einen Ausflug zur Prinzeninsel

Büyük Ada im Marmara-Meer. Die Insel Büyük Ada, nur zwei Schiffsstunden von Istanbul entfernt (und wegen ihrer ausgedehnten Badestrände und waldigen Berge ein beliebtes Ziel für die Einwohner der Millionenmetropole), besuchte ich wegen des griechisch-orthodoxen Klosters St. Georg, Aya Yorgi Monastiri. Das Kloster ist von der kleinen Hafenstadt aus in einer Stunde Fußmarsch zu erreichen und gilt nicht nur als eines der landschaftlich schönsten Pilgerziele für Christen im Ballungsraum Istanbul, sondern auch als einer der wenigen bis heute noch völlig intakt gebliebenen griechisch-orthodoxen Wallfahrtsorte Istanbuls.

Aber den westlichen Besucher erwartet auch hier eine Überraschung. Erwartungsgemäß waren in den Verkaufsständen entlang des Bergpfades Ikonen, Rollbilder und Postkarten mit Abbildungen von Christus, Maria und dem heiligen Georg, dem Schutzpatron des Klosters, ausgehängt. Daneben hingen jedoch Holztäfelchen mit arabischen Schriftzeichen, was auf Koranverse hindeutete. Mehr noch: Korane lagen zum Verkauf aus sowie Bildnisse des Kalifen Ali, des Ahnherrn der alevitischen Glaubensrichtung, einer türkisch-schiitischen Religionsgemeinschaft. Christliche und islamische Symbole also unmittelbar nebeneinander, ja durcheinander aufgereiht! Den Bergpfad entlang sah ich außerdem an Bäumen und Büschen eine Vielzahl weißer Bänder befestigt, manche Zweige verschwanden gar hinter dem in der Sonne gleißenden Weiß. Ich hatte derartig behängte Bäume und Büsche nahe den Derwisch-Heiligtümern im Innern der Türkei gesehen wie auch in Zentralasien, etwa den islamischen Pilgerzentren von Samarkand und Buchara.

Christliche und muslimische Amulette nebeneinander

Das St. Georg-Kloster auf der Bergspitze mit herrlichem Blick auf die weit geschwungene Meeresbucht wirkte unscheinbar. Es waren kaum Besucher da. Einem Mönch konnte ich auf Englisch meine Eindrücke schildern. Ich wollte wissen, ob den Pilgerweg hier herauf auch

Muslime gingen und ob sie gar die Kirche besuchten. – Rund 70 bis 80 Prozent der Besucher im Kloster seien Muslime, es gebe ja nicht mehr so viele Christen in der Türkei, erklärte der Mönch. Die Mehrzahl der christlichen Pilger komme inzwischen aus Griechenland. – Und weshalb kämen die Muslime? – Die Muslime würden natürlich nicht am christlichen Gottesdienst teilnehmen, aber außerhalb der offiziellen Gebetszeiten würden viele von ihnen im Kirchenraum Gott um seinen Segen bitten. Und was die weißen Bänder an Bäumen und Büschen betreffe: Christen und Muslime würden gleichermaßen Bänder an die Zweige knüpfen, um damit eine Bitte an Gott zu senden.

Die Eindrücke auf dem Pilgerweg zum St. Georg-Kloster auf Büyük Ada weisen eine auffallende Parallele zum Heiligtum der Maria in Ephesus auf. Im sogenannten Haus der Maria soll ja, wie schon erwähnt, die Mutter Jesu gestorben sein.

Dies ist eine mehr als zweifelhafte Legende, zumal es auch in Jerusalem einen von Pilgern verehrten Sterbeort Mariens gibt. Solche Widersprüchlichkeiten ändern allerdings nichts daran, dass bis heute zahlreiche christliche Pilger in das Haus der Maria von Ephesus kommen, dort Kerzen anzünden und beten. Aber – und dies ist für unsere Beobachtung wesentlich – zu dieser Andachtsstätte kommen genauso Muslime, um der Mutter Jesu ihre Reverenz zu erweisen. In der Volksfrömmigkeit gibt es hier zwischen Christen und Muslimen wenig Trennendes.

Kann man aus solchen Beobachtungen schon allgemeine Schlüsse ziehen? Ein genauerer Blick auf das Leben christlicher Minderheiten in der Türkei – wie überhaupt in islamischen Ländern – hat widersprüchliche Eindrücke zur Folge.

Der Bestand christlicher Minderheiten geht in der Türkei stark zurück. Die Zahlen sind alarmierend. Um das Jahr 1920, gegen Ende des Osmanischen Reiches, waren noch rund 20 Prozent der Bevölkerung im türkischen Kernland Christen gewesen. Aber zu Beginn des 21. Jahrhunderts ist der Anteil auf 0,15 Prozent geschrumpft. In Istanbul, dem einstigen politischen und kulturellen Zentrum des Osmanischen Reiches, hatten sich bis zum Ende des Ersten Weltkriegs noch 44 Prozent der Einwohner zum Christentum bekannt, heute sind es gerade noch 1 Prozent.[163] Ein Türke, hauptberuflich Reiseführer, erklärte mir 2008, in Istanbul gebe es bis heute noch etwa 110 Kirchen, davon seien etwa 80 griechisch-orthodox, etwa 20 katholisch, einige wenige protestantisch. Die Anzahl der Kirchen sei also nach wie vor beachtlich, das Problem sei nur, dass inzwischen die Christen fehlten.

Was sind die Ursachen eines derart dramatischen Wandels? Und weshalb haben sich die radikalen Veränderungen nicht schon unter der Herrschaft der Osmanen, sondern erst in der säkularen Republik Türkei vollzogen?

Ich habe bereits darauf hingewiesen, dass nach dem Zusammenbruch des Osmanischen Reiches am Ende des Ersten Weltkriegs griechische Truppen von 1919 bis 1922 versuchten, den Westteil Anatoliens zu erobern und Istanbul wieder unter dem Namen Konstantinopel zur Hauptstadt eines Großgriechischen Reiches zu machen. Für die Türken bedeutet die griechische Invasion bis heute ein Trauma. Den Sieg der Griechen und die politische Zerstückelung des türkischen Anatolien hatte damals nur der entschlossene militärische Widerstand unter der Führung Atatürks verhindern können. Erst durch diesen Krieg war es zur Vertreibung der alteingesessenen Griechen gekommen, und erst damals hatte sich die Situation der in der Türkei verbliebenen Christen erheblich verschlechtert. Aus türkischer Sicht sympathisieren viele von ihnen noch immer heimlich mit dem feindlichen Nachbarstaat Griechenland und können daher keine loyalen türkischen Staatsbürger sein. Die heutigen Spannungen zwischen türkischen Muslimen und christlichen Minderheiten haben also vorwiegend politische, nicht religiöse Ursachen.

HINDUISMUS – BUDDHISMUS
Und andere *östliche* Religionen

Madurai
Die größte hinduistische Pilgerstadt im Süden Indiens

Jenseits des westlichen Horizonts

Der Anblick ist für westliche Besucher überwältigend und irritierend zugleich. Schon das Äußere eines Hindu-Tempels entzieht sich unseren herkömmlichen Vorstellungen von der Kultstätte einer Hochreligion.

Tausende aus Stein gemeißelte Figuren bedecken in übereinander verlaufenden Galerien die Außenwände der Gopurams, mächtiger Tempeltürme, von denen der größte über 50 Meter in die Höhe ragt. Manche der Götterfiguren haben sechs oder acht Arme, manche zwei oder mehr Köpfe, manche männliche Gesichter und weibliche Brüste. Dazu die Statuen von Dämonen, Drachen, bizarren Fabelwesen, mythischern Königen. Grellbunt die Farben ... Ich konzentrierte meinen Blick auf eine der Tempelwände. Wo ist die Hauptgottheit? Mein *westlich* geschultes Auge fand zu keiner Ordnung, ich verlor mich in immer kleinere Details. Ich ging durch weitläufige Höfe und Hallen. Zur frühen Morgenstunde und am Abend wirkte die Kultstätte mit ihren vielfältigen Reizen wie eine Sturzflut auf Augen, Ohren, Nerven. Hunderte von Menschen mit ihren farbigen Gewändern verwandelten das Heiligtum in ein bunt flirrendes Meer. Über Lautsprecher dröhnte monoton Priestergesang aus den Hallen.

Ich befand mich im Minakshi-Tempel, dem zentralen Heiligtum der Stadt Madurai. Die rund eine Million Einwohner zählende Metropole, im südindischen Bundesstaat Tamil Nadu gelegen, gehört zu den bedeutendsten Wallfahrtszielen des hinduistischen Indien. Täglich kommen mehr als 100 000 Besucher in die Stadt[164], und an großen Pilgerfesten, von denen elf im Jahr stattfinden, drängen sich im zentralen Tempelbezirk und den umgebenden Straßen gar Hunderttausende Menschen.

Ich erlebte das Abendritual. Zahllose Pilger schritten nach Sonnenuntergang durch die »Halle der tausend Säulen« im Innern des Minakshi-Tempels. Die Prozession wurde angeführt von Musikanten mit Trommeln, Flöten, Gongs. Ihnen folgte ein Wagen mit überlebensgroßen Statuen der Göttin Minakshi und ihres Gatten Sundereshvara. Die Wagen waren flankiert von Brahmanen mit der weißen Schnur als Zeichen ihrer Kaste über

Brahmane bei einer Feuerzeremonie für Pilger

dem nackten Oberkörper, daneben Fackelträger, deren Feuerschein die Götterstatuen sowie die Priester in ein warmes Licht tauchte. Die Brahmanen gingen mit vielarmigen Öllampen an der Menschenmenge entlang, unzählige Hände streckten sich kurz über die Flammen, dann bestrichen sich die Pilger mit den Händen innig die Haare und die Wangen im Glauben an die segenspendende Kraft, die durch das »reinigende« Feuer von den Gottheiten auf die Menschen übergeht. Jeden Abend wiederholt sich diese Zeremonie.

Der Haupttempel in Madurai sei nach Minakshi benannt, erklärte mir später einer der Priester. Minakshi, die Schutzgöttin der Stadt Madurai, sei eine Erscheinungsform der Göttin Parvati, und diese sei die Gemahlin des Gottes Shiva. Minakshi habe an der Stelle, wo jetzt der Tempel stehe, vor Millionen Jahren Gott Sundereshvara geheiratet. Dem göttlichen Ehepaar zu Ehren sei aus diesem Anlass der Tempel errichtet worden. Sundereshvara sei eine Erscheinungsform Shivas ... Der Priester reihte die Namen mir bekannter Gottheiten neben unbekannte. Und er führte mir damit eine bei Hindus weit verbreitete Praxis vor Augen, lokale Gottheiten auf überregionale zu beziehen und sie mit ihnen zu verschmelzen. Zugleich verblüffte er mich mit seiner Unbekümmertheit, dass er die Entstehungslegende dieses Tempels mit Ereignissen verknüpfte, die »vor Millionen Jahren« geschehen seien.

Für mich ist die Pilgerstadt Madurai zu jenem Ort in Indien geworden, wo sich die Merkmale der fremden Religion am auffälligsten offenbaren. Nach den Eindrücken dort bereits im Jahr 1964 konnte ich erstmals mit allen Sinnen nachvollziehen, dass die eigentliche geistige Grenze zwischen *westlichen* und *östlichen* Religionen nicht schon zwischen dem christlich geprägten Abendland und dem islamischen Kulturraum verläuft. Je öfter ich dann in Indien – und hier vor allem in Madurai – unterwegs war, desto mehr lernte ich verstehen, dass ein westlicher Beobachter erst in der Auseinandersetzung mit dem Hinduismus und anderen Religionen Ostasiens eine völlig konträre Geisteshaltung erlebt. Zum Hinduismus bekennen sich rund 82 bis 85 Prozent der Inder.

In Madurai wurde ich erstmals Zeuge eines Rituals, das mich vollends in meinem *westlichen* Verständnis von »Religion« irritierte. Angelockt von religiös-ritueller Musik aus Lautsprechern traf ich in einer Seitengasse auf etwa dreißig bis vierzig Menschen, die sich vor einem Shiva-Standbild versammelt hatten. Auch hier ein Brahmane mit dem charakteristischen vielarmigen Feuerleuchter, auch hier Gläubige, die kurz die Hände über die Ölflammen hielten und dann andächtig mit den Händen über die Haare und die Wangen strichen. Aber dann die Überraschung: Männer wie Frauen luden mich mit lebhaften Gesten ein, an der Zeremonie teilzunehmen und gleich ihnen die Hände kurz über die Flamme zu halten. Der Brahmane nickte mir aufmunternd zu. Anschließend tauchte der Priester den rechten Daumen in eine Schale mit roter Paste, ging die Reihen der Versammelten entlang und drückte jedem von ihnen einen roten Punkt auf die Stirn. Auch ich bekam den Punkt. War ich etwa rituell den Hindus gleichgestellt? Als ich mich verabschiedete, hängte mir der Priester eine Blumengirlande um. Anders als bei Christen und Muslimen können Andersgläubige nicht nur als Zeuge den Zeremonien beiwohnen, sondern sie werden in die Rituale einbezogen.

Ich ging durch die Verkaufsstraßen im Umkreis des Minakshi-Tempels und war mit der nächsten Überraschung konfrontiert. Neben Blumengir-

Verkaufsstand für Bilder von Gottheiten

landen und Kokosnüssen als rituellen Opfergaben waren dort massenhaft Farbdrucke von Götterbildern für den Verkauf ausgelegt. Aber unmittelbar neben einem Shiva entdeckte ich ein Bild der Kaaba von Mekka, von arabischen Schriftzeichen umrahmt. Dann einen Christus, blond, blauäugig, mit obligatorischem Heiligenschein. Scheinbar wahllos lagen hier islamische und christliche Bilder inmitten der Vielfalt von Hindu-Gottheiten. Ich wusste zwar, dass die Pilgerstadt Madurai nicht nur eine Stadt der Hindu-Tempel ist, sondern auch der Moscheen und Kirchen; manchmal ragen Gopurams, Minarette und Kirchtürme sogar unmittelbar nebeneinander auf. Aber mir als dem damals unvorbereiteten Besucher stellte sich die Frage: Weshalb werden die Bilder nicht strikt getrennt nach den jeweiligen Glaubensbekenntnissen vor den Toren der jeweiligen Kultstätten verkauft? Haben die Hindus etwa auch Gottheiten fremder Religionen in ihr unübersehbares Pantheon integriert?

Die »universale Offenheit« zu anderen Religionen

Der nächste Tag brachte eine weitere ungewöhnliche Erfahrung, als ich das vom Stadtzentrum Madurais acht Kilometer entfernte Hindu-Heiligtum Tirruparankundram besuchte. Seitlich des großen Höhlentempels, der in ein schildförmiges Felsmassiv hineingebaut ist, entdeckte ich einen steil den Berg hinaufführenden Treppenweg. Auch dort waren Pilger unterwegs. Neugierig geworden fragte ich einen älteren Mann, was für ein Heiligtum sich dort oben befinde. Er antwortete in bruchstückhaftem Englisch: Ein Shiva-Tempel und eine Grabmoschee. Der Mann mit dem Symbolzeichen Shivas auf der Stirn, einem Dreizack, begleitete mich. Am Wegrand saßen Sadhus, Hindu-Asketen, mit gekreuzten Beinen, die nackten Oberkörper mit Asche beschmiert. In Sichtweite ragten weißgetünchte Grabkuppeln muslimischer Heiliger auf. Handwerker kauerten seitlich der Treppe und boten hinduistischen wie muslimischen Pilgern gleichermaßen an, ihre Namen in die Stufen zu meißeln. Die Muslime, deutlich erkennbar an ihren Bärten und den weißen Kappen, gingen zwanglos neben den Hindus, ja plauderten hier und dort mit ihnen.

Auf dem Gipfel des 350 Meter hohen Berges steht ein Shiva-Tempel. Diese Kultstätte besitzt aber neben einem Altar für Shiva auch eine Nische für Vishnu, einen der ebenfalls meistverehrten Hindu-Götter. Die Grabmoschee in Sichtweite ist einem Muslim-Heiligen mit dem Namen Pakkiri Sikkandar gewidmet.[165] Ob es denn keine Spannungen zwischen den beiden Religionen gebe, fragte ich meinen Begleiter. »No problem«, antwortete er. Er ging mit mir zuerst durch den Hindu-Tempel, dann durch die benachbarte Moschee, wo er mir etliche Inschriften erklärte. Ohne Zögern hatte mein Begleiter mit dem Shiva-Symbol auf der Stirn die Moschee betreten und die dort sitzenden Muslime begrüßt. Allah sei nur eine der vielen Erscheinungsformen, die aus dem All-Einen hervorgegangen seien, dies sei nicht anders als bei Shiva, nicht anders als bei Vishnu. So erklärte er mir, während wir wieder den Pilgerweg ins Tal hinabstiegen, den Blick über Reisfelder und Kokospalmenhaine. Was unter dem Begriff »das All-Eine« zu verstehen ist, musste zunächst offen bleiben.

»Wir Hindus erkennen die Substanz aller Religionen an.« Dies antwortete mir ein brahmanischer Priester, nachdem ich wieder einmal gefragt hatte, ob es nicht doch erhebliche Spannungen zwischen den einzelnen Religionen gebe. »Wir Hindus schließen alle Gegensätze in unser Denken ein, wir Hindus besitzen daher die einzige universale Religion.« – Es bestünden aber beträchtliche Spannungen zwischen Hindus und Muslimen, beharrte ich. – Dies seien politische Spannungen, nicht religiöse, antwortete er erregt. Viele Jahrhunderte hätten Muslime Hindu-Tempel zerstört und die Hindus daran gehindert, gemäß ihren Sitten und Gebräuchen zu leben. Welcher Hindu könne das vergessen. Aber er respektiere den Islam als Religion. Alle Religionen seien ein Weg zu Gott, man müsse alles im Zusammenhang mit dem All-Einen sehen.

Solche Worte passen zu den in Indien weit verbreiteten Bildern und Aufschriften. Bereits die Verkaufsbuden im Umkreis des Minakshi-Tempels hatten ja einen Eindruck vermittelt. Darüber hinaus können wir in Bahnhofswartehallen und öffentlichen Gebäuden sporadisch Schilder mit dem immer gleichen Satz auf Englisch wie auch in der jeweiligen Regionalsprache finden: »Der Allah des Islam ist derselbe wie der Gott der Christen und der Ishvar der Hindus.« Ishvar gilt den Hindus als Sammelbegriff, den jeder Gläubige auf die Gottheit seiner Wahl beziehen kann. Unterschrieben ist die Aussage mit dem autoritätsträchtigen Namen Mahatma Gandhi. Es gibt noch eine Steigerung. An den Außenmauern mancher Tempel können wir die immer gleiche Kombination religiöser Symbole entdecken: Das OM-Zeichen der Hindus ist in kunstvollen Linien mit dem islamischen Halbmond und dem christlichen Kreuz zu einer Einheit verflochten. Man stelle sich umgekehrt vor, Muslime und Christen würden an die Mauern ihrer Kultstätten hinduistische Symbole malen.

Unterwegs in Basarvierteln sah ich die Verkaufsstände von Hindus, Muslimen und Christen oft unmittelbar nebeneinander. Aber eines fiel auf: Ein Muslim (dessen Religionsgemeinschaft rund 12 Prozent der Bevölkerung Indiens ausmacht) hat in seinem Raum nur das Bild der Kaaba von Mekka oder eines anderen islamischen Heiligtums an der Wand. Ein Christ (rund zwei bis drei Prozent der Inder sind Christen) hat stets nur Christus, ein Kreuz oder Maria in seinen Räumlichkeiten. Bei Hindus dagegen sah ich immer wieder, dass auf ein und demselben Bild eine hinduistische Gottheit, die Kaaba und Christus vereinigt sind.

Christus, die Kaaba von Mekka, Hindu-Gottheiten – auf einem Bild

Eine derartige Offenheit gegenüber anderen Religionen ist aus der Position der glaubensverwandten Religionen Christentum und Islam nicht leicht nachzuvollziehen. Um nun zu verstehen, inwieweit Hindus wirklich und in welcher Form sie sich tatsächlich anderen Glaubensformen öffnen, müssen wir einen Blick auf das ganz andere Gottesverständnis der Hindus werfen.

Was Hindus unter »Gott« verstehen

»Wie viele Götter verehren die Hindus?«

Ein Brahmane, wiederum mit der weißen Schnur als dem unverkennbaren Zeichen seiner Kaste über dem nackten Oberkörper, lächelte auf meine Frage. Der Priester führte mich als englischsprachiger »Guide« durch die weitläufigen Höfe und Hallen des Minakshi-Tempels. Er antwortete: Die Hindus verehrten Tausende Gottheiten. Zehntausende, setzte er hinzu. Millionen, korrigierte er noch einmal, um dann nach bedeutungsvollem

Shiva-Statue und Pilger

Schweigen zu sagen: Die Hindus verehren nur *eine* Gottheit. – Wie aber passe das Eine zum Anderen? – Es seien Widersprüche an der Oberfläche, erklärte er, das All-Eine erscheine den Menschen in tausenderlei Formen. Viele Gläubige hätten Bilder und Symbole von Gottheiten nötig, weil sie anders das Göttliche nicht fassen könnten. Das Göttliche in seinem Kern zu erfahren, dies setze eine höhere Bewusstseinsstufe voraus. Man dürfe die vielen Bilder nicht für die letzte Wirklichkeit nehmen.

Seine Antworten erschienen mir seltsam vage und einschüchternd zugleich. Es war meine erste Indienreise.

»Götter sind Illusion«, sagte er in mein Schweigen hinein.

Ob Shiva die höchste Gottheit der Hindus sei, wollte ich wissen. Ich stellte diese Frage angesichts meiner bisherigen Erfahrung, dass im hinduistischen Kulturraum die meisten Tempel entweder nach dem Namen einer Erscheinungsform Shivas wie auch seiner Gattin oder des Gottes Vishnu und einer seiner vielen Inkarnationen benannt sind. Ich konnte den Eindruck gewinnen, als handle es sich um zwei verschiedene Konfessionen. Shiva sei der Herr der Welt, antwortete der Brahmane. – Es gebe aber viele Hindus, die Vishnu als den Herrn der Welt betrachteten, sagte ich. – Das Herz Shivas sei Vishnu, das Herz Vishnus sei Shiva, antwortete der Brahmane mit vieldeutigem Lächeln. Unterschiede seien nur vordergründig, alles habe denselben Ursprung, alles gehe aus dem All-Einen hervor.

Fragen bleiben offen, müssen offen bleiben für westliche Besucher, die in ganz anderen Kategorien denken.

Die grundsätzlichen Verständnisschwierigkeiten beginnen für uns schon bei der Tatsache, dass die Hindus keine Gottheit besitzen, an die jeder glaubt. Hindus kennen ja nicht einmal, wie das Gespräch mit dem

Brahmanen schon angedeutet hat, eine allgemeinverbindliche Hierarchie unter den Gottheiten. Viele verehren Shiva, andere dagegen Vishnu als den Herrn der Welt, wiederum andere glauben, eine Göttin sei die Urkraft und alle männlichen Gottheiten seien ihr untergeordnet. In vielen Dörfern beten die Bauern zu einem mächtigen Wesen, dessen Name hundert Kilometer weiter völlig unbekannt ist. Wie aber können die Gläubigen die so unterschiedlich anmutenden Gottheiten auf einen gemeinsamen Nenner bringen?

Bereits vor zwei Jahrtausenden haben die Brahmanen eine Tendenz gefördert, Indiens unterschiedliche Gottheiten und die damit verbundenen Religionsformen aufeinander zu beziehen, ja miteinander zu verklammern. So begannen sie, eine Reihe herausragender Lokalgottheiten jeweils einer schon vielfach verehrten Hauptgottheit zuzuordnen. Manche Brahmanen erklärten etwa Visvanath, Sundereshvara und Pashupati zu verschiedenen Erscheinungsformen des Gottes Shiva. Andere Priester ordneten etwa Jagganath und Narayan Gott Vishnu zu. Wiederum andere vereinten Parvati, Kali und Durga in der Gestalt der Großen Mutter und erhoben diese zur Gattin Shivas.

Andere Brahmanen gingen noch einen Schritt weiter: Alle Gottheiten seien nur verschiedene Aspekte des All-Einen, nämlich Erscheinungsformen der Weltseele Brahman. Eine derartige Lehre machte es den Hindus vollends möglich, hinter der Vielzahl ursprünglich eigenständig verehrter Gottheiten eine Einheit zu sehen. Das All-Eine kann, je nach Bewusstsein der Gläubigen, unter vielen Götternamen verehrt werden. Mehr noch: Der Mensch könne mit seinem an das Sinnliche gefesselte Wahrnehmungsvermögen das Göttliche nicht erfassen, wie es tatsächlich beschaffen sei – sondern nur als Erscheinungsform, als »Illusion«, durch den Schleier der Maya getrübt. Je stärker sein Erkenntnisvermögen an irdische Denk- und Erfahrungsgewohnheiten gebunden sei, desto mehr neige er dazu, die ihm vertrauten Erscheinungsformen – ob nun Shiva, Vishnu oder eine völlig andere Gottheit – bereits als »Wahrheit« schlechthin zu verstehen. Nur der wahrhaft Weise könne sich aus diesen Illusionen lösen, durch intensive Meditation den Schleier der Maya wegziehen und erkennen, dass hinter allen Gegensätzen das Brahman, das unpersönliche All-Eine, walte.[166]

Solche Gedankengänge sind allerdings Produkte brahmanischer Philosophie. In der religiösen Praxis dagegen bleiben viele Hindus darauf konzentriert, die unterschiedlichen Gottheiten in Tempeln rituell zu verehren, und hierbei spielen die Zeremonien vor Standbildern, spielt der Bilderkult eine große Rolle. Dies ist Ausdruck einer Religiosität, die von westlichen Beobachtern gern herablassend als »polytheistisch« oder gar völlig abwertend als »Götzenkult« eingestuft wird.

Ein Gespräch mit einem hinduistischen Intellektuellen in Delhi hatte mir einen Anstoß gegeben, den exotisch fremden Polytheismus differenzierter zu sehen. Er erklärte mir, er selber bete niemals vor einer Statue. Gott sei ohne Gestalt, sei weder bildhaft darzustellen noch lasse sich seine Wirklichkeit mit Worten hinreichend erfassen. Die einzelnen Gottheiten, ob nun Shiva, Vishnu, Krishna, Rama, Parvati, Durga, Kali, seien menschlich begrenzte Vorstellungen einer höheren Wesenheit, nicht schon das Göttliche selber. Wer eine einzelne Gottheit mit Gestalt für real halte, unterliege einer Illusion. Die Erklärung meines Gesprächspartners erinnerte mich an die Aussage des Brahmanen bei meinem ersten Tempelbesuch in Madurai: »Götter sind Illusion.« – Ob er also diesen Bilderkult für falsch halte, wollte ich wissen. – Es sei ein anderer Weg, nicht ein falscher Weg, antwortete er. Es gebe viele Möglichkeiten, das Göttliche zu verehren. Ohnehin würden ja die Gläubigen nicht die Bilder anbeten, sondern die göttliche Kraft, die ihrer Vorstellung entsprechend in diesen Bildern wohne.

Ausgehend von einem solchen gleichberechtigten Nebeneinander ist es für Hindus selbstverständlich, auch den Gott oder die Gottheiten anderer Religionen als nur vordergründige Erscheinungsformen des All-Einen aufzufassen. Hindus haben gerade deshalb kein Problem damit, etwa Christus *neben* Rama und Krishna für einen »Sohn Gottes« zu halten. Vor diesem Hintergrund lässt sich auch verstehen, weshalb die Hindus ohne Bedenken nahe ihren Tempeln Bilder Christi ebenso wie die der Kaaba neben denen von Shiva, Krishna, Rama, Parvati und anderen ausliegen haben. Aber: Sobald Hindus den christlich-jüdischen Gott oder Allah in ihr Pantheon eingliedern, nehmen sie ihnen den unverwechselbaren christlichen oder islamischen Charakter. Sie nehmen ihnen den Nimbus des einzigen Gottes und dessen Allmacht. Jehova und Allah sind dann eben nur noch Erscheinungsformen des All-Einen und nicht mehr jeweils der »allmächtige Schöpfer des Himmels und der Erde« und Herr der Geschichte – sie sind damit Teil des hinduistischen Systems und Universums.

Aus hinduistischer Sicht ist dies eine »universale Toleranz«, die allen anderen Religionen überlegen ist. Wenn es aber trotzdem zu blutigen Konflikten zwischen Hindus und Muslimen in Indien komme, so erklärten mir nahezu übereinstimmend religiös gebildete Hindus, dann habe dies nichts mit dem Kern hinduistischer Religion zu tun – sondern nur mit politischem Missbrauch und Verfälschung religiöser Lehren. Was mit solchen Aussagen letztlich gemeint ist, werden wir am Beispiel von Indiens meist besuchten Wallfahrtszentren Varanasi und Allahabad sehen. Im Gegensatz zu Madurai ist dort die Beziehung zwischen den Angehörigen beider Religionen viel gespannter.

Aber bereits die rituelle Praxis der Pilgerstadt Madurai liefert uns deutliche Hinweise darauf, dass es auch bei den Hindus selber eine auffällige – und tief verwurzelte – Form von Intoleranz gibt. In der Umgebung derselben Stadt, in der ich einen gemeinsamen Pilgerweg von Hindus und Muslimen erlebt hatte, wurde ich mit einem Wallfahrtsziel ganz anderer Art konfrontiert: dem sakralen Zentrum für Hindus aus niederen Kasten und der Unberührbaren. Viele Hindus pflegen eher Kontakte mit Muslimen als mit Hindus solcher Herkunft.

Ein Pilgerzentrum für Niederkastige und Unberührbare

Pandi Koil ... »Pandi« ist der Name einer lokalen Gottheit, die als eine Erscheinungsform des Gottes Shiva verehrt wird. »Koil« ist das tamilische Wort für Tempel. Jeder Einwohner von Madurai kennt dieses Pilgerzentrum zumindest ungefähr.

Aber in den Gesichtern der Inder zeigte sich jedes Mal Überraschung, sobald ich – bei meinem dritten Aufenthalt 1997 in Madurai – nach dem Weg dorthin fragte. Woher ich davon wisse, lautete jedes Mal die verlegene Gegenfrage. Ihre Auskünfte blieben seltsam vage. In keinem Reiseführer für westliche Touristen ist dieses Pilgerzentrum am Stadtrand von Madurai beschrieben oder auch nur erwähnt. Erst recht findet sich in keinem indischen Prospekt ein Hinweis. Ich hatte auf Pandi Koil erste Hinweise durch einen Inder in Tamil Nadus Hauptstadt Chennai (Madras) erhalten, der ein Unberührbarer ist, aber durch staatliche Förderung ein College besuchen kann. Er hatte mich bereits auf die Ablehnung vieler Inder vorbereitet.

Ein indischer Muslim sprach mich an. Er sei ein »Guide«, er könne mich mit seiner Motorrikscha zu schwer zugänglichen Tempeln außerhalb von Madurai fahren. – Zu Tempeln der Hindus? – Ja. Er habe damit als

Muslim kein Problem. Gott erscheine den Menschen unter vielen Namen, antwortete er ganz mit der Logik von Hindus. – Ob er auch nach Pandi Koil fahren würde? – Wohin? Nun zeigte sich auch in seinem Gesicht eine Mischung aus Überraschung und Verlegenheit. Woher ich als Europäer diesen Tempel kenne, das sei nicht üblich. Warum ich denn ausgerechnet dorthin wolle? – Es sei mein spezielles Interesse. Ob er mich fahren würde, wiederholte ich meine Frage. Er zögerte, dann zog er die Mundwinkel nach unten. Es gebe schöne Hindu-Tempel in den Bergen, erklärte er, die könne er mir zeigen. – Ich wolle aber Pandi Koil sehen. – In Pandi Koil gebe es nichts zu sehen außer schmutzige, primitive Menschen, sagte der Muslim. »Untouchables and lower castes«. Er sagte dies in einem sehr verächtlichen Ton, wie ich dies bisher nur von traditionell denkenden Hindus kannte.

Wir fuhren nach Pandi Koil, nachdem er von mir einen überhöhten Preis verlangt hatte. Der Tempel liegt rund sieben Kilometer außerhalb der Stadt, etwa gleich weit entfernt wie der Tempel Tirruparankundram, in dessen Nähe ich den gemeinsamen Pilgerweg für Hindus und Muslime gegangen war.

Von der vielbefahrenen Autostraße zweigte ein schmaler Weg in eine mit Büschen und Bäumen bestandene Ebene ab. Nur die Menschenschlange, die sich dorthin bewegte, ließ etwas von dem abseits gelegenen Heiligtum ahnen. Der Muslim folgte mir zögernd. Wir erreichten nach kurzem Fußmarsch den Tempel. Dass er von Niederkastigen und Unberührbaren gebaut war, die ökonomisch am Rand der Gesellschaft leben, verriet die einfache Bauweise: viereckige Pfeiler aus rohem Backstein, keine Wände, gedeckt nur mit einem Wellblechdach, im Innern einige Statuen. Die Menschen waren fast durchweg sehr ärmlich gekleidet, viele der Männer im Wickelrock und mit nacktem, ausgemergeltem Oberkörper, die Frauen oft in zerschlissenen, geflickten Saris. Auffallend war bei den meisten die sehr dunkle, negroid anmutende Hautfarbe, die darauf hinwies, dass hier eine ganze Volksgruppe sogenannter Ureinwohner auf den niederen Kastenstatus gedrückt worden ist.

Schon von weitem waren Trommelschläge und schrille Schreie zu vernehmen. Ein bis zwei Dutzend Frauen in bunten Saris bewegten sich hüpfend und tanzend vor dem Tempel, etliche von ihnen mit zerzaustem Haar, mit starren, glasigen Augen. Ich war auf die Szene vorbereitet, denn Pandi Koil ist bekannt dafür, dass vor den Schreinen des Gottes Pandi körperlich und psychisch kranke Frauen sich unter Anleitung von Priesterinnen den

»Dämon« aus dem Leib tanzen. Die Heilerinnen provozierten die Frauen durch heftige Gesten zum Schreien, sie praktizierten eine Art Schreitherapie und beruhigten schließlich die Erschöpften, indem sie ihnen die Hände auf den Kopf legten und Sprüche mit magischen Formeln murmelten. Weitere Statuen des Gottes Pandi befanden sich auf freiem Feld, wo sich ebenfalls Frauen im Wirbeltanz drehten. Die Frauen waren von Mitgliedern ihrer Familie hierher gebracht worden, in der Hoffnung, durch magische Praktiken Heilung oder wenigstens Linderung ihrer körperlichen wie seelischen Leiden zu erfahren. Schrille Schreie kamen auch von Männern, die am Wegrand zwischen den einzelnen Götterstatuen saßen. Es waren Wahrsager, die sich in Trance schrien. Etliche wirkten so, als ob sie unter Einfluss von Drogen in ekstatischen Zustand gelangten. Vor ihnen hatten sich Pilger, überwiegend junge Ehepaare, niedergelassen, die darauf hofften, von diesen im »heiligen Rausch« befindlichen Männern Auskunft über die Zukunft zu erhalten. Die Blechschalen zu ihren Füßen warteten auf Münzen und Geldscheine.

Nahe dem Tempel schlachteten Mitglieder der einzelnen Familien Ziegen und Hühner, um die Gottheit durch Opfer gnädig zu stimmen. Ringsum lagen die abgetrennten Tierköpfe sowie bluttriefende Felle und Federn, Fliegenschwärme umkreisten die Kadaver. Unter den weit ausladenden schattigen Banyanbäumen flackerten Feuer, über dem die Menschen nach verrichteter Opferzeremonie das Fleisch brieten und anschließend verzehrten.

Mein Begleiter hielt sich in demonstrativem Abstand zu den Pilgern und fragte mich auf dem Rückweg, wieso ich derart nahe an diese Menschen herangegangen sei. »Niedere Kasten«, »Unberührbare«. Er, der Muslim, betonte die Namen mit demonstrativem Ekel. In seinen Worten klang das Befremden eines sozial besser gestellten Inders durch, den die hygienischen Zustände wie auch das laute, »hysterisch« anmutende Gebaren vieler Besucher abstieß. Er sprach sogar davon, dass die Zugehörigkeit zu einer niederen Kaste und »Unterentwicklung« untrennbar zusammengehörten.

Bis zu einem gewissen Grad entspricht eine solche Meinung den tatsächlichen Verhältnissen. Die Atmosphäre sozialer Unterentwicklung und Diskriminierung, wie sie ja das Pilgerzentrum Pandi Koil mit seinem Schmutz und seiner Ärmlichkeit ausstrahlt, ist identisch mit der Situation vieler Slumbewohner in Städten und erst recht in Dörfern. Nahezu zwei

Drittel der indischen Bauern müssen mit derart geringem Landbesitz auskommen, dass es zum Leben zu wenig und zum Sterben zu viel ist; sie sind überwiegend Hindus aus niederen Kasten. Noch schlimmer ergeht es oft besitzlosen Landarbeitern, die wie Sklaven auf den Gütern reicher Grundbesitzer schuften. Sie rekrutieren sich zu rund 87 Prozent aus der untersten Schicht der Kastenhierarchie, den Unberührbaren.[167] Noch vielerorts deckt sich bis heute soziale Benachteiligung mit der Zugehörigkeit zu einer niederen Kaste.

Ein weiterer Beleg für die extreme Diskriminierung niederer Kasten ist die Tatsache, dass es über viele Jahrhunderte den Niederkastigen und besonders den Unberührbaren wegen ihrer rituellen »Unreinheit« verboten war, Hindu-Tempel mit ihrer hoch entwickelten Architektur und Schönheit zu betreten. Solche Tempel waren den Hindus höherer Kasten vorbehalten.

Aus unserer Sicht muss es paradox erscheinen, dass in solche Tempel oft Nicht-Hindus eintreten durften und in die Zeremonien mit einbezogen wurden – Hindus höherer Kasten zeigten sich hier also gegen Andersgläubige toleranter als gegen Hindus aus niederen Kasten.

Geändert hat sich diese radikale religiöse Diskriminierung erst schrittweise durch Mahatma Gandhi und andere Politiker der Kongress-Partei, die seit 1930 (damals noch mit Unterstützung der britischen Kolonialherren) energisch Reformen einleiteten. Die religiös-politischen Umbrüche haben gegen Ende des 20. Jahrhunderts schließlich so weit geführt, dass in etlichen indischen Bundesstaaten sogar Angehörige aus niederen Kasten durch freie Wahlen in Regierungsämter aufstiegen. 1997 wurde mit Kocheril Narayanan erstmals ein Unberührbarer in das Amt des Staatspräsidenten gewählt – in eben jenem Jahr, in dem ich das diskriminierte Pilgerzentrum Pandi Koil besuchte. Dies zeigt, wie sehr sich in Indien die Verhältnisse ändern, allerdings geschieht dies unter beträchtlichen religiöspolitischen Spannungen (auf die ich in diesem Zusammenhang nicht näher eingehen kann).[168]

In der Pilgerstadt Madurai konnte ich gerade in jenem Jahr 1997 Anzeichen eines Reformwillens auch bei religiösen Zeremonien erleben. Als ich der Einweihung eines Shiva-Tempels nahe dem Minakshi-Tempel beiwohnte, erklärte mir einer der Priester, die hinduistische Religion erlaube nicht die Diskriminierung niederer Kasten. An Ritualen dieser Einweihung nähmen Angehörige *aller* Kasten teil. Er räumte allerdings ein, dass eine derartige Reform noch längst nicht für alle Hindus selbstverständlich sei.

Die Beispiele deuten an, dass das Kastensystem keineswegs nur ein soziales Problem darstellt, sondern intensiv den religiösen Alltag selbst des Pilgerbetriebs durchdringt. Am Phänomen des Kastensystems sehen wir am deutlichsten, weshalb wir den Hinduismus nicht in unserem *westlichen* Sinn als »Religion«, sondern spezifisch *indisch* – oder umfassender: spezifisch *östlich* – als sozialreligiöse Lebensform, als einen grundsätzlich anderen Denk- und Bewusstseinshorizont ansehen müssen. Bezeichnenderweise findet sich kaum ein Hindu, der für die Beseitigung des Kastensystems eintritt, sondern nur die Missstände, nämlich die augenfällige Diskriminierung, beseitigen will. Dafür steht auch Mahatma Gandhi, der konsequent wie kaum ein anderer Politiker seiner Generation Fehlentwicklungen des Kastensystems bekämpfte und die Unterdrückung der Unberührbaren gar als »abscheuliches Verbrechen« brandmarkte. Aber er bezeichnete das Kastensystem in seiner religiösen Substanz als unabdingbar für den Hinduismus.[169]

Um zu verstehen, was Gandhi damit gemeint hat, müssen wir die zutiefst prägenden Strukturen des Kastensystems im religiösen Denken der Hindus zur Kenntnis nehmen.

Kaste, Karma, Dharma. Die unlösbare Verbindung

Überschaubar ist für Hindus wie für westliche Beobachter nur die Gliederung der Großkasten. An der Spitze der Hierarchie stehen die Brahmanen (die Kaste der Priester und Gelehrten, der geistigen Berufe), ihnen folgen die Kshatriya (Adel, Fürsten, ranghohe Militärs), dann die Vaishya (Händler und Großbauern). Aus diesen drei Großkasten rekrutiert sich traditionell die Führungsschicht, sie umfassen etwas mehr als ein Drittel der Hindus (davon die Brahmanen nur rund 5 Prozent). Die Masse der Hindus bildet die vierte Großkaste, die der Shudra (Kleinbauern, Handwerker, Tagelöhner, niedere Dienstleistungsberufe) mit rund 50 Prozent. Hinzu kommen noch die sogenannten Unberührbaren außerhalb der vier Großkasten, die »Kastenlosen«, die aber in der Struktur wie die anderen Kasten organisiert sind. Zusammen machen die Shudra und Unberührbaren fast zwei Drittel der Hindu-Gesellschaft aus. Im konkreten Alltag spielen die

Großkasten allerdings keine entscheidende Rolle, viel wichtiger sind die mehr als 3000 Unterkasten – und ihre Vielfalt ist selbst für Hindus nur auf regionaler Ebene überschaubar.

Nach wie vor bedeutet für die meisten Hindus das Kastensystem »Ordnung« schlechthin. Die Fürstentümer mochten aufsteigen und an Machtkämpfen zerbrechen, die Politiker kommen und gehen, fremde Eroberer in Indien eindringen – das Kastensystem sollte alle Krisen unbeschadet überstehen. Soziale Absicherung gegen Krankheit und Tod, Schutz und Geborgenheit erwarten die meisten Hindus bis heute weniger vom Staat, aber umso mehr vom überschaubaren Kreis ihrer Großfamilie und darüber hinaus von ihrer Kaste oder konkreter ihrer Kleinkaste. Vielen Hindus erscheinen die modernen Begriffe »Staat« und »Nation« nach wie vor völlig abstrakt; entsprechend wenig Verantwortungsgefühl kennen sie über den Rahmen ihrer eigenen Kaste hinaus. Freundschaft, Treue, Hilfsbereitschaft bedeuten zwar auch für jeden Hindu vorbildhafte Tugenden, aber diese Eigenschaften entfaltet er vorwiegend in der eigenen Großfamilie und der eigenen Kaste. Auch ist von einem Hindu größte Herzlichkeit und Hilfsbereitschaft gegenüber Freunden, ja sogar gegenüber Fremden zu erwarten – gegenüber Menschen, zu denen ihm die Kastenregeln Kontakte erlauben. Dagegen kennt der durchschnittliche Hindu keine »Nächstenliebe«, kein »Mitleid« für einen beliebigen Menschen, schon gar nicht für Menschen aus einer hierarchisch niedriger eingestuften Kaste. Ihm fehlt das schlechte Gewissen, wie es einen Christen oder Muslim beschleichen kann, wenn er seine Augen vor dem Elend völlig fremder Menschen verschließt.

Was aber das Kastensystem nach Ansicht der meisten Hindus so stabil und unangreifbar macht, ist die religiös begründete Konstruktion. Entscheidend ist die Vorstellung vom »Karma«.

Der Sanskrit-Begriff »Karma« (»die Tat«) meint eine kosmisch wirkende Kraft. Diese anonyme Kraft belohnt die Menschen nach ihrem Tod für gute Taten und bestraft sie für ihre Verfehlungen. Die Hindus glauben nicht wie die Christen und Muslime an eine ausgleichende Gerechtigkeit in einem Jenseits, also auch nicht an ein Paradies oder eine Hölle, sondern an eine Wiedergeburt im Irdischen, und dies bedeutet Belohnung und Strafe im sozialen Leben. Die Menschen sind dazu verurteilt, viele tausend Wiedergeburten zu erleben, bis sie sich zur Vollkommenheit herangebildet und sich endgültig aus allen irdischen Verstrickungen und Begierden gelöst haben. Erst dann können sie, wie schon erwähnt, ins Nirwana, ins wunschlose »Nichts« eintauchen. Nach hinduistischem Glauben werden die Menschen in eine höhere Kaste mit besseren Lebensbedingungen hineingeboren, sofern sie im vorigen Leben gewissenhaft die Gruppennormen ihrer Kaste erfüllt haben. Gelehrte, politische Führer, reiche Kaufleute und Grundbesitzer genießen die Früchte ihrer guten Taten aus einer früheren Erdenexistenz. Rechtlose Landarbeiter, Tagelöhner und andere sozial Benachteiligte büßen dagegen als Niederkastige und Unberührbare schwere Verfehlungen aus ihrem früheren Leben.

Kastensystem und Wiedergeburt ... Beide Vorstellungen ergänzen, stützen und begründen sich gegenseitig. Sozialordnung und religiöse Weltordnung sind untrennbar miteinander verbunden. Wer das Kastensystem und die Wiedergeburt nach den Gesetzen des Karma nicht als unantastbares kosmisches Weltgesetz anerkennt, darf sich – selbst im Indien von heute – nicht mehr Hindu nennen. Dabei können Hindus Jesus Christus für Gottes Sohn und Mohammed für einen großen Propheten halten, niemand wird ihnen deshalb absprechen, Hindu zu sein. Hindus leben deshalb unter geradezu umgekehrten Vorzeichen wie Christen und Muslime: In religiös theologischen Fragen sind sie völlig undogmatisch, freizügig und tolerant – in religiös sozialen Fragen aber dogmatisch, unfrei und nach unseren Maßstäben weitgehend intolerant. Und gerade dieser Umstand macht das Verstehen zwischen Hindus, Muslimen und Christen so schwer.

Für Christen und Muslime entsteht eine zusätzliche Irritation, sobald sie wissen wollen, welcher Gott denn nach Ansicht der Hindus das Kastensystem geschaffen habe. Christen und Muslime neigen zu solchen Fragen, denn sie glauben ja an einen ewigen und allmächtigen Gott, aus dem die ganze Schöpfung – und somit auch jede Sozialordnung – hervorgegangen ist. Für Hindus aber ist der Dharma die höchste Kraft.

Das Sanskritwort Dharma bedeutet »Eins sein mit der Wahrheit der Dinge«. Unter Dharma verstehen die Hindus ein unpersönlich waltendes Weltgesetz, das selbst die Gottheiten hervorbringt und sie in ihrer Entscheidungsfreiheit einengt – ein Gesetz, das nicht hinterfragt, sondern nur anerkannt werden kann. Wir kennen einen ähnlichen Schicksalsbegriff aus der griechischen Antike: die Moira. Sogar die Macht eines Zeus endete an der Macht dieses unerkennbar waltenden Schicksals. Der Dharma, nicht eine Gottheit, ist daher der Ursprung des Karma und des Kastensystems. Entsprechend haben Gottheiten keinerlei Einfluss auf die ehernen Gesetze des Karma. Der Mensch muss nach hinduistischer Überzeugung akzeptieren, dass die kosmischen Gesetze des Dharma auch das soziale Leben und die ethischen Prinzipien der Gemeinschaft bestimmen. Im Dharma sind sämtliche Regeln enthalten, nach denen ein Hindu innerhalb der Familie, des Berufes und vor allem der Kaste sein Leben zu ordnen hat. Gegen diese Regeln aufzubegehren würde bedeuten, die Gültigkeit kosmischer Gesetze zu leugnen.

Kaste – Karma – Dharma: Diese überaus komplexen Begriffe vor allem stehen unserer *westlichen* Vorstellung von »Religion« und »Gott« diametral entgegen. Wir werden am Beispiel weiterer Pilgerorte – nicht nur des Hinduismus, sondern auch des geistig verwandten Buddhismus – sehen, dass westliche Besucher überall dort das Verhalten der Pilger nur in Bezug auf den allumfassenden Dharma verstehen können.

Varanasi und Allahabad
Die meistbesuchten Pilgerzentren der Hindus

Gottheiten, nicht Menschen als »Begründer« der Pilgerzentren

Varanasi, heute eine Stadt mit über einer Million Einwohner, ist in ihrer religiösen Bedeutung mehr als alle anderen Wallfahrtsziele Indiens international bekannt geworden. Was den Muslimen Mekka und den Christen Jerusalem, dies sei für die Hindus Varanasi, so die weit verbreitete Vorstellung. Zwar darf sich nach offizieller Übereinkunft kein einziger Ort in Indien als alleiniger Mittelpunkt des Hinduismus verstehen, aber Varanasi hat im Verlauf von nahezu zwei Jahrtausenden doch bei vielen Hindus eine Vorzugsstellung erhalten. Annähernd konkurrieren im religiösen Rang kann nur noch ein zweites Wallfahrtszentrum, die rund 130 Kilometer entfernte Stadt Allahabad (die allerdings bei westlichen Besuchern weit weniger bekannt ist).

Beiden religiösen Zentren ist gemeinsam, dass dort dem Ganges als Indiens heiligstem Fluss eine besonders rituell reinigende Kraft zugeschrieben wird. Ein Pilger, der in Varanasi oder Allahabad ein Bad nimmt, hat nach weit verbreitetem Glauben die Chance, aus dem Kreislauf der Wiedergeburten befreit zu werden und dadurch die Erlösung zu erlangen. Entsprechend werden gerade diese beiden Städte an hohen religiösen Feiertagen

Pilger in Varanasi (Benares)

von Hunderttausenden oder gar Millionen Pilgern gleichzeitig besucht. Varanasi und Allahabad bieten dann mit ihren farbenprächtigen Ritualen ein unvergleichliches Bild.

Varanasi – noch vor wenigen Jahrzehnten war dieser Wallfahrtsort in der westlichen Welt allein unter dem Namen »Benares« bekannt gewesen. Diese Bezeichnung stammt nicht von den Hindus selbst, sie geht auf die britischen Kolonialherren zurück, die den ursprünglichen Namen Varanasi bei flüchtigem Zuhören verballhornt und das so Gehörte offiziell in die indische Geographie eingeführt hatten. 1956 haben Hindus die koloniale Prägung offiziell korrigiert und auf den Ortstafeln, den Landkarten und in der Berichterstattung den ursprünglichen Namen verpflichtend gemacht. »Varanasi« leitet sich von zwei Flüssen ab, wovon der eine, Varana, im Nordteil der Stadt, der andere, Asi, südlich in den Ganges fließt.[170] Der älteste Name aber ist Kashi und bedeutet »Stadt des Lichts«. Gemeint ist das Licht, das von Shiva, dem Hauptgott und Schutzpatron der Stadt, ausstrahlt. Noch heute erklären viele Pilger, sobald sie ihre Wallfahrt antreten, sie seien unterwegs nach Kashi. Indien kennt zahlreiche religiöse Zentren, aber für viele Hindus gilt »Kashi« als die spirituelle Mitte ihres Kulturraums.

Allahabad – hier ergibt sich erst recht eine Schwierigkeit mit dem Namen der heiligen Stadt. Und dies gilt nicht nur für westliche Besucher, sondern auch für Hindus. Allahabad, »die Stadt Allahs«, ist eine persische Benennung und weist auf Allah, den Gott der Muslime, hin. Wie das? Bis ins 16. Jahrhundert hinein trug das hinduistische Pilgerzentrum den Sanskritnamen Prayaga, »Opferstätte«, und galt mit dieser Bezeichnung den Hindus bereits viele Jahrhunderte vor unserer Zeitrechnung als ein Zentrum ihrer Religion und Kultur. Wie kommt es, so muss der westliche Besucher fragen, dass dieser persisch-muslimische Name sich in einer der heiligsten Städte der Hindus hat halten können? Die Antwort ergibt sich erst, wenn wir uns noch näher mit der religiösen Grundhaltung des Hinduismus beschäftigen (davon später).

Der Ursprung beider Städte liegt in mythischem Dunkel, historisch nachweisbare Quellen existieren nicht. Besonders gilt dies für Varanasi. Archäologen vermuten die Anfänge dieser Stadt im 12. Jahrhundert vor unserer Zeitrechnung. Hinweise auf einen historisch nachweisbaren Gründer existieren nicht einmal in legendärer Form. Aber für die meisten Pilger ist an Stelle von historischen Quellen ohnehin nur der Mythos Realität. Entsprechend wird nicht im Zeitraum von Jahrhunderten und Jahrtausenden gedacht, sondern von Jahrmillionen. Nach weit verbreiteter traditioneller Glaubensvorstellung haben den Pilgerort Varanasi nicht Menschen, sondern Götter begründet. Dem Schöpfergott Brahma sei es zu verdanken, dass der heilige Fluss Ganges aus fernen Äonen von der Milchstraße auf die Erde geleitet worden sei. Das Wasser habe sich allerdings in den Haaren des Gottes Shiva verfangen, der auf dem heiligen Berg Kailash meditierte. Dort sei das Wasser 10 000 Jahre lang gespeichert geblieben, bis Shiva seinen Haarknoten geöffnet habe, der Ganges auf die Erde herabgekommen sei und seinen irdischen Lauf genommen habe. Gott Shiva selbst habe an jener Stelle gebadet, wo die heilige Stadt Varanasi entstand. Andere Gottheiten seien seinem Beispiel gefolgt. Zahlreiche Tempel am Ufer von Varanasi markieren bis heute solche von Pilgern als »göttliche« Badeplätze zeremoniell verehrte Orte.[171]

Die Entstehung des Hindu-Pilgerortes Prayaga wird ebenfalls auf göttlich-kosmisches Wirken zurückgeführt. Vor Millionen Jahren hätten Götter zusammen mit Dämonen einen Milchozean gequirlt, und im Streit mit den Dämonen seien etliche Tropfen des heiligen Nektars auf die Ufer des Ganges gefallen, wo dann heilige Orte für Pilger entstanden seien, unter anderem Prayaga, das spätere Allahabad. (Über die genauere Bedeutung des Prayaga-Mythos im Zusammenhang mit den dortigen Pilgerzeremonien mehr.)

Bereits am Beispiel des Wallfahrtszentrums Madurai haben wir gesehen, dass nicht Menschen, sondern Gottheiten als die eigentlichen Begründer der heiligen Städte gesehen werden. Diese Art von Mythisierung unterscheidet sich wesentlich von der Legendenbildung in Bezug auf christliche und islamische Pilgerorte, ja auch auf buddhistische. Denn bei Christen, Muslimen wie auch Buddhisten steht überall ein Mensch, entweder der Religionsstifter oder ein herausragender Heiliger, für den »Ursprung«. Die Hindus entfernen sich damit weiter als selbst Buddhisten von unseren Denkformen.

Varanasi: Pilgerrituale zu Ehren von Shiva, Vishnu, Rama

Stets sind Indiens Wallfahrtsorte am Ufer heiliger Flüsse so angelegt, dass die Gläubigen frühmorgens der aufgehenden Sonne als dem Sinnbild geistiger Wiedergeburt entgegenströmen. Daher sind die Portale von Hindu-

Tempeln den Strahlen des ersten Morgenlichts zugewandt. Keine Pilgerstadt Indiens ist jedoch am Westufer des heiligen Ganges derart halbmondförmig gerundet der aufgehenden Sonne zugewandt wie Varanasi, und gerade diese halbmondförmige Rundung macht nach dem Glauben vieler Hindus die besondere spirituelle Kraft von Varanasi aus.

Noch in der Dämmerung brechen die Pilger zum rituell reinigenden Bad im Ganges auf, die Männer meist in weißen Gewändern, die Frauen in bunten Saris. »Bolo Ganga ki Jai« (»Heil dir, o Ganges«) ... Rufend und singend strömen die Pilger über die Ufertreppen hinab, vorbei an aschebeschmierten Yogis und Sadhus, die mit gekreuzten Beinen auf erhöhten Podesten thronen, vorbei an Bettlern, die mit blechernen Schalen am Wegrand sitzen und auf Spenden warten. Das unbebaute Ufer auf der anderen Seite des Flusses liegt noch bleigrau im Morgennebel. Dort steigt scharf umrissen die rote Scheibe der Sonne auf und lässt das Wasser leuchten. Dies ist der Augenblick, in dem an den kilometerlangen Ghats, den Treppen zum Ganges, Tausende Männer und Frauen in den Fluss steigen, kurz untertauchen und sich dann betend der Sonne im Osten zuwenden. Ich konnte eine derartige Zeremonie von den Ghats aus im Gewühl einer unübersehbaren Menschenmenge erleben.

Die Wallfahrtsstadt Varanasi ist Gott Shiva geweiht, der hier als erster ein rituelles Bad vollzogen haben soll. Shiva wird in Varanasi vor allem unter dem Namen Visvanath, »Herr des Universums«, verehrt. Die bedeutendsten Tempel tragen hier seinen oder den Namen einer seiner zahlreichen Inkarnationen. Beherrschend ragt an einer zentral gelegenen Ufertreppe eine Säule mit dem Bildnis dieses Gottes auf. Aber nicht weit davon findet sich an einer Hauswand in ebenfalls auffallender Größe das Abbild einer Figur, die sowohl Symbole des Shiva, den Dreizack, als auch des Vishnu, den Lotos, präsentiert. Dieses Abbild vereinigt die Attribute der beiden meist verehrten Gottheiten und lässt an den Ausspruch des Brahmanen in Madurai denken, der mir mit einem Zitat aus der heiligen Schrift »Skanda Upanishad« erklärt hatte: »Das Herz Shivas ist Vishnu, das Herz Vishnus ist Shiva.«

Neben den vielen Shiva-Tempeln finden sich in Varanasi mehrere Vishnu-Tempel, ja in manchen Kultstätten stehen gar Bildnisse beider Gottheiten oder deren Inkarnationen unmittelbar nebeneinander. Entsprechend werden in der Pilgerstadt religiöse Rituale gleichermaßen zu Ehren beider Götter vollzogen. Es ist kein Zufall, dass von den zwei bedeu-

Sadhu mit Shiva-Dreizack

Shiva und Vishnu auf einer Bildwand als Doppelgottheit vereint

tendsten Pilgerfesten des Jahres eines unter dem Zeichen Shivas, das andere unter dem Zeichen Vishnus gefeiert wird.

Das Fest Mahashivaratri, »die große Nacht Shivas«, wird im Monat Phalguna des hinduistischen Mondkalenders (Februar/März) in ganz Indien wie auch im hinduistischen Nepal gefeiert. Aber in Varanasi, wo man Shiva als die herausragende Schutzgottheit verehrt, kommt diesem Ritual eine besondere Bedeutung zu. Jedes Jahr strömen hierzu mehrere hunderttausend, ja bis zu einer halben Million Pilger in die Stadt, sie sind dann zwischen den einzelnen Shiva-Heiligtümern unterwegs, nehmen zwischendurch ein Bad im Ganges und kommen zum Abschluss ihrer rituellen Wanderung zum Visvanath-Tempel, Shivas Hauptheiligtum, dessen kegelförmiger Turm dem Lingam, dem Zeugungsorgan des Gottes, nachgebildet und mit reich ornamentierten Goldplatten bedeckt ist. Ein Labyrinth aus Stangen ist im östlichen Teil des Tempels installiert, um die endlosen Pilgerschlangen in eine geordnete Reihenfolge zu bringen.[172]

Das am längsten dauernde und prachtvollste Fest in Varanasi ist aber die Ramlila, das »Spiel Ramas«, das im Rahmen des großen Lichterfestes Dassara stattfindet. Rama gilt neben Krishna als die meist verehrte und populärst Erscheinungsform des Gottes Vishnu in Menschengestalt. Rama ist wie Krishna ein König aus mythischer Zeit. Nach dem Glauben zahlreicher Hindus wurde Rama vor 6000–7000 Jahren vom Gott Vishnu in die Welt gesandt, als die Menschheit unter der Tyrannei des Dämonenkönigs Ravana besonders schwer zu leiden hatte. König Rama – durch keine historische Quelle belegt, aber als die legendäre Hauptfigur im berühmten Hindu-Epos *Ramayana* berühmt – konnte nach langen Kämpfen den Dämonenkönig töten und dann ein Reich regieren, das den Idealvorstellungen des hinduistischen Dharma entsprach. Für viele Hindus sind die im *Ramayana* geschilderten Ereignisse historisch verbürgte Realität. Entsprechend wichtig ist es für sie, bestimmte Episoden des Epos religiös rituell nachgespielt zu erleben.

In ganz Indien werden während des Hindu-Monats Asvina (September/Oktober) Aufführungen und Lesungen des Epos veranstaltet, aber in Varanasi entfaltet sich das Fest besonders prächtig und dauert nahezu 30 Tage. Schauplätze der groß angelegten Aufführungen sind verschiedene Spielplätze um Ramnagar (»Stadt Ramas«) im Südosten von Varanasi am gegenüberliegenden Ufer des Ganges. Dort befindet sich der Palast des Maharajas von Varanasi. An manchen Tagen der Ramlila kommen bis zu 100 000 Zuschauer, zum Teil von weit her. Bis heute fungiert der Maharaja, obwohl politisch seit Bestehen der Republik Indien weitgehend entmachtet, als Schirmherr der Feierlichkeiten und zeigt sich in eigener Person auf einem mit einer Krone geschmückten Elefanten. Die meisten Figuren des Schauspiels besetzt man mit Jugendlichen, die jedes Jahr neu ausgewählt werden, aber auf bestimmte Rollen haben einige alteingesessene Familien von Varanasi das erbliche Recht. Die Textgrundlage für die Lesungen sowie das Schauspiel bildet eine verkürzte, in volkstümliche Form gebrachte Nachdichtung des Sanskrit-Epos; Verfasser der Nachdichtung ist der Dichter Tulsidas (1623 gestorben), er schrieb in einem allgemein verständlichen Hindi-Dialekt.[173]

Die Ursprünge der Ramlila liegen viele Jahrhunderte zurück, aber in Ramnagar findet das Fest derart aufwändig erst seit Ende des 18. Jahrhunderts statt. In einer Zeit, als das islamische Reich der Mogul-Dynastie zerfiel und die britischen Kolonialherren ihre Macht über ganz Indien noch nicht gefestigt hatten, nutzte der damalige Maharaja von Varanasi angesichts des politischen Vakuums die Chance, seine religiös-politische Autorität zu festigen – und so förderte er die Ramlila durch besonders festlichen

Pomp. Der Rama-Kult bot sich nach dem Abzug des muslimischen Statthalters als ein besonders wirksames Instrument an, um nun die Herrschaft eines hinduistischen Fürsten zu legitimieren; schließlich steht Rama als der menschgewordene Gott Vishnu aus der Sicht vieler Hindus für ein starkes Hindu-Reich. Der Name Ramnagar, die »Stadt Ramas«, bezogen auf den Maharaja-Palast und das umgebende Wohnviertel, ist nicht älter als die religiös-politische Instrumentalisierung der Ramlila. Heute aber trägt die Kosten für das Fest nicht mehr allein der Maharaja, es beteiligt sich auch die indische Regierung.[174]

Weshalb die breitgefächerte Unterstützung für das Fest? Die Gründe sind einerseits die ungeheure Popularität des Ramayana-Epos, andererseits die Volkstümlichkeit der Aufführungen. Einen Großteil des Jahres 1989 hatte sogar der staatliche Fernsehsender Doordarshan jeden Sonntag eine Stunde lang eine filmgerechte Bearbeitung des *Ramayana*-Epos in einer endlosen Kette von Fortsetzungen ausgestrahlt. Zur Sendezeit hatten sich die Straßen in Städten wie Dörfern geleert, rund 200 Millionen Inder hatten die Serie gesehen.[175] Ich habe mir erzählen lassen, dass zahlreiche Familien vor Beginn der Fernsehsendung die Schuhe ausgezogen, Öllampen angezündet und religiöse Verse wie in einem Tempel rezitiert hätten. Angesichts einer derart kultischen Verehrung konnte es sich keine Regierung Indiens leisten, die ohnehin vielbesuchte Ramlila in Varanasi finanziell nicht zu unterstützen.

In Varanasi ist noch ein weiterer zentraler Kult mit dem Namen Rama verknüpft. Rama ist für viele Hindus der höchste Gott, der in der Stunde des nahenden Todes angerufen wird. Dies ist auch in Indiens berühmtester Pilgerstadt Tradition geworden, weshalb zahlreiche Hindus kommen, um hier zu sterben und rituell verbrannt zu werden. Wer in Varanasi stirbt und wessen Asche dort in den Ganges gestreut wird, so der weit verbreitete Glaube, wird sich für die nächste Wiedergeburt einen besonders guten Ausgangspunkt schaffen, oder er kann sogar darauf hoffen, endgültig aus der Kette der Wiedergeburten erlöst zu werden. »Rama Rama« soll hierbei die rettende Formel sein, welche Gott Shiva den Sterbenden wie ein Guru bei der Initiation ins Ohr flüstert. Und »Rama nama satya hai« (»Ramas Name ist die erlösende Wahrheit«) rufen die Träger der Totenbahre unterwegs zum Scheiterhaufen an der Ufertreppe des Manikarnika-Ghats.[176]

Heiliges und Unheiliges im Widerstreit

Aus ganz Indien reisen alt und krank gewordene Hindus nach Varanasi, um hier auf den Tod zu warten. Und viele Gläubige, die weit entfernt von der heiligen Stadt sterben, sorgen zuvor dafür, dass Familienangehörige ihre Leiche per Bahn, Bus oder Privatauto zur erlösungsfördernden Verbrennungsstätte transportieren – sofern sie sich die Fahrtkosten und die teuren Einäscherungsrituale leisten können. Andere treffen Vorsorge, dass Verwandte oder andere Pilger die Asche an den Ganges bringen und dort einen Priester suchen, der gegen hohes Honorar innerhalb weniger Ritualminuten die Asche in das heilige Wasser streut.

Auf den Terrassen des Manikarnika-Ghat, eindrucksvoll platziert vor einer Front bizarrer Tempeltürme und mit einem weiten Ausblick auf den Ganges, können gleichzeitig bis zu 20 Scheiterhaufen in Brand gesteckt werden. Unter den weißen Leichentüchern liegen die Männer, unter den roten die Frauen. Die Zeremonie beginnt, indem Angehörige den verhüllten Toten in das Wasser des Ganges tauchen (bei reichen Familien spielt dazu eine Musikkapelle) und dann auf einen Holzstoß legen. Ein Priester reicht dem ältesten Sohn des Verstorbenen oder dem nächsten Angehörigen ein brennendes Grasbündel. Dieser schreitet daraufhin dreimal um den Scheiterhaufen herum, den Oberkörper nackt, den Kopf kahlgeschoren, um die Hüften ein weißes Tuch gewunden. Dann spricht er ein Gebet und steckt den Scheiterhaufen in Brand. Für westliche Zuschauer, soweit sie überhaupt länger ausharren, bedeutet das langsame Verbrennen eine Nervenprobe. Wir sehen, wie sich unter den Leichentüchern die Gliedmaßen herausschälen, unter dem Fleisch schließlich die Knochen; ein Arm fällt ab, ein Bein, beide werden mit einer Stange in das Feuer zurückgestoßen. Mehr als einmal konnte ich beobachten, dass die überall herumstreunenden Hunde sich an die halb versengten Körper heranmachten und angesengte Fleischstücke davontrugen.

Die Kontraste sind schroff. Über die Totenzeremonien hinweg blicken wir auf Straßenhändler, die mit lebhaften Gesten auf ihre Alltagsgeschäfte konzentriert sind. Kinder spielen Ball oder lassen Drachen steigen. Niemand kommt auf den Gedanken, die Kinder wegzuschicken. Körperlicher Zerfall, Tod und der rituelle Abschied von den Verstorbenen erscheint den Einheimischen dort intensiv und unmittelbar in das tägliche Leben verwoben, sie reagieren auf unsere *westlichen* Vorbehalte eher verständnislos.

Dass es seit Jahrzehnten schon Bestrebungen der Regierung gibt, die noch immer »archaisch« anmutenden Totenzeremonien am Ufer des Ganges den Erfordernissen moderner Hygiene anzupassen, ist bisher nur mäßig erfolgreich geblieben (darüber später mehr).

Westliche Besucher sind angesichts der kontrastreichen Eindrücke in der Pilgerstadt oft hin und her gerissen zwischen Faszination und Ekel. Aber solche Stimmungsschwankungen haben sie mit vielen indischen Besuchern – besonders der urbanen Bildungsschicht – gemeinsam. Im Gespräch mit Indern aus modernen Wohnvierteln industrieller Ballungsräume konnte ich immer wieder erfahren, wie abfällig sie sich über den Schmutz am Ufer des Ganges und in den engen Gassen der Altstadt äußerten, wie scharf sie den Mangel an sanitären Anlagen kritisierten, wie spöttisch sie über die »Rückständigkeit« vieler Einwohner Varanasis sprachen, wie »mittelalterlich« ihnen die engen, gewundenen Gassen und die bröckelnden Hausfassaden erschienen. Darüber hinaus machten sie sich über solche Pilger lustig, die sich nach einem Besuch in der heiligen Stadt bereits für »erlöst« hielten. Erst recht beklagten sie die fragwürdigen Geschäftspraktiken vieler Priester, die nicht »religiös«, sondern »extrem materialistisch« orientiert seien und sich darauf verstünden, Pilgern möglichst viel Geld als Honorar für irgendwelche heilige Zeremonien abzuknöpfen. Nahezu alle Gesprächspartner freuten sich zwar darüber, wenn ich darauf entgegnete, Varanasi sei doch andererseits eine Stadt mit einem faszinierenden religiösen Flair. – Das eine schließe das andere nicht aus, bekräftigten sie dann meist.

Die Kritik an der Diskrepanz zwischen Ideal und Wirklichkeit des Pilgerzentrums Varanasi ist unter Hindus nicht erst in neuerer Zeit verbreitet. Bereits im 4. Jahrhundert unserer Zeitrechnung hatten Brahmanen den magisch oberflächlich verstandenen Glauben kritisiert, dass allein schon das Berühren des heiligen Wassers von Sünden befreie oder gar aus dem Kreislauf der Wiedergeburten erlöse. So war damals schon im *Kashikanda,* einer Anleitung für Pilger in der heiligen Stadt, zu lesen: »Ein im Geist unreiner Mensch kann hundertmal in einem Thirta (heiliger Wasserplatz) baden und bleibt dennoch so unrein wie ein Weinkrug.« Und: »Fische würden ständig im Wasser des Ganges schwimmen, aber dennoch kein religiöses Verdienst erwerben.«[177] Die Kritik an Priestern, die auf unredliche Weise überhöhte Honorare von Pilgern kassierten, ist ebenfalls schon alt. Solche Praktiken hatten im 20. Jahrhundert derart überhand genommen, dass die in Varanasi erscheinende Hindi-Zeitung *Aj* (»Heute«) bereits im Herbst 1937 zu einer harschen Kritik gefunden hat: »Das Ufer des Ganges ist zu einem Zentrum für Fälschungen, Prellerei und Intrigen geworden.«[178]

Nicht wenige Gebildete unter den Frommen halten betont Distanz zur heiligen Stadt. Der wohl berühmteste Kritiker ist Mahatma Gandhi. Als er das erste Mal nach Varanasi kam, und das war immerhin schon 1901, schrieb er: »Ich war auf ein gewisses Maß an Enttäuschung vorbereitet. Doch die tatsächliche Enttäuschung war größer, als ich erwartet hatte. (...) Der von den Krämern und Pilgern verursachte Lärm war schlechthin unerträglich. Die Atmosphäre von Meditation und Gottesnähe, die man hätte erwarten sollen, glänzte durch Abwesenheit.«[179]

Eine derartige Kritik an Wallfahrtszentren ist uns durchaus auch aus dem eigenen Kulturraum vertraut.

Allahabad: Kumbh Mela und Magh Mela, die bedeutendsten Pilgerfeste der Hindus

Wenn wir mit der Bahn von Varanasi nach Westen fahren, durchqueren wir die dicht besiedelte Ebene des Ganges mit Reisfeldern, spärlichem Baumwuchs, lehmziegelgebauten Dörfern und einer losen Folge größerer wie kleinerer Städte. Nach etwa 130 Kilometern erreichen wir flussaufwärts die mit Varanasi an Bedeutung konkurrierende Pilgerstadt: Allahabad, die »Stadt Gottes«, die einst »Prayaga«, »Opferstätte«, hieß.

Die heute rund eine Million Einwohner zählende Stadt ist durch zwei religiöse Feste für Pilger besonders anziehend: die Kumbh Mela und die Magh Mela. »Kumbh« bedeutet Krug, »Mela« ist mit »Fest« zu übersetzen, »Magh« ist der Name eines Monats im hinduistischen Mondkalender (Januar/Februar). Der genaue Zeitpunkt dieser beiden Feste richtet sich nach dem Stand der Sonne und des Planeten Jupiter. Höhepunkt der Feste sind die Tage, die der Vollmondnacht vorangehen und folgen, und erst recht die Vollmondnacht selber.

Das »Fest des Kruges« und das »Magh-Fest« stehen in enger Beziehung zueinander und haben denselben mythischen Ursprung einer Göttersage (auf die ich schon kurz eingegangen bin): Einst quirlten die Götter zusammen mit Dämonen einen Milchozean, um aus seiner Essenz den

Nektar der Unsterblichkeit zu schaffen. Aber die Götter hatten die Dämonen um ihren Anteil betrogen, und damit entstand ein heftiger Streit um die kostbare Essenz. Als Garuda, der Bote des Gottes Vishnu, einen Krug mit dem Unsterblichkeitstrank zum Sonnengott Indra bringen sollte, wurde er bei seinem Flug über die Welt an vier Orten von Dämonen attackiert. Im Handgemenge fielen aus dem Krug jeweils einige Tropfen des heiligen Nektars und vermischten sich an vier Orten mit dem Wasser des Ganges oder eines seiner Nebenflüsse. An den vier Orten befinden sich heute die Städte Allahabad, Hardwar, Ujjain und Nasik – sie alle sind heute berühmte hinduistische Pilgerzentren, in denen Kumbh Mela, das »Fest des Kruges«, im Zyklus von zwölf Jahren gefeiert wird. Demnach gibt es alle drei Jahre in einer der vier heiligen Städte eine Kumbh Mela. Nach dem Glauben vieler Hindus verwandelt sich zur Zeit der Kumbh Mela das Wasser der Flüsse in den heiligen Nektar und gewährt den Pilgern, die während des Festes dort rituell baden, die Chance der Befreiung von Sünden oder gar die Aussicht, aus dem Kreislauf der Wiedergeburten erlöst zu werden.

Allahabad genießt von den vier genannten Pilgerzentren das größte Ansehen, denn die Stadt liegt am Zusammenfluss der zwei heiligsten Ströme Indiens, des Ganges und des Yamuna. Dort potenziert sich laut Mythos die Wirkung des göttlichen Nektars.

In Allahabad findet neben der alle zwölf Jahre gefeierten Kumbh Mela die übrigen elf Jahre im Hindumonat Magh die Magh Mela statt. Nur in Allahabad gibt es zusätzlich diese kleinere Form des berühmten religiösen Festes, und es hat den gleichen Bezug zu jener Ursprungslegende, in der sich Götter und Dämonen im Streit so »menschlich« verhalten wie auch Götter der griechischen, römischen und germanischen Sagenwelt. Ich hatte Gelegenheit, im Februar 1993 die Magh Mela in Allahabad zu erleben. Zu diesem Fest der kleineren Dimension kommen innerhalb von 45 Tagen einige Millionen Menschen.

Früh morgens gegen 6 Uhr, als die Flusslandschaft noch in düsterem Nebel lag, erreichte ich, aus dem Stadtinnern kommend, mit der Fahrradrikscha die den Pilgern heiligste Stelle, wo sich Ganges und Yamuna vereinen. Von einer Anhöhe aus blickte ich auf Tausende Dächer einer ausgedehnten Zeltstadt, auf ein Labyrinth von Fahnenstangen, Leitungsmasten und Drähten, auf ein weitgefächertes Straßennetz, wo es unüberschaubar von Menschen wimmelte. Im Nebel der feuchtkalt beißenden Luft erschie-

Das riesige Zeltlager der Pilger am Ufer von Ganges und Yamuna

nen die Konturen verschwommen wie durch einen seidigen Schleier. Die Sonne schwebte knapp über dem Horizont, schimmerte matt, nahm immer schärfere Umrisse an, begann schließlich rot zu glühen und hing einer Leuchtkugel gleich über den Zeltdächern und Leitungsdrähten. Nicht anders als in Varanasi wies die blutrot aufgehende Sonne den Pilgern inmitten des Frühnebels die Richtung zum rituellen Badeplatz. Tausende Männer und Frauen gingen der Sonne entgegen, sie alle waren mit Gefäßen aus Messing, Blech oder Ton unterwegs, um das heilige Wasser zu schöpfen und als kostbaren Segen mit nach Hause zu nehmen. Ein dröhnender Priestergesang aus Lautsprechern begleitete die Prozession. Das Ufer sowie das flache Flussbett waren überfüllt mit einer unübersehbaren Masse an Menschen. Die Männer tauchten trotz der beißenden Morgenkälte mit nacktem Oberkörper in die Fluten, die Frauen standen mit buntem Sari bis an die Hüften im Wasser, alle hatten sie betend die Hände gefaltet.

Die Kumbh Mela, die nur alle zwölf Jahre in Allahabad stattfindet, übertrifft naturgemäß bei weitem das Ausmaß des hier beschriebenen Rituals. Dies zeigt sich schon an der Besucherzahl. An der 45 Tage dauernden Kumbh Mela im Januar und Februar 2007 hatten schätzungsweise rund 60 Millionen Menschen teilgenommen, dies entspricht etwa der Einwohnerzahl Frankreichs. Die Dimension dieser Zahl gewinnt weitere Konturen, wenn man sie mit den Superlativen anderer Pilgerzentren weltweit vergleicht. Im selben Jahr 2007 waren nach Mekka zur Hadj, der zentralen Wallfahrt des Islam, rund drei Millionen Menschen gekommen.[180] Die Kumbh Mela des Jahres 2001 in Allahabad wurde gar von rund 90 Millionen Pilgern besucht, am rituell wichtigsten Tag badeten frühmorgens im Anschluss an die Vollmondnacht rund 30 Millionen Menschen in den Fluten des Ganges und Yamuna.[181] Unbestritten kann man angesichts dieser

Zahlen die Kumbh Mela von Allahabad nicht nur als das größte religiöse Fest der Hindus, sondern der ganzen Welt bezeichnen.

Die Kumbh Mela wird schon seit mehr als zwei Jahrtausenden gefeiert. Die erste schriftliche Erwähnung findet das Fest jedoch erst im 7. Jahrhundert unserer Zeitrechnung in den Aufzeichnungen des chinesischen Reisenden Xuanzang, eines Buddhisten, der an den Zeremonien teilnahm. Hindus wie Buddhisten hatten damals gemeinsam gebadet (wiederum ein Beleg dafür, dass in Indien bei Ritualen die Trennung in Religionsgemeinschaft keine große Rolle spielt). Angaben über die Menge der badenden Pilger finden sich erst seit 1906. Damals waren es etwa 2,5 Millionen im Anschluss an die Vollmondnacht, 1966 etwa 7 Millionen, 1989 schätzungsweise 15 Millionen. Die Zahl ist ständig gestiegen, je mehr in Indien das Eisenbahn- und Straßennetz ausgebaut worden ist.[182]

Unter den Millionen Pilgern einer Kumbh Mela fallen besonders die vielen tausend Wanderasketen auf. Sie haben den Sanskritnamen »Sadhu«, »der Gute«. Man erkennt sie an ihren nackten Körpern. Bei manchen ist die Haut mit grauer Asche eingerieben, das Haar zu einem turmartigen Knoten hochgebunden, sie folgen hier dem Beispiel Shivas, wie er vielfältig abgebildet ist. Manche leben in Gruppen, manche völlig einsam in Wäldern und Felshöhlen. Ein Sadhu zu werden, glauben viele Hindus, bietet die beste Chance, sich aus irdischen Begierden und Bindungen zu lösen und so der »Moksha«, der Erlösung aus dem Kreislauf leidvoller Erdenexistenzen, näher zu kommen. Nur aus Anlass eines großen Pilgerfestes mischen sich Sadhus unter die Menschen und kommen vor allem in die beiden meistbesuchten Wallfahrtszentren Indiens, Allahabad und Varanasi. Dort finden sie starke Aufmerksamkeit bei den Pilgern, von denen nicht wenige ausdrücklich Kontakt zu »heiligen Männern« suchen und ihnen ihre Verehrung erweisen. Im hinduistischen Indien ist noch sehr lebendig, was im mittelalterlichen Europa auch eine wesentliche Praxis in Wallfahrtsorten gewesen ist. Für Sadhus, die in ordensähnlichen Gemeinschaften leben, ist besonders eine Kumbh Mela der Ort, wo sie neue Schüler aufnehmen und rituell weihen.

Die berühmteste Gruppierung der nach Allahabad kommenden Sadhus sind die Naga Babas. Sie fallen dadurch auf, dass sie völlig nackt sind und ihre Haut dick mit grauer Asche eingerieben haben. Ihrem Orden gebührt das traditionelle Vorrecht, an den heiligsten Badetagen als Erste beim Anblick der aufgehenden Sonne im Wasser am Zusammenfluss von

Ganges und Yamuna unterzutauchen. Zu Tausenden nähern sie sich im Morgennebel, um dann mit lauten Rufen und Gesang den rot aufsteigenden Sonnenball zu begrüßen. Die Masse der am Ufer wartenden Pilger wagt nicht, diesen nackten aschebeschmierten Gestalten ihr Vorrecht zu bestreiten. Ja, nicht einmal Sadhus anderer Gruppierungen wagen es. Unter den Sadhus hat sich eine strenge Rangordnung herausgebildet, wer die größte spirituelle Würde besitzt und zuerst in die heiligen Fluten steigen darf. Der Anspruch auf den höchsten Rang ist hierbei allerdings nie unumstritten geblieben, in den letzten Jahrhunderten ist es sogar zu Handgemengen, ja zu Schlägereien oder sogar zu Totschlag zwischen »heiligen Männern« auf den Ufertreppen des Ganges gekommen. Sadhus haben andere in Wut und Eifersucht mit ihrem mitgeführten Shiva-Dreizack (Trishul) durchbohrt. Bei aller Toleranz, die diese Sadhus gegenüber anderen Religionen praktizieren mögen, können sich manche doch sehr intolerant gegen Sadhus mit deren Anspruch auf die höchste spirituelle Würde abgrenzen. Angesichts solcher drohender Konflikte ist bis heute während der Kumbh Mela oder der Magh Mela das Mitführen eines spitzen Shiva-Dreizacks und natürlich auch anderer Waffen verboten.[183]

Die Naga Babas haben ihr rituelles Vorrecht im 17. Jahrhundert errungen. Denn sie hatten sich damals mit Schwertern, Keulen und Speeren bewaffnet den muslimischen Soldaten entgegengestellt, als diese vor allem unter der Herrschaft des unduldsamen Großmoguls Aurangzeb Hindu-Tempel in Varanasi und Allahabad zerstörten. Damals hatte sich der Orden der Naga Babas von einer friedlichen zu einer äußerst kriegerischen Gruppierung gewandelt. Seit die Pilgerzentren des Hinduismus vom Druck intoleranter muslimischer Herrscher befreit sind, ist bei den Sadhus diese kriegerische Militanz allerdings nicht mehr zu spüren. Aber geblieben ist ihr hohes Ansehen, und so wirkt der religiös-politische Konflikt zwischen Hindus und Muslimen untergründig gerade auch in rituellen Traditionen nach.

Die rituelle »Reinheit« des Ganges – und die Probleme von heute

Das rituell reinigende Wasser! Wenn an die 100 000 Menschen innerhalb zweier Stunden am Ufer des Ganges mitsamt ihren Kleidern untertauchen, sich den Mund spülen und ausspucken, wenn dann noch viele tausend Kranke, Alte und Gebrechliche mit Geschwüren in das Wasser gehoben werden – dann muss es einen hygienebewussten Beobachter doppelt irritieren, dass unzählige Pilger dieses Wasser auch noch trinken. Müssen nicht gerade durch solche Massenbäder immer wieder Seuchen ausbrechen?

Am Manikarnika-Ghat in Varanasi, wo die Toten reihenweise auf Scheiterhaufen verbrannt werden, konnte ich beobachten, wie zwei Männer den halbverbrannten Rumpf eines Körpers mit Stangen aus den Resten verglühender Holzstücke hoben und in den Ganges warfen. Keinen der Badenden in Sichtweite schien das zu stören. Viele der Pilger, besonders wenn sie aus Dörfern kommen, zeigen noch immer eine Einstellung zur Hygiene, wie sie uns im Mittelalter auch nicht fremd gewesen ist: Keime als Krankheitserreger sind unbekannt, desto stärker glauben die Pilger an die »Reinigung der Seele« durch »heiliges« Wasser auf magisch-religiöse Weise. Diese nach wie vor weit verbreitete Haltung steht in einem schroffen Kontrast zu der Tatsache, dass die Republik Indien mit ihren über einer Milliarde Einwohnern zu Beginn des 21. Jahrhunderts auf dem Weg zu einer der größten Wirtschaftsmächte der Welt ist.

Bei meinen Rundgängen durch die Gassen von Varanasi entdeckte ich im Februar 1993 an einer Hauswand nahe dem Gangesufer ein großes handbemaltes Plakat. Auf dessen linker Seite war ein Scheiterhaufen mit einem tuchverhüllten Toten und zahlreichen Abfällen gepinselt, außerdem waren auch etliche herumstreunende, beutesuchende Hunde abgebildet. Diese Szene war mit dick gekreuzten Balken rot durchgestrichen. Daneben

Plakat gegen unhygienische Leichenverbrennung am Ganges

aber, in scharfem Gegensatz, erhob sich strahlend sauber ein elektrisch betriebenes Krematorium, in dem die Toten hygienisch verbrannt werden können. Die Aufschrift in Hindi konnte ich zwar nicht lesen, die Bildsprache verrät allerdings genug, schließlich ist sie auf das Fassungsvermögen der vielen analphabetischen Hindus ausgerichtet.

Das moderne Krematorium war zu dieser Zeit bereits am Ufer des Ganges errichtet worden, ich hatte es bei einer der Bootsfahrten vom Fluss aus gesehen. Das Betongebäude fügt sich relativ gut in die abwechslungsreiche Kulisse der Paläste und Häuser der Altstadt ein, da es in seinen Stilelementen weitgehend der traditionellen Architektur angeglichen ist; lediglich die langgezogenen Schornsteine auf dem Dach lassen den Zweck der Anlage erkennen. Aber das elektrisch betriebene Krematorium findet bei weitem nicht den Zuspruch, den sich moderne Reformer wünschen. Schon 1985, als Premierminister Rajiv Gandhi den Bau der Anlage anordnete, waren in Varanasi traditionsorientierte Hindus in langen Demonstrationszügen durch die Straßen gelaufen und hatten mit Sprechchören gefordert, die »frevlerische« Anordnung zurückzunehmen. Solche Demonstrationen sind zwar drei Jahrzehnte später nicht mehr vorstellbar, aber noch immer beharrt eine beträchtliche Zahl von Pilgern auf den traditionellen Ritualen mit dem Scheiterhaufen.

Die Ergebnisse wissenschaftlicher Untersuchungen von Ärzten und Bakteriologen in Indiens berühmtester Pilgerstadt sind seit den achtziger Jahren alarmierend. Nirgends erkranken derart viele Inder an Magen- und Darminfektionen, an Ruhr und Cholera wie in Varanasi. Nahezu 98 Prozent aller Einwohner, die oft im Ganges baden, leiden an Amöbenruhr. Aber nicht die vielen halbverbrannten Toten, nicht die im Wasser treibenden Tierkadaver sind die größte Bedrohung. Die Hauptgefahr kommt angesichts der rasch wachsenden Industrialisierung in der Ebene von Ganges und Yamuna durch Abwässer und Chemikalien, die ungefiltert in den Ganges fließen.[184] An dieser fatalen Situation hat sich auch während der ersten zehn Jahre des 21. Jahrhunderts wenig geändert. Zwar sind inzwischen fünf große Kläranlagen installiert, aber ihre Kapazität reicht nicht aus, das verschmutzte Wasser zu reinigen, zumal häufiger Stromausfall die technischen Anlagen oft nur mit halber Kraft arbeiten lässt.[185]

Das Bewusstsein ritueller Reinheit hat nichts mit dem Bewusstsein von Hygiene zu tun. An dieser Verständigungsbarriere scheitern nicht nur technokratische Planungsstrategen aus westlichen Industriestaaten. Sogar indische, westlich ausgebildete Reformer haben es schwer, traditionell orientierte Hindus zu überzeugen, dass Bakterien und Amöben in heiligen Flüssen genauso gefährliche Krankheitserreger sind wie in gewöhnlichem Wasser. Ja, die nötige Aufklärung wird noch zusätzlich erschwert, weil sogar nicht wenige westlich gebildete Hindus überzeugt sind, ein heiliger Fluss könne niemals Brutstätte schlimmer Seuchen sein. Sie zitieren dann gern westliche Naturwissenschaftler, die angeblich die »Reinheit« des Gangeswassers nachgewiesen haben. Ich selber hatte zu meiner Überraschung solche Hindus kennengelernt.

Und doch gibt es auch wieder positive Überraschungen. Ein Signal dieser Art kam im Januar 2007 aus Allahabad, wo die Kumbh Mela kurz vor ihrem rituellen Höhepunkt stand. Naturgemäß war die Verschmutzung des Ganges 130 Kilometer flussaufwärts angesichts von Millionen badenden Pilgern und den dort ebenfalls ungefilterten Abwässern aus zahlreichen Industrieanlagen nicht viel besser. Aber in Allahabad hatten ausgerechnet die wichtigsten Vereinigungen der Sadhu-Asketen einen dringenden Appell an die säumige Regierung gerichtet, endlich die Sanierung des Wassers konsequent einzuleiten. Die Führer der Sadhu-Asketen sprachen erstmals etwas aus, das bis dahin noch nie aus dem Mund eines traditionalistisch frommen Hindu gekommen war: Der heilige Ganges sei eine Kloake, das heilige Wasser bedrohe die Gesundheit der Pilger. Und die halbnackten, teils aschebeschmierten Sadhu-Asketen richteten an die Regierung eine besondere Drohung: Falls nicht sofort bindende Zusagen gemacht würden, dann würden beim rituellen Höhepunkt der Kumbh Mela Tausende Sadhus in das Wasser gehen – und nicht mehr auftauchen. Ein kollektiver Massenselbstmord erschien als das äußerste Mittel, um gegen die unerträglich gewordene Verschmutzung der »Heiligen Mutter Ganges« zu protestieren und eine Änderung zu erzwingen. Die Regierung nahm eine derartige Drohung der großen Sadhu-Autoritäten ernst, indem sie wenig später die Schleusen eines großen Wasserreservoirs am Oberlauf des Ganges öffnen ließ, um so die Qualität des verseuchten Wassers zu verbessern.[186]

Die strukturellen Probleme bleiben trotzdem ungelöst.

Die Erblast islamischer Herrschaft

Wer in Varanasi eine Bootsfahrt auf dem Ganges unternimmt, um das eindrucksvolle Panorama der Bauten am Ufer zu betrachten, muss sich in seinen Erwartungen einer »hinduistischen Pilgerstadt« zunächst irritiert fühlen. Suchen wir vom Boot aus neben den wuchtig aufragenden Maharaja-Palästen nach sakralen Bauten, so sehen wir ausgerechnet an der markantesten Stelle nicht einen Hindu-Tempel, sondern eine Moschee mit einer mächtigen Kuppel und zwei Minaretten die Häuserfront überragen. Wir können uns entfernt an das Stadtpanorama von Istanbul am Ufer des Goldenen Horns erinnert fühlen. Der unvorbereitete Besucher könnte Varanasi in erster Linie für eine islamische Stadt halten. Je weiter wir uns auf den Ganges hinausrudern lassen, desto unauffälliger nehmen sich die niedrigen Hindu-Tempel direkt am Wasser im Gesamtbild aus.

Welch ein Kontrast zu den tatsächlichen Verhältnissen! Zwei Drittel der Einwohner sind Hindus, ein Drittel Muslime, entsprechend finden sich in der Stadt rund 1450 hinduistische Heiligtümer und rund 570 Moscheen. Aber wie kommt es, dass eine Moschee ausgerechnet in einer der heiligsten Hindu-Pilgerstädte den auffallendsten Platz besetzt?

Mit solchen Gedanken wanderte ich durch die ausgedehnte Altstadt von Varanasi. Eng und verwinkelt sind die Gassen, bevor sie sich meist überraschend zu kleinen baumbestandenen Plätzen öffnen. Manche der weiß getünchten Mauern zu beiden Seiten der Hauseingänge sind bunt bemalt mit Elefanten, säbelschwingenden Kriegern, und öfter ist in eine Nische die Figur einer Gottheit eingelassen, meist Shiva oder Ganesh, der elefantenköpfige Glücksgott. Vor Schreinen an Straßenkreuzungen schlagen Passanten im Vorübergehen eine aufgehängte Glocke, falten die Hände vor der Stirn und verbeugen sich. Augenfällig erscheinen hier hinduistische Religiosität, Architektur und Alltag sogar dem oberflächlichen Besucher untrennbar verwoben. Das ist jenes hinduistische Indien, wie es die Jahrhunderte überdauert hat. Und doch: Sogar die historisch gewachsene Altstadt von Varanasi mit ihren traditionellen Stilelementen erinnert mit vielen Stileigentümlichkeiten ihrer Architektur – den spitz zulaufenden Torbögen, den Kuppeln – deutlich an das Vorbild einer orientalisch-islamischen Stadt.

Der Eindruck täuscht nicht. Erstmals hatten muslimische Eroberer Ende des 12. Jahrhunderts Varanasi zerstört und damals schon den neu aufgebauten Häusern ihren kulturellen Stempel aufgedrückt. Am nachhaltigsten aber richtete sich die Zerstörung gegen die sakralen Stätten. Gerade weil der Hinduismus mit seinem Glauben an viele Götter keine geistige Verwandtschaft mit den monotheistischen Religionen aufweist, sahen sich die Muslime nicht – wie gegenüber Christen und Juden – zu einer durch den Koran vorgeschriebenen Toleranz genötigt. Es galt den »Götzenkult« rigoros auszurotten und durch die Verehrung Allahs, des »einzig wahren Gottes«, zu ersetzen, so zumindest dachten muslimische Herrscher einer strengen islamischen Orthodoxie. Den letzten Befehl zur Zerstörung von Hindu-Tempeln gab der Großmogul Aurangzeb, der von 1658 bis 1707 weite Teile Indiens regierte. Unter seiner Herrschaft durfte die »falsche Religion« in Indiens bekanntester Pilgerstadt öffentlich überhaupt nicht mehr in Erscheinung treten, hinduistische Kulte konnten nur noch heimlich in Wohnhäusern und Hinterhöfen praktiziert werden. Mehr noch: Der Name Varanasi sollte aus dem Bewusstsein der Hindus getilgt und durch Muhammedabad, »die Stadt Mohammeds«, ersetzt werden.

Der Name Muhammedabad hat sich für Varanasi nicht durchsetzen können. Nachdem der extrem unduldsame Herrscher Aurangzeb 1707 gestorben war und ein militärisch sowie wirtschaftlich zerrüttetes Großreich zurückließ, kam 1725 in Varanasi nach einer rund 500 Jahre dauernden Muslim-Herrschaft wieder ein hinduistischer Fürst an die Macht. Dessen Nachfolger ließen die hinduistischen Tempel nach und nach wieder neu errichten. Die britischen Eroberer förderten seit Beginn ihrer Kolonialherrschaft die Renaissance des Hinduismus in der Pilgerstadt – dies weniger aus religiöser Toleranz als aus den politisch strategischen Erwägungen heraus, wichtige hinduistische Führer als Verbündete zu gewinnen. Aber die das Stadtbild beherrschenden Moscheen sind in Varanasi geblieben. Geblieben ist auch die Spannung zwischen Hindus und Muslimen – genährt durch die kollektive Erinnerung an vergangene blutige Auseinandersetzungen um religiöse Vorherrschaft – ganz im Unterschied zu Indiens Süden mit seinem Pilgerzentrum Madurai.

In der Pilgerstadt Allahabad erlebt der Besucher noch auffallender als in Varanasi die Spuren islamischer Fremdherrschaft. Hinter dem heiligen Ufer, wo sich bei großen religiösen Festen Millionen Menschen treffen, ragen dominant nur Moscheen auf, Hindu-Tempel nehmen sich dagegen völlig unscheinbar aus. 1582 hatte der muslimische Großmogul Akbar die alte

Pilgerstadt Prayaga zerstört und an ihrer Stelle eine neue Stadt unter dem Namen Allahabad errichten lassen.

»Die Stadt Allahs«. Der persisch-islamische Namen hat sich gehalten, auch nachdem die Muslime die Herrschaft über die Pilgerstadt im 18. Jahrhundert wieder verloren hatten. Wie das? Die Hindus müssen den Namen nicht unbedingt auf den Islam beziehen, denn »Allah« gilt nicht nur als Eigenname des spezifisch islamischen Gottes, sondern ist genau genommen ganz allgemein mit »Gott« zu übersetzen. Und auf diese neutrale Bezeichnung »Stadt Gottes« können Hindus mühelos eigene Glaubensvorstellungen projizieren. Dies ist anders als in Varanasi bei dem Namen »Muhammadabad« mit dem eindeutigen Bezug auf Mohammed als den Propheten des Islam. Die Forderung hindu-nationalistischer Gruppierungen, den ursprünglichen Namen »Prayaga« wieder einzuführen, hat bis heute noch kein großes Echo bei der Mehrheit der Hindus gefunden.

Hindus und Muslime: Konflikte bis heute

Am 6. Dezember 1992 hatten radikalisierte Hindus in der Pilgerstadt Ayodhya, rund 130 Kilometer nördlich von Varanasi, die Babri-Moschee zerstört. Das Argument ihrer Führer lautete: Im 16. Jahrhundert hätten muslimische Eroberer genau an jener Stelle einen Hindu-Tempel niedergerissen, wo vor vielen Jahrtausenden der menschgewordene Gott Rama geboren worden sei. Den Muslimen sei es darum gegangen, die Hindus zu demütigen und zum Glaubenswechsel zu zwingen. Nun gelte es, auf den Fundamenten der abgerissenen Moschee wieder den Geburtstempel Ramas zu errichten.

Die Zerstörung der Babri-Moschee in Ayodhya löste in ganz Indien blutige Unruhen zwischen Hindus und Muslimen aus. Die Bilanz der folgenden Wochen belief sich auf über 3000 Tote und ein Vielfaches an Schwerverletzten.

Explosiv an dieser Situation war, dass die Führer der radikalisierten Hindus ankündigten, ihre Gefolgsleute würden demnächst auch in anderen nordindischen Pilgerzentren, so in Varanasi, Allahabad und Mathura, all jene Moscheen niederreißen, die auf den Fundamenten zerstörter Hindu-Tempel stünden. Ich erlebte die religiös-politische Stimmung hautnah, da ich zufällig nur wenige Wochen nach dem Höhepunkt der Unruhen angesichts der zerstörten Moschee von Ayodhya im Januar und Februar 1993 die Wallfahrtszentren Allahabad und Varanasi besuchte.

Während meiner Streifzüge durch die Straßen und Gassen von Allahabad ratterten immer wieder Lastautos vorbei, auf deren Verdeck Männer Fahnen in Safranrot, der Symbolfarbe des Hinduismus, schwenkten und ein Wortführer mit Megaphon Parolen in das Gewimmel der ohnehin schon verkehrslauten Straßen brüllte. Eine Gruppe radikaler Hindus sei auf Propagandatour unterwegs, erklärte mir ein Passant. Die Parolen lauteten: Indien den Hindus! Allahabad solle wieder den ursprünglichen Hindu-Namen Prayaga erhalten! Der Passant winkte mit gequälter Handbewegung ab. Er deutete seitwärts auf ein großflächiges Wandplakat, mit dem er sich offensichtlich eher identifizieren konnte: das OM-Zeichen der Hindus verflochten mit dem islamischen Halbmond und dem christlichen Kreuz. Gerade auch in Allahabad war die Mahnung nicht zu übersehen: Die Angehörigen der drei großen Weltreligionen sollten sich auf den gemeinsamen Kern *aller* Glaubensformen besinnen und vordergründige Streitigkeiten beenden. Mahatma Gandhi hatte so gesprochen, auch Jawaharlal Nehru und seine Tochter Indira Gandhi (die beide in Allahabad geboren wurden).

Eine Woche später erlebte ich in Varanasi eine noch explosiver anmutende Situation. Ich besuchte wieder einmal jenen Bezirk, wo der heiligste Hindu-Tempel der Pilgerstadt, das Visvanath-Heiligtum, Gott Shiva geweiht, in unmittelbarer Nachbarschaft der Gyan-Vapi-Moschee steht. Die bedrängende Nähe zur Moschee erinnert die Hindus bis heute augenfällig an die früheren Zerstörungen. Wenn wir den angrenzenden Hof der Moschee betreten, sehen wir dort sogar eine noch gut erhaltene Wand des einstigen Shiva-Tempels mit kunstvollen Ornamenten und Säulen; die Muslime haben dort in wesentlich

Shiva-Tempel unmittelbar neben Moschee

plumperem Stil die Mauern ihrer Kultstätte gesetzt. Angesichts solch schmerzender Gegensätze ist der Moscheehof stets ein Streitobjekt zwischen beiden Religionsgemeinschaften geblieben – mit zunehmender Spannung. Die Hindus beanspruchen den Vorhof als zu ihrem Tempel gehörig, und deshalb betreten die Muslime, um weitere Konflikte zu vermeiden, ihre Moschee nicht durch das Hauptportal, sondern durch einen Nebeneingang.

Als ich nun im Februar 1993 die Konfliktzone betrat, zeigten sich die Spannungen auffälliger als jemals zuvor. Schon an den Straßenkreuzungen nahe den Kultstätten sah ich Soldaten in Gruppen stehen, alle mit umgehängter Maschinenpistole und Schlagstock an der Seite. Bedrohlicher noch erschien die Situation im Hof selber, der sich – als das heikelste Streitobjekt – zwischen den Mauern des Hindu-Tempels und der Moschee befindet. Dort lagerten ungefähr 100 Soldaten, teilweise hinter Sandsäcken verbarrikadiert, das Sturmgewehr im Anschlag. Kaum hatte ich den Hof in Begleitung eines jungen Hindu betreten, kam einer der Soldaten mit umgehängter Maschinenpistole auf uns zu, grüßte freundlich und sagte, ich dürfe herumgehen und fotografieren, solle aber Fotos vom Militär vermeiden. Er begleitete uns mit wachsamem Blick auf meine Kamera.

Hier in Varanasi habe es während der letzten Wochen mehrmals Unruhen gegeben, erklärte mir der Hindu. – Ob die Hindus den Abriss der Moschee wie in Ayodhya forderten, wollte ich wissen. – Einige täten das, die Mehrheit nicht. – Wie er die Zuspitzung der Lage empfinde? Er schüttelte unwillig den Kopf. Die Hindus seien religiös tolerant, nur einige wenige Radikale seien anders, bekräftigte er. Indien brauche Frieden ...

Wird es in der heiligen Stadt zu einer religiös-politischen Explosion mit schwerwiegenden Folgen kommen? Diese Frage hatte ich mir angesichts der Eindrücke von 1993 gestellt. Aber bis heute ist Varanasi von weiteren Unruhen verschont geblieben. Ja, gerade in jener Stadt, wo nahezu zwei Drittel der Einwohner Hindus sind, war 1989 ein Muslim zum Bürgermeister gewählt worden.

Radikale Hindus mit anti-muslimischer Militanz sind in Indien bis heute eine Minderheit. Ohnehin sind sie kaum in Indiens Süden zu finden, wie ich dies am Beispiel der Pilgerstadt Madurai zu zeigen versuchte. Darüber hinaus gilt für weite Teile Indiens, dass Hindus und Muslime an religiösen Festen anderer Religionsgemeinschaften teilnehmen, ja teilweise auch in Prozessionen Andersgläubiger mitgehen, allerdings betreten sie kaum einmal die fremde Kultstätte, dies ist die einzige Einschränkung.

Der antimuslimische Affekt von Hindus bleibt auf jene Regionen Indiens beschränkt, wo die Muslime viele Jahrhunderte hindurch Hindu-Tempel zerstört hatten. In der spannungsgeladenen Konstellation von Indiens Norden sind daher auch die Ursachen zu suchen, dass es 1947 nach dem Ende der britischen Kolonialherrschaft zu einem Bürgerkrieg zwischen Hindus und Muslimen mit mehr als einer Million Toten kam und rund 11 Millionen Angehörige beider Glaubensrichtungen aus religiös gemischten Spannungsgebieten fliehen mussten. Der traumatisierende Bürgerkrieg hatte noch im selben Jahr 1947 die Spaltung des indischen Subkontinents in zwei Staaten, die Republik Indien und die Republik Pakistan, zur Folge. Diese beiden Staaten sind dann religionspolitisch bis heute völlig unterschiedliche Wege gegangen.

Die Gründungsväter der »Islamischen Republik Pakistan« verankerten in ihrer Verfassung von vornherein den Islam als Staatsreligion. »Pakistan« bedeutet »Land der Reinen« und bezieht sich auf den Islam als den einzig »reinen« Glauben. Ganz anders die »Republik Indien«. Hier fehlt bereits im Namen der Hinweis auf eine Religion. Obwohl nahezu 82 Prozent der Bevölkerung Hindus sind, proklamierten ihre Gründungsväter, allen voran Mahatma Gandhi und Jawaharlal Nehru, einen »säkularen Staat«. Die Regierung Indiens identifizierte sich nicht mit der Religion der Mehrheit und vermied sorgfältig, die zahlenmäßig übermächtigen Hindus durch Sonderrechte zu bevorzugen. Ausdrücklich bekannten sich die Anhänger der nahezu vier Jahrzehnte ununterbrochen regierenden Kongress-Partei zu einem religiösen Pluralismus, gerade um die religiös-politischen Gegensätze zwischen Hindus und Muslimen zu entschärfen. Dies zeigt sich auch an der Tatsache, dass seit 1947 bis heute unter den bisherigen 13 Staatspräsidenten acht Hindus, vier Muslime und ein Sikh sind. In Pakistan dagegen ist der islamische Glaube strikte Voraussetzung für alle politischen Ämter.

Diese sorgfältig ausgewogene Politik der Kongress-Partei kam erst ins Wanken, als zu Beginn der achtziger Jahre die hindu-nationalistische »Indische Volkspartei« (BJP) an die Macht kam und für etliche Jahre die durch Korruption und Misswirtschaft geschwächte Kongress-Partei ablöste. Auf Betreiben der »Indischen Volkspartei«, die den Hinduismus als

Staatsreligion anstrebt, war es dann zur Zerstörung der Moschee von Ayodhya gekommen, und diese Aktion hatte ihre Macht weiter gesteigert.

Im Zusammenhang mit dieser Entwicklung sollte gar das bedeutendste Fest einer der wichtigsten Pilgerstädte Indiens eine verhängnisvolle Rolle spielen: die Kumbh Mela in Allahabad. Dieses größte aller Pilgerfeste nutzten radikale Hindu-Nationalisten 1989 dazu, die zu Millionen versammelten Pilger in Massenveranstaltungen für die Zerstörung all jener Moscheen zu mobilisieren, die auf den Fundamenten zerstörter Hindu-Tempel erbaut worden seien. Viele der Pilger trugen die Propaganda in ihre Heimatorte und hatten so erheblichen Anteil daran, eine derartige Verschärfung des religiös-politischen Klimas in weiten Teilen Nordindiens zu verbreiten.[187]

Und doch gibt es auch in Indiens Norden bis heute zur Genüge einflussreiche Gruppierungen, die für eine nachhaltige Verständigung zwischen beiden Religionsgemeinschaften eintreten. Hindus und Muslime zitieren in diesem Zusammenhang gern einen überragenden religiösen Denker, der im 15. Jahrhundert in Varanasi geboren wurde und ein Muslim war: Kabir. An Hindus wie an Muslime gewandt hatte Kabir einst in einem seiner berühmten Verse gesagt: »Seht in eure Herzen, dort werdet ihr beide, Allah und Rama, finden.«[188] Hinzu kommt, dass im Jahr 2004 die Kongresspartei nach einem Wahlsieg über die nun durch Korruption geschwächte hindu-nationalistische Partei an die Macht zurückkehrte und unter Premierminister Manmohan Singh, einem Sikh, wieder eine bessere Verständigung zwischen den Religionsgemeinschaften anstrebte.

Sarnath und Bodh Gaya
Die wichtigsten spirituellen Zentren der Buddhisten

Das Neue des Religionsstifters Buddha

Vor 2500 Jahren war der indische Fürstensohn Gautama Siddharta zu einem weltabgewandten Asketen geworden. Und wie viele andere Hindu-Asketen pilgerte er nach Varanasi, um sich in diesem meistbesuchten Wallfahrtszentrum mit anderen Wandermönchen geistig auszutauschen. Knapp zehn Kilometer von Varanasi entfernt hielt Gautama Siddharta in einem Hain den dort lagernden Pilgern sowie Sadhus und Yogis eine Predigt, die etwas völlig Neues in die hinduistische Religion brachte – und letztlich den Ausgangspunkt für eine neue Religion signalisierte. Der Prediger stellte sich seinen Zuhörern unter dem Sanskritnamen Buddha, »der Erleuchtete«, vor. Er hatte Wochen zuvor rund 200 Kilometer in östlicher Richtung entfernt unter einem Feigenbaum meditiert und war dort, nachdem er jahrelang sich vergeblich um religiöse Klarheit bemüht hatte, laut eigenem Bekunden zur endgültigen »Erleuchtung« gelangt.

Der Ort von Buddhas erster Predigt nahe Varanasi sollte später unter dem Namen Sarnath zu einem der wichtigsten Pilgerzentren des Buddhismus werden, ebenso jener 200 Kilometer entfernte Ort Bodh Gaya, wo Buddha zur »Erleuchtung« kam. Doch bevor ich auf diese Wallfahrtsorte näher eingehe, blicken wir zurück auf die Entstehungsbedingungen der neuen Religion vor 2500 Jahren.

Gautama Siddharta, der spätere Buddha, wurde um das Jahr 560 vor unserer Zeitrechnung in eine religiös aufgesplitterte Gesellschaft hineingeboren. Sehr unterschiedliche hinduistische Schulen stritten darüber, ob eine oder viele personale Gottheiten zu verehren seien, ja mehr noch, ob personale Gottheiten oder ein unpersönliches Weltgesetz die höchste Macht des Universums verkörpern. Buddha gehörte damals zu jenen religiösen Lehrern, die sich am weitesten von den herkömmlichen Voraussetzungen einer Gnadenreligion entfernten. Er distanzierte sich entschieden von dem Glauben, dass eine Gottheit den Menschen zur Erlösung verhelfen könne. Er propagierte den Weg der Selbsterlösung.

Zwar glaubte auch Buddha nicht anders als alle Hindus, der Mensch müsse so oft wiedergeboren werden, bis er sich endgültig aus den Verstrickungen und Verlockungen dieser Welt habe lösen können, um ins Nirwana einzugehen. Auch für ihn galt, dass die intensive Meditation, der »Weg nach innen«, der entscheidende Schritt zur »Erlösung« sei, um den Kreislauf der Wiedergeburten zu durchbrechen und glückselig in einer Sphäre der absoluten Wunschlosigkeit zu »erlöschen«. Buddha meinte allerdings – und hier unterschied er sich grundsätzlich von der Glaubenshaltung vieler Hindus –, es sei sinnlos, Gottheiten um Hilfe zu bitten, denn selbst Gottheiten seien unvollkommene, erlösungsbedürftige Wesen. Er lehnte Tempelrituale sowie den Glauben an segenspendende Kräfte von Priestern ab. Denn, so lehrte er, mit solchen Kulten gebe sich der Gläubige einer bloßen »Illusion« hin, anstatt selbst die spirituelle Kraft aufzubringen und ohne die angebliche Gnadenvermittlung eines Gottes den »Weg der Erlösung« zu beschreiten. Nicht eine Gottheit habe ihn, den Buddha, erleuchtet, sondern er selber habe auf langen Wegen und Irrwegen, ganz auf sein eigenes Denken und Fühlen gestützt, das Dasein ergründet und so die Möglichkeit gefunden, wie man sich endgültig von der leidvollen Bindung an die Welt befreien könne.

Buddha hat, so weiß es die Überlieferung, seine Schüler davor gewarnt, sich auf die Frage nach der Existenz Gottes oder eines Jenseits einzulassen, denn solche Denkbemühungen seien zu theoretisch, zu spekulativ und brächten den Menschen der Erlösung nicht näher. Buddha wollte sich in seiner Erkenntnis rein auf das Wahrnehmbare beschränken, er versuchte – um eine Formulierung des Religionswissenschaftlers und Indologen Helmuth von Glasenapp zu zitieren –, rational alle Daseinsprozesse zu zergliedern; dies unterscheidet seinen Ansatz nicht nur grundsätzlich von den Theologien des Christentums und Islam, sondern gerade auch von den Gnadenreligionen Shivaismus und Vishnuismus.[189]

Buddha hat seine Lehre nicht als die Eingebung einer Gottheit verstanden, erst recht nicht hat er sich selber als eine menschgewordene Gottheit, als einen »Sohn Gottes«, gesehen. Buddha gab sich von vornherein als Mensch ohne übernatürliche Fähigkeiten zu erkennen. Er kann lediglich durch seine eigene Meditationserfahrung den Weg zur »Erleuchtung« weisen, gehen müssen ihn die Schüler – ohne alle Gnadenvermittlung – selber. Folgerichtig kann zu Buddha auch nicht gebetet werden. Buddha ist als bloß menschlicher Verkünder »erloschen« und für keinen Betenden mehr in einem Jenseits mehr zu erreichen. Die Gläubigen bezeugen vor seiner Statue mit ihrer betenden Geste nur die Verehrung vor dem Großen Lehrer.

So zumindest verhält es sich in der älteren Form des Buddhismus, die den Sanskritnamen »Hinayana«, »Kleines Fahrzeug«, erhalten hat. Später hat sich dann allerdings in den Glaubensrichtungen des »Mahayana«, des »Großen Fahrzeugs«, und weiteren buddhistischen Strömungen die Tendenz entwickelt, Buddha trotzdem als einen gottähnlichen Gnadenspender zu verehren. Auf diese Paradoxie werde ich noch eingehen.

Eine Religion ohne Gott? Zumindest den ursprünglichen Buddhismus könnte man unter diesem Vorzeichen verstehen. Und doch ist dieses oft gebrauchte Schlagwort sogar im Hinblick auf die ältesten Überlieferung und Glaubensbezeugungen missverständlich. Buddha ist nicht als Atheist nach unserem modernen Verständnis zu betrachten, denn in den frühen Schriften des Buddhismus werden die Gottesvorstellungen der einzelnen Religionen nicht als bloße Gedankenschöpfungen des Menschen angesehen. Nach ältesten Quellen hält Buddha nur konkrete dogmatische Aussagen über das Wesen von Gottheiten für zu spekulativ. Dass Buddha sich weigert, sein Denken auf die Existenz eines Gottes zu konzentrieren, hat eine andere Ursache: Gottheiten gelten ihm nicht als der tiefste Daseinsgrund, dafür sind sie ihm zu unvollkommen. Wie sollte ein Shiva, der im »Zorn« tanzt, dass die Erde bebt, den Menschen den Weg zum Heil weisen können? Wie der menschgewordene Gott Krishna, der sich in Liebesabenteuer verstrickt? »Erleuchtung« und »Erlösung« bedeutet ja, zur völligen Befreiung von allen Leidenschaften zu kommen. Gerade diesen Zustand können Gottheiten nicht erreichen, so Buddha in seiner Kritik am Götterglauben der Hindus. Spätere Generationen von Buddhisten haben sich ähnlich skeptisch über den Islam und das Christentum geäußert. Auch Allah wird schließlich im Koran mal als zorniger, mal als liebender Gott beschrieben, ebenso der Gott der Christen und Juden in der Bibel.

Nach buddhistischer Ansicht sind Gottheiten, selbst wenn sie die Menschen durch übernatürliche Fähigkeiten weit zu übertreffen vermögen, letztlich als »Unerlöste« anzusehen. Denn Gottheiten sind den Menschen in ihren Eigenschaften noch viel zu ähnlich. Dies ist eine außergewöhnliche Kritik an herkömmlicher Gottesvorstellung, gerade weil sie vor nahezu 2500 Jahren geäußert wurde. Aus der Sicht moderner westlicher Aufklärung ist man versucht, eine derartige Aussage durch eine aktuelle Perspektive zu ergänzen: In die »Götter« oder den »Gott« haben die Gläubigen beim Verfassen der heiligen Schriften teilweise zu viele menschliche Eigenschaften hineinprojiziert.

Sobald Buddhisten das »Höchste« bezeichnen, neigen sie dazu, einen Begriff zu verwenden, wie er aus der Sicht *westlicher* Religionen zunächst befremden mag: »Shunyata«, »Leerheit«. Es handelt sich um ein Absolutes, dessen Wesen wir nicht durch angestrengte Reflexion, nicht durch begriffliches Denken wirklich erfassen können, denn alle Worte verengen, verfälschen nur – dieses Absolute müssen wir, so fordern buddhistische Denker, »leer« von allem Begrifflichen lassen. Was sich in dieser »Leerheit« verbirgt, erfährt der Mensch nur in der Unaussprechlichkeit der Meditation, im Vollzug des Yoga. Allein auf dieser höchsten Stufe der mystischen Erfahrung glaubt der Buddhist (um mit dem Theologen Hans Küng zu sprechen) die »tiefste« Wirklichkeit zu erfassen.[190] Jede andere Annäherung an das Absolute muss aus – zumindest aus der Sicht des philosophisch gebildeten – Buddhisten zu kurz greifen.

Mit dieser Überzeugung entfernte sich Buddha grundsätzlich aber nur von den Gottes- und Erlösungsvorstellungen breiter hinduistischer Volksschichten, nicht jedoch von einigen wichtigen Strömungen brahmanischen Denkens. Philosophen innerhalb des Hinduismus – allen voran der Brahmane Shankara, der im 9. Jahrhundert lebte und zu einem wegweisenden Denker wurde – sind zu einer ähnlichen Vorstellung von »Leerheit« gekommen. Hinduistische Denker in der Tradition Shankaras müssen also bis heute Buddhas Kritik an hinduistischer Gnadenreligion nicht zurückweisen. Umgekehrt wurden die Grenzen zwischen Hinduismus und Buddhismus auch aus dem anderen Grund unscharf, weil es innerhalb der neuen buddhistischen Lehre nicht auf Dauer bei der strikten Ablehnung einer Gnadenreligion geblieben ist.

Weshalb der Buddhismus sich aber trotzdem zu einer eigenständigen Religion entwickelte, ist vor allem in der Distanz der Buddhisten zum Kastensystem der Hindus zu sehen. Darauf gehe ich später ein. Zunächst ein Blick auf die vielschichtige Entwicklung des Buddhismus über die Jahrhunderte nach Buddhas Tod.

Eine Religion »ohne Gott« – aber die Vielfalt gottähnlicher Nothelfer

Die Buddhisten haben nur wenige Jahrhunderte lang in geschlossener Front eine derart strikte Distanz zum Glauben an Gottheiten als Nothelfer – oder an gottähnliche Nothelfer – gewahrt.

Im indischen Kulturraum hat sich schon während des 1. Jahrhunderts unserer Zeitrechnung eine machtvolle Gegenströmung zu den ursprünglichen Positionen Buddhas entwickelt. Damals verkündeten wegweisende Denker, sie hätten heilige Schriften Buddhas gefunden, die bisher verborgen gewesen seien: Ihnen zufolge sei »Erlösung« nicht nur den »Wenigen«, den strikten Asketen nach einer langen Folge von Wiedergeburten, vorbehalten, sondern zusätzlich eröffne sich den »Vielen«, den im beruflichen Alltag lebenden Menschen, ein Weg der Gnade. Für diese »Vielen« stünden Bodhisattwas bereit.

Nun begann sich im Kontrast zum Buddhismus für die »Wenigen« der Buddhismus für die »Vielen« zu entwickeln, was sich in den gegensätzlichen Namen Hinayana, »Kleines Fahrzeug«, und Mahayana, »Großes Fahrzeug«, manifestierte.

Bodhisattwa bedeutet wörtlich »ein Wesen (sattwa), dessen Bestimmung die Erleuchtung (bodhi)« ist. Es sind Heilige, die nach entsagungsvollem Leben unmittelbar vor der »Erleuchtung« stehen, aber nicht wie Buddha im Idealzustand der Wunschlosigkeit ins Nirwana eingehen und »erlöschen«. Die Bodhisattwas haben sich vielmehr entschlossen, in einer weiteren Existenz auszuharren, um ganz und gar für notleidende Menschen da zu sein. Ihnen ist die wunderbare Eigenschaft gegeben, als unsichtbare Geistwesen Statuen in Tempeln zu beseelen und dort die Bitten der betenden Gläubigen zu hören. Zu Bodhisattwas kann man beten! Und Bodhisattwas vermögen es, einen Teil ihrer Verdienste auf den »unerlösten« Menschen zu übertragen, sofern dieser Gläubige nur reinen Herzens ist und fest genug glaubt. Ein abgekürzter Weg ins wunschlose Nirwana also – ohne die harte, kompromisslose Askese eines Buddha.

Welch ein tiefgreifender Wandel! In dieser neuen Lehre, die sich vor allem in China, Korea und Japan hat ausbreiten können, verflüchtigt sich die starke Distanz zu den Tendenzen einer Gnadenreligion. Nun ist der Gläubige nicht mehr darauf angewiesen, aus eigener Kraft, ohne die Hilfe überirdischer Instanzen, den Weg zur »Erlösung« zu beschreiten, nun bietet sich ihm im Buddhismus selber die Gnaden-Erlösung mit vielen traditionellen Attributen des Götterglaubens. (Ich werde darüber ausführlich am Beispiel der ausgewählten Pilgerorte Tai Shan und Kyoto berichten.) Erst seit diesem markanten Paradigmenwechsel ist der Glaube an den buddhistischen *Weg* volkstümlich geworden. Je bunter und üppiger die Erlösungsrituale vor den Tempelstatuen der Bodhisattwas sich entfalteten, desto größere Menschenmassen fühlten sich von der Heilsbotschaft angesprochen. Eine solche Botschaft konnte in abgeschwächter Form selbst Anhänger des älteren Buddhismus faszinieren. In Thailand etwa, einer der wichtigsten Bastionen althergebrachter Orthodoxie, hat sich ebenfalls die Ansicht durchsetzen können, Gebete zu Bodhisattwas seien nützlich, denn so biete sich dem Gläubigen die Chance, rascher dem Nirwana näher zu kommen.[191] In die »Religion ohne Gott« kehrt damit »Gott« zurück, wenn auch nicht in der Funktion eines allmächtigen Gottes, wie ihn Christen und Muslime verstehen – aber doch in der Funktion eines Nothelfers.

Die unterschiedlichen Strömungen innerhalb des Buddhismus splitterten sich noch weiter auf. Aus dem Mahayana entwickelte sich während des 1. Jahrhunderts unserer Zeitrechnung noch als weitere Seitenlinie das Vaijrayana, das »Diamant- Fahrzeug«, das dann vor allem in Tibet und der Mongolei wie auch in Teilen Japans heimisch wurde. Schließlich bildeten sich Jahrhunderte später in China, Korea und Japan – auf der Basis des Mahayana – zahlreiche weitere buddhistische Strömungen heraus.

Dies alles sind beträchtliche Verschiebungen gegenüber der ursprünglichen Lehre. Meines Erachtens haben sich innerhalb des Buddhismus Gegensätze herausgebildet, die weit über das hinausgehen, was Religionsspaltungen innerhalb des Christentums und Islam bedeuten. Aus unserem traditionellen Religionsverständnis heraus müssten sich daher Buddhisten der verschiedenen Glaubensrichtungen fanatischer und unerbittlicher bekämpfen, als dies Christen und Muslime taten und teilweise noch immer tun. Aber genau dies ist nicht eingetreten. Zwischen Buddhisten hat es nur lange Zeit vorwiegend heftige Diskussionen und literarische Auseinandersetzungen gegeben, dagegen ist es kaum einmal zu gewalttätigen Ausschreitungen oder zu Kriegen wegen Glaubensstreitigkeiten gekommen. Aus den ersten Jahrhunderten der sogenannten Glaubensspaltung ist durch Chroniken verbürgt, dass Angehörige des Hinayana und des Mahayana teilweise sogar einträchtig im selben Kloster zusammenlebten.[192]

Dieses einträchtige Nebeneinander unterschiedlicher buddhistischer Glaubensformen spiegelt sich auch in der Vielfalt der Tempel in den Pilgerorten. Wir können dort kaum Spannungen zwischen den einzelnen Glaubensrichtungen des Buddhismus beobachten. Aber desto auffälliger zeigen sich in jenen Regionen, wo auch Hindus wohnen, Spannungen zwischen Buddhisten und Hindus – dabei beanspruchen doch die Angehörigen beider Religionen, besonders tolerant gegen Andersgläubige zu sein.

Exemplarisch für eine solche Situation sind im hinduistischen Indien, dem Ursprungsland des Buddhismus, die beiden wichtigsten Wallfahrtsorte der Buddhisten: Sarnath und Bodh Gaya.

Sarnath: Wo Buddha seine erste Predigt hielt

Sarnath liegt nur knapp 10 Kilometer von Varanasi entfernt. Eines der wichtigsten spirituellen Zentren des Buddhismus befindet sich damit in unmittelbarer Nachbarschaft zu einem der bedeutsamsten Pilgerziele des Hinduismus. Mit der Motorrikscha war ich nur eine halbe Stunde unterwegs, um auf einer von Fahrradfahrern, Ochsenkarren und Lastautos überfüllten Straße den Weg von der Millionenstadt Varanasi in die Kleinstadt Sarnath zurückzulegen. Die Straße, von ein- bis zweigeschossigen Häusern gesäumt, bot kaum einmal einen Blick auf Felder und Bäume, vielmehr hat ein Konglomerat aus Beton- und Lehmziegelbauten längst die Grenzen zwischen beiden Städten verwischt.

Die bedrängende Nähe der beiden Pilgerzentren ist kein Zufall, wie ich bereits darstellte. Vor 2500 Jahren war Buddha in die unmittelbare Umgebung der hinduistischen Wallfahrtsstadt gekommen. Er hatte dort in einem damals schon sehr bekannten Hain, in dem viele Gazellen weideten, unter einem Baum seinen Wohnsitz genommen. Der Wildpark war ein beliebter Versammlungsort für Wandermönche, wohin sie sich nach dem rituellen Bad in Varanasi zurückzogen und Gedanken austauschten oder Schüler ihres »Weges« fanden. In diesem Gazellenhain hielt Buddha seine erste öffentliche Predigt. Anfangs waren nur fünf Asketen seine Zuhörer, die zu seinen ersten Schülern und dann zu den eifrigsten Missionaren der neuen Lehre wurden. Bei späteren Predigten wurde die Zahl seiner Zuhörer immer größer. Aus rückblickender Sicht der Buddhisten ist der Gazellenhain nahe Varanasi zum Ort der ersten öffentlichen Manifestation ihrer

Religion geworden. Der Ortsname Sarnath ist in diesem Zusammenhang entstanden. Er ist von »Saraganath« abgeleitet, einem Beinamen Buddhas, der »Herr über das Wild« bedeutet und auf den Gazellenhain anspielt.

Sarnath hatte sich erst drei Jahrhunderte nach der ersten öffentlichen Predigt des Buddha zu einem der bedeutendsten Wallfahrtszentren Indiens – in auffallender Konkurrenz zum unmittelbar benachbarten hinduistischen Varanasi – entwickelt. Durch Mönche hatte sich damals Buddhas Lehre schon über den ganzen indischen Subkontinent verbreitet, ja buddhistische Missionare hatten bereits Sri Lanka, Sumatra und den Iran erreicht. Besonders gefördert wurde das Pilgerzentrum Sarnath durch Kaiser Ashoka, der von 272 bis 232 vor unserer Zeitrechnung als einer der bedeutendsten indischen Herrscher das Großreich der Maurya-Dynastie regierte. Ashoka war vom Hinduismus zum Buddhismus übergetreten und verlieh damit der weiteren Ausbreitung der neuen Religion eine zusätzliche Dynamik. Unter der Herrschaft dieses Kaisers wurden in Sarnath zahlreiche Pagoden und Klöster errichtet. Die große Blütezeit des buddhistischen Pilgerzentrums dauerte nahezu ein Jahrtausend und erreichte ihren Höhepunkt um das Jahr 100 unserer Zeitrechnung, als auf dem indischen Subkontinent nahezu gleich viele Buddhisten und Hindus lebten. Buddhistische Pilger aus China berichteten noch im 7. Jahrhundert von 1500 Mönchen in den Klöstern von Sarnath.[193]

Dhamek-Stupa mit buddhistischen Mönchen in Sarnath

Vom einstigen Glanz ist heute kaum mehr etwas zu ahnen. Der Besucher trifft nur auf Ruinen. Am ehesten vermittelt noch der rund 30 Meter hohe Dhamek-Stupa, der vor 2200 Jahren unter Kaiser Ashoka erbaut worden ist, einen Eindruck von der einstigen Bedeutung der Metropole Sarnath. Der Dhamek-Stupa steht an jener Stelle, wo Buddha seine erste Predigt hielt. Die massigen Mauern haben alle Zerstörungen überdauert, allerdings sind die einst prächtigen Ornamente großenteils verschwunden, die Ziegelwände sind überwiegend kahl geworden, auch fehlen alle Buddha-Statuen in den Nischen. Einen spärlichen – und ästhetisch problematischen – Ersatz für die vergangene Schönheit bildet ein Pavillon unmittelbar vor dem Stupa. In ihm sitzt Buddha als lebensgroße grellbunte Plastikfigur, um ihn sind ebenso bunt in Plastik die fünf ersten legendären Zuhörer seiner Predigt gruppiert.

Pilger versammeln sich zahlreich gerade vor diesem Pavillon mit den Plastikfiguren. Sie beten mit Räucherstäbchen in den gefalteten Händen. Aber auffallend ist: Kaum einer von ihnen ist Inder. Es sind überwiegend Besucher aus den Himalaya-Regionen von Nepal, Bhutan, Tibet sowie aus Südostasien und dem Fernen Osten. Für diese Pilger sind auf dem weitläufigen Gelände des ehemaligen Gazellenhains Tempel und Klöster errichtet, keines der Gebäude ist älter als drei Jahrzehnte, und jedes von ihnen weist die Stilmerkmale der Herkunftsländer auf: tibetisch, chinesisch, thailändisch ... Gerade dieses Erscheinungsbild führt auffällig vor Augen, dass der Buddhismus, der einst das religiös-politische Leben des indischen Subkontinents genauso stark geprägt hat wie der Hinduismus, aus seinem Ursprungsland weitgehend verdrängt worden ist. Nur 1 Prozent der Inder bekennt sich heute noch zur Lehre Buddhas. Dagegen hat der Buddhismus desto mehr Bedeutung in Südostasien und im Fernen Osten gewonnen.

Wie hat es dazu kommen können?

Vordergründig sieht es so aus, als ob vor allem der Vernichtungsfeldzug der Muslime gegen alle »heidnischen« Religionen den Niedergang des Buddhismus verursacht hat. Als im Jahr 1194 muslimische Eroberer in der Gangesebene siegreich bis Bengalen vorstießen, zerstörten sie die Pilgerstadt Sarnath vollständig, denn die Muslime sahen in den buddhistischen Tempeln und Klöstern Stätten des »Götzenkults«. Im selben Jahr 1194 hatten die Muslime allerdings in der hinduistischen Nachbarstadt Varanasi ebenfalls alle Tempel niedergerissen. Aber Varanasi hat sich von den verheerenden Zerstörungen erholt und das Flair eines vital pulsierenden Pilgerzentrums zurückgewonnen. Sarnath dagegen blieb ein Ruinenfeld, ja, es hat bis ins 20. Jahrhundert kaum mehr buddhistische Pilger erlebt. Hindus trugen auf ihre Weise zur weiteren Zerstörung bei. So ließ etwa einer der Maharajas von Varanasi den prächtigen Dharmaragika-Stupa abreißen, weil er die Steine für eigene Bauvorhaben gebrauchen konnte.[194]

Hier stellt sich eine weitere Frage: Weshalb konnte sich der Hinduismus gegenüber dem Islam eindrucksvoll behaupten, nicht aber der Buddhismus?

Der Buddhismus war in Indien schon lange vor dem Vorstoß des Islam durch die Auseinandersetzung mit dem Hinduismus geschwächt. Die Angehörigen der beiden Religionsgemeinschaften hatten sich über grundlegende Unterschiede der Lehre verfeindet, wobei es allerdings nicht – wie etwa bei Christen und Muslimen – um die Frage nach dem »richtigen« Glauben an »Gott« ging. Angesichts dieser theologischen Unterschiede zeigten sich sowohl Hindus als auch Buddhisten tolerant. Die eigentlichen Ursachen, weshalb Buddhisten zur Provokation für die Hindus geworden sind und nach einem Jahrhunderte dauernden Konflikt, ja gar kriegerischen Auseinandersetzungen aus Indien verdrängt wurden, lassen sich nur in den fundamentalen Gegensätzen auf sozialreligiöser Ebene suchen: im Streit um den »richtigen« Dharma, um das Für und Wider des Kastensystems (davon später).

Zunächst richten wir unsere Aufmerksamkeit auf die Tatsache, dass sich die wenigen der heute noch verbliebenen Pilgerzentren des Buddhismus in Indien wie isolierte Inseln inmitten zahlreicher Wallfahrtsziele der hinduistischen Mehrheit ausnehmen. Dies zeigt sich deutlich auch beim Besuch von Bodh Gaya, jenem Ort, den die Buddhisten als den heiligsten ihrer Religion ansehen.

Bodh Gaya: Wo Buddha zur Erleuchtung fand

Von Varanasi und seinem Nachbarort Sarnath sind es nach Bodh Gaya rund 200 Kilometer durch die Ebene des Ganges in östliche Richtung. Die Bahnlinie verläuft allerdings knapp am buddhistischen Pilgerzentrum vorbei und hat ihre Station in Gaya, einem hinduistischen Wallfahrtsort mit rund 400 000 Einwohnern. Dort müssen die buddhistischen Pilger in einen Bus oder eine Motorrikscha umsteigen, um auf einer schmalen holprigen Straße die 13 Kilometer zur rund 26 000 Einwohner zählenden Kleinstadt Bodh Gaya zurückzulegen. Dies ist ein typisches Kennzeichen für die Situation von heute: Der hinduistische, nicht der buddhistische Wallfahrtsort hat einen Anschluss an das Bahnverkehrsnetz.

Wie aber kommt es, dass Bodh Gaya in unmittelbarer Nähe zu einem Hindu-Pilgerzentrum liegt, nicht anders als Sarnath? Auch hier ist dies kein Zufall. Die Ursachen haben ebenfalls mit den strukturellen Entstehungsbedingungen des Buddhismus zu tun.

Der hinduistische Wandermönch Gautama Siddharta, der vor 2500 Jahren als religiös Suchender unterwegs war, ging von Pilgerzentrum zu Pilgerzentrum, um mit anderen Sadhus Gedanken auszutauschen, und so kam er auch in den damals schon bestehenden Wallfahrtsort Gaya. In dessen Nähe, so die Überlieferung, zog er sich nach ausgiebigen Diskussionen mit Sadhus wieder einmal in die Einsamkeit zurück, ließ sich am Ufer des Flusses Falgu unter einem Feigenbaum nieder, meditierte dort sieben Tage und sieben Nächte, bis er in einer Vollmondnacht des Jahres 534 vor unserer Zeitrechnung zur »Erleuchtung« kam – und damit zur endgültigen Ausformung seiner Lehre gefunden hatte. Nun hatte er sich den Sanskrit-Namen Buddha, »der Erleuchtete«, »der Erwachte«, zugelegt. Für Buddhisten in aller Welt wurde dieser Ort mit dem Bodhi-Baum, dem »Baum der Erleuchtung«, zum heiligsten Pilgerzentrum, in dem sie den Ursprung ihrer Religion sehen. Der dort später entstandene Wallfahrtsort hat entsprechend den Namen Bodh Gaya erhalten, »Gaya der Erleuchtung« – in deutlicher Anspielung auf den nahegelegenen hinduistischen Wallfahrtsort Gaya.

Der große Stupa, ältester Tempel, ein Hauptziel der Pilger

Bodh Gaya liegt in einer mit Weizenfeldern und Baumgruppen durchzogenen Ebene. Die Häuser sind meist niedrig, desto deutlicher sieht man schon von weitem bei der Anfahrt über die Ziegel- und Strohdächer den Turm des Mahabodhi-Tempels aufragen. Der kegelförmige ornamentverzierte Turm ist 55 Meter hoch und bildet die Mitte eines Tempel- und Klosterkomplexes, dessen zahlreiche kleine Pagoden und Stupas einen Ring um die zentrale Anlage bilden. Das Sanskritwort Mahabodhi bedeutet

Buddha-Statue, von Japanern im Kamakura-Stil errichtet

»große Erleuchtung« und weist auf jenen Platz hin, an dem Buddha seine wegweisende Meditation erlebt hatte. Unmittelbar an der Westseite der mit vielen Buddha-Statuen geschmückten Tempelmauer ragt knorrig ein Feigenbaum mit weit ausladenden Zweigen auf. Dieser Baum soll ein Ableger des ursprünglichen Bodhi-Baums sein. Ein kleines Podest markiert die Stelle, an der Buddha gesessen haben soll.

Intensiver als der buddhistische Pilgerort Sarnath strahlt Bodh Gaya die Atmosphäre eines vital pulsierenden religiösen Zentrums aus. Denn den Buddhisten ist dieser Ort, an dem Buddha seine Erleuchtung hatte, ja wesentlich heiliger als jener, an dem Buddha seine erste Predigt hielt. Die Kleinstadt wimmelt von Besuchern aus aller Welt. Aber wie schon in Sarnath sind es vorwiegend Pilger aus den buddhistischen Regionen des Himalaya von Ladakh über Sikkim und Bhutan bis Nepal, sowie aus Südostasien und dem Fernen Osten. Entsprechend zeigen die vielen im indischen Ort verstreuten Tempel und Klöster den Baustil fremder Kulturen. Schnabelförmig nach oben gebogene Dächer, Pagoden, Figuren von Drachen und Dämonen an den Eingängen verweisen auf Tibet, China, Sri Lanka, Burma, Thailand, Japan. Eine mächtige 25 Meter hohe Buddha-Statue, die in einer Parklandschaft unter freiem Himmel erst 1989 errichtet und vom Dalai Lama feierlich eingeweiht wurde, zeigt im Stil deutlich eine Anlehnung an die weltberühmte Buddha-Statue des japanischen Pilgerorts Kamakura; Japaner waren auch die Bildhauer und Finanziers.

Der zentrale Tempel- und Klosterkomplex Mahabodhi ist die einzige sakrale Stätte mit den Stilmerkmalen indischer Architektur. Der erste Bauherr war Kaiser Ashoka, er hatte bei seinem Besuch in Bodh Gaya die Errichtung von Tempel und Kloster angeordnet. Aus dieser frühen Zeit des

3. Jahrhunderts vor unserer Zeitrechnung sind allerdings nur noch spärliche Reste erhalten, so ein mit buddhistischen Symbolen versehenes Geländer, das sogenannte Ashoka-Geländer. Seine heutige Form hat der sakrale Komplex im 11. Jahrhundert erhalten, und die Bauten konnten wegen ihrer Abgeschiedenheit der Zerstörung durch muslimische Eroberer entgehen. Danach allerdings sind Tempel und Kloster zerfallen, weil ja die Buddhisten nach und nach aus Indien – durch die Hindus – verdrängt worden sind.

Erst gegen Ende des 19. Jahrhunderts ist der Mahabodhi-Komplex sorgfältig restauriert worden. Den Anstoß gab der buddhistische König von Burma, der bei seiner Pilgerreise 1881 die sakrale Stätte in völlig verwahrlostem Zustand vorfand. Zur damaligen Zeit hatten sich andererseits bereits europäische Religionswissenschaftler, Indologen und Archäologen um das vergessene und von Hindus ignorierte Heiligtum gekümmert. In Zusammenarbeit mit dem König von Burma begann ein groß angelegtes Restaurierungsprogramm – unter der finanziellen Obhut der britischen Kolonialherren. Hierbei ließen sich die Briten zuallererst von strategischen Erwägungen leiten. Da die Briten in Burma ebenso wie in Indien die eigentlichen Herrscher waren, konnten sie mit ihrer religiös »toleranten« Unterstützung den buddhistischen Vasallen-König von Burma umso enger an die britische Regierung binden.

Ich erlebte Bodh Gaya in den Tagen unmittelbar vor und nach einer Vollmondnacht. Zu dieser Zeit hielten sich besonders viele Pilger im Wallfahrtszentrum auf, denn laut Überlieferung war ja Buddha bei Vollmond zur Erleuchtung gelangt. Entsprechend eindrucksvoll entfalteten sich die Rituale.

Die Masse der Pilger konzentrierte sich naturgemäß um den Mahabodhi-Komplex. Zu Hunderten umrundeten die Gläubigen singend den Tempel im Uhrzeigersinn, den Rundgang vielfach wiederholend, immer wieder mit Verbeugungen vor dem Bodhi-Baum. Unter dem Baum saßen etwa 30 Mönche in weinroten Roben (aus Bhutan, wie ich im späteren Gespräch erfuhr), sie skandierten rhythmisch Gebete, deren gesprochene Worte in gedehnten kehligen Gesang übergingen. Sie schlugen Zimbeln, Schellen, Trommeln, zwei der Mönche stießen zeitweise in Langhörner, die auf dem Boden auflagen. Seitlich unter einem anderen Baum mit mächtig ausladender Krone hatten sich ebenfalls ungefähr 30 Mönche gruppiert, heilige Verse rezitierend. Auch dort verbeugten sich die vorbeigehenden Pilger. Am Abend stellten Mönche auf der Umfassungsmauer des Tempels sowie rund um die vielen kleinen Stupas im Umkreis Hunderte, schließlich Tausende Tonschälchen mit brennendem Öl auf. Unzählige Lichter funkelten nun in der hereinbrechenden Nacht, während die Pilger weiterhin singend ihre Kreise zogen.

Manche Pilger trugen traditionelle Gewänder bäuerlicher Herkunft aus Tibet, Nepal, Bhutan, Sikkim, Burma, Sri Lanka, bei den Städtern dominierte westliche Kleidung, insbesondere bei den Chinesen, Koreanern, Japanern. Zwischendurch einige Europäer und Amerikaner, diese überwiegend keine Touristen, sondern zum Buddhismus konvertierte Pilger, meist in safrangelbem oder weinrotem Umhang, singend und betend wie die anderen. Hier in Bodh Gaya waren Besucher aus Europa und Amerika wesentlich häufiger anzutreffen als in Sarnath.

Gaya und Bodh Gaya: Die Konflikte zwischen zwei Pilgerorten

Auch Inder sah ich in Bodh Gaya. Sie aber bildeten einen auffälligen Kontrast zu den anderen Besuchern. Die Frauen in bunten Saris hatten den charakteristischen roten Punkt auf der Stirn und gaben sich schon damit deutlich als Hindus zu erkennen. Die indischen Hindus sangen nicht, außerdem umkreisten sie den Tempel entgegen dem buddhistischen Pilgerstrom in die andere Richtung. Indische Hindus traf ich auch in der Tempelhalle, dort saßen sie einträchtig neben den Buddhisten vor der überlebensgroßen Statue des goldenen Buddha. Einträchtig?

Mir, dem westlichen Beobachter, wollte es zunächst so erscheinen. Dieses Nebeneinander von Angehörigen beider Religionen hat ja seine Logik, schließlich verehren auch die Hindus Buddha. Allerdings setzen die Hindus die Akzente völlig anders – und da beginnen die Konflikte. Die Hindus sehen Buddha nicht als den Stifter einer eigenständigen Religion an, sondern als eine Erscheinungsform des Gottes Vishnu. Sie gliedern Buddha damit in den hinduistischen Pantheon als eine Inkarnation unter nur zahlreichen anderen ein. Für Hindus liegt es nahe, aus dem nur 13 Kilometer entfernten Pilgerort Gaya nach Bodh Gaya schon deshalb zu kommen, weil Gott Vishnu in Gaya als der große Schutzpatron des hinduistischen Pilgerorts verehrt wird. Der Haupttempel in Gaya trägt den Namen Vishnupad (»Fußspur Vishnus«). So wechseln Hindus vom Haupttempel in Gaya zu einem Tempel in Bodh Gaya, wo ihnen Vishnu als Inkarnation nur in einer anderen Gestalt, nämlich des Buddha, begegnet und entsprechend verehrt werden kann.

Aber weshalb umrunden die Hindus im Kontrast zu den buddhistischen Pilgern in Gegenrichtung den Tempel? Dieses Verhalten scheint den Charakter einer Demonstration zu haben, obwohl mir Hindus im Gespräch versicherten, dieses andere Ritual habe »nichts« zu bedeuten.

Dass erhebliche Spannungen zwischen Buddhisten und Hindus gerade in Bodh Gaya bestehen, konnte ich im Winter 2002/2003 einem Appell entnehmen, den indische Buddhisten an das Hochkommissariat für Menschenrechte der Vereinten Nationen richteten. In diesem Appell, der in der Zeitschrift *Engagierte Buddhisten* veröffentlicht ist[195], beklagte sich der indische Präsident des Bodh-Gaya-Komitees über die »fortgesetzte illegale Besetzung des geheiligten und heiligsten Ortes der Buddhisten und der ganzen Welt (...) durch Hindu-Brahmanen, die einer hohen Kaste angehören.« Er bat die Vereinten Nationen, dem »seit über hundert Jahren dauernden Streit« durch Intervention ein Ende zu setzen.

Konkret ging es um die Tatsache, dass die Buddhisten selbst in der säkularen Republik Indien – mit deren offiziell betonter Toleranz – ausgerechnet im Pilgerzentrum Bodh Gaya nicht ausreichend religiöse Freiheit genießen. 1949, zwei Jahre nach der Unabhängigkeit Indiens, verabschiedete die damals noch von der Kongress-Partei geführte Regierung des Bundesstaates Bihar (wo Bodh Gaya liegt) das »Bodh-Gaya-Gesetz«. Dieses Gesetz übertrug die Verwaltung des Großklosters und Tempels Mahabodhi nicht etwa allein den Buddhisten, sondern einem Ausschuss von vier Buddhisten und vier Hindus. Zum Vorsitzenden des Ausschusses wurde ein hinduistischer Bezirksfriedensrichter aus Gaya ernannt, was letztendlich ein hinduistisches Übergewicht in der Verwaltung des buddhistischen Wallfahrtsortes bedeutete.

Wörtlich ist in dem Appell der Buddhisten 2002/2003 an das Hochkommissariat für Menschenrechte der Vereinten Nationen zu lesen: »Seit der Verfügung des Tempelgesetzes im Jahr 1949 liegt die Verwaltung in der Hand einer Mehrheit von Hindu-Brahmanen, die nichts mit der Lehre Buddhas zu tun haben. Die Hindu-Brahmanen behaupten fälschlicherweise, Buddha sei eine Inkarnation des Hindu-Gottes Vishnu, um so die heiligste Stätte der Buddhisten zu zerstören. Hinduistische Brahmanen-Priester wenden die List an, um die Welt glauben zu machen, Buddha sei nichts weiter als ein Hindu-Gott. (...) Kultbilder einiger Hindu-Götter sind ins Großkloster hineingeschmuggelt worden, um den Buddhismus zu schwächen und zu diffamieren. (...) Wir haben das Gesamtindische Bodh-Gaya-Mahabodhi-Mahvilar-Aktionskomitee 1992 ins Leben gerufen, und seit dieser Zeit protestieren wir friedfertig in Bodh Gaya und ersuchen die indische Regierung wie auch die Regierung in Bihar, das Bodh-Gaya-Tempelgesetz von 1949 zu ändern und die Verwaltung des Großklosters den Buddhisten zu übertragen.«

An der prekären Situation hat sich nichts geändert. Dabei ist im Winter 2002/2003 das Pilgerzentrum Bodh Gaya von der UNESCO zum Weltkulturerbe – und damit als besonders schützenswert – erklärt worden. Aber seit den neunziger Jahren regiert im Bundesstaat Bihar eine Partei der Niederkastigen, die mit ihren eng an der eigenen Kaste orientierten Interessen noch wesentlich weniger Neigung zeigt, religiös-politische Konflikte zu lösen, als es die zuvor in Bihar regierende Kongress-Partei getan hat. Erst recht gilt dies für die national-hinduistische »Indische Volkspartei«, die von Mitte der achtziger Jahre bis 2004 ganz Indien regierte und anschließend mit ihrer starken Opposition eine Lösung des Konflikts weiterhin verzögert.

Die viel propagierte »universale Toleranz« der Hindus stößt hier deutlich an ihre Grenzen. Zwar haben Hindus keine Probleme damit, Gottheiten anderer Religionen zu verehren wie die eigenen. Aber fremde Gottheiten werden, wie ich schon darstellte, in ihrem Wesen voll und ganz den hinduistischen Glaubensvorstellungen angepasst – und damit wird dem Andersartigen die Eigenständigkeit genommen. Diese Praxis gewinnt eine besondere Brisanz in der Auseinandersetzung mit dem Buddhismus, jener Religion, die sich aus dem Hinduismus herausgelöst hat. Hier zeigt sich die Neigung der Hindus am auffälligsten, eine Eigenständigkeit des Fremden zu verhindern, gerade weil es sich um eine »abtrünnige« Religion handelt.

Was aber unterscheidet den Buddhismus grundsätzlich vom Hinduismus? Mit welchen Überzeugungen hat Buddha eine Grenze überschritten, über die ihm Hindus nicht mehr folgen wollen und auch gar nicht können? Und wieso hat der Buddhismus im Ursprungsland Indien weitgehend seinen Einfluss verloren, dagegen in Südostasien und dem Fernen Osten desto mehr an Bedeutung gewonnen?

Die Unterschiede zum Gottesglauben breiter Volksschichten der Hindus habe ich bereits beschrieben und darauf hingewiesen, dass sich in dieser

Hinsicht nicht schon der tiefste – unüberbrückbare – Gegensatz zum Hinduismus offenbart. Der eigentliche Konflikt offenbart sich in der Frage, wie unterschiedlich Buddhisten und Hindus über den Dharma, das »Weltgesetz« – und damit über das Kastensystem –, denken.

Der Dharma des Buddhismus – und der tiefste Gegensatz zum Hinduismus

Als Buddha seine erste Predigt in Sarnath nahe Varanasi hielt, sprach er erstmals auch öffentlich aus, was einem orthodox denkenden Hindu am meisten ketzerisch erscheinen musste.

Buddha verkündete, jeder Mensch sei unabhängig von seiner kastengebundenen Herkunft gleichermaßen fähig, den Weg zur Erlösung anzustreben. Man müsse nicht erst nach einer langwierigen Abfolge von Wiedergeburten in die ranghöchste Kaste der Brahmanen hineingeboren werden, um dann religiös geläutert ins Nirwana eingehen zu können. Buddha erlaubte, dass in seine Mönchsorden (und später in die Nonnenorden) auch Angehörige niederer Hindu-Kasten eintreten durften. Er billigte ihnen, sofern sie aufrichtigen Glaubens waren, den Status ritueller Reinheit zu. Und er begründete dies mit dem gleichnishaften Argument: Ob das Feuer mit kostbarem Holz brenne oder mit Holz von einem Hundetrog oder einem Waschtrog oder einem Rizinusbaum – es habe die gleiche Flamme, denselben Glanz und die gleiche Leuchtkraft.[196]

Buddha hielt das Kastensystem der Hindus nicht für einen Bestandteil des Dharma, nicht für einen Ausdruck des »ewigen Weltgesetzes«, sondern für eine menschliche Erfindung. Daher erschien es ihm möglich, die strenge Trennung zwischen den Kasten aufzuheben. Erst diese Haltung kam einer Revolution gleich. Aber Revolution auf welcher Ebene?

Buddha war kein Sozialrevolutionär. Ihm lag nicht daran, die Aufhebung der Kastenhierarchie auch politisch durchzusetzen. Schließlich erschien ihm die irdische Welt ohnehin vergänglich, der Mensch durcheilt die Welt in einer flüchtigen Folge von Wiedergeburten. Buddha hatte nur den spirituellen Aspekt im Blick. Aber indem er alle Menschen unabhängig von ihrer Kaste gleichermaßen fähig zur »Erlösung« hielt, konnte er seinen Schülern den Auftrag geben, den Weg des Heils auch den Völkern jenseits der streng hierarchisch gegliederten Kasten-Gesellschaft zu verkünden. Damit hatte Buddhas eigene Vorstellung vom Dharma letzten Endes eben doch sozialreligiöse, sozialpolitische Folgen. Buddha forderte seine Anhänger auf, die Menschen der ganzen Welt zu lieben, ohne Rücksicht auf soziale und sozialreligiöse Schranken. Wir können uns an das Jesus-Wort erinnert fühlen: Gehet hin in alle Welt ...

Der Buddhismus war zur Missionsreligion geeignet, weil er auf die universale Gleichheit aller Menschen ausgerichtet ist – hier parallel zu den Missionsreligionen Christentum und Islam. Allerdings haben Buddhisten eine andere Vorstellung von Mission als Christen und Muslime. Die Buddhisten sind tolerant gegenüber allen Glaubensformen der Welt, denn ihnen erscheint jede andere Religion als Teil der unüberschaubar vielfältigen Universalwahrheit. Dies bedeutet jedoch nicht, dass Buddhisten die anderen Religionen als absolut gleichwertig ansehen. Die Buddhisten verstehen den Weg Buddhas als die höchste Wahrheit – und fühlen sich gerade deshalb verpflichtet, Andersgläubigen diesen buddhistischen Weg zu verkünden, der alle Gegensätze mit seinem Denken von »Einheit« überwölbt.

Die Hindus dagegen missionieren gemäß ihrem eigenen Selbstverständnis nicht. Aber was bedeuten die Gurus, die sogar in Europa und Amerika Nicht-Hindus um sich scharen? Diese Gurus betonen, sie wollen die Menschen nicht zum Hinduismus bekehren, sondern sie wollen ihnen die Einsicht nahebringen, dass es einen gemeinsamen »universalen« Kern hinter allen unterschiedlichen Glaubensformen gebe. Zum Hinduismus übertreten kann jedoch ein Andersgläubiger nicht, denn dazu fehlt eine entscheidende Voraussetzung: Hindu kann nur sein, wer nach dem ehernen Gesetz des Karma in eine Kaste hineingeboren wird und so seinen unverrückbaren Platz in der sozialreligiösen Hierarchie gefunden hat. Den Hindus fehlen daher von vornherein die Voraussetzungen, im Sinne der Buddhisten zu missionieren.

In dieser Hinsicht ist die Kluft zwischen Buddhismus und Hinduismus besonders tief, hier unterscheidet sich der Dharma beider Religionen diametral. Und ein derartiger Unterschied macht am ehesten deutlich, weshalb es einem westlichen Beobachter leichter fällt, den Buddhismus als den Hinduismus zu verstehen. Der Buddhismus erscheint uns vertrauter, weil er parallel zum Christentum eine universale Missionsreligion ist und darüber hinaus, analog zu Christus, einen eindeutig identifizierbaren Religionsstifter besitzt. Desto fremder wirkt auf uns die nur auf sich selbst bezogene Kasten-Gesellschaft der Hindus, deren historische Anfänge sich in mythischem Dunkel – ohne die Berufung auf einen allseits anerkannten Religionsstifter – verlieren.

Im 10. Jahrhundert war es zu jener paradoxen Situation gekommen, wie sie sich bis heute erhalten hat: dass der Buddhismus aus seinem Herkunftsland Indien weitgehend verschwunden ist, sich dagegen in Südostasien und dem Fernen Osten stark hat ausbreiten können. Den Hindus ist es gelungen, die rivalisierende Reformreligion zielstrebig zu verdrängen. Im indischen Kulturraum siegte so das Prinzip der streng hierarchisch gegliederten Gesellschaft über das Ideal der allgemeinen menschlichen Gleichheit – es siegte das Kastensystem über die Religion mit universalem Gleichheitsanspruch. Zu tief eingewurzelt hat sich im Verlauf der Jahrtausende bei Indern das Bedürfnis, hierarchisch abgestuft zu leben, als dass es einem Reformer hätte gelingen können, mit einer neuen Glaubensform dieses System zu durchbrechen.

Wo der »Hindu-Dharma« im Buddhismus weiterlebt

In Indien und den angrenzenden Ländern, die vom hinduistischen Denken beeinflusst sind, lässt sich ein für uns erstaunliches Phänomen beobachten. Andersgläubige, deren Vorfahren sich durch einen Religionswechsel ausdrücklich vom hinduistischen Kastensystem losgesagt haben – so die wenigen verbliebenen Buddhisten (rund 1 Prozent der Inder), so auch viele indische Muslime und Christen –, neigen dazu, die eigene Glaubensgemeinschaft ebenfalls nach höheren und niederen Gruppierungen zu gliedern. Ähnlich wie die Hindus binden sie ihre Mitglieder in der Wahl des Ehepartners sowie des Berufes an gruppenspezifische Verhaltensnormen. Und dies gilt auch für die Buddhisten, die in unmittelbarer Nachbarschaft zu Indien, so in Nepal und Sri Lanka, leben – eben weil bei ihnen im Alltag der hierarchisch geordnete Hinduismus lebendig geblieben ist.

In Nepal, wo der Hinduismus (im Gegensatz zu Indien) Staatsreligion ist, sind rund 20 Prozent der Bevölkerung Buddhisten. Die Buddhisten dort distanzieren sich zwar ausdrücklich vom Kastensystem der Hindus, aber sie definieren jeweils ihre eigene soziale Schicht auf Englisch als »cast« und betonen die jeweils gruppenspezifischen sozialreligiösen Normen. Ich habe es in Nepals Hauptstadt Kathmandu erlebt, dass ein Buddhist seinen Freund mit den Worten vorstellte: Sie beide stammten aus demselben Dorf

Buddha und Hindu-Gottheit nebeneinander

und derselben Kaste. Auf meine Frage, ob es sich um gleiche Kasten wie bei den Hindus handle, schüttelten sie beide den Kopf. Ich fragte weiter: Ob sie die Kaste wechseln könnten? – Nein, antworteten sie, in die Kaste werde man hineingeboren und bleibe in ihr bis zum Tod. Freie Wahl habe man nur, ob man sich zu Buddha oder zu Gottheiten wie Vishnu, Shiva oder anderen bekennen wolle. Die Gottheit könne man wechseln, nicht aber die Kaste. Der Dharma sei ewig. Diese beiden nepalesischen Buddhisten definierten »Dharma« ganz im hinduistischen Sinn.

Darüber hinaus ergeben sich in Nepal für den westlichen Besucher weitere Irritationen, sobald er die beiden wichtigsten buddhistischen Pilgerzentren Bodnath und Swayambhunath betritt. In den Verkaufsständen nahe den beiden Heiligtümern finden sich nicht nur Bildnisse von Buddha und verschiedener Bodhisattwas, sondern auch von Shiva, Vishnu und anderen hinduistischen Gottheiten. Eine besondere Überraschung wartet in Swayambhunath: Dort steht inmitten der buddhistischen Tempelanlage ein Schrein, wo Buddhisten und Hindus gleichermaßen der Göttin der Pest ihre Opfergaben bringen. Für Europäer ist es angesichts der vielen Tempel im Kathmandu-Tal oft schwer zu unterscheiden, ob es sich um eine buddhistische oder hinduistische Kultstätte handelt. Buddha ist hie und da zwar als Statue besonders hervorgehoben, aber er kann – eingebettet in das Umfeld hinduistischer Gottheiten – auch als Erscheinungsform des Gottes Vishnu verstanden werden. Nepals Buddhismus ist deutlich »hinduisiert« und hat seine ursprüngliche Eigenständigkeit verloren.

In Indiens südlichem Nachbarstaat Sri Lanka, wo neben der buddhistischen Mehrheit rund 20 Prozent Hindus leben, hat der Buddhismus naturgemäß eine stärkere Eigenständigkeit bewahren können. Aber auch dort definieren sich viele Buddhisten auf Englisch als Mitglied einer »cast«. Und dieses Denken hat bis hinauf in die höchsten geistlichen Ränge Eingang gefunden. So nehmen verschiedene buddhistische Mönchsorden Mitglieder nur unter der Bedingung auf, dass sie aus einer höheren Kaste stammen. Engagierte Buddhisten, die in Sri Lanka eine »Erneuerung« ihrer Religion fordern, halten allerdings dagegen: Einst habe Buddha die Menschen frei gemacht von allem Aberglauben, frei auch vom Joch einer angeblich gottgewollten Kastenhierarchie; man dürfe also nicht in hinduistische Praktiken zurückfallen.[197]

Um jedoch einen Buddhismus anzutreffen, der sich weitgehend frei von hinduistischen Einflüssen entfalten kann, müssen wir nach Südostasien oder erst recht in den Fernen Osten reisen. Beim Besuch von Pilgerorten besonders in China und Japan erleben wir einen Buddhismus, der unter den dortigen religiös-kulturellen Rahmenbedingungen eine andere Dimension gewonnen hat.

Tai Shan
Der heiligste Berg Chinas

Heilig für Daoisten, Konfuzianer, Buddhisten

China kennt fünf heilige Berge als herausragende Pilgerziele, aber der Tai Shan übt seit mehr als zwei Jahrtausenden die größte Anziehungskraft aus. Chinas heiligster Berg liegt in der Provinz Shandong rund 550 Kilometer südlich von der Hauptstadt Beijing und rund 100 Kilometer nördlich von Qufu, der Geburtsstadt des Konfuzius. In dieser geschichtsträchtigen Region konzentrieren sich nicht nur Traditionen des Daoismus und Buddhismus als den beiden bedeutendsten Religionen Chinas, sondern auch des Konfuzianismus als der über viele Jahrhunderte prägenden religiös-politischen Philosophie. Entsprechend finden sich auf dem Tai Shan nebeneinander Tempel aller drei großen kulturellen Kräfte Chinas.

Ich war neugierig, inwieweit das religiöse Leben noch intakt sein konnte. Die Kommunisten hatten ja seit dem Sieg ihrer Revolution 1949 sämtliche Religionen als »Opium des Volkes« intensiv bekämpft. Besonders während der sogenannten Kulturrevolution von 1966 bis zum Tod Mao Zedongs 1976 hatten die Rotgardisten zahlreiche Tempel in ganz China zerstört. Zu dieser Zeit hatten sie gerade auch auf dem Tai Shan als einem der meist besuchten religiösen Zentren Chinas sakrale Stätten vernichtet und entsprechend das Pilgerleben rigoros unterdrückt. Zwar war seit 1980 unter der Regierung von Deng Xiaoping die religionsfeindliche Politik korrigiert worden. Aber weiterhin blieb es nur den kommunistischen Atheisten erlaubt, Propaganda für ihre Lehre zu machen und die Leitlinien der Erziehung zu bestimmen. Was würde mich also auf den Pilgerwegen des Tai Shan erwarten? Im Mai des Jahres 2000 erreichte ich, von der Geburtsstadt des Konfuzius kommend, den Tai Shan. Zwei Stunden war ich mit dem Bus durch die mit Feldern, spärlichem Baumwuchs und zahlreichen Dörfern durchsetzte Ebene unterwegs, bis ich das mächtige waldbedeckte Bergmassiv mit einer Höhe von über 1500 Metern aus dem Dunst aufragen sah.

Traditioneller Ausgangspunkt für den Aufstieg zum heiligen Berg ist der Tempel des Tai. »Tai Shan« bedeutet »Berg des Gottes Tai«. Der Name lässt auf die Bedeutung dieser Gottheit und des Tempels schließen.

Es ist die drittgrößte sakrale Kultstätte Chinas neben den Tempeln des ehemaligen Kaiserpalastes in Beijing und dem Konfuzius-Tempel in Qufu und damit eines der bedeutendsten Bauwerke der klassischen chinesischen Architektur. Die Malereien auf den Innenwänden, von denen etliche über 1000 Jahre alt sind, zeigen Prozessionen chinesischer Kaiser zum Tai Shan. Von diesem Tempelkomplex, über dessen Pagoden die waldigen Hänge des Bergmassivs aufragen, ist es eine halbe Stunde zu Fuß durch die Kleinstadt Tai'an, durch enge Straßen, die von Häusern teils in der grauen Monotonie moderner Betonplattenbauten, teils im traditionellen Stil mit schnabelförmig gebogenen Dächern gesäumt sind.

Tempel, im Hintergrund der Berg Tai Shan

Als ich im Jahr 2000 unterwegs war, reihte sich in der Hauptstraße ein Laden an den anderen, die Auslagen üppig ausgestattet mit Bildnissen daoistischer Gottheiten, Buddhas, Bodhisattwas, Konfuzius-Figuren, den Symbolen Yang und Yin, Amuletten, heiligen Spruchbändern, Räucherstäbchen – eine Vielfalt an Gottheiten, Halbgöttern, religiösen Lehrern und Symbolen unterschiedlichster Religionen unmittelbar nebeneinander, wie es nicht anders in vielen Pilgerorten der Hindus zu finden ist. Daneben aber auch Stapel von Rucksäcken, Turnschuhen und Wasserflaschen, ein unübersehbarer Hinweis darauf, dass der Aufstieg viele Stunden (nach offiziellen Angaben vier bis sechs Stunden) dauern wird. So reichhaltig das Angebot in den Auslagen der Verkaufsstände ist, so zahlreich sind auch die Fußgänger unterwegs zum heiligen Berg. Männer und Frauen jeden Alters strömten schon am frühen Morgen die Straße bergauf. Auch die Masse an Menschen entsprach dem Erscheinungsbild vieler sakraler Stätten Indiens – so als wären in China religiöse Aktivitäten niemals unterdrückt worden. Allerdings war die Kleidung vieler Chinesen im Gegensatz zu indischen Pilgern schon völlig westlich, ohne »exotische« Buntheit.

Steiler Treppenaufstieg zum Gipfel des Tai Shan

Am »Yi Tian Men«, dem »Ersten Himmelstor«, beginnt der eigentliche Wallfahrtsweg. Das Tor mit schnabelförmig gebogenem Dach steht bereits außerhalb der Kleinstadt in einem baumbestandenen Tal. Vor diesem Tor ragt ein Ehrenbogen auf und markiert jene Stelle, von wo aus Konfuzius mit seinen Schülern den heiligen Berg bestiegen haben soll. Der schmale Weg führt durch ein Tal, gesäumt von sanft gewellten Hügeln, wo Laub- und Nadelbäume wechseln, und mündet schließlich in einen steilen Treppenaufgang mit der einschüchternden Anzahl von nahezu 6000 Stufen. Insgesamt 73 Kaiser verschiedener chinesischer Dynastien sollen den heiligen Berg bestiegen haben. Ja, selbst Mao Zedong, der atheistische Kommunist, hatte den vier- bis sechsstündigen Aufstieg zum Gipfel unternommen.[198] Der Mythos des Tai Shan geht über die traditionelle religiöse Bedeutung hinaus.

Ich wählte diesen Weg. Die Alternative wäre eine Busverbindung auf einer Serpentinenstraße gewesen, die auf der anderen Seite des Bergs verläuft, und von dort würde auf halber Höhe eine Seilbahn die Besucher weiter zum Gipfel bringen. Aber diese Möglichkeit war eher für eilige Reisegruppen gedacht, wie es sie inzwischen auch schon in China gibt. Ich dagegen war sechs Stunden auf dem immer steiler werdenden Treppenweg unterwegs und sah mich daher gezwungen, oben auf dem Berg zu übernachten. Doch gerade dieser langsame Aufstieg bot mir jenes Flair eines Pilgerbetriebs, wie er sich hier seit vielen Jahrhunderten erhalten hat. Ich konnte daher zahlreiche Tempel besuchen, in denen die Pilger ihre Rituale vollzogen.

Manche Fußgänger, mit Rucksack, Wasserflasche und Bergstiefeln ausgerüstet, zogen allerdings mit raschen Schritten an den Tempeln vorbei, ohne auch nur einen Blick auf sie zu werfen. Ihre Aufmerksamkeit galt allein der Landschaft mit dem üppigen Wald, den Felsen, den Bergkuppen.

An solchen Fußgängern zeigt sich: Der Tai Shan ist nicht nur Pilgerziel, sondern auch Anziehungspunkt für religiös gleichgültige Wanderer und Naturliebhaber. Das ist plausibel nach einem halben Jahrhundert der staatlich verordneten Doktrin, dass Religion als »Opium des Volkes« abzulehnen sei.

In vielen der Tempel wimmelte es von Menschen, die vor den Standbildern Räucherkerzen anzündeten und sich verbeugten. Unter ihnen fielen die vielen jungen Besucher auf, die, salopp in Blue Jeans und Sweatshirt oder Trainingsanzug gekleidet, ihre Rituale mit besonderer Hingabe vollzogen. Hier auf dem Tai Shan bot sich das gleiche Bild wie auch in vielen Tempeln der großen Städte Chinas: Es dominiert die Jugend – und nicht wie in den Kirchen Europas und Amerikas die ältere Generation. Das öffentliche Bekenntnis zur praktizierten Religion ist eine demonstrative Protestform gerade der jungen Generation gegen starre Bevormundung und so auch gegen den verordneten Atheismus geworden.[199] Ob dieser Protest nun selber schon immer eine geistig anspruchsvolle Religiosität zur Folge hat, ist eine andere Frage (ich werde darauf noch eingehen).

In den großen ornamentverzierten Bronzekesseln der Tempelhöfe steckten Bündel von Räucherstäbchen. Und vor den Statuen waren gläserne Kästen aufgestellt, in welche die Pilger im Anschluss an das Ritual Münzen oder Geldscheine warfen. Entlang des Treppenwegs den Berg hinauf standen in periodischen Abständen weitere Statuen, wo die Wanderer ebenfalls spendeten. Bei Geldwechslern am Wegesrand konnten sie Scheine in Münzen tauschen, um die milden Gaben möglichst gleichmäßig nicht nur in die Behälter vor den Standbildern zu werfen, sondern auch an die aufgereihten Bettler zu verteilen. Bettler gab es genug: Krüppel, denen ein

Betende in einem daoistischen Tempel

Bein oder Arm fehlte, Leprakranke mit Armstümpfen ... Solche Bilder erinnern an Indien. China ist zwar längst wirtschaftliche Großmacht – genauso wie Indien –, aber in den Pilgerorten beider Staaten bieten sich ähnlich bedrückende Elendsbilder.

Nach drei Stunden Aufstieg wurde der Weg steil und wand sich an Felswänden entlang. Dort saßen Träger mit Sänften, die den ermüdeten Wanderern anboten, sie die Treppen vollends hinaufzutragen. Den Preis von 50 Yuan (rund 7 Euro) konnten sich nach chinesischen Einkommensverhältnissen nur Wohlhabende leisten. Im Laufschritt, keuchend jagten die Träger den Berg hinauf. Der Ausblick in Gipfelnähe war bei dem schönen Wetter und der klaren Sicht überwältigend: ein Geflecht zerklüfteter Bergkämme und Täler, Felsen mit überhängenden Bäumen, aus den Schluchten aufsteigende Wolkenfetzen, weit unten die Ebene kaum noch zu erahnen. Im Vordergrund, auf Bergkuppen verstreut, ragten Tempel auf, die sich mit ihren Pagoden und schnabelförmig gebogenen Ziegeldächern harmonisch in die Landschaft einfügten.

Ich übernachtete in einem der kleinen, unauffällig gebauten, an die Hügel geschmiegten Hotels. Morgens um 4 Uhr wurde ich durch lautes Pochen geweckt zum Zeichen, dass es Zeit sei, den Gipfel zu besteigen. Unzählige Menschen aus allen Richtungen waren draußen bereits mit Laternen zum selben Ziel unterwegs. Für die Pilger bedeutet es einen Höhepunkt ihrer Reise, auf dem höchsten Punkt des Tai Shan den Sonnenaufgang zu erleben. Hier sehen sich die Angehörigen der unterschiedlichsten Religionen und Weltanschauungen in einem gemeinsamen Erlebnis vereint, dem sie eine kosmische Bedeutung beimessen.

Beim Betrachten der aufgehenden Sonne soll Konfuzius zu seinen Schülern gesagt haben: »Die Welt ist klein.« Und von Mao Zedong ist der Ausspruch überliefert: »Der Osten ist rot.« [200] Beide Sätze dieser so gegensätzlichen historischen Persönlichkeiten muten aus westlicher Sicht banal an. Aber in den jeweiligen Überlieferungen steckt viel an programmatischer Absicht. Konfuzius wies mit seinen lapidaren Worten auf die eigene Lehre von der Beziehung zwischen himmlischer und irdischer Sphäre hin. Mao Zedong hat an diesem Pilgerplatz auf die Zukunft der aufsteigenden kommunistischen Sonne mit ihrer Symbolfarbe Rot angespielt – er hat damit den geschichtsträchtigen heiligen Ort, wohin 73 chinesische Kaiser pilgerten, nun als »neuer Kaiser« für eigene politische Ziele vereinnahmt.

Daoisten, Buddhisten, Konfuzianer, Kommunisten, religiös unterschiedlich Gläubige und Atheisten saßen in einer äußerlich nicht mehr unterscheidbaren Masse beieinander und warteten rings um den Berggipfel auf den Sonnenaufgang. Eine rote Fahne, die aus einer der Gruppen ragte, setzte den einzigen Akzent. Aber weshalb, so stellt sich unweigerlich die Frage, ist dieses Nebeneinander möglich? Hat es nicht auch in China tiefgehende Spannungen zwischen den einzelnen Religionsgemeinschaften gegeben – und dauert nicht gerade der Konflikt zwischen den Religionen und dem Kommunismus bis heute?

Bei näherer Betrachtung des Pilgerwesens auf dem Tai Shan ergeben sich – zumindest für westliche Beobachter – einige Überraschungen.

Die Daoisten und das Dao

Tai Shan, »Berg des Tai ... Tai ist eine Gottheit der daoistischen Religion. Dies zeigt, dass der heilige Berg zuallererst ein Pilgerziel für Daoisten gewesen ist, bevor andere Religionsgemeinschaften hier ebenfalls ihre Tempel errichteten. Daoismus – Dao – die Namen sind bei uns im Westen über viele Jahrhunderte weitgehend unbekannt geblieben. Im deutschen Sprachraum ist die Transkription »Taoismus« und »Tao« geläufig gewesen, bis sich die neue, phonetisch korrektere Schreibweise durchgesetzt hat.

Der Daoismus ist im Gegensatz zum Buddhismus eine Glaubensform, die sich nur im chinesischen Kulturraum entfaltet hat. Diese religiöse Ausrichtung kann so gesehen nicht als Weltreligion verstanden werden. Aber bei den Chinesen selbst ist der Daoismus – zusammen mit dem Konfuzianismus und Buddhismus – zur prägenden sozialreligiösen Lebensform geworden. Seine Bedeutung konnte durch die kommunistische Herrschaft nur vorübergehend zurückgedrängt werden. Es gibt in China allerdings keine verlässlichen Statistiken über die Anhängerschaft der einzelnen Religionen, so auch nicht der Daoisten, denn die Kommunisten unterdrücken bis heute eine genaue Erfassung. Man kann jedoch davon ausgehen, dass Daoismus und Buddhismus ungefähr im gleichen Ausmaß Zulauf haben. Die regen Aktivitäten in Tempeln des ganzen riesigen Landes und gerade auf dem heiligen Berg Tai Shan vermitteln davon einen anschaulichen Eindruck.

Der Daoismus ist eine vielfältig aufgefächerte Bewegung. Außerdem ist es aus westlicher Sicht schwierig zu beurteilen, wo die Grenzen zwischen Religion und Philosophie zu ziehen sind. Westliche Besucher kommen nach China oft mit einem Vorverständnis daoistischer »Philosophie« und entdecken dann erst die gelebte daoistische »Religion«, und es scheinen zwei völlig unterschiedliche Bereiche zu sein. Entsprechend unterschiedlich wirken die Pilger, so als ob sie nicht dasselbe Verständnis von »Religion« und »Gott« hätten.

Viele der Wanderer rasten auf Bergrücken und schauen in meditativer Versenkung auf Hügelkämme und tief eingeschnittene Täler. Sie konzentrieren sich offensichtlich nicht auf den Anblick der über die Hügel zerstreuten Tempelanlagen, sondern auf das Schauspiel der zwischen den Baumwipfeln und Felsnadeln aufsteigenden Nebelschwaden. Diese Pilger erwecken den Eindruck, als sei ihnen die Meditation in der freien Natur wichtiger als ein Ritual vor dem Standbild einer Gottheit oder eines hilfreichen Naturgeistes.

Einem solchen Eindruck entsprechen die Darstellungen auf vielen Rollbildern, wie sie in Tempeln oder in Wohnungen über Hausaltären oder in Gewölben von Basaren an den Wänden aufgehängt sind: Auf diesen Bildern dominieren wolkenverhangene Berglandschaften; manchmal nur ist ein Tempel zu entdecken, dazu ein einsam wandernder Pilger, ein meditierender Einsiedler – diese Menschen aber erscheinen winzig und sind der majestätischen Weite der Berge, der Wälder, der flutenden Wolken untergeordnet. Solche Bilder haben nichts mit dem Naturalismus unserer westlichen Landschaftsmalerei gemeinsam. Es sind Bilder, die mit ihrer Kunst des bloßen Andeutens und Aussparens auf Unsichtbares, Unsagbares hinweisen. Es sind Bilder mit einer religiösen Dimension. Solche Bilder hängen nicht nur bei Daoisten, sondern auch bei chinesischen Buddhisten, ja auch bei Konfuzianern, manchmal sogar bei Kommunisten. Ihren Ursprung haben sie jedoch in daoistischer Religiosität. Entsprechend haben Anhänger anderer Religionen, Philosophien und Weltanschauungen Elemente des Daoismus übernommen.

Der Chinese, so lese ich in einer Betrachtung über diese weit verbreiteten Bildmotive,[201] erlebt beim Anblick der unbewegten Felsen und der ständig wechselnden Wolkenformationen das ewige kosmische Wechselspiel von Yang und Yin. »Yang« steht für den »Himmel«, das heißt für die aktive »männliche« Kraft, für die Sonne, für die Helligkeit. »Yin« steht für die »Erde«, das heißt für die passive »weibliche« Kraft, für den Mond, für das Dunkle. Die Spannung von Yang und Yin hat zur Folge, dass sich die beiden Wesenheiten ständig anziehen, sich zur »Harmonie« vereinigen, sich wieder trennen, sich wieder vereinigen ...

Aber wenn »Yang« für »Himmel« steht, so hat dieser Begriff nichts mit der Vorstellung eines persönlichen Gottes oder von Göttern zu tun. Selbst wenn Gläubige in den daoistischen Tempeln vor Standbildern beten, die dem Typus einer Gottheit ähneln, so lässt sich den Pilgern nicht das Bedürfnis unterstellen, sie würden »Gott« als den allmächtigen Weltenschöpfer in der Natur suchen. Was sie zu erfassen versuchen, ist das Dao. Das Dao – von dem die Daoisten den Namen ihrer Glaubensform herleiten – gilt als das höchste Daseinsprinzip. Aus dem Dao ist alles hervorgegangen, ob Gottheiten, Naturgesetze, soziale Gesetze. Das Dao bleibt anonym, schwer fassbar. Aber die Menschen haben trotz ihrer unzulänglichen Kräfte danach zu trachten, die geheimnisvollen Schwingungen des Dao zu ergründen und daraufhin die Regeln des menschlichen Zusammenlebens abzustimmen. Das menschliche Dao müsse sich in das himmlische Dao einfügen. Jeder Mensch werde scheitern, sobald er von den einmal erkannten kosmischen Gesetzmäßigkeiten abweicht.

In diesem Zusammenhang ergeben sich überraschende Parallelen zu den Eigenschaften des indischen Dharma. Auch der Dharma bleibt ja eine anonyme Kraft und waltet über allen Gottheiten, deren Macht nur begrenzt ist. Auch der Dharma wird als das Grundprinzip der Welt verstanden, das die Menschen als unabänderlich anerkennen müssen. Auch nach den Gesetzen des Dharma haben die Menschen ihre Ethik und ihr praktisches Handeln auszurichten. Eine verblüffende Parallele liegt sogar in der Bedeutung der Worte: »Dharma« wie »Dao« sind gleichermaßen mit »Weg«, »kosmisches Gesetz«, »richtige Handlungsweise« zu übersetzen.

Der große Lehrer des Daoismus ist Laotse (auch: Laozi), der »Alte Meister«, wie sein Titel lautet. Laotse lebte im 6. Jahrhundert vor unserer Zeitrechnung und war ein Zeitgenosse des Konfuzius, aber mehr noch als beim Begründer des Konfuzianismus verlieren sich seine Lebensdaten im Legendären und Mythischen. Laotses wichtigstes Werk ist *Dao-de-jing* (auch: *Tao-te-king*), was sich mit »Lehre der Ethik« oder »Weg der Ethik« übersetzen lässt. Laotse ist allerdings nicht, wie oft angenommen wird, der Schöpfer des Daoismus, denn der Begriff des Dao und die damit verbundene Religiosität sind viele Jahrhunderte älter. Dem »Alten Meister«

Daoistische Mönche

kommt jedoch die überragende Bedeutung zu, bereits vorhandene Strömungen durch seine religiös bestimmte Philosophie systematisiert und vertieft zu haben. Das Dao, das man durch Worte beschreiben könne, sei nicht das ewige Dao; der Name, den man mit Worten nennen könne, sei nicht der ewige Name. So ist uns ein Ausspruch des Laotse überliefert. Ähnlich könnte Buddha, aber auch Shankara als einer der wegweisenden philosophischen Denker des Hinduismus über den Dharma gesprochen haben.

Daoisten, Hindus und Buddhisten treffen sich mit ihrer mystischen Grundüberzeugung spätestens an diesem Punkt. Gemeinsam ist ihnen darüber hinaus, dass sie sich in späteren Jahrhunderten entschieden gegenüber dem Christentum und dem Islam abgrenzen, denn die monotheistischen Offenbarungsreligionen besitzen klar dogmatisch fixierte Vorstellungen über den »alleinigen«, »einzigen« Gott. Hierzu passt die mild spöttische Äußerung eines daoistischen Mönchs, die ich in einer Radiosendung (mit deutscher Übersetzung) hörte: »Ihr Christen wisst zu viel über Gott.«

Aber im Kontrast zu dieser Form einer philosophisch überhöhten, erkenntniskritisch orientierten Religiosität finden wir ja, wie schon angedeutet, in den Tempeln der Daoisten zahlreiche Statuen, die im Typus einer Gottheit dargestellt sind: männliche oft in der meditativen Haltung eines Buddha oder eines Kriegers, der mit herrischer Geste Dämonen abwehrt, weibliche meist mit üppigen Brüsten und Hüften, auf dem rechten Arm oft ein Kind, Fruchtbarkeit signalisierend.

Bixia Ci, der »Tempel der Prinzessin der Azurblauen Wolke«, eine der größten und schönsten Kultstätten des Tai Shan nahe dem Gipfel, ein zentraler Anziehungspunkt für Besucher, bietet für diese Art der Frömmigkeit ein besonders anschauliches Beispiel. Es handle sich hier um eine Erdgottheit, erklärte mir ein englischsprachiger Chinese. Zu diesem Tempel kämen vor allem Frauen. Sie bäten vor dem Standbild der Göttin um Kindersegen, einen guten Ehemann, das Wohlergehen der Familie und der Eltern. Der Sockel des Altars war bespickt mit Geldscheinen. Viele Kinderschuhe waren um den Sockel aufgereiht. Diese Schuhe seien, wie mir der Chinese weiter erklärte, von älteren Frauen aufgestellt, die auf diese Weise die Göttin um die Geburt von Enkelkindern bitten. Die Weihrauchkessel waren mit Spruchbändern behängt, auf denen ebenfalls Wünsche an die Gottheit signalisiert sind. Ich konnte eine ältere Frau in bunter bäuerlicher Tracht beobachten, die, ihre Arme ausgebreitet, etwa eine halbe Stunde lang innig zur Statue hingewandt sang und anschließend einen Zehn-Yuan-Schein (umgerechnet 1,5 Euro) in das gespannte Band zu Füßen der Göttin steckte. Ich traf sie später in anderen Tempeln wieder, wo sie ebenfalls vor Göttinnen sang und wieder jeweils einen Zehn-Yuan-Schein hinterließ.

Eine vielfältige Hierarchie der Gottheiten hat sich im Verlauf der Jahrhunderte innerhalb dieser daoistischen Religiosität herausgebildet. An ihrer Spitze steht die »Trinität der drei Reinen«: Pan-gu, »der himmlische Kaiser des Uranfangs«; Yü-huang, der »Yade-Kaiser« und göttliche Regent der jetzigen Welt; Laotse, der im Volksglauben nach und nach gottähnlichen Status gewonnen hat. Dem »Jade-Kaiser« ist der Tempel auf dem Berggipfel geweiht. Ihm sind 13 weitere himmlische Kaiser untergeordnet. Einer von ihnen ist Tai, der »Große Kaiser des östlichen Gipfels« und oberste Schutzgottheit des Tai Shan. Sheng-mu, die »Heilige Mutter«, eine Tochter dieses Gott-Kaisers, wird neben vielen anderen Muttergottheiten als eine der wichtigsten Schutzpatroninnen der Frauen und Kinder verehrt.

Solche Gottheiten und die damit verbundenen Rituale haben aber nur noch wenig mit der philosophisch-mystischen Lehre des Laotse zu tun. Sie sind erst mehr als 1000 Jahre nach dem Tod des »Alten Meisters« in der Überlieferung nachzuweisen. Erst während des 10. und 11. Jahrhunderts hat sich die uns heute vertraute volkstümliche Religiosität des Daoismus herausgebildet, und hierbei haben sich verschiedene regionale, seit langem existierende Naturgottheitskulte mit der Philosophie eines Laotse vermischt.[202] Damit klafft eine erhebliche Distanz zwischen den philosophisch gebildeten Daoisten und den durchschnittlichen Gläubigen. Die ersteren sehen solche Gottheiten nur als Produkte menschlicher Vorstellungskraft an, dagegen erscheint ihnen die eigentliche Realität als ein anonymes, letztlich unerkennbares Weltgesetz. Aber die meisten Tempelbesucher halten die Gottheiten für reale Wesen, die man durch Gebet erreichen und von denen man Hilfe erwarten kann.

Streng genommen handelt es sich hier um zwei verschiedene Religionen mit letztlich unvereinbaren Positionen. Einen derartigen Gegensatz von philosophisch begründeter Religiosität (ohne den Glauben an personale Gottheiten) und einer Volksreligion (mit der massiven Verehrung helfender und schützender Gottheiten) finden wir jedoch genauso bei Hindus und Buddhisten.

Konfuzianismus – ist das eine Religion?

Es gebe nur diesen einen Konfuzius-Tempel auf dem Tai Shan. So ist am Eingangstor der Kultstätte auch in englischer Sprache zu lesen. Der Tempel sei zur Zeit der Ming-Dynastie im 16. Jahrhundert errichtet und zuletzt 1994 restauriert worden. Als ich die Hallen und Höfe das erste Mal betrat, war ich der einzige Besucher. Welch ein Kontrast zu dem Menschengewimmel vor den Standbildern daoistischer und buddhistischer Gottheiten! Andererseits weist ein Ehrentor am Beginn des Pilgerwegs im Tal auffällig darauf hin, dass Konfuzius an dieser Stelle seinen Aufstieg auf den heiligen Berg begonnen hatte. Beide Eindrücke scheinen gegenläufig: Nur ein einziger Tempel, keine Besucher – aber ein markantes Ehrentor.

Kann man den Konfuzianismus überhaupt als Religion betrachten? Wird hier auf dem Tai Shan vielleicht nur einem großen Philosophen formal die Reverenz erwiesen? Solche Fragen stellen oft westliche Besucher (soweit sie einige Vorkenntnisse konfuzianischer Lehre haben). Von unserem herkömmlichen Religionsverständnis lässt sich der Konfuzianismus keinesfalls als »Religion« einstufen. Aus westlicher Sicht ist Konfuzius eher als der Begründer einer politischen Ethik und Philosophie anzusehen. Aber genauer betrachtet ist es genauso schwierig, die Kategorie »Philosophie« anzuwenden. Immerhin befindet sich auf dem heiligen Berg ein konfuzianisches Gebäude, das den daoistischen und buddhistischen Tempeln zum Verwechseln ähnlich sieht. Auch strahlen die Standbilder im Innern etwas von der Erhabenheit aus, wie sie ebenso an vielen Buddha-Statuen zu entdecken ist.

Besuchen Konfuzianer in nennenswerter Zahl den Tai Shan? Auf diese Frage bekam ich eine Antwort, als ich vom Gipfel nach der Betrachtung des Sonnenaufgangs inmitten einer großen Menschenmenge den Rückweg antrat. Eine Gruppe Studentinnen sprach mich an. Die Wortführerin unter ihnen, eine junge Frau im Jeansanzug, erklärte mir, sie alle studierten Englisch und Politik an der Universität in Qufu, der Geburtsstadt des Konfuzius. Sie betonten den Namen Konfuzius mit demonstrativer Ehrfurcht.

Ob Konfuzius in China noch immer großes Ansehen genieße, fragte ich einleitend. Die Studentin korrigierte mich: Konfuzius sei nicht nur in China berühmt, er sei weltberühmt. Auch Europäer und Amerikaner würden sich inzwischen mit seiner Lehre beschäftigen. – Aber es gebe doch in China selber Konflikte zwischen Konfuzianern und Kommunisten. Oder nicht? – Das sei eine Zeit lang so gewesen, dies jedoch beruhe auf einem Missverständnis, erklärte sie unter beifälligem Nicken ihrer Begleiterinnen. Letzten Endes existierten sehr viele Parallelen zwischen konfuzianischer und marxistischer Lehre, gerade dies würde jetzt an chinesischen Universitäten immer mehr erforscht. Konfuzius habe in vielem Karl Marx vorweggenommen. Schon Konfuzius habe vor 2500 Jahren sinngemäß gesagt: Bisher sei die Welt von Philosophen nur neu interpretiert worden, nun aber solle die Philosophie dazu dienen, die Welt zu verändern. Die Wissenschaft müsse auf ihre Anwendbarkeit überprüft werden, dies mache ihren eigentlichen Sinn aus. Und Wissen müsse allen Menschen gleichermaßen zugänglich gemacht werden, unabhängig von der sozialen Herkunft. Auch das habe schon Konfuzius und nicht erst Karl Marx gesagt. Man könne gleichzeitig Kommunist und Konfuzianer sein, Voraussetzung sei nur, dass man Konfuzius richtig verstehe und die feudalistischen Fehlentwicklungen innerhalb seiner Lehre korrigiere. Sie beschäftige sich in letzter Zeit mit der Philosophie Hegels, sie finde das hoch interessant, auch bei Hegel entdecke sie Gemeinsamkeiten mit Konfuzius.

Während wir wechselweise über Konfuzius, Marx und Hegel diskutierten, waren wir an etlichen Tempeln der Daoisten und Buddhisten vorbeigegangen. Die Studentinnen achteten nicht darauf. Aber am Eingang des Konfuzius-Tempels sagten sie, ich möge bitte entschuldigen, sie müssten kurz hineingehen. Die Studentinnen entzündeten vor den Statuen des Konfuzius und seiner berühmten Schüler Räucherkerzen, dann verbeugten sie sich andächtig mit gefalteten Händen – nicht anders als die Daoisten und Buddhisten vor den Standbildern in ihren Kultstätten.

Konfuzius-Statue in einem Tempel

Ob aus ihrer Sicht der Konfuzianismus eher Philosophie und Ethik oder auch Religion sei, fragte ich die Studentinnen im Anschluss an die Zeremonie. Die Frauen wechselten rasche Blicke, etwas irritiert, wie mir schien. Religion? Das Wort kannten sie zwar aus dem Englischen, konnten es aber in seiner Bedeutung nicht wirklich einordnen. Konfuzius sei ein großer Lehrer, erklärte schließlich die Wortführerin, seine Lehre stehe in Einklang mit dem Dao. Sie gebrauchte denselben Begriff wie die Daoisten. Das Gespräch zeigte, dass wir aneinander vorbeiredeten, indem ich *westliche* Begriffe verwendete, die Chinesen dagegen *östliche* benutzten.

Um die Widersprüche auszuräumen, werfen wir kurz einen Blick auf die historische Bedeutung des Konfuzius und die Auswirkungen seiner Lehre bis in die Gegenwart.

Konfuzius wurde im Jahr 551 vor unserer Zeitrechnung in Qufu, rund 100 Kilometer südlich vom Tai Shan, geboren. Er lebte zur gleichen Zeit wie Buddha. Chinesisch lautet sein Name Kong futse. Kong ist sein Familienname. Futse (oder auch nur Tse) bedeutet Meister, Lehrer, Weiser. In Europa hat man den Namen des »Meisters Kong« latinisiert, eben zu Konfuzius gemacht. Bei einem ersten Blick auf die bekanntesten Zitate des Konfuzius kann man zu der Überzeugung kommen, dass »Meister Kong« und später die Konfuzianer eine grundsätzliche Distanz zum Glauben an Gott oder an Götter empfohlen oder gar gefordert haben – und damit »unreligiös« sind. »Wenn man noch nicht einmal das Leben versteht, was kann man dann schon vom Tod wissen«, so hat Konfuzius seine Schüler vor der Beschäftigung mit metaphysischer Spekulation gewarnt.[203] Es ist ein für uns modern anmutender Satz, der da vor 2500 Jahren gesprochen wurde. Eine derartige Aussage könnte es in Europa nach dem Ende der griechisch-römischen Antike erstmals erst wieder zu Beginn des 18. Jahrhunderts gegeben haben. Denn dann erst hatten sich europäische Denker im Geist der Aufklärung gegen die spekulative Metaphysik christlicher Theologen gewandt.

Konfuzius entwickelte eine Ethik, ohne sich auf einen Gott zu berufen. Grundsätzlicher könnte sich der große chinesische Denker gar nicht von Denkern in christlicher und islamischer Tradition unterscheiden, denn für Christen und Muslime steht ja »Gott« als der Ursprung der Welt und aller ethischen Normen im Mittelpunkt. Konfuzius befindet sich aber auch im Gegensatz zu hinduistischer Weltsicht. Denn nach Auffassung der Hindus hat ein menschgewordener Gott wie Krishna die sozialreligiöse Ordnung des Kastensystems verkündet. Mit seiner agnostischen Haltung ähnelt Konfuzius noch am ehesten seinem Zeitgenossen Buddha, der seine Schüler davor warnte, sich auf Fragen nach Gott, Göttern und dem Jenseits einzulassen. Doch hier enden schon wieder die Gemeinsamkeiten mit Buddha.

Lange bevor Konfuzius zu philosophieren begann, war China in wesentlichen Fragen geistig einen völlig anderen Weg als Indien gegangen. Bereits während des 7. und 8. Jahrhunderts hatte sich in Chinas geistiger und politischer Oberschicht eine betont anti-metaphysische, diesseitsorientierte Philosophie durchzusetzen vermocht – und hatte damit einen Gegensatz zur Volksfrömmigkeit mit ihrem Glauben an Götter, Geister und Dämonen entwickelt. Konfuzius kann innerhalb einer solch langsam reifenden Bewegung nur noch als die überragende Persönlichkeit verstanden werden, der es gelungen ist, diese Tendenz in seinem Werk zu bündeln und zu systematisieren.[204]

Konfuzius hielt Priestern, die mit dem Anspruch auftraten, über das Walten der Gottheiten Bescheid zu wissen, seine Art von Erkenntnis entgegen: »Zu sagen, dass man eine Sache nicht kennt, wenn man sie tatsächlich nicht kennt, das ist Kenntnis.«[205] Mit Konfuzius radikalisierte sich in Chinas intellektueller und politischer Oberschicht eine Bewegung, die dazu führte, dass Gelehrte und Politiker nicht mehr von Gottheiten als Personen sprachen.

An die Stelle des bisherigen Weltenherrschers als »Shang Di« (»Oberster Herr«) trat nun »Tian« (auch: Tiän, Tien). Wir übersetzen mit »Himmel«. Aber ein Missverständnis wäre es, dieses Wort mit dem christlich geprägten Begriff gleichzusetzen. Wenn Christen in Gebeten den »Himmel« um Hilfe rufen, so ist doch stets der »Herr des Himmels« gemeint, der als personaler Gott lenkend über allem Geschehen steht. Der chinesische »Tian« dagegen ist eine anonyme, für den Menschen undurchschaubare Macht – hier der griechischen »Moira« ähnlich.

Aber sind die Konfuzianer Atheisten?

Wenn auch die Konfuzianer keinen Gott oder Gottheiten verehren, so glauben sie doch trotz aller Skepsis gegenüber metaphysischer Erkenntnis an das Wirken kosmischer Kräfte. Sie sind keine Verächter religiösen Glaubens, sondern sie scheuen sich, das letztlich Unerkennbare exakt zu benennen. Ihnen bleibt das Bedürfnis, die »Gesetze des Himmels« zu erkennen oder wenigstens zu erahnen, soweit es eben dem begrenzten menschlichen Geist möglich ist. Letztlich gibt es auch bei ihnen eine Art Glauben. Entsprechend hat der Mensch dem »Himmel« durch Rituale seine Verehrung zu bezeugen. Die Konfuzianer kennen Tempel, Priester und Rituale. Nach Götterstandbildern sucht man allerdings vergeblich. In der Umgebung der Altäre hängen meist nur Schriftbänder mit Weisheitssprüchen. Und falls dort Statuen stehen, dann handelt es sich um Konfuzius und etliche seiner bedeutendsten Schüler. Wenn nun Besucher vor diesen Statuen sich verbeugen, huldigen sie dem Ahnvater ihrer »Religion« und seinen Schülern als bloß menschlichen Vorbildern. Gegen Ende des 19. Jahrhunderts waren allerdings Pilger auf dem Tai Shan dazu übergegangen, zu Konfuzius als einem glückspendenden Gott zu beten. Man brachte ihm Opfer dar, die Frauen erflehten vor seiner Statue Kindersegen und Gesundheit. Aber diese Sitte dauerte nicht lange. Durch kaiserlichen Befehl wurden solche Rituale verboten, und Konfuzius musste wieder als »erhabener Lehrer der zehntausend Generationen« verehrt werden.[206]

All diese Symptome zeigen: Der Konfuzianismus besitzt – obwohl er keinen persönlichen Gott kennt – viele Kennzeichen einer ritualisierten Religion. Und diese »Religion« gewinnt, indem sie gereinigt ist vom traditionellen Ballast chinesischer Feudalzeit, auch im kommunistischen China zunehmend, ja auffallend stark an Boden.

Die Konfuzianer benutzen auch den Begriff »Dao«. Dieser Begriff lässt sich nicht auf eine einzige chinesische Religion oder Philosophie begrenzen. Das Dao ist vielmehr der einzige Oberbegriff, den alle Chinesen unabhängig von ihrer Weltanschauung gebrauchen. Konfuzius hat das Dao allerdings anders interpretiert als die Daoisten. Er sah weder im meditativen Rückzug aus der Welt noch in der Verehrung von Gottheiten den richtigen Weg, um die Gesetze des Dao zu leben. Er, der auf Staat und Gesellschaft konzentrierte Denker, verstand das Dao als eine kosmisch begründete hierarchische Ordnung, die der Mensch nachzuvollziehen habe: So wie der Himmel (»Tian«) der Erde übergeordnet, so sei es der Herrscher dem Untertan, so der Wissende dem Unwissenden. Und so wie der Kosmos einen Ausgleich zwischen den verschiedenen Kräften schaffe, müsse auch im sozialreligiösen Leben die mitmenschliche Beziehung auf Ausgleich, auf Harmonie, bedacht sein. Gerade weil der Konfuzianismus eine politische Ethik mit religiösen Elementen repräsentiert, ist er lange Zeit von den kommunistischen Machthabern als Konkurrenz bekämpft worden.

Erst seit den neunziger Jahren lässt Chinas Regierung wieder konfuzianische Rituale in Tempeln zu – wesentlich später als für die Daoisten und Buddhisten. Seither versuchen die Herrschenden, die untergründig machtvoll weiterwirkende konfuzianische Ideologie in die eigene Ideologie zu integrieren und politisch zu instrumentalisieren. »Das Nützliche und Richtige der historischen Persönlichkeit (des Konfuzius) zu bejahen und das Feudalistische zu negieren«. Dies ist eine offizielle Anweisung der kommunistischen Partei aus dem Jahr 1985[207], und dies hatten ja auch die Studentinnen im Gespräch mit mir zitiert. Konfuzianer dieser Denkart gaben sich mir auf dem Tai Shan als Anhänger des »Großen Meisters« zu erkennen.

Der Buddhismus in seinen chinesischen Verwandlungen

Unterwegs auf dem Tai Shan war es mir zunächst schwer gefallen, zwischen Tempeln des Daoismus und Buddhismus zu unterscheiden. Zu ähnlich erschienen mir viele ihrer Figuren. Wer buddhistische Tempel in Südostasien besucht hat, ist gewohnt, einen meditierenden Buddha als beherrschende Statue anzutreffen; weitere Statuen sind bestenfalls hierarchisch untergeordnet als gute und böse Geister wie auch als mythische Wächter zur Abwehr von Dämonen vorhanden. Anders auf dem Tai Shan, anders in ganz China. Und daran sehen wir, dass der Buddhismus im chinesischen Kulturraum eine weitere Entwicklung durchlaufen hat. Die Statue des historischen Buddha Gautama Siddharta ist für westliche Besucher nicht ohne weiteres unter der Vielfalt der Figuren zu erkennen.

Im 6. und 7. Jahrhundert unserer Zeitrechnung war der Buddhismus in China zur Massenbewegung und damit – neben dem Daoismus und Konfuzianismus – zur einflussreichsten geistigen Strömung geworden. Der

Pilger und buddhistischer Mönch

Buddhismus brachte aber schon aus Indien etwas mit, das in der frühen Phase der Lehre nicht enthalten war: die Botschaft vom Mahayana, dem »Großen Fahrzeug«, im Gegensatz zum Hinayana, dem »Kleinen Fahrzeug«. In dieser neuen, während des 1. Jahrhunderts entstandenen Glaubensrichtung ist »Erlösung« aus dem leidvollen Kreislauf der Wiedergeburten nicht nur den wenigen »Auserwählten« beschieden, die sich als Mönche oder Einsiedler zur radikalen Weltabkehr entschlossen haben – vielmehr gibt es (wie schon dargestellt) einen Gnadenweg für die »Vielen«, für die Nicht-Asketen, die im Alltag verwurzelten Menschen. Gerade diese neue Lehre fiel in China auf fruchtbaren Boden. Für die »Vielen« stehen Bodhisattwas bereit, Heilige, die zur Erleuchtung gelangten, aber darauf verzichteten, wie Buddha ins Nirwana einzugehen – sie leben als Geister weiter und haben für die notleidenden Gläubigen ein Ohr. Zu diesen Bodhisattwas können die Gläubigen beten und sie um Hilfe bei Krankheit, Kinderlosigkeit, Armut und anderen Schicksalsschlägen bitten. Und Statuen solcher Bodhisattwas stehen oft in nahezu gleicher Größe neben dem Buddha.

Anstelle der »Selbsterlösung«, die Buddha predigte, war schon bei vielen indischen Buddhisten der Glaube an eine »Fremderlösung« durch gottähnliche Gnadenspender getreten. Diese Tendenz verstärkte sich nun aber in China und wurde dort im buddhistischen Glaubensleben vorherrschend. Zu guter Letzt bürgerte sich auch noch die Gewohnheit ein, zu Buddha selbst zu beten und ihn um Hilfe zu bitten. »Buddha hilf!« ist in China zu einer weit verbreiteten Gebetsformel geworden. Ein solches Verhalten verkehrte Buddhas Lehre geradezu ins Gegenteil. Ursprünglich hatten ja die Gläubigen, wenn sie sich vor einem Standbild Buddhas verbeugten und dort Räucherstäbchen anzündeten, nur dem »Großen Lehrer« ihre Verehrung bezeugt. Sie waren überzeugt, Buddha als bloß menschlicher Verkünder sei »erloschen« und im Nirwana durch kein Gebet mehr zu erreichen. Aber unter dem Einfluss des Mahayana-Buddhismus veränderten die Tempel beträchtlich ihr Erscheinungsbild. China wurde hierbei auf Jahrhunderte zum Zentrum dieses Wandels.

Die größte Überraschung für westliche Besucher ist allerdings, dass in chinesischen Tempeln oft drei gleich große Buddhas nebeneinander stehen: in der Mitte der historische Buddha Gautama Siddharta aus Indien, links davon der Buddha eines früheren Zeitalters, rechts davon der Buddha der Zukunft. Der Letztere wird in China besonders verehrt. In manchen Tempeln kommt hier für unvorbereitete Besucher noch eine besondere Überraschung hinzu. Dieser Buddha der Zukunft präsentiert sich manchmal in einer Form, die den ursprünglichen Intentionen vollends zuwiderläuft: Es ist nicht mehr die asketisch schlanke Figur, das Gesicht von weltentrückter Meditation geprägt – vielmehr ist Buddha nun als lachender Mann, und manchmal sogar als dickbauchige Gestalt dargestellt, er hat die Arme in fröhlichem Wohlbehagen nach oben gestreckt und verkörpert einen Ausdruck der Lebenslust anstatt der Weltabkehr. Dieser Buddha der Zukunft weilt, so verkündet der Glaube chinesischer Mahayana-Buddhisten, gegenwärtig noch im »Himmel«, er wird erst nach 2500 Jahren ins irdische Leben treten und den Menschen Glückseligkeit bringen. Er ist unter dem Namen Maitreya, der »Gütige«, in Ostasien bekannt.

Chinesische Buddhisten haben ein weiteres Idol geschaffen: Guanyin, die Göttin der Barmherzigkeit. Ihr Name lautet wörtlich übersetzt: »Sie, die alle leidenden Stimmen der Welt hört«.[208] Ursprünglich handelte es sich um einen männlichen Bodhisattwa und wird teilweise auch noch heute in dieser Form verehrt. Aber der Heilige ist im chinesischen Volks-

Maitreya-Buddha – in China oft als dicker lachender Mann

Neben Buddha zweimal die buddhistische Göttin Guanyin (Parallelen zum Marien-Kult)

buddhismus in eine Göttin verwandelt worden, zu der die Gläubigen bevorzugt um Kindersegen und Gesundheit beten. Westliche Beobachter fühlen sich bei ihrem Anblick oft an Marienstandbilder erinnert, und in der Tat hat der Kult um Guanyin eine ähnliche Funktion wie die Verehrung der Maria im katholischen und orthodoxen Christentum. (Von japanischen Buddhisten wird dieselbe Göttin unter dem Namen Kannon verehrt, davon später mehr.)

Je üppiger und bunter sich die Zeremonien vor den Statuen der Buddhas, Bodhisattwas und der Barmherzigkeitsgöttin entfalteten, desto mehr fühlten sich die Gläubigen von der Botschaft angesprochen. Und desto mehr verlor der Buddhismus seinen weltabgewandten Charakter, desto volkstümlicher, desto mehr auf die Nothelferfunktion von Gottheiten konzentrierte sich die Religion.

Wieso aber konnte sich der Buddhismus neben dem Daoismus und dem Konfuzianismus als die dritte große Bewegung in China etablieren? Der Buddhismus musste aus Indien einerseits eine Geisteshaltung mitbringen, in der die Chinesen Wesensverwandtes entdecken konnten – andererseits aber etwas, das die Chinesen in ihrer eigenen Kultur vermissten und begierig aufnahmen.

Der Rückzug aus der tätigen Welt, das Bedürfnis nach mystischem Leben war den Chinesen bereits durch den Daoismus vertraut. Ja, die Versuchung lag nahe, die neue Lehre als eine Variante des Daoismus zu verstehen; deshalb ließ sich daoistisches und buddhistisches Gedankengut vermischen. Aber das völlig Neue am Buddhismus war die Lehre von der Wiedergeburt. Das eherne Gesetz des Karma verhieß auch den Unterdrückten und sozial Benachteiligten eine ausgleichende Gerechtigkeit: Sie würden bei vorbildlichem Verhalten nach ihrem Tod in einer neuen Erdenexistenz mit dem Leben in einer höheren sozialen Schicht belohnt, dagegen müssten die Unterdrücker nach ihrer Wiedergeburt in einem schlechteren nächsten Leben für ihre Untaten büßen. Eine solche Dimension – die Antwort auf die Frage eines Lebens nach dem Tod – kennt weder die diesseitsorientierte Ethik des Konfuzianismus noch die Naturmystik des Daoismus. Hier konnte der Buddhismus ein Vakuum füllen. Und vor allem mit diesem Aspekt sollte der Buddhismus Anhänger in ganz Ostasien gewinnen. Auch in Korea, der Mongolei und Japan hatte es zuvor keine Glaubensrichtung gegeben, die eine metaphysische Deutung über ein Leben nach dem Tod vermittelte.

Die Pilger – an keine Religion gebunden

Das unmittelbare Nebeneinander von Kultstätten sehr unterschiedlicher Religionen nehmen die chinesischen Pilger offensichtlich als selbstverständlich hin. Hier zeigt sich – so können weitgereiste europäische Besucher feststellen – eine auffällige Parallele zu Indien. Aber genau besehen hat das religiöse Nebeneinander auf dem Tai Shan, ja in ganz China, einen weiteren Aspekt, der nach westlichem Religionsverständnis ungewöhnlich ist.

Ich hatte eine überraschende Begegnung. Es war im Tempel Bixia Ci, einer der schönsten und größten daoistischen Kultstätten des Tai Shan. Zum Standbild der »Prinzessin der Azurblauen Wolke« kommen vor allem Frauen, die um Kindersegen oder einen guten Ehemann bitten. Entsprechend nimmt dort, wie ich schon erwähnte, der Strom betender, opfernder und geldspendender Pilger kein Ende. Bei meinem zweiten Besuch fiel mir eine junge Frau auf, denn sie verbeugte sich eifriger als viele andere vor dem Altar und der Statue. Ihr Verhalten bildete – aus meiner Sicht – einen seltsamen Kontrast zu ihrer modisch saloppen Kleidung: marineblauer Kapuzenpullover, Blue Jeans, Turnschuhe. Als sie sich aufrichtete, bemerkte sie mich und sprach mich an. Sie studiere Englisch in der nahegelegenen Stadt Jinan. Falls ich Fragen hätte, werde sie mir gern Auskunft geben.

Ich wollte wissen, ob hauptsächlich Daoisten den Tai Shan bestiegen. – Nein, hierher kämen die unterschiedlichsten Leute. Die Studentin sprach von Leuten (»people«) und ging nicht auf deren Religionszugehörigkeit ein. Ob sie eine Daoistin sei? Sie zögerte mit ihrer Antwort. »Nicht direkt«, sagte sie schließlich. Ihr bedeute allerdings die Göttin hier in diesem daoistischen Tempel sehr viel. – Ob sie auch in einen buddhistischen Tempel gehe und dort bete? – Das könne sehr wohl sein, antwortete sie nach einem weiteren kurzen Zögern. – Ob sie jetzt bei ihrem Aufstieg auch buddhistische Tempel besucht habe? – Ja, aber sie erwarte vor allem von der Göttin in diesem Tempel hier Hilfe. – Ob sie keine großen Unterschiede zwischen den einzelnen Religionen sehe? – Oh doch, Daoismus und Buddhismus würden sich beträchtlich unterscheiden. – Aber trotzdem bete sie zu Gottheiten in daoistischen wie buddhistischen Tempeln? – Die Unterschiede seien in diesem Fall nicht so wichtig.

Unser Gespräch fand keinen befriedigenden Abschluss. Eine Frau unterbrach uns und stellte hilfesuchend einige Fragen an die Studentin, diese antwortete ausführlich. Unser Gespräch hätte aber ohnehin zu keinem Ende kommen können, denn zu verschieden ist unser Verständnis von Religion. Eines allerdings macht auch diese Begegnung deutlich: Viele Chinesinnen und Chinesen wenden sich bei Bedarf mal an diese, mal an jene Gottheit – ohne strikt an ein religiöses Bekenntnis gebunden zu sein.

Eine ähnliche Erfahrung hatte ich im Vorland des Gebirges Huang Shan, einem weiteren der heiligen Bergmassive in China, machen können. Dort bestieg ich einen Berg, der als wichtiger Anziehungspunkt für Pilger im Süden Chinas den Namen »Dao-Buddha-Berg« trägt. Schon der Name deutet es an: Daoistische und buddhistische Tempel stehen auch dort unmittelbar nebeneinander und werden von den Pilgern gleichermaßen besucht. Solche unscharfen Abgrenzungen haben in China eine lange Tradition. Besonders gilt dies für ländliche Regionen. Kaum einer der Dorfbewohner bekennt sich je ausdrücklich zum Buddhismus, Daoismus oder Konfuzianismus, sondern sie verehren regionale Gottheiten und Geister, arrangieren jedoch Hochzeiten und Totenzeremonien gleichrangig im Rahmen einer daoistischen oder buddhistischen Zeremonie. Vom Konfuzianismus übernahmen oder übernehmen sie gerade nur die Familienethik mit dem Kanon an gegenseitigen Verpflichtungen.

Aber selbst philosophisch Gebildete waren und sind nicht auf strikte Abgrenzung bedacht. Bereits im 8. und 9. Jahrhundert hat jener Prozess begonnen, dass namhafte Denker aller religiösen Gemeinschaften lebhaften Gedankenaustausch untereinander pflegten und sich gegenseitig stark beeinflussten. Jahrhunderte lang ist es dann üblich gewesen, die Ahnväter der drei großen Strömungen – Konfuzius, Laotse, Buddha – auf einem Rollbild einträchtig gemeinsam zu repräsentieren. Solche Bilder zierten die Räume von Palästen und vornehmen Bürgerhäusern, besonders aber von buddhistischen Klöstern.[209] Bei der nun stark auflebenden Religiosität ist es auch in den Städten Chinas wieder selbstverständlich geworden, dass die Menschen bei der Bitte um Segen oder um Abwendung von Not und Krankheit wechselweise in Tempeln unterschiedlicher Religionen beten.

Ein derartiges Verhalten erinnert an Hindus, die die Gottheiten unterschiedlicher Religionen als gleichermaßen mächtig ansehen und deren Bildnisse unmittelbar nebeneinander platzieren. Fremd ist Hindus wie Chinesen ein religiöses Dogma, das allumfassend und ausschließlich Wahrheit beanspruchen kann. Ihnen erscheinen alle Denksysteme – mögen sie sich auch in vielen Details diametral widersprechen – nur als Teil einer unendlich vielfältigen »universalen« Wahrheit. Allerdings gibt es einen wesentlichen Unterschied zwischen Hindus und Chinesen: Hindus fühlen sich trotz allem an ihre Religion gebunden, sie fügen nur fremde Gottheiten in das eigene Pantheon ein – Chinesen dagegen geraten in Verlegenheit, wenn man sie nach ihrer Konfession fragt, sie kennen nicht die eindeutige Zugehörigkeit zu einer Religionsgemeinschaft. Die Religiosität des chinesischen Kulturraums muss damit einem westlichen Beobachter noch fremder erscheinen als die des indischen. Der Tai Shan ist hierbei ein Modellfall für viele religiöse Pilgerzentren Ostasiens.

Eine ähnliche Überraschung bietet dem westlichen Besucher aber auch Japan mit seiner bekanntesten Pilgerstadt Kyoto.

Kyoto
Das religiös-kulturelle Herz Japans

Zu welchen Religionen bekennen sich Japaner?

Lange bevor ich Japan bereiste, hatte ich eine erste Ahnung davon bekommen, wie schwierig es für einen westlichen Beobachter ist, die fremde Religiosität zu verstehen. Ich hatte in Wien eine japanische Studentin kennengelernt, und als ich mit ihr auf das Thema Religion zu sprechen kam, begannen die Irritationen.

Ich hielt die Japanerin zunächst für eine Buddhistin. Denn sie hatte beiläufig erwähnt, dass ihrer Eltern Buddhisten seien, schon aus diesem Grund schien bei ihr dasselbe Bekenntnis naheliegend. Aber zu meiner Überraschung erklärte sie im weiteren Verlauf des Gesprächs, sie sei Christin, protestantisch. – Weshalb sie zum Christentum übergetreten sei, fragte ich. – Übergetreten? Oh nein, ihre Eltern hätten sie protestantisch taufen lassen. – Also hätten bereits ihre Eltern die Religion gewechselt, folgerte ich. – Oh nein, ihre Eltern würden nach wie vor Buddha verehren, aber ein sehr nahestehender Freund der Familie sei protestantischer Pfarrer; aus diesem Grund sei es zu der Taufe gekommen. – Wie halte man es dann mit der Religion innerhalb ihrer Familie? – Ihre Familie schätze buddhistische und christliche Zeremonien, man praktiziere beides. Außerdem shintoistische Zeremonien, ergänzte sie. – Und was schätze sie selber? – Sie schätze all das auch, entgegnete sie.

Was die Japanerin hier, zunehmend amüsiert über mein Erstaunen, antwortete, ist kein skurriler Sonderfall. Im Gegenteil, sie repräsentiert das »typische« Verhalten in einem Land, wo die alteingesessene Shinto-Religion seit vielen Jahrhunderten ihren Einfluss vor allem mit dem Buddhismus und dem Konfuzianismus teilt, sehr begrenzt nur mit dem Christentum. Im selben Haus können eine Buddha-Statue und ein Shinto-Schrein stehen, und manchmal findet sich auch eine Bibel unter den Büchern. Dazu kann man die Auskunft erhalten, dass die Familie sich in einem Shinto-Tempel hat trauen lassen, aber den buddhistischen Priester zur Beerdigung ruft, für das Berufsleben dagegen die Ethik des Konfuzius praktiziert, die

Kinder in einen buddhistischen Kindergarten schickt und später in eine christliche Schule überwechseln lässt.

Hier ergibt sich eine Parallele zu China. Die Gefragten lassen sich nicht auf das Bekenntnis auf eine einzige Religion oder Weltanschauung festlegen. Und das ist kein Zufall bei der engen geistigen Verwandtschaft des japanischen und chinesischen Kulturraums.

Gäbe es im kommunistischen China eine Statistik zur Religionszugehörigkeit, so würde sie prinzipiell nicht viel anders aussehen als in Japan. Das Ergebnis einer japanischen Statistik ist, wie die bisherigen Beispiele vermuten lassen, zur Verwirrung westlicher Beobachter bestens geeignet. Nach einer amtlichen Umfrage zu Beginn des 21. Jahrhunderts sehen sich nahezu 80 Prozent der japanischen Bevölkerung als Buddhisten, über 70 Prozent als Shintoisten und rund 1 Prozent als Christen an. Dies ergibt zusammen über 150 Prozent – eine statistische Unmöglichkeit.[210] Mehr als drei Viertel der Japaner geben also verschiedene Religionen, meist Buddhismus und Shintoismus, als Bekenntnis nebeneinander an. Der Konfuzianismus scheint in solchen Statistiken nicht auf, weil er nicht in einer Gemeinschaft mit spezifischen Tempeln organisiert ist.

Beim Besuch japanischer Pilgerorte tut sich der westliche Beobachter zunächst schwer, das unmittelbare Nebeneinander – ja Ineinander – der Religionen zu erfassen. Ich wähle als Beispiel für diese Situation die Stadt Kyoto. Sie gilt als das religiös-kulturelle Herz Japans. Die heute 1,6 Millionen Einwohner zählende Stadt war von 794 bis 1868, also mehr als ein Jahrtausend lang, die kaiserliche Residenz Japans gewesen. Deshalb waren dort auch die prächtigsten Tempel der beiden am weitesten verbreiteten Religionen, Shintoismus und Buddhismus, errichtet worden. Viele dieser Tempel sind bis heute Hauptanziehungspunkt für Besucher aus allen Teilen des Landes. Allerdings ist von den historisch gewachsenen Wohnvierteln der tausendjährigen Kaiserstadt nicht mehr viel erhalten. Seit Ende des Zweiten Weltkriegs wurden rund 40 000 traditionelle Holzhäuser mit ihren Bambusrollläden und ihren papierbespannten Schiebetüren abgerissen, um einer international auswechselbaren Betonmoderne nach dem Vorbild amerikanischer Großstädte Platz zu machen.[211] Aber die berühmten Tempel – charakteristisch die großen quadratischen Innenhöfe, die Pagodentürme und die schnabelförmig geschwungenen Dächer nach chinesischem Vorbild – sind in Gärten oder gar in bergige Waldlandschaften am Stadtrand eingebettet. Rund um solche Tempel sind noch am ehesten Reste der Altstadt mit engen gewundenen Gassen anzutreffen.

Im Herbst 2009 galt mein erster Besuch in Kyoto dem Kiyomizu-dera, dem »Tempel des reinen Wassers«, einer der meist frequentierten Kultstätten Kyotos. Das »reine Wasser« übt besonders auf weibliche Pilger eine große Anziehungskraft aus, weil es den Ruf hat, für Fruchtbarkeit zu sorgen. Eine schmale Gasse, gesäumt von Holzhäusern im traditionellen Stil, führt steil bergauf, an deren Ende schon von weitem der beherrschende Pagodenturm sichtbar ist. Unter den Fußgängern fallen die vielen mit Kimonos bekleideten Frauen auf; die Tracht wird oft noch immer gerade beim Gang in den Tempel angelegt. Der Kiyomizu-Tempel ist alt. Seine Geschichte geht bis auf das Jahr 793 zurück, als die »Halle des Buddha« erstmals errichtet wurde. Die heute erhaltenen Bauten stammen aus dem 17. Jahrhundert. Diese weit ausgedehnte Tempelanlage bringt besonders anschaulich zum Ausdruck, was das japanische Verständnis von »Religion« ausmacht: Innerhalb des buddhistischen Bezirks befindet sich ein shintoistischer Bezirk.

Die Besucher gehen zunächst durch Hallen und Höfe, wo sie ihre Rituale vor verschiedenen Buddhas, Bodhisattwas und der Göttin Kannon (chinesisch: Guanyin) verrichten. Sie klatschen in die Hände, um die Gottheiten und Geister auf sich aufmerksam zu machen, bestreichen dann andächtig mit den Fingern die Gesichter, Schultern, Arme, Brüste der Standbilder, deren Kupfer, Messing oder Stein schon ganz blank gescheuert ist. Anschließend strömen die Pilger durch einen auffallend hohen, freistehenden rot lackierten Torbogen (japanisch: Torii) und wechseln damit von einer Minute auf die andere in den Bezirk der Shinto-Religion über. Auf den Altären dominieren dort anstatt menschenähnlicher Statuen runde Spiegel, sie sind umgeben von hölzernen und steinernen Tier-Plastiken, Füchsen, Hunden, Katzen, Affen. Außerdem trifft man auf heilige Steine, die mitten im Weg aufragen. Vor den shintoistischen Altären beten die Besucher ebenso wie zuvor vor den buddhistischen. Die Steine bestreichen sie mit gleicher Intensität wie zuvor die Buddhas und Bodhisattwas.

Nahezu gleich sind in buddhistischen wie shintoistischen Tempeln die Verkaufsstände mit ihren ausgehängten Votivtafeln. Die Tafeln bestehen meist aus kleinen, schmalen Holzlatten, die, mit japanischen Schriftzeichen bedeckt, ein Bittgebet enthalten; auf der Rückseite ist Platz gelassen, wo der Käufer noch persönliche Wünsche anfügen kann. Die Votivtafeln

Ob Shinto- oder Buddha-Tempel: gleiche Opfergaben

sind nach verschiedenen Wunschkategorien geordnet: die Bitte um Kindersegen, einen guten Ehepartner, Erfolg in der Schule, an der Universität, im Beruf … Die Kategorien sind zusätzlich in englischer Sprache angeschrieben. Einer der Verkäufer erklärte mir, dies sei notwendig, weil nicht nur Japaner, sondern auch Chinesen, Koreaner und eben auch westliche Besucher hierher kämen. Nachdem die Votivtafeln gekauft und auf der Rückseite individuell zusätzlich mit Bitten beschriftet sind, werden sie zu Hunderten nebeneinander an einer Wand der Tempelhalle aufgehängt. Inmitten der unübersehbaren Fülle japanischer Schriftzeichen konnte ich etliche Namen mit lateinischen Buchstaben entdecken, geschrieben von Engländern, Amerikanern, Italienern, Deutschen. Westliche Besucher kaufen also ebenfalls solche Tafeln, ob aus einer touristischen Laune oder einem religiösen Bedürfnis heraus, muss offen bleiben – entscheidend ist, dass die Japaner Andersgläubige jenseits von Shintoismus und Buddhismus in die Rituale einbeziehen, ähnlich wie dies in Indien bei den Hindus geschieht.

In einem der buddhistischen Tempel von Kyoto konnte ich beobachten, was mit beschriebenen Votivtafeln bei einer Schlusszeremonie geschieht. Sechs Personen in weißen Ritualgewändern, drei Männer und drei Frauen, saßen im Freien rund um ein flackerndes Feuer. Der Oberpriester, ein älterer grauhaariger Mann, sang gedehnt und kehlig heilige Texte, wobei ihn zwei der Frauen mit einem Refrain begleiteten und die dritte Frau zeitweilig trommelte. Einer der Männer klopfte mit einem Stab rhythmisch auf den Rücken einer hölzernen Schildkröte, der andere Priester warf dazu im Takt beschriftete Votivtafeln ins Feuer.

Wieso die Votivtafeln verbrannt würden, fragte ich später einen englisch sprechenden Japaner. – Der Rauch steige mit den Wünschen zu den Gottheiten auf, erklärte er, und die Gottheiten läsen die Wünsche. – Der

Eine Pilgergruppe

Rauch steige in das Universum auf, erklärte mir wenig später ein anderer. – In das Universum? Was bedeute das? Ob er an Gottheiten glaube? – Er glaube nicht an Gottheiten. – An was dann? Der Gefragte zögerte. Er lächelte. Über das Universum lasse sich nichts Genaueres sagen.

Bei weiterem Nachfragen habe ich solch gegensätzliche Antworten immer wieder zu hören bekommen. Aber nur aus westlicher Sicht erscheinen diese Auskünfte widersprüchlich, denn wir trennen ja von unserer eigenen religiös-philosophischen Tradition her vorwiegend mit einem Entweder-oder die verschiedenen Glaubenshaltungen. Japaner dagegen akzeptieren das scheinbar Unvereinbare nebeneinander mit einem Sowohl-als-auch. Entsprechend fühlen sie sich umgekehrt irritiert angesichts unseres Verständnisses von »Religion«.

Weshalb *westliche* Religionen es in Japan schwer haben

Das Christentum als die dritte erwähnte Glaubensgemeinschaft nimmt in Japan eine Sonderstellung ein. Diese *westliche* Religion, die den Glauben an den »einzig wahren« Gott in den Mittelpunkt der Verkündigung stellt, ist schwer in das Beziehungsgeflecht von Shintoismus und Buddhismus zu integrieren. In Japan finden sich zwar vereinzelt Kirchen, aber sie sind strikt abgesondert von den Kultstätten der *östlichen* Religionen.

In Kyoto hatte ich vom Zimmerfenster meines Hotels den Blick auf eine »Episcopal Church«. Ich stattete ihr mehrmals einen kurzen Besuch ab und erlebte jedes Mal einen menschenleeren Kirchenraum. Aus dem benachbarten Gebäude, einem dreigeschossigen langgestreckten Bau, drang jedoch stets geschäftiger Lärm. Dort war eine Schule untergebracht, die unter der Leitung der Kirche stand. Und die Schule war offensichtlich gut besucht.

Protestanten und Katholiken machen zusammen etwa 1 Prozent der japanischen Bevölkerung aus. Christliche Missionare hatten also – im Vergleich zu buddhistischen – einen sehr geringen Erfolg. Aber im Erziehungswesen üben Christen einen nicht zu unterschätzenden Einfluss aus. Denn zu jener knappen Million bekennender japanischer Christen gehören unverhältnismäßig viele Professoren, Ärzte, Rechtsanwälte, hohe Beamte, Künstler. »Christlich« gilt als eine Art Gütesiegel, wenn es um die Ausbildung geht. Eine protestantische und eine katholische Universität zählen zu den renommiertesten akademischen Lehranstalten des Landes. Doch nur etwa 10 Prozent der dort studierenden Japaner bekennen sich zum Christentum.[212] Die Japaner äußern sich mit viel Respekt über das Lehrpersonal, das seit Ende des Zweiten Weltkriegs hauptsächlich aus den USA kommt, und loben den hohen Ausbildungsstandard. Aber sie distanzieren sich von dem Absolutheitsanspruch christlicher Theologie. Eine solche Haltung erinnert an Hindus, die in Indien ebenfalls gern eine christlich geführte Schule wegen der Qualität ihres Bildungsangebots besuchen, aber dem christlichen Absolutheitsanspruch, dem Glauben an den »einzig wahren« Gott, verständnislos und gleichgültig gegenüberstehen.

Im 17. Jahrhundert waren japanische Christen, die durch portugiesische Missionare bekehrt wurden, blutig verfolgt und nahezu ausgerottet worden. Diese Intoleranz japanischer Fürsten, der Shogune und Daimyos, war jedoch nur die Antwort auf die Intoleranz der Christen gegenüber allen anderen Glaubensrichtungen. Die Unterdrückung war allerdings eher politisch als religiös motiviert, weil viele Japaner in den christlichen Missionaren – nicht zu Unrecht – Vorboten des westlichen Kolonialismus sahen. Erst gegen Ende des 19. Jahrhunderts, als sich Japan verstärkt der westlichen Welt öffnete, wurde auch dem Christentum freie Entfaltung zugestanden, aber die Japaner sind bei der Ablehnung des christlichen Absolutheitsanspruchs weitgehend bis heute geblieben.

Dagegen hatten sich die japanischen Fürsten wie auch deren Untertanen gegenüber dem Buddhismus, der ja ebenfalls als eine Missionsreligion aus einer fremden Kultur gekommen ist, völlig anders verhalten. Sie begegneten der Lehre Buddhas mit viel Interesse und wurden in großer Anzahl selber Buddhisten. Aber sie wandten sich damit nicht – wie es aus unserem

Verständnis *westlicher* Religionen folgerichtig wäre – von ihrer angestammten Religion, dem Shintoismus, ab. Schon im *Nihongi,* dem ersten Quellenwerk japanischer Geschichtsschreibung aus dem 8. Jahrhundert, ist diese Haltung eindrucksvoll dokumentiert. Dort heißt es über Kaiser Yomei, der gegen Ende des 6. Jahrhunderts regierte: »Der Kaiser glaubte an das Gesetz Buddhas und folgte zugleich dem Weg der Götter« (gemeint ist der Shintoismus).[213]

Die Japaner waren bereits im 6. Jahrhundert dazu übergegangen, Buddha und die Bodhisattwas sowie die Barmherzigkeitsgöttin Kannon als nur weitere Erscheinungsformen shintoistischer Gottheiten zu verstehen. In dieser Haltung waren sie durch viele der buddhistischen Missionare bestärkt worden. Den Buddhisten erscheint ja jede Religion nur als Teil einer unendlich vielfältigen Universalwahrheit, sie glauben in jeder fremden Konfession noch geistige Splitter der »Ganzheit« zu erkennen (was nichts daran ändert, dass Buddhisten den »Weg Buddhas« als die einzige »Vollendung« ansehen). Diese Form der buddhistischen »Offenheit« hat bereits im chinesischen Kulturraum das Nebeneinander und Ineinander der fremden Missionsreligion und den einheimischen Religionen ermöglicht.

Die Japaner hatten deshalb keine Schwierigkeiten, aus China auch den Konfuzianismus zu übernehmen. Denn das religiös-philosophische Lehrgebäude des Konfuzianismus hat bereits in China fremde Religionen nicht nur geduldet, sondern darüber hinaus in die eigene Ethik integriert. Aufgrund dieser »Offenheit« hat sich dann die konfuzianische Ethik mit ihrer sozialreligiös begründeten Gesellschaftsform auch in Japan bis in die Gegenwart halten können. Weil aber die Japaner keine Tempel zu Ehren des Konfuzius (japanisch: Koshi) errichteten, tritt die konfuzianische Tradition öffentlich bei weitem nicht so auffällig in Erscheinung wie die des Shintoismus und Buddhismus.

Im Verlauf der Jahrhunderte ist es in Japan allerdings immer wieder zu Versuchen gekommen, die eine Religion auf Kosten der anderen zurückzudrängen. Insofern hat es zwischen Shintoisten und Buddhisten immer wieder Konflikte mit machtpolitischem Hintergrund gegeben. Zuletzt geschah dies Anfang des 20. Jahrhunderts, als radikale Nationalisten den Shintoismus als die »ur-japanische Religion« für ihre Zwecke politisch instrumentalisierten und gegen den Buddhismus abgrenzten. Aber nach der Niederlage dieser Nationalisten im Zweiten Weltkrieg hat dann doch wieder die Tendenz gesiegt, beide Religionen unbefangen nebeneinander – miteinander – in Ritualen zu verehren.

Betrachten wir die beiden dominierenden Religionen Japans etwas genauer.

Shinto, der »Weg der Götter«. Aber was ist »Gott«?

»Shin to« – der Name ist nicht japanisch, sondern chinesisch. »Shin« bezieht sich im Chinesischen auf Naturgeister, das Wort »To« – oder »Do« – bedeutet »Weg«, »Gesetz«, »Weltgesetz«. Die Parallele zum chinesischen »Tao« – oder »Dao« – mit derselben Bedeutung ist offensichtlich. Und die Herkunft der beiden Worte verrät auch schon einiges über die Gottesvorstellung der Shintoisten: Gottheiten haben eine untergeordnete Funktion; die zentral übergeordnete Instanz ist das »To« oder »Do«.

Der chinesisch geprägte Name »Shin to« konnte in Japan erst entstehen, nachdem der »Buddha-Weg«, »Butsu do«, im 6. Jahrhundert als die neue Religion gleichrangig neben die einheimische getreten war. Zuvor hatten es die Japaner für unnötig gefunden, ihrer bisher dominierenden Glaubensform einen eigenen Namen zu geben. Im reinen Japanisch ist »Shin to« mit »Kami no mitshi« wiedergegeben, weil die Gottheiten von den Japanern »Kami« genannt werden.[214] Dem Shintoismus fehlt eine ganze Reihe Merkmale, die aus unserer *westlichen* Sicht zu einer »Hochreligion« gehören: eine klar strukturierte heilige Schrift, eine differenzierte Theologie, dogmatische Lehrsätze, ein Kanon von Moralgeboten. Es reicht für das Wissen und Verhalten der Gläubigen, dass sie in einem Shinto-Schrein gewissenhaft die vorgeschriebenen Rituale verrichten.

Der Fushimi-Inari-Schrein, am südlichen Stadtrand von Kyoto in eine bergige Waldlandschaft eingebettet, bietet besonders anschaulich die rituellen Kennzeichen dieser Religion. Mir wurde erklärt, dass alljährlich in der Neujahrsnacht und den anschließenden Tagen rund drei Millionen Menschen gerade zu diesem heiligen Ort kämen, die Tempelanlage sei eine der größten in ganz Japan. Den Eingang bildet, wie bei allen Shinto-Schreinen, ein freistehender, rot lackierter Torbogen, ein Torii. Das Wort – auch dies ein kultureller Transfer – ist vom indischen »Torana« (Torbogen) abgeleitet.[215] Rund 10000 solcher rot lackierter Torii überwölben den 4 Kilometer langen, in Serpentinen den Bergwald hinaufführenden Weg, man geht streckenweise durch ein flammend rot leuchtendes Tunnel von Torii. Jeder dieser Torbögen ist von Pilgern als Dank an eine der Gottheiten gestiftet worden. Seitlich in den Höhlungen von Bäumen sind oft kleine Figuren gestellt, mit rotem Tuch bekleidet, vor ihnen sind Räucherstäbchen aufgesteckt.

Eine solche Szenerie hat viel vom Flair einer einfachen Naturreligion. Die Shinto-Altäre unterscheiden sich allerdings beträchtlich von sakralen Weihestätten herkömmlicher Naturreligionen. In der Mitte, wo wir nach unserer *westlichen* Vorstellung eines »animistischen« Kultes das Standbild einer Hauptgottheit erwarten, befindet sich (wie bereits erwähnt) ein runder Spiegel. Flankiert ist dieser Spiegel meist von zwei Füchsen und weißen Papierstreifen, die in ihrer gezackten Form einem zuckenden Blitz ähneln. Die Füchse werden als Boten der Gottheiten verstanden, die blitzähnlichen Papierstreifen symbolisieren die Verbindung zwischen den Menschen und der göttlichen Sphäre. Aber weshalb kein Standbild, weshalb ein Spiegel? Der Spiegel versinnbildlicht die ungeheure Vielfalt der Gottheiten, die nicht fassbar ist. Der vor dem Spiegel stehende Pilger sieht nur sich selbst, alles andere bleibt verborgen.

Entsprechend unbestimmbar bleibt letzten Endes auch, was die Besucher eines Shinto-Schreins unter »Gottheiten« oder »Gott« verstehen. Die Japaner verwenden hier wechselweise den chinesischen Begriff »Shin« oder in ihrer eigenen Sprache »Kami«. »Shin« oder »Kami« sind nicht nach dem Verständnis *westlicher* Religionen allmächtige Gottheiten, sondern sie sind als Naturgeister nur Teil der Natur, Teil einer höheren kosmischen Gesetzmäßigkeit – des »To« oder »Do«. Wie bei den Chinesen »Dao«, so hat auch bei den Japanern das Wort »Do« die doppelte Bedeutung von »Weltgesetz« und »Weg«, den die Menschen zu gehen haben, um in Einklang mit den kosmischen Gesetzen zu gelangen. Es gibt Tausende, ja Millionen solcher »Shin« oder »Kami«, die in Bäumen, Flüssen, Bergen, ja auch in täglichen Gebrauchsgegenständen wirken. Sie sind Naturgewalten, für den Menschen segensreich und bedrohlich zugleich, und deshalb bringt man ihnen vor Altären Opfer dar, um Segen zu erbitten oder Schaden abzuwenden.

Aus westlicher Sicht ist es überraschend, dass viele Japaner keine genauere Vorstellung vom Charakter der »Shin« oder »Kami« haben – und sich dafür auch wenig interessieren. Entscheidend ist für sie der Ritus vor

Shinto-Zeremonie mit Priestern

dem Altar, das Sich-verneigen, das ehrerbietige Anrufen der »Kami« und das stille Gebet. Diesen Gesten werden magische Wirkung zugeschrieben. Existieren aber die Gottheiten in irgendeiner Form außer in solchen Akten der Verehrung? Diese Frage stellt provozierend der Japanologe Kurt Singer und zitiert in diesem Zusammenhang den shintoistischen Dichter-Mönch Saigyo, der im 12. Jahrhundert vor dem Altar des berühmten Shinto-Schreins von Ise sagte: Obwohl er überhaupt nicht wisse, ob irgendetwas Verehrungswürdiges hier gegenwärtig sei, träten ihm doch vor Ehrfurcht Tränen in die Augen. Dies sei, so Singer, eine typische Form japanischer Frömmigkeit: ehrfürchtig, scheu, agnostisch und luzid.[216]

Eine solche Haltung von »Nicht-Wissen« erinnert an jene der Daoisten und Konfuzianer, wie ich sie am Beispiel Chinas schilderte. Und das ist kein Zufall. Der kulturelle Transfer aus China hat ja Japan sehr stark beeinflusst. Wie weit der Einfluss geht, werden wir noch an späteren Beispielen sehen.

Aber wie auch immer die Japaner das »Verehrungswürdige« definieren: Die Rituale des Shintoismus bleiben im modernen Japan allgegenwärtig. Shintoistische Weihen werden bei jedem wichtigen Anlass vollzogen, bei der Grundsteinlegung von Häusern, bei Hoteleröffnungen, bei Schiffstaufen, bei der Ernte, beim Tod des Kaisers.[217]

Amitabha, Zen, Shingon.
Der Buddhismus in seinen japanischen Verwandlungen

Im 6. Jahrhundert erreichte der Buddhismus, von China über Korea kommend, Japan. Und innerhalb weniger Jahrzehnte hatte diese neue Religion zunächst in der japanischen Bildungsschicht, schließlich auch in breiten Volksschichten zahlreiche Anhänger gefunden. Weshalb aber konnte sich eine landesfremde Religion durch Missionare derart rasch ausbreiten?

Hier besteht eine auffallende Parallele zu China. Der Buddhismus brachte auch den Japanern eine Errungenschaft, die sie in ihrer eigenen Religiosität bisher vermissten: die Lehre vom Karma. So wie in China weder der Daoismus noch der Konfuzianismus eine ausreichende Antwort angesichts der Frage nach dem Sinn von Leid, Vergänglichkeit und Tod zu geben wussten, so fehlte diese Antwort dem Shintoismus. Den Japanern war wie den Chinesen der Glaube an ein Weiterleben nach dem Tod und eine Vergeltung der guten und bösen Taten durch eine kosmische Gesetzmäßigkeit völlig fremd gewesen. Nun aber füllte der Buddhismus dieses Vakuum, indem er mit seiner Lehre von der Wiedergeburt eine ausgleichende Gerechtigkeit in einer späteren Erdenexistenz verhieß.

Der Buddhismus kam in Form des Mahayana, des »Großen Fahrzeugs«, nach Japan und brachte hierbei einige geistige Ausformungen mit, wie sie in China entstanden sind. Die wichtigsten dieser chinesischen Richtungen sind der Amitabha-Buddhismus und der Chan-Buddhismus, beide entwickelten sich im kulturellen Umfeld Japans weiter und verästelten sich wiederum in verschiedene eigenständige Strömungen (auf deren Details ich nicht näher eingehen kann). Eine weitere wichtige religiöse Schule bildet der Shingon-Buddhismus, der seinen Ursprung in Tibet hat, aber ebenfalls über China nach Japan gelangte. Um den Rahmen der Darstellung nicht zu sprengen, beschränke ich mich im Folgenden auf diese drei exemplarischen Richtungen.

Die Glaubensform des Amitabha gilt als Japans meist verbreitete und wichtigste buddhistische Richtung. Ihr Haupttempel in Kyoto ist der Chion-in, eine Kultstätte, die wie viele andere in Sichtweite waldiger Berge am Stadtrand liegt. Sie beeindruckt schon durch ihre Ausmaße. Das Eingangstor und die Tempelglocke sind in ihrer Größe unerreicht.

Amitabha, ein Sanskritname, bedeutet »unendliches Licht« und bezieht sich auf den Amitabha-Buddha, welcher im »Paradies des Westens«

thront. (Unter Westen ist hier Indien, das Ursprungsland des Buddhismus, zu verstehen.) Die ständig wiederholte Anrufung dieses Namens mit der Formel »Namu Amita butsu« ist für den Gläubigen das entscheidende Ritual, um die »Erlösung« aus dem Kreislauf der Wiedergeburten zu erlangen; es sind nicht, wie in den meisten anderen buddhistischen Schulen, gute Taten erforderlich.[218] Man kann zu Buddha ohne großen Aufwand einer Meditation und kasteiender Übungen beten. Entscheidend dafür, dass Buddha diese Gebete hört und dem Gläubigen hilft, ist der aufrichtige Wille zur seelischen Läuterung. Der Amitabha-Buddha ist aus der Sicht der Gläubigen allerdings nicht in den Rang einer Gottheit aufgestiegen, wie dies aus westlichem Religionsverständnis zunächst anmuten könnte, denn den Buddhisten bleibt ja die Vorstellung eines Gottes, besonders eines allmächtigen, fremd. Aber die Entwicklung des Amitabha-Buddhismus repräsentiert besonders deutlich den Wandel von der »Selbsterlösung«, wie sie der historische Buddha Gautama Siddharta gepredigt hat, hin zu einer »Fremderlösung« durch einen gottähnlichen Gnadenspender. Es muss nicht wundern, dass dieser »intellektuell eher schlichte Erlösungsbuddhismus«[219] in Japan, wie auch in China, die meisten Anhänger gefunden hat.

In vielerlei Hinsicht anders ist der Chan-Buddhismus. In Japan hat er den Namen Zen-Buddhismus angenommen und ist unter dieser Bezeichnung auch in der westlichen Welt bekannt geworden. Das chinesische Wort Chan bedeutet ebenso wie das japanische Wort Zen »Versenkung in den eigenen Grund«, »Meditation«.[220] Meditation führt, wie die Namen Chan und Zen schon sagen, ins Zentrum der Lehre. Chan- und Zen-Buddhismus, die sich als Reformbewegung verstehen, praktizieren den Weg der »Selbsterlösung« durch harte entbehrungsreiche Meditation. Entstanden ist der Chan-Buddhismus in Shaolin, einem kleinen Ort der chinesischen Provinz Henan, der heute trotz seiner Tempel aber nur noch wenig meditativ-religiöse Atmosphäre ausstrahlt (so meine Eindrücke im Jahr 2000). In Kyoto ist dies anders. Einige der eindrucksvollsten Kultstätten Kyotos sind Tempel des Zen-Buddhismus, so Daitoku-ji, Ryoan-in, Tofuku-ji.

Charakteristisch für den Zen in Japan sind die Gärten mit ihren großen geharkten Kiesflächen, in denen vereinzelt kleine Felsbrocken wie auch Bonsai-Bäume nach sorgfältigem Muster angelegt sind. Diese Gärten dienen der Meditation. Die Mönche und Zen-Schüler sitzen oft stundenlang regungslos mit aufrechter Wirbelsäule und gekreuzten Beinen in den rund um die Gärten verlaufenden Wandelgängen. Gewöhnliche Touristen ha-

Typischer Zen-Garten der »Leerheit«

ben dort meist keinen Zutritt. Aber selbst in den allgemein zugänglichen Räumlichkeiten sind immer wieder Besucher zu entdecken, die in entsprechender Haltung sitzen.

Der Zen-Garten geht in seiner Struktur auf das Vorbild chinesischer Gärten und des chinesischen Daoismus zurück. Hier wie dort werden die kosmischen Prinzipien Yin und Yang in ihrer Polarität wie auch als Einheit dargestellt. Die kleinen Felsbrocken und Bonsai-Bäume stehen symbolisch für Yin, »Erde«, die geharkten Flächen mit silbrig glänzenden Kieselsteinen für Yang, »Himmel«. Bei stundenlanger Meditation im Anblick solcher Gärten gelangt der Gläubige unter Anleitung eines spirituellen Lehrers in den Zustand der »Leere«, »Shunyata«: Die Gegensätze von Yin und Yang, irdischer und himmlischer Sphären, werden vom Meditierenden dann im Gefühl einer nicht mehr mit Worten und Bildern zu erfassenden, in sich ruhenden »Einheit« aufgehoben.[221] Die Parallelen zur Mystik des chinesischen Daoismus sind offensichtlich.

Man sucht im Glauben solcher Zen-Buddhisten vergeblich nach einem gottähnlichen Gnadenspender jenseits der menschlichen Sphäre. Buddha kann von ihrem Verständnis her nur im Menschen selber »gefunden«, »erlebt«, »geweckt« werden. Für solche Zen-Buddhisten hat auch die Vorstellung von einem Weiterleben nach dem Tod in einer späteren Erdenexistenz keine große Bedeutung. Statt Tod und Wiedergeburt ist für sie vorrangig, dass der Gläubige den »großen Tod des Ich« auf dem Meditationskissen stirbt und den Zustand des »todlosen Jenseits« in einer Erfahrung des Erwachens und der Erleuchtung im Hier und Jetzt, mitten im irdischen Dasein, erlebt. Das Jenseits wird also gleichsam ins Diesseits hereingeholt.[222] »Der Weg ist das Ziel.« Diese auch bei uns bekannt gewordene Losung ist im Zen-Buddhismus entstanden. Gemeint ist damit, dass sich der Gläubige völlig auf dieses innere Unterwegs-Sein konzentriert und in einer solchen Meditation bereits die kosmische »Ganzheit« erfährt.

Eine solche Haltung steht in konträrem Gegensatz zum Unterwegs-Sein, wie es die meisten Theologen *westlicher* Religionen, des Christentums und Islam, verstehen: Nach ihrer Maßgabe ist der Meditierende und Pilger darauf ausgerichtet, am Ende des Weges bei der offenbarten Wahrheit des einzig wahren Gottes – die dogmatisch scharf umrissen definiert ist – anzukommen. Trotzdem: Das alternative Religionsverständnis einer Zen-Meditation macht den Zen-Buddhismus auch für religiös aufgeschlossene Europäer und Amerikaner interessant.

In Zen-Tempeln entfaltet sich ebenfalls ein reges Pilgerleben. Aber es unterscheidet sich im Charakter wenig von anderen Kultstätten, ob nun buddhistischer oder shintoistischer Ausprägung. Auch hier ein üppiges Angebot von Votivtafeln, Amuletten, kleinen Statuen und Räucherkerzen. Auch hier zur Genüge Besucher, denen es genügt, vor der Statue eines Buddha oder Bodhisattwa zu beten, ohne nun das Bedürfnis nach Meditation zu haben. Ein solches Verhalten steht in auffallendem Kontrast zur intellektuell anspruchsvollen Lehre von der »Selbsterlösung« durch Meditation. Diese Pilger praktizieren sogar in Zen-Tempeln den Glauben an »Fremderlösung«. Wie ich später erfahren sollte, nimmt nur ein geringer Prozentsatz der Besucher an den angebotenen Einführungskursen in Meditation teil. Von den 10 Prozent der Japaner, die sich der Zen-Schule zugehörig fühlen, sind die meisten mit den Zen-Institutionen nur sozial durch Totenrituale verbunden. Nach einer Statistik von 1986 besuchen nur rund 4 Prozent der sogenannten Zen-Buddhisten die Tempel, um religiöse Belehrungen zu hören, nur etwa 15 Prozent hatten jemals »Zazen« (Zen-Meditation) geübt.[223] Aber gerade mit dem breiten Angebot an Votivtafeln, Buddhas und Bodhisattwas ist ein Zen-Tempel für »Gläubige« mit unterschiedlichsten Erwartungen attraktiv.

Eine weitere wichtige religiöse Schule bildet der Shingon-Buddhismus. Das japanische Wort Shingon bedeutet »Wahres Wort«, was in etwa dem Sanskritwort Mantra entspricht: »Verkörperung der göttlichen Kraft im Laut«.[224] Seine wichtigsten Zentren sind der To-Tempel (To-ji) in Kyoto und der heilige Berg Koyasan rund 200 Kilometer südwestlich von Kyoto.

Der Name Shingon und dessen Verbindung mit Mantra sagt es schon: Im Zentrum der Lehre steht die Auffassung, ein (stundenlanges) meditatives Sprechen und Singen heiliger Silben und Sprüche bringe den Gläubigen schon wesentlich dem Nirwana näher. Denn in den Worten selber wohne die magische Kraft für die »Erlösung« aus dem Kreislauf der Wiedergeburten. Mit dieser Haltung stehen die Shingon-Buddhisten dem Tantrismus nahe, einer magisch orientierten Religiosität, wie sie in Indien von etlichen hinduistischen Schulen und in Tibet von den dortigen – hinduistisch beeinflussten – Buddhisten praktiziert wird. Es handelt sich um eine Strömung des Vaijrayana-Buddhismus, des »Diamant-Fahrzeugs« (aus dem Mahayana, dem »Großen Fahrzeug«, hervorgegangen). Ihr Glaube steht im Gegensatz zum frühen Buddhismus, in dem magische Formeln und Rituale als ein Hindernis auf dem Weg zur »Erlösung« angesehen wurden.[225] Der Mönch Kukai, mit späterem Heiligennamen Kobo Daishi, hatte die aus Tibet stammende Lehre in China kennengelernt und von dort im 9. Jahrhundert nach Japan gebracht.

Ich hatte Gelegenheit, eine tantrisch orientierte Zeremonie des Shingon-Buddhismus zu erleben. Dies geschah allerdings nicht im Tempel To-ji in Kyoto, sondern auf dem heiligen Berg Koyasan, dem zweiten Zentrum dieser Glaubensrichtung. Ich wohnte im Shingon-Tempelkloster Muryokoin (»Unendliches Licht«), wo ich in einer Unterkunft mit traditioneller Raumgestaltung, einem Ryokan, übernachtete: ohne Möbel, den Blick auf papierbespannte Schiebetüren, Wände mit Landschaftsbemalung, einem mit Tatami-Matten belegten Boden, einer Futon-Matratze als Schlafplatz. Morgens um halb sechs Uhr, draußen war es noch dunkel, belebten sich die Flure, Menschen in weißen Pilgergewändern waren unterwegs zum Zeremonienraum. Dort saßen in einem abgesonderten Bereich vor Buddha- und Bodhisattwa-Statuen fünf Mönche und eine Nonne.

Eine Frau mit geistlichem Rang neben Männern im Kloster? Japanische Mönche und Nonnen leben nicht, wie wir dies von christlichen Klöstern gewohnt sind, im Zölibat, denn seit 1872 ist die Ehelosigkeit in Japans buddhistischen wie shintoistischen Klöstern aufgehoben, viele ihrer Mitglieder sind seither verheiratet. Dies gilt teilweise auch für Klöster in Korea, der Mongolei und Tibet, die ebenfalls dem Mahayana-Buddhismus zuzurechnen sind; lediglich in Südostasiens Klöstern mit ihrer Richtung des Hinayana-Buddhismus ist der Zölibat durchweg strikt vorgeschrieben. Bei den Buddhisten Ostasiens ist nur eine zeitweilige Enthaltsamkeit üblich.

Ein dumpf nachhallender Gongschlag leitete die Zeremonie ein. Einer der Mönche begann zu singen, die anderen schlossen sich wenig später an, ihr sechsstimmiger Chor erinnerte an einen gregorianischen Choral. Immer wieder dröhnte zwischendurch dumpf der Gong, dann erklang hell eine Zimbel, dann dunkel eine Trommel. Mantras wurden rezitiert, wechselweise in Sanskrit, Chinesisch und Japanisch. Einer der Mönche warf in rhythmischen Abständen Holzstäbe in ein flackerndes Feuer. Schließlich erhoben sich die zuhörenden Pilger von ihren Plätzen, gingen um das Feuer, gingen an den Statuen von Buddhas und Bodhisattwas entlang. Sie verbeugten sich vor den einzelnen Statuen, besprengten etliche mit Wasser, vor anderen schütteten sie Reiskörner in eine Schale. Die Mönche winkten mir einladend, dem Beispiel der Pilger zu folgen, ich als Andersgläubiger wurde rituell gleichwertig in die Zeremonie einbezogen.

Mit einem der Mönche kam ich anschließend auf Deutsch ins Gespräch. Er, ein aus der Schweiz stammender Konvertit, stellte sich mit dem buddhistischen Namen Genso vor. Wir saßen in seinem Arbeitszimmer, wo das offene Fenster den Blick auf eine sehr »japanische« Szenerie freigab, Pagodendächer und das flammende Rot eines herbstlich verfärbten Ahornbaums.

Ich wollte wissen, welche symbolische Bedeutung die ins Feuer geworfenen Holzstäbe hätten. Es seien 108 Holzstäbe, erklärte er. Jeder dieser Holzstäbe sei mit dem Namen einer der 108 Illusionen beschriftet, die den Menschen davon abhielten, zur Erleuchtung zu gelangen. – Was für Illusionen zum Beispiel? – Zuallererst müsse die Illusion beseitigt werden, dass Geld, Besitz und Macht glücklich machen würden, erklärte er. Ein illusionärer Glaube sei es aber auch, dass ein Gott oder Götter die Menschen aus irdischen Verstrickungen erlösen könnten. Kein Gott könne den Gläubigen dem Nirwana näher bringen. Einen Zustand der Erleuchtung erreiche der Gläubige am besten durch den Klang der Musikinstrumente wie auch durch den Klang bestimmter heiliger Silben und Worte. Besonders die Silbe OM, der Ur-Laut des Universums, habe eine befreiende Wirkung auf Körper, Seele und Geist, man müsse diese Silbe sehr oft und innig wiederholen. Dieser Weg des meditativen Singens und der begleitenden Musik mache das Bewusstsein bereit für eine höhere Stufe des Empfindens. Kaum einer der Pilger, der solche Gesänge auf sich wirken lasse, verstehe die fremde Sakralsprache, aber darauf komme es nicht an. Es gehe um psychische Prozesse, die heilend aktiviert würden. So weit das Gespräch mit dem

Mönch Genso. Der heilige Berg Koyasan als Zentrum des Shingon-Buddhismus eröffnete mir allerdings keine grundsätzlich neue Erfahrung im Glaubensverhalten japanischer Pilger. Wie schon in Kyoto, so erlebte ich auch jetzt, dass die Gefragten auf das Wort »Gott« eher irritiert reagierten –, weil dieses Wort eben aus *westlichen* Religionen importiert ist und sich im Japanischen kein bedeutungsgleicher Begriff findet. Hierzu passt, dass nahezu alle Pilger sich nicht strikt an ein religiöses Bekenntnis mit fester Dogmatik gebunden fühlen. Auch auf den Koyasan kommen die Besucher nicht nur, um dem Shingon-Buddhismus Verehrung zu erweisen. Viele der Gruppen wandern auf Bergpfaden fünfzig und mehr Kilometer weiter über die Wakayama-Halbinsel, wo sie in waldiger Abgeschiedenheit noch Klöster anderer buddhistischer Richtungen sowie Shinto-Schreine aufsuchen.

Für japanische Pilger gilt insgesamt, was auch für chinesische gilt, die beispielsweise den heiligen Berg Tai Shan besuchen: Für alle spielt »Gott« keine entscheidende Rolle. Damit rücken sie nicht nur grundsätzlich von den Glaubensvorstellungen des Christentums, Judentums und Islam ab, sondern auch von denen des Hinduismus.

Epilog

Die moderne Herausforderung für das Pilgerwesen

»Sich leer machen von allem, was mich erfüllt, sich füllen mit allem, was mir fehlt.« Diesen Ausspruch des Kirchenvaters Augustinus las ich in dem (bereits mehrfach erwähnten) *Pilgerbüchlein,* das Anregungen für Wanderer auf dem Jakobsweg nach Santiago de Compostela geben will.[226] Der Ausspruch stammt aus dem 5. Jahrhundert, also einer Zeit, als im römischen Kulturraum das Pilgerwesen der Christen sich erstmals kraftvoll zu entfalten begann. Der Ausspruch kann allerdings nicht allein auf das Pilgerwesen bezogen werden. Augustinus meinte zuallererst eine Geisteshaltung für das Leben im Kloster. Aber darüber hinaus kann sein Wort eben auch für die Erwartung stehen, dass jeder Pilger sich im Verlauf seiner Reise wandelt und als ein Anderer in seine Heimat zurückkehrt.

Auf den ersten Blick mag es so scheinen, als ob die Forderung des Augustinus einen nur noch historischen Stellenwert in einer weit zurückliegenden Vergangenheit hat. Aber bei genauerem Hinsehen lässt sich eine enorme Bandbreite an Interpretationsmöglichkeiten entdecken, die gerade auch für die Gegenwart eine höchst aktuelle Bedeutung gewinnen kann.

»Sich leer machen ...« Die Forderung des Augustinus schließt für Pilger unserer Gegenwart ein Motiv mit ein, das sie – über die unterschiedlichsten Glaubenshaltungen hinweg – verbindet: Alle können sie das *Sich-leer-Machen* verstehen als ein Heraustreten aus dem gewohnten sozialen Zusammenhang. Sie können sich geeinigt sehen in dem Wunsch, eine Auseinandersetzung mit dem eigenen Ich außerhalb der gelebten Routine zu suchen und gerade so zu neuen Erfahrungen mit sich selbst zu gelangen. Allerdings scheiden sich dann die Geister an der Frage, wie weit die Wandlung zu gehen hat. Viele halten an dem traditionell vertrauten Glauben fest, am Grab eines Heiligen zu beten, auf die Wunderkraft von Reliquien und auf die hierzu gelehrten Dogmen der Kirche zu vertrauen. Andere aber »machen sich leer« gerade von solchen Traditionen und betonen stärker die »innere Erfahrung« des Unterwegs-Seins, wollen über bisherige Formen des Religiösen hinaus gelangen. Mit dieser letzteren Haltung kann sich

selbst ein Teil jener Pilger identifizieren, die sich immer noch ausdrücklich als »katholisch« oder allgmeiner als »christlich« definieren.

»Sich leer machen ...« Der Ausspruch des Augustinus kann jedoch von Pilgern auch in einer Dimension verstanden werden, die den traditionellen Glaubenshorizont wesentlich radikaler hinter sich lässt. Beim stundenlangen Wandern in einsamer Landschaft werden sie von einem Zustand des »Sich-Entleerens« überwältigt, einem »Leer-Werden« von sämtlichen gewohnten religiösen Vorstellungen: von Gottesbildern, von Dogmen. Diese Pilger fühlen sich zwar abhängig von »kosmischen« Kräften, fühlen sich in ein »Universum« eingebettet, aber sie lehnen es ab, das Übergeordnete näher zu benennen – weil jede Benennung auch schon wieder ein Verengen auf Begrifflichkeit bedeuten würde. In dieser Glaubenshaltung lässt sich eine Reihe Pilger zusätzlich von *östlichen* Religionen inspirieren. Hier besonders vom Buddhismus.

Buddha lehrte, dass am Anfang einer jeden neuen spirituellen Erfahrung der Mensch »sich leer machen« müsse.[227] Diese Worte bedeuten eine verblüffende Parallele zum Ausspruch des Augustinus. Aber Buddha, der ja nicht den Glauben an »Gott« kannte, legte mit seiner Forderung nach »Leerheit«, »Shunyata«, noch viel eindeutiger nahe, all jene Erscheinungsformen des Pilgerns hinter sich zu lassen, die ich am Beispiel ausgewählter Pilgerorte dargestellt habe. In Bezug auf *westliche* Religionen sind es die Gebete, mit denen man sich an einen personal verstandenen, dogmatisch verfestigten und beglaubigten Gott wendet sowie die Gebete zu Heiligen an ihren Gräbern mit der Bitte um Kindersegen und Heilung von Krankheiten. In Bezug auf *östliche* Religionen sind es die Rituale vor Standbildern unterschiedlicher Gottheiten sowie an den Ufern heiliger Flüsse in der Hoffnung auf Erlösung. Bei Buddha geht es in der ursprünglichen Lehre schlichtweg um die alleinige Konzentration auf innere, seelische Wandlungsprozesse, die durch Meditation oder meditatives Wandern ausgelöst werden – ohne nun schon wieder zu neuen Verfestigungen und Verengungen zu gelangen. In diesem Zusammenhang beziehen sich manche Christen besonders auf den von Zen-Buddhisten geprägten Ausspruch: »Der Weg ist das Ziel.«

Eine solche Religiosität beinhaltet nicht mehr von vornherein ein geistiges Unterwegs-Sein hin zu dem alleinigen und personalen Gott, wie ihn gerade *westliche* Religionen – etwa das Christentum – mit ihrem Monotheismus dogmatisch vorgeben. Naturgemäß erntet eine Grundhaltung wie die des Buddha bei den Kirchen nicht Zustimmung, selbst wenn einige ihrer Vertreter die »Offenheit zu allen Religionen« bejaht. Dazu passend las ich auf einem Aushang jener Wallfahrtskirche St. Matthias in Trier, die bis heute eine wichtige Zwischenstation auf dem Jakobsweg nach Santiago de Compostela bildet: »Die Wallfahrt ist im christlich-biblischen Verständnis ein Weg mit Gott, wobei der Weg nicht schon das Ziel ist. Vielmehr tragen die Pilger das Ziel in sich und richten sich darauf aus. Es ist ein Hinweis darauf, dass Menschen bei Gott ankommen dürfen und willkommen sind.« Im Hintergrund steht hier das Wort Jesu als dem »Sohn Gottes«, wie es im Johannes-Evangelium (14. Kapitel, Vers 6) nachzulesen ist: »Ich bin der Weg und die Wahrheit und das Leben, niemand kommt zum Vater denn durch mich.«

Die bisher geschilderten Auseinandersetzungen sind allerdings vorrangig Entwicklungsprozesse im abendländischen Kulturraum mit christlich-jüdischer Prägung. Wie sehen die Zukunftsperspektiven für Pilger des Islam, Hinduismus, Buddhismus und fernöstlicher Religionen aus?

Muslimische Pilger sehen sich vor ähnliche Herausforderungen wie christliche und jüdische gestellt. Auch sie sind Angehörige einer *westlichen* Religion, auch bei ihnen ist das Gottesbild genauso wie die Abgrenzung zu anderen Glaubensgemeinschaften dogmatisch scharf umrissen formuliert. Daher bedeutet es im islamischen Raum eine ebenso revolutionär anmutende Veränderung, wenn Pilger unterschiedlichster Konfessionen, Sekten oder gar Religionen zu ein und demselben Wallfahrtsziel unterwegs sind – Pilger, die sich von vornherein gegen dogmatische Verfestigungen und Abgrenzungen wehren. Noch sind die meisten Muslime weit entfernt davon, sich über alle offensichtlichen Gegensätze hinweg in einer »Einheit« verbunden zu fühlen. Dass eine solche »Einheit« heute schon konsequent gelebt wird, lässt sich nur in Pilgerorten des Sufismus, der islamischen Mystik, beobachten. (Aber um den Rahmen der Darstellung nicht zu sprengen, konnte ich auf deren vielfältige Ausprägungen nicht eingehen, ich verweise hier auf meine Veröffentlichung über den Sufismus.[228])

Völlig anders stellt sich die Situation in *östlichen* Religionen dar. Bei Hindus und Buddhisten, mehr aber noch bei Daoisten und Shintoisten, spielen ja die gegenseitigen Abgrenzungen religiöser Glaubensformen von vornherein nicht die dominierende Rolle wie bei Christen, Juden und Muslimen. Gerade bei den Pilgern nicht. Die Beispiele haben gezeigt, dass es für die Hindus in Indien kein Problem bedeutet, Jesus Christus und Mohammed als zusätzliche Inkarnationen des Göttlichen zu verehren. Auch nicht, dass Buddhisten in Ostasien Geistern ihre Opfer bringen, deren Herkunft aus dem hinduistischen Pantheon unverkennbar ist. Auch nicht, dass Buddhisten und Daoisten in China sowie Buddhisten und Shintoisten in Japan ohne Bedenken die Kultstätten anderer Religionen besuchen und dort genauso ihre Rituale befolgen.

Die Angehörigen *östlicher* Religionen sehen – anders als Christen, Juden und Muslime – nicht eine ausschließliche Wahrheit in einer einzigen Glaubensform verkörpert. Ihnen erscheinen alle Religionen nur als Teil einer unendlich vielfältigen Universalwahrheit. In jeder anderen Konfession glauben sie noch Teile der göttlichen »Ganzheit« zu erkennen. Und so kommt es dazu, dass Gläubige den Gottheiten der verschiedensten Religionen ihre Opfer bringen, ohne nun das Gefühl zu haben, Unvereinbares miteinander zu vermischen. Die Tendenz, dass sich Pilger unterschiedlicher Konfessionen zum selben Wallfahrtsziel bewegen, kann also nur im Einflussbereich *westlicher* Religionen etwas grundsätzlich Neues bedeuten. Allerdings kann das *östliche* Modell nicht auf das *westliche* übertragen werden. Wie die bisherigen Beispiele gezeigt haben, müssen Christentum, Judentum und Islam aufgrund ihrer völlig anderen kulturellen Wurzeln die ihnen gemäßen Formen von religiösem Pluralismus entwickeln.

Eine Religiosität jenseits traditionell festgefahrener Abgrenzungen und Eingrenzungen hat, so ist zu hoffen, weltweit Zukunft. In einer zunehmend pluralistisch vernetzten Welt pluralisiert sich auch das Pilgerwesen viel stärker, als dies zuvor in kulturell eher geschlossenen Gesellschaftssystemen möglich war. Die Schlussfolgerung davon müsste sein, dass Pilger mit den unterschiedlichsten Glaubensvorstellungen ungestört nebeneinander ihr Verständnis von »Religion« praktizieren können. Mehr noch: dass sich aus diesem Nebeneinander letztendlich ein selbstverständlich gelebter – und allseitig akzeptierter – Pluralismus entwickelt. Gerade eine solche Vielfalt ist nicht nur für die Lebendigkeit des Pilgerwesens entscheidend, sondern letztlich auch für ein weitgehend konfliktfreies Miteinander der Religionen.

Anmerkungen

Rom. Das sakrale Zentrum der katholischen Christen

1 Hintzen-Bohlen: Rom, S. 483
2 Wikipedia: Vatikan.
3 Internet PDF. Nicola Taubert: Auf den Punkt gebracht – Teil 1: Die Bedeutung des Begriffes »Vatikan«, S. 1.
4 Wikipedia: Vatikanischer Hügel.
5 Helmut Frank: Der verborgene Paulus. In: Sonntagsblatt Bayern. 28/2005 vom 10.7.2005.
6 Wikipedia: Simon Petrus.
7 Uta Ranke-Heinemann: Petrus in Rom? In: Paul Niemann: Petrus, Fels des Anstoßes, S. 62–75.
8 Gnilka: Petrus und Rom, S. 144
9 Spurensuche in Rom. Katholisch.at. – Das Online-Portal der Katholischen Kirche Österreich.
10 Vgl. hierzu Helmut Frank: Der verborgene Paulus. In: Sonntagsblatt Bayern. 28/2005 vom 10.7.2005.
11 Welt Online, Funde aus dem Paulus-Grab entzückten die Christen.
12 Hintzen-Bohlen: Rom, S. 352
13 Ebd. S. 18.
14 Ebd. S. 344
15 Broschüre: Die Heilige Stiege. Geschichte und Verehrung. Rom 2007, S. 1
16 Ebd. S. 6
17 Ebd. S. 12
18 Ebd. S. 4
19 Broschüre: Die Basilika Santa Croce in Gerusalemme. Rom 2005, S. 10
20 Ebd. S. 12
21 Ebd. S. 12
22 Wikipedia: Helena.
23 Herbers: Der Jakobsweg. Ein Pilgerführer, S. 167.
24 Zitiert nach Internet Stichwort: Die Kreuzesreliquie, Stift Heiligenkreuz.
25 Küng/Ess: Christentum und Weltreligionen. Islam, S. 137f.
26 Wikipedia: Mariä Aufnahme in den Himme.
27 Wikipedia: Marienverehrung.
28 Ebd.
29 Broschüre: Gruß aus Mariazell. Herbst 2007, S. 13.
30 Wikipedia: Katakomben in Rom.
31 Aufschlussreiche Details hierzu bei Erwin Ruprechtsberger (Hrsg.): Von den Aposteln zu den Kalifen. Linz 1993, S. 29ff.
32 Jürgen Sorges: Die Anfänge des Christentums. In: Hintzen-Bohlen: Rom, S. 401.
33 30 Tage. In: Kirche und Welt. Auszug des Textes aus Nr. 12/2008, Andreas, S. 1.
34 Vgl. hierzu den Abschnitt: Wie das Kreuz Jesu nach Rom kam.
35 Genauere Details im Abschnitt: Konstantinopel: Als die Stadt noch christlich war.

36 Zitiert nach Harald Schwiliers: Wenn der Glaube Beine macht – Pilgern und Wallfahren. Deutschlandradio 18.4.2010.
37 Zitiert nach Frankfurter Rundschau, 17.2.96, S. 14: Zum 450. Todestag von Martin Luther.
38 www.ekmd.de/kulturtourismus/pilgern/lutherpilgern. Vgl. auch: Klaus Herbers: Der Jakobsweg, S. 11f.
39 Harald Schwiliers: Wenn der Glaube Beine macht – Pilgern und Wallfahren. Deutschlandradio 18.4.2010.
40 Vgl. hierzu den Abschnitt: Der Jakobsweg heute: überkonfessionell, interreligiös.
41 Wikipedia: Ablass.
42 Broschüre: Die Heilige Stiege. Geschichte und Verehrung, Rom 2007, S. 11f. Vgl. hierzu auch den Abschnitt: Die Heilige Treppe, auf der Jesus ging.
43 Zitiert nach Glasenapp: Die fünf Weltreligionen, S. 246.
44 Zitiert nach Küng/van Ess: Christentum und Weltreligionen. Islam, S. 42.
45 C. W. Ceram: Götter, Gräber und Gelehrte. Roman der Archäologie. Ergänzte Aufl., Stuttgart 1972, S. 25.
46 Schwarz/Simeoni: Rom, S. 99
47 Vgl. hierzu: Seppelt/Schwaiger: Geschichte der Päpste, S. 420ff.; Jedin: Kleine Konzilsgeschichte, S. 122ff.
48 Broschüre: Die Heilige Treppe. Geschichte und Verehrung, S. 2
49 Birkner, Hans-Joachim: Protestantismus im Wandel. München 1971, S. 24f.
50 Bertelsmann-Stiftung: Italien ist immer noch die »Heimat Gottes«. Rom/Gütersloh, 17.12.2008
51 Klaus Brinkbäumer: Love-Parade der Senioren. Das »Heilige Jahr« überfordert die Ewige Stadt und ihre Besucher. In: Der Spiegel 17/2000, S. 132f.
52 Internet-Stichwort: Boom bei Pilgerreisen, Touristik-News, 3.11.2009. S. 1
53 Ebd. S1
54 Hubert Schnädelbach: Wiederkehr der Religionen. In: Die Zeit, 11.8.2009, S. 37.

Santiago de Compostela. Das »Zweite Jerusalem« und der Jakobsweg

55 Internet: 2010 wird in Santiago Heiliges Jahr gefeiert/ Spanien-Bilder.
56 Drouve: Mythos Jakobsweg, S. 12f.
57 Drouve: Wie Jakobus nach Santiago kam, S. 19.
58 Herbers: Der Jakobsweg. Ein Pilgerführer aus dem 12. Jahrhundert, S. 133.
59 Ebd. S. 196.
60 Internet: Santiago de Compostela: Geschichte und Legende. Alles über Spanien. 1996–2010, S. 1.
61 Drouve: Mythos Jakobsweg, S. 70–72.
62 www.kath.de/santiago 06.htm.
63 Herbers: Der Jakobsweg. Ein Pilgerführer des 12. Jahrhunderts, S. 24.
64 Ebd. S. 75–110.
65 Wikipedia: Jakobsweg.
66 www.kath.de/Santiago.
67 Zeit-Online /Interview-Auftragspilger, 10.4.2009.
68 Vgl. den Abschnitt: Martin Luther, der enttäuschte Rompilger – und eine weitere Kirchenspaltung.

69 Robert Plötzl: Auf den Spuren der Jakobspilger. In: Pilgern im Mittelalter. Epoc 2/2010, S. 33.
70 Ebd. S. 33.
71 Manfred Zengtgraf (Hrsg.): Auf dem Jakobsweg. Pilgerbüchlein. Stadtbergen 2008, S. 1f.
72 Wikipedia: Santiago de Compostela.
73 Internet: Eurovia – Pilgerwege in Europ. Pilgern in der evangelischen Kirche.
74 Pilgern im Mittelalter. Epoc 2/2010, S. 3.
75 Kerkeling: Ich bin dann mal weg, S. 20.
76 Ebd. S. 22.
77 Ebd. S. 44.
78 Ebd. S. 12.
79 Ulrich Schnabel: Wie man in Deutschland glaubt. In: Die Zeit, 22.12.2003, S. 34f.
80 Profil, 22.8.2005, S. 81.
81 Vgl. hierzu im Kapitel *Rom* den Abschnitt: Religion und säkularer Staat.
82 Cornelia Derrichtsweiler: Das Bollwerk des Katholizismus bröckelt. In: Neue Zürcher Zeitung, 8.11. 2010, S. 3.
83 Paul Zulehner: »Die Kirchen sind ja ausgebrannt.« In: Profil, 17.12.2001, S. 34.
84 Verse aus dem Koran werden auch im Folgenden nach der Übertragung von Ludwig Ullmann in neu bearbeiteter Auflage, München 1980, zitiert.

Mekka. Das exklusive Pilgerzentrum des Islam

85 Kuschel: Streit um Abraham, S. 323, Anmerkung 31.
86 Vgl. hierzu Gerhard Schweizer: Türkei, S. 158ff. 170ff.; Gerhard Schweizer: Islam und Abendland, S. 220ff.
87 Vgl. hierzu: Mohagheghi/Stosch: Moderne Zugänge zum Islam, S. 15ff.
88 Guellouz: Pilgerfahrt nach Mekka, S. 137.
89 Khoury/Hagemann/Heine: Islam-Lexikon, S. 33, 409, 715.
90 Hughes: Lexikon des Islam, S. 17f.
91 Ebd. S. 380f.
92 Ebd. S. 380f.
93 Bernhard Zand: Der Marktplatz der Muslime. In: Der Spiegel 51/2010, S. 93.
94 Guellouz: Pilgerfahrt nach Mekka, S. 116.
95 Özlem Topçu: Einmal Glaube und zurück. In: Zeit-Dossier, 5.1.2011, S. 12f.
96 Ebd. S. 11.
97 Ebd. S. 13.
98 Hughes: Lexikon des Islam, S. 777.
99 Ebd. S. 778.
100 Guellouz: Pilgerfahrt nach Mekka, S. 136.
101 Ordnung in Mekka. In: Die Zeit, 19.11.2009, S. 40.
102 Volkhard Windfuhr: Khomeini hat den Wecker überdreht. In: Der Spiegel, 3.12.79, S. 150.
103 Heiko Flottau: Ein altes Schisma bedroht die Hadj. In: Süddeutsche Zeitung, 16.7.88, S. 9.
104 Wahre Hölle. In: Der Spiegel 28/1990, S. 112.

105 Heiko Flottau in Süddeutsche Zeitung, 16.7.88, S. 9.
106 Ebd. S. 9.
107 Gerhard Schweizer: Iran. Drehscheibe zwischen Ost und West, S. 169–215; Gerhard Schweizer: Islam und Abendland, S. 130–140.
108 Khoury/Hagemann/Heine: Islam-Lexikon, S. 380.
109 Vgl. hierzu den Abschnitt: Eyüp, Istanbuls heiligster Ort für Muslime.
110 Mona Sarkis: Gleichheit gibt es nur vor Gott. In: Süddeutsche Zeitung, 17.11. 2010, S. 49.
111 Hakan Baykal: Durch die Wüste. In: Epoc 2/2010, S. 79.
112 Mona Sarkis: Gleichheit gibt es nur vor Gott.
113 Bernhard Zand: Der Marktplatz der Muslime. In: Der Spiegel 51/2010, S. 89.
114 Mona Sarkis: Gleichheit gibt es nur vor Gott.
115 Internet: Moschee der beiden Gebetsrichtungen, www.eslam.de
116 Guellouz: Pilgerfahrt nach Mekka, S. 202.
117 Vgl. hierzu Khoury/Hagemann/Heine: Islam-Lexikon, S. 421f. u. Küng/van Ess: Christentum und Weltreligionen. I. Islam, S. 32.

Jerusalem: Heilig für Juden, Christen, Muslime

118 Yaron: Jerusalem, S. 17.
119 Thubron: Jerusalem, S 117.
120 Kollek/Pearlman: Jerusalem, S. 155.
121 Hourani, Albert: Die Geschichte der arabischen Völker. Frankfurt/M. 1992, S. 53.
122 Yaron: Jerusalem, S. 90f.
123 Hughes: Lexikon des Islam, S. 93.
124 Zitiert nach Yaron: Jerusalem S. 116.
125 Ebd., S. 117.
126 Landay: Felsendom, S. 92.
127 Yaron: Jerusalem, S. 53.
128 Ebd., S. 34f., 145.
129 Ebd., S. 160f.
130 Ebd., S. 42.
131 Der Zorn der Gottesfürchtigen. In: Neue Zürcher Zeitung, 23.12.2009, S. 25.
132 Yaron: Jerusalem, S. 148.
133 Ebd., S. 135.
134 Ebd., S. 137.
135 Ebd., S. 135.
136 Internet: Geschichtsverdrehung: Am Anfang war Al-Aqsa. Auszüge aus einem Artikel von Nadav Shragai, Ha'aretz, 27.11.2005.
137 Yaron: Jerusalem, S. 39.
138 Ebd. S. 39f.
139 Ebd. S. 119.
140 Vgl. hierzu die ausführliche Schilderung bei Gerhard Schweizer: Islam und Abendland, S. 253ff.
141 Yaron: Jerusalem, S. 59f.

142 Vgl. hierzu die Abschnitte: Die Heilige Treppe, auf der Jesus ging; Wie das Kreuz Jesu nach Rom kam.
143 Yaron: Jerusalem, S. 67.
144 Tondok, Will/Burkhard Bock: Israel und Palästina. 2. Aufl. Bielefeld 2010, S. 135.
145 Yaron: Jerusalem, S. 70.
146 Ebd. S. 69.
147 Wüste Schlägerei in Jerusalemer Grabeskirche. In: Neue Zürcher Zeitung, 11.11.2008, S. 7.
148 Ebd.
149 Yaron: Jerusalem, S. 69.

Konstantinopel und Istanbul. Für Christen genauso heilig wie für Muslime

150 Vgl. hierzu den Abschnitt: Wie das Kreuz Jesu nach Rom kam.
151 30 Tage in Kirche und Welt. Auszug aus Nr. 12/2008, Andreas, S. 1f.
152 http://histor.ws/grabtuch/geschichte02.htm.
153 Kathpedia.com. Konstantinopel.
154 Orthpedia.de. Kopf des Hl. Johannes.
155 Vgl. hierzu den Abschnitt: Der Konflikt mit Konstantinopel – und die erste Kirchenspaltung.
156 Steven Runciman: Die Eroberung von Konstantinopel 1453. München 1966, S. 10.
157 Kathpedia, Lukas (Evangelist).
158 Orthpedia, Kopf des Hl. Johannes des Täufer.
159 http.histor.ws/grabtuch.
160 Wikipedia: Apostelkirch.
161 Gerhard Schweizer: Die Türkei. Zerreißprobe zwischen Islam und Nationalismus, S. 215ff.
162 Ferner, Manfred: Istanbul und seine Umgebung. 2. Aufl., Bielefeld 2008, S. 312.
163 Otfried Höffe: Das Übermorgenland. So schnell wird die Türkei nicht europäisch. In: Leggewie, Claus (Hrsg.): Die Türkei und Europa. Frankfurt/M. 2004, S. 177.
164 Barkemeier, Thomas: Indien. Der Süden. Bielefeld 2001, S. 777.

Madurai. Die größte Pilgerstadt im Süden Indiens

165 Robert Strasser: Land der Dravidas und der Tausend Tempel. Bd 2. Stuttgart 1988, S. 126.
166 Vgl. die ausführliche Darstellung bei Glasenapp: Die fünf Weltreligionen, S. 54ff.; Küng/Stietencron: Christentum und Weltreligionen. II. Hinduismus. S. 44ff.; Gerhard Schweizer: Indien. Ein Kontinent im Umbruch, S. 91ff.
167 Schmitt, Eberhard: Indien. Politik, Ökonomie, Gesellschaft. Bd 1, Berlin 1982, S. 189.
168 Ausführliche Informationen bei Gerhard Schweizer: Indien. Ein Kontinent im Umbruch, S. 191ff., Gerhard Schweizer: Indien und China, S. 30ff., S. 155ff.

169 Mahatma Gandhi: Über das Kastenwesen. In: Young India (ein wichtiges Presseorgan der indischen Freiheitsbewegung). Zitiert nach Glasenapp: Indische Geisteswelt, Bd 2, S. 315.

Varanasi und Allahabad. Die meistbesuchten Pilgerzentren der Hindus

170 Gutschow/Michaels: Benares, S. 11.
171 Ebd. S. 45ff.
172 Ebd. S. 162.
173 Ebd. S. 164f.
174 Ebd. S. 165.
175 Der Spiegel, 1991/21, S. 165.
176 Gutschow/ Michaels: Benares, S. 175, 177.
177 Zitiert ebd. S. 17.
178 Ebd. S. 198, 201.
179 Zitiert nach Thomas Ross: Der Tod des heiligen Baumes. Bericht aus dem innersten Indien. München 1991.
180 Ein Bad im himmlischen Nektar. In: Die Presse, 10.1.2007, S. 16.
181 Wikipedia: Allahabad.
182 Ebd.
183 Bill Aitken: Kumbh Mela Wars. In: The Sunday Observer, Bombay, 30.3.1986.
184 Die Presse, 18.12.1988, S. I u. II.
185 Bernhard Imhalsy: Benares sehen und dann sterben? In: Neue Zürcher Zeitung, 31.12.2007, S. 4.
186 Bernhard Imhalsy: Der heilige Fluss verkommt zur Kloake. In: Die Presse, 22.1.2007.
187 Vgl. hierzu Gerhard Schweizer: Indien. Ein Kontinent im Umbruch, S. 255–269.
188 Vgl. hierzu Gerhard Schweizer: Der unbekannte Islam. Sufismus – die religiöse Herausforderung, S. 210–215.

Sarnath und Bodh Gaya. Die wichtigsten spirituellen Zentren der Buddhisten

189 Glasenapp: Die fünf Weltreligionen, S. 78.
190 Küng/Bechert: Christentum und Weltreligionen. III. Buddhismus, S. 156.
191 Hans W. Schumann: Die Lehre des Buddha – Thailands geistige Mitte. In: Merian: Thailand, 1977. S. 109.
192 Glasenapp: Die fünf Weltreligionen, S. 82.
193 Barkemeier, Thomas: Indien. Der Norden. 4. Aufl., Bielefeld 2000, S. 424.
194 Ebd. S. 425.
195 Engagierte Buddhisten, Heft 2, Herbst/Winter 2002/2003, S. 35f.
196 Albert Schweitzer: Die Weltanschauung der indischen Denker, S. 72.
197 Benz: Buddhas Wiederkehr, S. 122.

Tai Shan. Der heiligste Berg Chinas

198 Andrea u. Oliver Fülling: China-Manual. Bielefeld 1996, S. 500.
199 Vgl. hierzu die ausführliche Darstellung in: Gerhard Schweizer: Indien und China, S. 62ff., S. 243ff.
200 Fülling: China-Manual, S. 500.

201 Riboud: Huang Shan, S. 9.
202 Glasenapp: Die nichtchristlichen Religionen, S. 113.
203 Zitiert nach Schwarz: Meister Kung sprach, S. 38.
204 Riencourt: Die Seele Chinas, S. 46.
205 Zitiert nach Klaus Mehnert: Peking und Moskau, 5. Aufl., Stuttgart 1963, S. 58.
206 Richard Wilhelm: Die Seele Chinas. Berlin 1926, S. 157.
207 Zitiert nach Die Presse, 12.5.1985.
208 Pohl: China für Anfänger, S. 137.
209 Dumoulin: Geschichte des Zen-Buddhismus, Bd. 1, S. 270. Vgl. auch Albert Schweitzer: Die Weltanschauung der indischen Denker, S. 113.

Kyoto. Das religiös-kulturelle Herz Japans

210 Dambmann: Gebrauchsanweisung für Japan, S. 89.
211 Frankfurter Allgemeine Zeitung, 14.11.2009.
212 Dambmann: Gebrauchsanweisung für Japan, S. 98.
213 Glasenapp: Die nichtchristlichen Religionen, S. 268.
214 Ebd. S. 268.
215 Ebd. S. 273.
216 Singer: Spiegel, Schwert und Edelstein, S. 221, 267.
217 Dambmann: Gebrauchsanweisung für Japan, S. 84, 87.
218 Coulmas: Die Kultur Japans, S. 125.
219 Pohl: China für Anfänger, S. 153.
220 Brück: Zen. Geschichte und Praxis, S. 7.
221 Ebd., S. 75f.
222 Brück: Ewiges Leben oder Wiedergeburt?, S. 127f.
223 Brück: Zen. Geschichte und Praxis, S. 92.
224 Coulmas: Die Kultur Japans, S. 122.
225 Küng/Bechert: Christentum und Weltreligionen. III. Buddhismus, S. 121.

Epilog. Die moderne Herausforderung für das Pilgerwesen

226 Zentgraf: Auf dem Jakobsweg, Pilgerbüchlein, Ausspruch Nr. 5.
227 Vgl. hierzu den Abschnitt: Das Neue des Religionsstifters Buddha.
228 Gerhard Schweizer: Der unbekannte Islam. Sufismus – die religiöse Herausforderung.

Ausgewählte Literatur

BENZ, Ernst: Die Wiederkehr Buddhas und die Zukunft Asiens. München 1963.

BRÜCK, Michael v.: Ewiges Leben oder Wiedergeburt? Sterben, Tod und Jenseits in europäischen und asiatischen Kulturen. Freiburg 2007.

BRÜCK, Michael v.: Zen. Geschichte und Praxis. München 2004.

COELHO, Paulo: Auf dem Jakobsweg. Tagebuch einer Pilgerreise nach Santiago de Compostela. Zürich 1999.

COULMAS, Florian: Die Kultur Japans. Tradition und Moderne. München 2009.

DAMBMANN, Gerhard: Gebrauchsanweisung für Japan. 6. Aufl. Zürich 2008.

DROUVE, Andreas: Mythos Jakobsweg. Innsbruck 2004.

DROUVE, Andreas: Wie Jakobus nach Santiago kam. Geschichte – Legende – Kult. Innsbruck 2006.

DUMOULIN, Heinrich: Geschichte des Zen-Buddhismus. Bd 1 Indien und China. Bern 1985.

GIRTLER, Roland: Irrweg Jakobsweg. Die Narbe in den Seelen von Muslimen, Juden und Ketzern. Graz 2005.

GLASENAPP, Helmuth v.: Die fünf Weltreligionen. Brahmanismus, Buddhismus, Chinesischer Universismus, Christentum, Islam. Köln 1982.

GLASENAPP, Helmuth v. (Hrsg.): Indische Geisteswelt. Bd 1 Glaube und Weisheit der Hindus. Bd 2 Weltliche Dichtung, Wissenschaft und Staatskunst der Hindus. Wiesbaden o.J.

GLASENAPP, Helmuth v.: Die nichtchristlichen Religionen. Frankfurt/M. 1957.

GNILKA, Joachim: Petrus und Rom. Das Petrus-Bild in den ersten zwei Jahrhunderten. Freiburg 2002.

GUELLOUZ, Ezzedine: Pilgerfahrt nach Mekka. Zürich 1978.

GUTSCHOW, Niels/Axel Michaels: Benares. Tempel und religiöses Leben in der heiligen Stadt der Hindus. Köln 1993.

HERBERS, Klaus: Jakobsweg. Geschichte und Kultur einer Pilgerfahrt. München 2006.

HERBERS, Klaus: Der Jakobsweg. Ein Pilgerführer aus dem 12. Jahrhundert. Ditzingen 2008.

HINTZEN-BOHLEN, Brigitte: Rom. Kunst und Architektur. Mit Beiträgen von Jürgen Sorges. Potsdam 2007.

HUGHES, Thomas Patrick: Lexikon des Islam. Wiesbaden 1995.

JEDIN, Hubert: Kleine Konzilsgeschichte. Die zwanzig ökumenischen Konzile im Rahmen der Kirchengeschichte. Basel u. Wien 1959.

KERKELING, Hape: Ich bin dann mal weg. Meine Reise auf dem Jakobsweg. 10. Aufl. München 2010.

KHOURY, Adel Theodor/Ludwig Hagemann/Peter Heine: Islam-Lexikon. Geschichte – Ideen – Gestalten. 3 Bde. Freiburg, Basel, Wien 1991.

KOLLEK, Teddy/Mosche Pearlman: Jerusalem. Seine Geschichte in vier Jahrtausenden. Jerusalem o.J.

KÜNG, Hans/Josef van Ess: Christentum und Weltreligionen. I. Islam. Gütersloh 1987.

Küng, Hans/Heinrich von Stietencron: Christentum und Weltreligionen. II. Hinduismus. Gütersloh 1987.

Küng, Hans/Heinz Bechert: Christentum und Weltreligionen. III. Buddhismus. Gütersloh 1988.

Kuschel, Karl-Josef: Juden, Christen, Muslime. Herkunft und Zukunft. Düsseldorf 2007.

Kuschel, Karl-Josef: Streit um Abraham. Was Juden, Christen und Muslime trennt – und was sie eint. 4. Aufl. Düsseldorf 2006.

Landay, Jerry M.: Felsendom. Wiesbaden 1976.

Lienau, Detlef: Sich fremd gehen. Warum Menschen pilgern. Ostfildern 2009.

Mackenzie, Simon P. M.: Ganges, der heilige Strom Indiens. Freiburg o. J.

Mohaghegi, Hamideh/Klaus von Stosch (Hrsg.): Moderne Zugänge zum Islam. Plädoyer für eine dialogische Theologie. Paderborn u. a. 2010.

Niemann, Raul: Petrus. Fels des Anstoßes. Stuttgart 1994.

Ohler, Norbert: Pilgerstab und Jakobsmuschel. Wallfahrten in Mittelalter und Neuzeit. Düsseldorf 2003.

Pohl, Karl-Heinz: China für Anfänger. Eine faszinierende Welt entdecken. Neuausgabe. Freiburg 2008.

Riboud, Marc: Huang Shan. Chinas magischer Gipfel. Hamburg 1990.

Riencourt, Amaury de: Die Seele Chinas. Konstanten der chinesischen Geschichte. Frankfurt/M. 1962.

Schwarz, Frank/Roberta Simeoni: Rom. 8. Aufl. Bielefeld 2008.

Schweitzer, Albert: Die Weltanschauung der indischen Denker. Mystik und Ethik. München 1965.

Schweizer, Gerhard: Iran. Drehscheibe zwischen West und Ost. 5. Aufl. Stuttgart 2005.

Schweizer, Gerhard: Indien. Ein Kontinent im Umbruch. 2. Aufl. Stuttgart 2001.

Schweizer, Gerhard: Indien und China. Asiatische Wege ins globale Zeitalter. Stuttgart 2001.

Schweizer, Gerhard: Islam und Abendland. Geschichte eines Dauerkonflikts. 2. Aufl. Stuttgart 2003.

Schweizer, Gerhard: Die Türkei. Zerreißprobe zwischen Islam und Nationalismus. Stuttgart 2008.

Schweizer, Gerhard: Der unbekannte Islam. Sufismus – die religiöse Herausforderung. Stuttgart 2007.

Schweizer, Gerhard: Ungläubig sind immer die anderen. Weltreligionen zwischen Toleranz und Fanatismus. 2. Aufl. Stuttgart 2002.

Seppelt, Franz Xaver/Georg Schwaiger: Geschichte der Päpste. Von den Anfängen bis zur Gegenwart. München 1964.

Singer, Kurt: Spiegel, Schwert und Edelstein: Strukturen des japanischen Lebens. Frankfurt/M. 1991.

Thubron, Colin: Jerusalem. Amsterdam 1976.

Vitray-Meyerovitch, Eva de: Mekka und Medina. Die Städte des Propheten. Freiburg o. J.

Yaron, Gil: Jerusalem. Ein historisch-politischer Stadtführer. München 2007.

Register der Pilgerorte

Allahabad 10, 195, 203–205, **212–226**
Athos 56, 73

Benares 203–204
Beni Isguen 96
Bethlehem 24, 41–42, 62, 125, 128
Bodh Gaya 12, 227, 233, **236–247**
Bodnath 246

Conques 83

Damaskus 98, 100, 106, 172, 176

Ephesus 13, 42–43, 45, 53, 82, 183

Fatima 9, 46, 116–117

Gaya 236–238, **240–243**

Hebron 106, 128
Heiligenkreuz 40
Huang Shan 268
Istanbul 11, 13, 56, 118, **166–184,** 220

Jerusalem 10–11, 19, 24–25, 31, 35–37, 39–40, 45, 55, 62, 77–82, 84, 88, 98, 102, 107, 121–122, **123–165**

Kairouan 98
Kamakura 238
Kerbela 11, 96, 116, 118, 177
Kevelaer 45
Konstantinopel 11, 25, 28–29, 47, 52–57, 80, 82, 159, 162, **166–184**
Koyasan 283–284, 286
Kyoto 10, 232, **270–290,** 269

León 72, 80, 83
Lourdes 9, 46, 64

Madurai 10, 12, **186–202,** 205–206, 221, 224
Mariazell 45, 47
Mashad 11, 87, 96, 177
Medina 11, 93, 96, 101–102, 113–114, 116–117, 119, 121–122, 124, 134, 177
Mekka 11–12, **93–122,** 124–125, 134–138, 146, 148, 159, 177–178, 180, 189, 191, 203, 214
Moulay Idriss 96

Nasik 213
Najaf 11, 96, 177

Qom (Ghom) 87, 96
Qufu 248–249, 259–260

Rom **18–71,** 73, 77, 84–85, 87, 155, 161, 166–171

Santiago de Compostela 12, 53, 61, 63–64, 71, **72–92,** 168, 287, 289
Sarnath 227, **233–236,** 237–238, 240, 243
Shaolin 281
Sinai 62
Swayambhunath 246

Tai Shan 10, 232, **248–269,** 286
Tinos 46
Trier 83–84, 87, 168, 289
Tschenstochau 45

Ujjain 213

Varanasi (Benares) 12, 195, **203–226,** 227, 233–236, 243

Wittenberg 49, 60, 62

Personenregister

Abraham, Prophet des Judentums, Christentums und Islam 16, 96–114, 122, 129, 131, 137–138, 146, 159
Abd al-Malik, Kalif 131–132
Abu Bekr, Kalif 119, 175
Abu Zaid, Nasr Hamid 105
Akbar, Großmogul 221
Ali Ibn Abi Talib, Kalif, 1. Imam der Schiiten 117
Andreas, Apostel 53–56, 77, 83, 168, 170
Ashoka, indischer Kaiser 234, 238–239
Atatürk, Mustafa Kemal 173–174, 184
Aurangzeb, Großmogul 216, 221
Augustinus, Kirchenvater 287–288
Ayub al-Ansari, Abu (Eyüp) 11, 177

Bartholomaios I., Patriarch von Konstantinopel 47, 57
Benedikt XVI., Papst 29, 57, 92
Ben Gurion, David 152
Bernhardin von Siena 40
Bramante 33
Buddha, Gautama Siddharta 90–91, 227–249, 256, 258, 260–285, 288–289

Calixtus I., Papst 48
Calvin, Johannes 62
Coelho, Paulo 89
Cyrill, Patriarch von Alexandria 45

Dalai Lama 238
David, jüdischer König 124, 128–129, 149–152, 176
Deng Xiaoping 248

Eusebius, Chronist 24, 27
Eusebius von Caesarea, Chronist Kaiser Konstantins 39
Erasmus von Rotterdam 40, 85

Fatima, Tochter Mohammeds 116–117
Franco, Francisco 86

Gandhi, Mahatma 190, 198–199, 212, 223, 225
Gandhi, Rajiv 218
Gennadius, Patriarch von Konstantinopel 173
Glasenapp, Helmuth von 228
Goethe, Johann Wolfgang von 66
Gregor IX., Papst 33
Guellouz, Ezzedine 105, 111

Hadrian, römischer Kaiser 32, 130
Hagar, Mutter Ismaels 107, 112–113
Hakim, Kalif 159, 162
Hassan, Riffat 97
Helena, Mutter Kaiser Konstantins 36, 39–41, 55, 83–84, 155, 158–162, 167
Herodes Agrippa, jüdischer König 78, 126, 128–129, 138–139, 143, 146
Herzl, Theodor 151–152
Hieronymus, Kirchenvater 25, 50
Hussein, Amin al-, Großmufti von Jerusalem 145–146
Hussein Ibn Ali, Enkel Mohammeds, 3. Imam der Schiiten 118

Isaak, Sohn Abrahams 106–107, 129, 137, 159
Ismael (Ismail), Sohn Abrahams und Hagars 107, 112–113

Jakob, Sohn Isaaks und Enkel Abrahams 129, 137
Jakobus, Apostel 12, 53, 72, 74–86, 89–90, 168
Jeremia 150

Jesus Christus 12, 22, 26–26, 31, 34–36, 39, 42–43, 49, 53, 62, 75–78, 81, 99–104, 123, 130–133, 137–138, 149, 151, 156–161, 167–168, 172, 176–177, 201, 244, 289
Johannes, Apostel 77–78, 81–82
Johannes, Evangelist 43
Johannes der Täufer 169–171, 176
Johannes XIII., Papst 69
Johannes Paul II., Papst 18, 64, 69, 70
Judas Ischariot 35, 84
Julius II., Papst 29, 33, 58, 66
Justinian, römischer Kaiser 167–168

Kerkeling, Hape 89–90
Kollek, Teddy 140
Konfuzius (Kung futse) 248–252, 255, 258–263, 269–270, 276
Konstantin, römischer Kaiser 22, 30–33, 36, 39–40, 48, 52, 54–55, 83, 130, 155, 159, 166–168
Konstantius II., römischer Kaiser 53
Küng, Hans 230
Kukai (Koba Daishi), Begründer des Shingon-Buddhismus 284
Kuschel, Karl-Josef 14, 96–97

Laotse (Laozi) 255–257, 269
Leo IX., Papst 54
Leo X., Papst 59
Leo XIII., Papst 68, 85
Liberius, Papst 42
Litzke, Andreas 88, 91
Lukas, Evangelist 36, 43–44, 168–170
Luther, Martin 26, 29, 40, 57–62, 68, 85, 88

MacLaine, Shirley 89
Makarios, Bischof von Jerusalem 155, 158–159
Maria, Mutter Jesu 42–47, 55, 61, 65, 147, 158, 169–172, 182–183, 191, 266
Mao Zedong 250, 252
Markus, Evangelist 148
Marx, Karl 259
Matthäus, Evangelist 22, 25–26, 77
Matthias, Apostel 83–84, 87, 168
Maxentius, römischer Kaiser 30
Mehmet II. (Fatih), Sultan 11, 171, 173, 178
Meir, Golda 152
Michelangelo 33
Miltiades, Papst 31
Mohammed, Prophet des Islam 11–12, 93, 96, 98–122, 134–138, 146, 175, 179, 201, 222
Moses 62, 77, 100, 102–104, 107, 137–138, 149, 176

Nehru, Jawaharlal 223, 225
Nero, römischer Kaiser 25

Omar, Kalif 131, 175
Öszoy, Ömer 105
Othman, Kalif 175

Pahlavi, Mohammed Reza 115
Paul VI., Papst 64
Paulus, Apostel 19, 21, 24, 26–31, 37, 39, 41–44, 49, 53, 57, 77, 83–84, 168
Pelayo, spanischer Eremit 79
Petrus, Apostel 19–33, 37, 39, 51, 53–54, 58, 77–78, 83
Pilatus, Pontius 34–36, 123, 157
Pius V., Papst 64
Pius IX., Papst 46, 67–68
Pius XII., Papst 46
Raffael 33

Ramiro I., spanischer König 80
Ranke-Heinemann, Uta 25

Saladin, Sultan 134, 160, 163
Salomo, jüdischer König 126, 128, 131, 146
Sara, Abrahams Frau 107
Selim I., Sultan 176
Shankara, hinduistischer Denker 230, 256

Sharon, Ariel 127–128, 135, 144
Silvester I., Papst 28, 31
Singh, Manmohan 226
Sixtus III., Papst 42
Sixtus V., Papst 37

Theodosius I., römischer Kaiser 28, 168
Titus, römischer Kaiser 130
Topçu, Özlem 111–112

Urban II., Papst 81

Wahhab, Mohammed Abd al- 116
Weizmann, Chaim 152
Winckelmann, Johann Joachim 66

Yaron, Gil 159

Zulehner, Paul 92